Helmut Prader – Elisabeth Stengele (Hrsg.)

Ein Leben für das Leben

Helmut Prader – Elisabeth Stengele (Hrsg.)

Ein Leben für das Leben

Festschrift für Dompropst Christoph Casetti

Dominus-Verlag
Augsburg 2018

Erste Auflage. 2018

Bibliographische Information der Deutschen Bibliothek:
Die Deutsche Nationalbibliothek verzeichnet diese Publikation in der Deutschen Nationalbibliografie; detaillierte bibliografische Daten sind im Internet über http://dnb.dnb.de abrufbar.

Die jeweilige Zitationsregelung sowie die jeweilige Rechtschreibung der Autoren (alt, neu, schweizerisch, österreichisch, deutsch) wurde beibehalten und nicht vereinheitlicht.
Für den Inhalt der Beiträge zeichnen die jeweiligen Autoren verantwortlich.

Dr. Peter C. Düren • Mittleres Pfaffengäßchen 11 •
86152 Augsburg • Deutschland
Tel.: 0-(049) 821 – 56 65 65 8
Fax: 0-(049) 821 – 50 81 41 9
eMail: bestellung@dominus-verlag.de
www.dominus-verlag.de
ISBN 978-3-940879-57-8

INHALTSVERZEICHNIS

Bischofsvikar und Dompropst
Msgr. lic. theol.
Christoph Casetti

Christoph Casetti wurde 1943 geboren und ist in Zürich als Sohn einer Architektenfamilie aufgewachsen. Die Matura absolvierte er 1962. Er studierte Philosophie in Rom und Paris sowie Theologie in Münster/Westfalen. 1973 erwarb er das Lizentiat in Theologie mit der Arbeit „Anthropologische Vorüberlegungen einer Moraltheologie der Hoffnung". Er trat in das Priesterseminar in Chur ein und empfing 1974 die Priesterweihe.

Danach war er mehrere Jahre als Vikar in verschiedenen Zürcher Pfarreien tätig. In dieser Zeit war er während mehrerer Jahre Dozent für Ethik und Religion an der Schule für praktische Krankenpflege des Limmattalspitals in Schlieren bei Zürich. Zwischen 1976 und 1978 war er ebenfalls als Religionslehrer an der Katholischen Schule in Zürich-Wiedikon tätig.

Im Jahr 1982 wurde er von Bischof Johannes Vonderach zum Bischofsvikar des Bistums Chur ernannt und zog nach Chur. Von 1984 bis 1993 wirkte er von dort aus zusätzlich als Pfarrvikar in Planken (Fürstentum Liechtenstein, damals noch zum Bistum Chur gehörig).

Im Jahr 1990 wurde er von Bischof Wolfgang Haas zum Generalvikar für den Kanton Zürich ernannt, ein Amt, das er bis 1993 innehatte. Seit 1993 ist er Mitglied des Domkapitels Unserer Lieben Frau in Chur, zuletzt seit 2012 in der Funktion als Dompropst. Seit 1993 wirkt er zudem als Diözesanrichter des Bistums Chur. In den Jahren zwischen 1990 und 2009 war er als Mediensprecher zuständig für die Informationsstelle des Bistums Chur.

Im Jahr 2009 wurde er von Bischof Vitus Huonder zum Bischofsvikar für die Glaubensverkündigung und Katechese ernannt.

Im Jahr 2009 erhielt er von Papst Benedikt XVI. den Titel Monsignore (Kaplan Seiner Heiligkeit).

Seit dem Jahr 2010 ist er Mitglied der Diözesanen Katechetischen Kommission. Im Jahr 2014 wurde ihm von Bischof Vitus Huonder das Spezialmandat erteilt, alles zu entscheiden, was das kanonische Recht dem Diözesanbischof vorbehält betreffend das Diözesane Priesterseminar sowie das Vorbereitungsjahr, die Aufnahme von

Priesteramtskandidaten und die Zulassung zur Diakonats- sowie zur Priesterweihe. Seit 2014 nimmt er im Bistum Chur die Aufgabe des Exorzisten wahr.
Sowohl als Seelsorger wie als Vortragsreferent und Autor ist er sehr beliebt. Sein „Familienkatechismus" wurde bereits in die tschechische, slowenische, kroatische und in die Hindu-Sprache übersetzt. Er ist auch Mitbegründer und aktives Mitglied der Interessensgemeinschaft für Natürliche Familienplanung Schweiz/Fürstentum Liechtenstein, sowie geistlicher Berater der Vereinigung der katholischen Ärzte der Schweiz. In Zürich arbeitet er seit vielen Jahren im Vorstand des Vereins „Kinderheim Sunneblueme" mit.

Bischof Vitus Huonder

Geleitwort des Diözesanbischofs

Wenn ein Priester im Jahr 2018 sein 75. Lebensjahr vollendet, wie es bei Bischofsvikar und Dompropst Christoph Casetti der Fall ist, heisst das, dass er in einer bewegten Zeit der Kirchengeschichte gelebt und tiefgreifende Umbrüche erlebt hat. Kindheit und Jugend waren noch geprägt von der so genannten «vorkonziliaren Zeit» mit ihrer Liturgie, die heute als «Ausserordentliche Form des Römischen Ritus» weiterlebt. Es folgten die Jahre der Euphorie und des Aufbruchs, den das II. Vatikanische Konzil mit sich gebracht hat. Im Meinungsstreit über dessen richtige Interpretation ist dann leider in der Folge viel Kirchlichkeit und Sinn für das Heilige verloren gegangen. Die 70er Jahre des letzten Jahrhunderts waren stürmisch, auch im Bistum Chur. Und leider sind nicht wenige damals entwurzelt worden. Mit dem Pontifikat des hl. Papstes Johannes Paul II. (1978-2005) trat zwar eine Beruhigung ein, und viele Fragen wurden geklärt. Aber die Kirche hat weder in diesem noch in den späteren Pontifikaten ihr Gleichgewicht wiedergefunden.

Bischofsvikar Casetti hat diese Jahre in Zürich und in Chur durchlebt. Er entwuchs jenem zwar gesellschaftlich marginalisierten, jedoch bezüglich des Glaubens vitalen und selbstbewussten Zürcher Diasporakatholizismus, im Bistum Chur «Katholisch Zürich» genannt. Als junger Priester hat er später dort manche Wirren und Wendungen durchlebt. Von Bischof Johannes Vonderach nach Chur berufen, hat er sich seither und bis zum heutigen Tag im Bischöflichen Ordinariat in zahlreichen Aufgaben bewährt: als Seelsorgeamtsleiter, Mediensprecher und Verantwortlicher für das Priesterseminar, im Heilungsdienst, in der Seelsorge für Getrennte und zivil Wiederverheiratete, in zahlreichen seelsorglichen Gesprächen, in Kommission und Gremien verschiedener Art, nicht zuletzt im Domkapitel und in der Kathedralstiftung, die für die Restauration der Mutterkirche unseres Bistums verantwortlich gezeichnet hat und nun ein Domschatzmuseum realisiert. Trotz vieler Äusserlichkeiten und Verwaltungsarbeiten ist Bischofsvikar Casetti dennoch immer ein Seelsorger mit echt priesterlichem Herzen geblieben, jemand, der die Freuden und Leiden der Sendung des guten Hirten immer in tiefer Christusverbundenheit durchlebt hat. Was Paulus von sich und seinen Mitarbeitern sagt, kann rückblickend sicher auch Bischofsvikar Christoph Casetti auf sich beziehen, gerade auch wenn man an die Jahre denkt, während derer er zu Beginn der 90er Jahre des letzten Jahrhunderts als Generalvikar für den Kanton Zürich gewirkt hat: «Wir mühen uns ab, indem wir mit eigenen Händen arbeiten; wir werden beschimpft und segnen; wir werden verfolgt und halten stand; wir werden geschmäht und reden gut zu. Wir sind sozusagen der Unrat der Welt geworden, der Abschaum von allen bis heute» (1 Kor 4,12 f).

Was ich an Bischofsvikar Christoph Casetti in all den Jahren immer bewundert habe, ist sein Gleichmut, mit dem er die Umbrüche betrachtet und durchlebt hat. Er hat sich gebeugt oder wurde gebeugt, aber er ist nie gebrochen. Er hätte mehrmals in seiner Tätigkeit als Priester allen Grund gehabt, zu verbittern, den Bettel hinzuwerfen. Aber das ist nicht geschehen. Und man wird sicher

sagen können: Es ist so gewesen, weil er bis zum heutigen Tag ein vorbildlicher Priester ist, der aus einer echten und tiefen Verbundenheit mit Christus und seiner Kirche lebt.
So bleibt mir als Diözesanbischof die schöne Aufgabe, unserem Bischofsvikar und Dompropst Christoph Casetti von Herzen zu danken für seinen langjährigen, wertvollen und loyalen Dienst, verbunden mit der Hoffnung, dass er ihn weiterführt, so lange es seine Kräfte erlauben. Denn als Priester geht man nicht in Pension, man ist nicht Priester auf Zeit, sondern Priester auf Lebenszeit und dann «in aeternum».

Chur, im März 2018

\+ Vitus Huonder
Bischof von Chur

Glückwünsche für den Jubilar

Lieber Christoph,

zu Deinem 75. Geburtstag gibt es nun mit etwas Verspätung ein aussergewöhnliches Geschenk für einen aussergewöhnlichen Priester und Menschen. Eine Festschrift, verfasst von Menschen, die Dich kennen, von Menschen, die Du schätzt und die Dich schätzen, von Menschen, die mit Dir zusammenarbeiten oder mit denen Du einfach nur befreundet bist. Alle haben sich mit Freude dazu bereit erklärt, an diese Festschrift einen schriftlichen Beitrag zu leisten. Von ganzem Herzen danke ich allen die mitgewirkt haben, dass dieser Band nun in Deinen Händen liegt!

Ein ganz besonderes Dankeschön geht an Bischofsvikar Helmut Prader, der, als ich ihm, anlässlich der Sommerakademie 2017, die Idee mit einer Festschrift für Dich zum 75. Geburtstag unterbreitete, sofort darauf einstieg und sich bereit erklärte, Priester um Beiträge für diese Festschrift zu bitten. Er sammelte die Beiträge und leitete sie an den Dominus-Verlag weiter. Ich bin ihm dafür sehr dankbar! Ausserdem hat er in verdankenswerter Weise das Domkapitel Chur als Hauptsponsor für die Festschrift gewinnen können, so musste ich nicht selbst auf Sponsorensuche gehen. Dem Churer Domkapitel sei an dieser Stelle ganz herzlich gedankt für seine Grosszügigkeit!

Ein ganz herzliches Dankeschön auch an alle Autoren, der eine oder andere muss mir wohl meine Aufdringlichkeit verzeihen, dass ich immer wieder nachgehakt habe.

Auch Peter C. Düren vom Dominus-Verlag gilt mein Dank. Denn was soll die schönste Festschrift ohne einen Verleger? Nun, da fast alle Beiträge unter Dach und Fach sind, die Frage der Finanzierung geklärt ist und wohl bald schon das „Gut zum Druck“ ansteht, kann ich mich ganz beruhigt zurücklehnen im Bewusstsein, dass Du, lieber Christoph, selbst wenn ich ausfallen sollte, auf jeden Fall die Festschrift mit dem Titel

Ein Leben für das Leben

an der Sommerakademie 2018 in Aigen überreicht bekommen wirst. So hoffe ich denn, dass Du Freude hast an all den unterschiedlichen Beiträgen und wünsche Dir von Herzen mit allen Autoren, vergnügliche, spannende und unterhaltsame Lektüre.

Chur, 9. Mai 2018

Sr. Elisabeth Stengele OCV
Herausgeberin

Lieber Christoph!

Es war mir eine besondere Freude, dass ich von Sr. Elisabeth gefragt wurde, ob ich die Herausgeberschaft einer Festschrift anlässlich Deines 75. Geburtstages übernehmen würde. Uns beide verbindet eine sehr lange Freundschaft, es gibt sehr viele Überschneidungspunkte, wo wir in den letzten Jahrzehnten sehr intensiv zusammengearbeitet haben, weil wir beide in ähnlichen seelsorglichen Bereichen tätig sind. Zu nennen ist dabei die Verkündigung der Lehre über die rechte Weitergabe des Lebens, namentlich die Enzyklika „Humanae vitae" und das Postsynodale Schreiben „Familiaris consortio". In diesem Zusammenhang geht es um unser beider Engagement im Bereich der Natürlichen Empfängnisregelung.

Weiters zu nennen ist unsere Sorge um die Begleitung jener, deren Ehen zerbrochen sind und die in der Kirche Beheimatung suchen, namentlich die Initiative „Gemeinschaft Familie Solitude Myriam". Schließlich verbindet uns die Tätigkeit im Rahmen der „Internationalen Theologischen Sommerakademie in Aigen/Mühlkreis", wo Du seit Anbeginn vor 30 Jahren dabei warst, im wissenschaftlichen Beirat tätig bist und schon mehrfach referiert hast.

All diese Bereiche spiegeln sich wider in den Beiträgen, die wir für diese Festschrift sammeln konnten. Viele haben sich bereit erklärt, sich an der Festschrift zu beteiligen. Ein besonderer Dank gilt aber auch dem Domkapitel von Chur, durch deren großzügige Unterstützung es möglich wurde, dieses Projekt zu verwirklichen.

Im Namen aller Deiner Wegbegleiter danke ich Dir für Deine Freundschaft wünsche ich Dir Alles Gute und Gottes Segen für Dein weiteres Wirken.

St. Pölten, Sommer 2018 Helmut Prader
Herausgeber

Giuseppe Gracia

Dankeschön, Christoph!

Liebenswürdig, offen, glaubenstreu, kompetent. Das sind Worte, die mir spontan in den Sinn kommen, wenn ich an Christoph Casetti denke. Er ist für mich von Anfang an eine Bereicherung gewesen, menschlich, beruflich und als Katholik.

Das erste Mal, als ich ihn getroffen habe, es muss im Jahr 2011 gewesen sein, stand vor mir dieser sanfte und zugleich klar zur Lehre der Kirche stehende Priester. Einer, der die Menschen offensichtlich gern hat, ohne unsere Zweifelhaftigkeiten und Abgründe damit ausblenden zu müssen. Er weiss vieles über den Menschen, nicht zuletzt als Exorzist, oder wie man heute sagt: als Befreiungsdienstleister. Aber er war ausserdem jahrelang für die Medien zuständig. Ich erinnere mich, wie erleichtert Christoph war, als ich sein Nachfolger wurde, als er sich nicht mehr mit den kirchenfeindlichen Journalisten und der öffentlichen Kommunikation des Bistums herumschlagen musste.

Da ich seit 2011 diesem Amt verpflichtet bin und inzwischen einige Erfahrungen sammeln durfte, kann ich mir gut vorstellen, wie Christoph sich gefühlt hat. Wie er sich immer wieder in Acht nehmen musste vor der medialen Meute, aus der ein Grossteil unserer öffentlichen Kommunikation in der Schweiz nun einmal besteht. In diesem Job ist fast alles immer zugleich glaubensrelevant wie auch politisch, intern superheikel sowie hochgradig medienrelevant – also bestens dazu geeignet, einem den Schlaf zu rauben.

Die Kirche, die in jeder Epoche unter dem weltlichen Anpassungsdruck steht, früher ausgelöst vom Willen eines Königs oder Herrschers, heute vom Willen des Volkes beziehungsweise von den herrschenden Mehrheitsmeinungen, ist immer eine kommunikativ geforderte und politisch verführbare Kirche. Die Medien mögen Skandale, Spektakel und gute Verkaufszahlen. Die Kirche dient ihnen als gewinnbringende Reibungsfläche und Kontrastfolie zum Zeitgeist. Gerade bei typisch postmodernen Narzissmus-Themen wie Macht, Selbstverwirklichung und Sexualität. Die heutige Zeit postuliert ein Machenkönnen des Menschen, mit dem jeder nicht nur über seine Laufbahn, seine sexuelle Identität oder über politische Fragen, sondern über sein ganzes Dasein entscheiden zu können meint, bis hin zur aktiven Sterbehilfe, wenn es nicht mehr klappt mit der angeblichen Autonomie. Bei diesem Thema sagt der Glaube: «Du bist nicht der Chef. Du entscheidest nicht über Leben und Tod. Wenn du so lebst, wie es Gott gefällt, dann wirst du glücklich und schaffst es in den Himmel, aber der Himmel ist kein Fitnesscenter für Selbstverwirklicher.» Beim Thema Sexualität, bei dem heute wohl alle mit allen machen können müssen, was anatomisch irgendwie geht, hier sagt der Glaube: «Lebe nicht unter deiner Würde. Habe keinen Sex ausserhalb der Ehe, das sind Perlen vor die Säue. Bleibe in der Liebe, bleibe in der Offenheit für die Weitergabe des Lebens, das ist der tiefere Sinn der Liebe zwischen Mann und Frau.»

Angesichts dieser Botschaften reagieren viele Medien ungehalten. Sie betrachten die Kirche als eine global organisierte Spassbremse. Ein römisch-katholisches Kartell gegen Freiheit und Selbstbestimmung, mit Tendenzen zur Kastration. Zusammenfassend könnte man sagen, dass die Medien auf die Kirche schiessen, weil sie so sehr damit beschäftigt sind, den Zeitgeist zu verteidigen, von dem sie selber leben und den sie deshalb nicht in Frage gestellt sehen möchten. Es handelt sich um eine Art weltanschaulichen Abwehrmechanismus, der verhindert, dass die Gesellschaft im kritischen und zeitunabhängigen Licht des Evangeliums erscheint. Ein Mechanismus, der dafür sorgt, dass umgekehrt die Kirche im Licht der gegenwärtigen Gesellschaft erscheint. Ja, das ist die Art und

Weise, wie weltliche Medien und die meisten Kritiker auf die Kirche heutzutage reagieren: sie richten das Licht der momentan herrschenden Kultur auf die Kirche und werfen ihr vor, dass sie anderen Massstäben gehorcht als sie selbst.

Über diese Dynamik haben Christoph und ich oft gesprochen. Uns ist beiden klar, dass die Kirche gerade in so einem Klima öffentlich den ganzen Glauben verkünden muss, damit der Zeitgeist nicht alles beherrschen und in seine gedanklichen Kategorien hineinzwingen kann. Damit der moderne Mensch nicht allein gelassen wird mit der trostlosen Konsum- und Optimierungskultur, die ihn umgibt. Damit der Mensch zum Beispiel wieder erkennen kann, dass er in sich gespalten ist. Dass er sich auf der einen Seite illusionslos als Produkt der Evolution sieht: ein zufälliges Ergebnis aus natürlichen und kulturhistorischen Elementen. Auf der anderen Seite sieht er sich zur Machbarkeit und Selbsterlösung bestimmt: sei es bei den Ideen des Gender Mainstreaming, der Esoterik oder einer wachsenden Coaching-Industrie im Zuge der Leistungsgesellschaft. Das Ganze ist eine eigenartige Mischung aus „Halbgott und Ameise", wie es Romano Guardini einmal treffend ausdrückte.

Christoph weiss, wie schwer es ist, in diesem Umfeld als Kirche öffentlich zu kommunizieren, aber es ist und bleibt unsere Pflicht. Deshalb bin ich froh, dass ich dem lieben Christoph das Gewicht dieser Arbeit ein wenig von den Schultern nehmen konnte. Seither kann er sich um die Menschen und um den Glauben als Geistlicher kümmern, so, wie es ihm sicherlich am besten entspricht.

Ich erinnere mich an seinen 70. Geburtstag, an den meine Frau und ich eingeladen waren. In Chur haben sich an diesem Tag rund hundert Menschen zusammengefunden. Menschen, denen Christoph in verschiedener Weise etwas geschenkt hat: als Freund oder Mitglied der Bistumsleitung. Als Seelsorger und geistlicher Begleiter. Als Fachmann für Familie, Bioethik und Exorzismus. Als treuer Diener der Kirche und seines Bischofs. So vieles hatte Christoph geschenkt und bekam nun, an seinem Siebzigsten, einen lebendigen Spiegel seiner Hingabe vorgesetzt. Es war wie ein Familientreffen, und mir wurde an diesem Tag bewusst, welche Frucht aus dem priesterlichen Dienst hervorgehen kann.

Einige Jahre später, an meinem eigenen Geburtstag, dem Fünfzigsten, war Christoph natürlich auch dabei. Als er die Kinder gesehen hat, die Teil der Gästeschar waren, ist er noch einmal kurz in seiner Wohnung verschwunden, um seinen Hund zu holen. Er hat den Hund für die Kinder mitgebracht und ihnen eine grosse Freude bereitet. Diese Szene, an die ich mich gern erinnere, zeigt für mich fast am besten, wer Christoph ist und warum wir ihm so vieles verdanken.

Foto: Christoph Casetti demonstriert am Geburtstagsfest von Martin Grichting und Giuseppe Gracia, wie sein Hund kommuniziert.

In diesem Sinn, lieber Christoph, vielen Dank für deine Freundschaft, deine Präsenz und deinen glaubenstreuen Dienst, der uns alle stärkt!

Hubert Gindert

Zum 75. Geburtstag von Bischofsvikar Christoph Casetti

Bischofsvikar Christoph Casetti kann auf 75 Lebensjahre zurückblicken. Man sieht ihm das nicht an. Offensichtlich hält ihn sein beispielhaftes Engagement jung.

Das Besondere an der Persönlichkeit Christoph Casettis ist der Zusammenklang seiner theologisch-fachlichen Kompetenz und seiner menschlichen Qualitäten. Zu letzteren zählen die Bescheidenheit, ja seine Demut und seine große Hilfsbereitschaft. Das sind heute rar gewordene Eigenschaften, die bei ihm hervorstechen.

Die gefragte Kompetenz von Christoph Casetti in Fragen von Ehe und Familie findet in dieser Zeit ihr besonderes Betätigungsfeld in den zerbrochenen Ehen von Geschiedenen und wieder verheiratet Geschiedenen. Dazu befähigt ihn die Eigenschaft aufmerksam zuzuhören, bevor er einfühlsam die Argumente der Gesprächspartner aufgreift. Das erklärt auch, dass er als Referent von Menschen, die nicht immer die Lehre der Kirche teilen, zu Vorträgen eingeladen wird, obwohl sie wissen, dass Casetti kein Jota von der Lehre Christi abweicht.

Heute Priester im Sinne des Herrn zu sein, ist an sich schon eine fast übermenschliche Aufgabe, die man nur mit der Gnade Gottes und mit großem Einsatz bewältigen kann. Christoph Casetti kennt sich gut in den Strömungen aus, die in Kirche und Gesellschaft vorherrschen und die dem priesterlichen Auftrag im Wege stehen. Aber er zeigt sich resistent gegen die Erscheinungen des Zeitgeistes. Das zieht verständlicherweise Angriffe auf sich. Casetti hat sogar den Mut, auf das satanische Wirken in dieser Welt hinzuweisen. Der Bischofsvikar von Chur ist ein Freund der Kongresse „Freude am Glauben“ – von Anfang an. Er hat diese Kongresse nicht nur besucht, er hat auch wiederholt als Referent und Moderator von

Podiumsgesprächen mitgewirkt. Hier ist nicht nur sein umfassendes theologisches Wissen mit seiner pastoralen Kompetenz deutlich geworden, sondern auch seine sprichwörtliche Hilfsbereitschaft. Eine Episode kann das verdeutlichen. Als Verantwortlicher für den organisatorischen Ablauf des Kongresses wird man immer wieder mit dem Ausfall eines Referenten oder von Podiumsteilnehmern konfrontiert, selbst in letzter Minute. So war es wieder einmal, als am Vormittag ein solcher Ausfall für eine Veranstaltung am Nachmittag des gleichen Tages bekannt wurde. Während des Mittagessens habe ich Bischofsvikar Casetti angesprochen, ob er bereit wäre, hier einzuspringen. Mir war bewusst, dass dies eigentlich eine Zumutung war. Aber Casetti sagte spontan zu und hat bravourös seinen Part wahrgenommen. Die meisten Kongressteilnehmer haben den Wechsel wahrscheinlich gar nicht registriert.
Bischofsvikar Casetti gibt sein Wissen und seine Erfahrungen weiter z.B. im „Kleinen Familienkatechismus", und in weiteren Publikationen wie in „Verantwortete Elternschaft", sowie auf renommierten Tagungen, wie der Internationalen „Theologischen Sommerakademie" in Aigen.

Wir wünschen dem Jubilar weiterhin ein fruchtbares Schaffen im Weinberg des Herrn. Ad multos annos!
In herzlicher Verbundenheit!

Agatha Kocher

Pionierarbeit im Dreiländereck um den Bodensee

Was ich an Domherr Casetti besonders schätze

Im Jahr 2004 durfte ich Domherr Casetti durch einen Vortrag bei Radio Horeb zur Geschiedenenseelsorge kennen lernen. Mich beeindruckten die klaren und zugleich liebevollen Aussagen. Deshalb suchte ich den Kontakt und bat um eine Zusammenarbeit. Daraus entwickelte sich ab Februar 2005 die Oase der Barmherzigkeit: An vier Samstagnachmittagen pro Jahr trafen sich in Vorarlberg Menschen in Trennung, Scheidung oder Einsamkeit, in Ehekrisen oder Wiederverheiratete. Zum Teil kamen sie auch weit angereist. Manche waren anfangs eher bedrückt und gingen abends mit einem strahlenden Gesicht weg. Offenbar taten diese Oasen den Menschen gut.

Um 14 Uhr begannen wir mit Lobpreis und Gebet. Bei der Vorstellrunde lernten wir einander ein wenig näher kennen, so konnten wir auch auf neue Teilnehmer besser eingehen. Domherr Casetti hielt einen Vortrag zu einem speziellen Thema. Dann gab es die Möglichkeit zum Austausch, zu Rückfragen und zu kritischen Stellungnahmen. Bei den spontanen Antworten zeigten sich die seelsorgerlichen Begabungen von Domherr Casetti in erstaunlicher Weise: Aktives Zuhören, schnelle Auffassungsgabe, liebevolle Empathie und fundiertes theologisches Wissen, aber auch ein reicher Erfahrungsschatz aus Seelsorgegesprächen und aus der Mitarbeit am kirchlichen Ehegericht in Chur sowie ein „starkes Rückgrat bei Gegenwind" ermöglichten gut nachvollziehbare Gedankengänge in voller Einheit mit der Lehre der Kirche auch zu heiklen Themen und kritischen Fragen.

Bei Kaffee und Kuchen gab es viele wertvolle Gespräche der Teilnehmer untereinander, aber auch mit Domherr Casetti zu manch

persönlichem Anliegen. Nach dieser wichtigen Pause ging es weiter mit einem passenden Lied und einem geistlichen Impuls von mir sowie einer Hinführung zur Mitfeier der Heiligen Messe, bei der die Teilnehmer all ihre Anliegen, Sorgen und Nöte auf den Altar legen und verwandeln lassen konnten. Nach diesem geistlichen Höhepunkt der Oase gab es noch einen lockeren Ausklang beim Abendimbiss. Immer wieder baten einzelne Personen noch um ein Seelsorgegespräch. Erst dann kam noch die Heimfahrt nach Chur.
Seit Februar 2017 geht die Oase der Barmherzigkeit in der Ostschweiz weiter. Im Kloster Maria der Engel in Appenzell gibt es sonntägliche Treffen von 10-17 Uhr mit ähnlichem Ablauf. Wir freuen uns, wenn auch in anderen Regionen solche Oasen entstehen und geben gerne unsere Erfahrungen weiter.
Domherr Casetti sagte manchmal: Ich komme gerne zur Oase, weil ich hier Menschen treffe, die auf der Suche sind und im Glauben wachsen möchten. Er sprach auch von seiner „Lieblingspfarrei" und meinte damit im Sinn von Familiaris Consortio die Geschiedenenseelsorge. Der heilige Papst Johannes Paul II. sprach schon 1981 vom Recht dieser Menschen auf eine besondere Seelsorge. Geschieden, aber nicht ausgeschieden – die Kirche liebt euch: Diese innere Haltung vermittelt Domherr Casetti sehr glaubwürdig und bewirkt dadurch, dass diese Treffen zu echten Oasen der Barmherzigkeit werden. Dafür danke ich dem Jubilar auch im Namen all jener Menschen, die ihm in all diesen Jahren begegnen durften. Vergelt's Gott für alles!

Maria Prügl

Hauskirche – Herzstück der Familienpastoral

Mit Christoph Casetti verbindet mich eine lange Freundschaft, die zugleich ein starkes gemeinsames Interesse beinhaltet. Es ist dies die pastorale Seelsorge um Ehe und Familie heute, unter den vielen Aspekten ist es im Besonderen die lebendige und echte Hauskirche.

Noch bevor wir uns persönlich begegnet sind, haben sich unbekannterweise unsere Wege gekreuzt. Einerseits war ich sechs Jahre in Zürich (1972-1978 als OP Schwester), wo es nicht ganz einfach ist, eine katholische Pfarrei zu finden. Andererseits waren wir beide anwesend bei der großen und hoffnungsvollen Eröffnung des universitären Institutes Mater Ecclesiae Domesticae (MEDO) im Oktober 1990 in Rolduc/NL in der Nähe von Aachen. Der später heiliggesprochene Johannes Paul II., der große Papst für Ehe und Familie, gründete dieses Institut. Hier sollten Priester und Laien studieren können, und zwar interdisziplinär „Wissenschaften für Ehe und Familie". Das heißt, nicht bloß Theologie und Philosophie für Ehe und Familie, sondern die Humanwissenschaften sollten ebenso eigebunden sein, die katholische Lehre erforschen und damit Glanz und Wahrheit der Biblischen Anthropologie bestätigen können. Christoph Casetti war in seiner Diözese zuständig für Ehe- und Familienpastoral und daher ein Vertreter seines Landes und seiner Diözese. Ich selbst war (spätberufene) Studentin ab erstem Semester. Es war ein festlicher und großer Beginn mit vielen internationalen Gästen, wir aber sind uns nicht begegnet.

Begegnet sind wir uns schließlich in der Auseinandersetzung mit Humanae Vitae und ihrer Bedeutung, als Multiplikatoren der Natürlichen Empfängnisregelung, sympto-thermale Methode des Institutes Dr. Josef Rötzer. Noch innerhalb meines Studiums begann meine berufliche Tätigkeit im Referat Ehe und Familie der Erzdiözese Salzburg. Nun nahm eine intensive Zusammenarbeit mit Christoph Casetti, länder- und diözesanübergreifend ihren Anfang. Die Seelsorge für Ehe und Familie umfasst zahlreiche Bereiche, nur einige davon will ich nennen: dreistufige Ehevorbereitung, Ehebegleitung, Weitergabe des Glaubens an die nächste Generation, Wahrheit und Bedeutung der Hauskirche, Einführung der Kinder in Geheimnis und Verantwortung der menschlichen Liebe vorzüglich durch die Eltern, Humanae Vitae und Natürliche Empfängnisregelung, schließlich die Pastoral für getrennt, geschiedene und wiederverheiratete Menschen. Daraus sind Seminare und Bücher entstanden, die einerseits die wirkliche Lehre der Kirche vermitteln, andererseits Seelsorge und die notwendige Gemeinschaft Betroffener bieten. Eines dieser Projekte nennt sich: Gemeinschaft Solitude Myriam, die Christoph Casetti seit Jahren begleitet.

Die Zusammenarbeit des Referates mit dem österreichischen Familienbischof Dr. Klaus Küng, dem Institut Natürliche Empfängnisregelung J. Rötzer, einigen Erneuerungsbewegungen und eben auch Christoph Casetti hat eine blühende Arbeit hervorgebracht. Es gab Grundlagen legende Impulse, selbstständige Arbeitsgruppen, Symposien in verschiedenen Städten und Schaffung guter Bücher zu diversen Themen. Dazu im Anschluss die einzelnen Bücher.

Der zugehörige Arbeitskreis Familie und Katechese, den ich leitete, konnte zwei Reihen von Büchern herausgeben, Christoph Casetti schrieb Beiträge, war begutachtend und beratend tätig. Da es dafür kein diözesanes Budget gab, waren wir auf Spenden in großem Umfang angewiesen. Auch diesbezüglich half er uns, auch durch hilfreiche Kontakte. Nach wie vor ist Christoph Casetti mit

dem Referat Ehe und Familie der Erzdiözese Salzburg in enger Zusammenarbeit verbunden.
Wir danken für seinen großen Einsatz und die Freundschaft, Vergelt's Gott, lieber Christoph!

Beratung, Beiträge, Autor und finanzielle Unterstützung finden sich in folgenden Büchern:

- Die achtteilige Religionsbuchreihe *Glaube und Leben*
- Die neunteilige Reihe *Ehe und Familie*
  - Berufen zur Ehe (unmittelbare Ehevorbereitung)
  - Getrennt, geschieden wiederverheiratet in der Kirche
  - Geheimnis ehelicher Liebe

Die Bücher vertreibt der Verlag www.ehefamiliebuch.at

Elisabeth Rötzer

Ein Priester auf Tuchfühlung mit der Natürlichen Empfängnisregelung

Christoph Casetti und das
Institut für Natürliche Empfängnisregelung (INER) Prof. Rötzer e.V.

Schon in seiner Studienzeit kam Christoph Casetti mit dem Thema der Natürlichen Empfängnisregelung (NER) in Berührung, es war so um die Zeit 1969/1970. In der damals aufgeheizten Zeit kurz nach dem Erscheinen der Enzyklika „Humanae vitae" von Papst Paul VI., darf man sich fragen – konnte diese Berührung eine positive sein? Oder wie entkam ein junger Theologiestudent der damals herrschenden Ablehnungsfront gegen die Lehre der Kirche zum Thema der NER? Gott hat schon immer Seine eigenen Wege, und die führten dazu, dass der erste Kontakt von Christoph Casetti mit diesem Thema über einen evangelischen Arzt erfolgt ist, wie er in seiner Laudatio zum 80. Geburtstag von Josef Rötzer im Jahr 2000 erzählt:

Bevor wir uns persönlich kennen lernten, sind Sie, lieber Dr. Rötzer, mir als Autor begegnet. Es liegt mir daran zu betonen, dass ich dies einem evangelischen Arzt verdanke, mit dessen Tochter ich in meiner Studienzeit befreundet war. Es muss wohl 1969 oder 1970 gewesen sein, als diese Bekannte mir das Buch „Menschenbild, Sexualität und Ehe" von Josef Rötzer auf Empfehlung ihres Vaters brachte. Der evangelische Arzt in Münster i.W. zeigte damals Verständnis für die Enzyklika „Humanae vitae" von Papst Paul VI.; er müsse die „Pille" zwar in seiner Praxis verschreiben, weil er sonst seine kinderreiche Familie nicht durchbringen könnte, aber seiner eigenen Frau würde er die „Pille" nie geben. Er gab mir auch alle medizinischen Artikel zu lesen, die sich wegen der vielen Nebenwirkungen kritisch zu den Ovulationshemmern äußerten. Ich erzähle dies, um daran zu erinnern, dass in diesem ethischen Bereich immer wieder schöne ökumenische Erfahrungen möglich sind. (…) Der Arzt aus Münster und Ihr Buch „Menschenbild, Sexualität und Ehe" haben mir geholfen, die Enzyklika „Humanae vitae" ernst zu nehmen und nicht blindlings in den großen Chor derjenigen Theologen einzustimmen, die dem Papst lauthals widersprachen. Es hat mir damals eingeleuchtet, dass es der Würde des Menschen besser entspricht, den Sexualtrieb mit dem Stirnhirn, d.h. mit Verstand und Charakter, zu steuern statt mit Verhütungsmitteln.[1]

Das Thema **„Ökumene und NER"** begleitet die gesamte Tätigkeit im Bereich der NER, dürfen wir doch diese im Schöpfungsplan Gottes erkennen, gedacht für alle Menschen weltweit, unabhängig von einer Religionszugehörigkeit. In seinem Impulsreferat „NER als Beitrag zu einer lebendigen Ökumene" im Jahr 2008 legt uns Christoph Casetti folgende Überlegungen vor[2]:
Worin liegt nun der Beitrag zur Ökumene der Natürlichen Empfängnisregelung? Hier kann zunächst daran erinnert werden, dass alle christlichen Konfessionen bis 1930 sich einig waren in der Ablehnung der Empfängnisverhütung. Heute geht in dieser Frage ein Riss durch alle Konfessionen.
Der evangelische Arzt Siegfried Ernst berichtet von einem eineinhalbstündigen Streitgespräch mit dem katholischen Professor Franz Böckle 1966, zwei Jahre vor dem Erscheinen von Humanae vitae. Böckle, einer der geistigen Väter der „Königsteiner Erklärung", meinte, die Kirche müsse die überlieferte Lehre korrigieren und den Ehepaaren die Empfängnisverhütung erlauben. Dr. Ernst äußerte damals schon eine ähnliche Befürchtung wie später Papst Paul VI. in seiner Enzyklika: „Die Freigabe der Kontrazeption (Empfängnisverhütung) und der Pille durch den Papst würde zu einer Katastrophe – auch für die Kirchen – führen". Dr. Ernst präzisiert dies mit folgenden bedenkenswerten Aussagen: „Die Freigabe der Pille für den Gebrauch in den Ehen hätte als Folge auch eine weitgehende Preisgabe vorehelicher Enthaltsamkeit; Konsequenzen wären:

- *Die Kirche wird kaum noch Jugendgruppen haben, in denen Keuschheit und Enthaltsamkeit Grundlagen der Gemeinschaft sind.*

---

1 Laudatio zum 80. Geburtstag von Dr. Josef Rötzer, INER Kongress, 20. Mai 2000.

2 Natürliche Empfängnisregelung – ein lebendiger Beitrag zur Ökumene, Impulsreferat INER Kongress, 4. Mai 2008.

- *Der Priesterberuf wird erheblich schwinden.*
- *Die Orden werden nur noch wenig Nachwuchs bekommen.*
- *Eine Kirche ohne Glauben und Gehorsam gegen die Gebote Gottes wird zur Sekte werden".*

Bereits 1964 hatte die von Dr. Ernst angeregte „Ulmer Ärztedenkschrift" auf die zwangsläufige Entwicklung hingewiesen: Die Antibabypille erzeugt die Antbabyhaltung und die Antibabyhaltung führt zur Abtreibung ...

Das waren Warnungen eines evangelischen Arztes, die sich alle bewahrheitet haben. In seiner Bilanz im Sammelband von Roland Süssmuth meint Siegfried Ernst zusammenfassend: „Auch in den evangelischen Kirchen hat man schon lange die ‚Pille' als selbstverständlichen Konsumartikel akzeptiert. Man hat auf Synoden, Kirchentagen und Akademien die homosexuelle Betätigung als der normalen Zweigeschlechtlichkeit gleichberechtigt propagiert und fordert die ‚Einsegnung homosexueller Liebespaare'. Selbst die indikationslose Abtreibung wird von der EKD und fast allen Landeskirchen nun akzeptiert. Umso verwunderlicher ist es, wenn man dann in Kreisen der katholischen Kirche versucht, jene Auflösung der Normen im Sexualbereich nachzumachen, die in den evangelischen Kirchen schon zu einer Leerung der Gotteshäuser und zu einem Fernbleiben von großen Teilen der jungen Generation geführt hat. Warum will man denn nicht erkennen, dass der kirchliche Glaubens- und Substanzverlust auch eine Folge der sexuellen Freizügigkeit ist? Ihre Sanktionierung durch den Papst kann den Substanzverlust der Kirche keineswegs aufhalten."[3]

Meisterhaft versteht es Christoph Casetti, umfassende Darlegungen zum Thema „**NER und christliches Menschenbild**" zu geben, wie es 2006 in seinem Festvortrag bei dem Jubiläumskongress von INER geschah.[4] Hier verwob er die Tugendlehre von Josef Pieper mit der Haltung, die notwendig ist, um die NER erfüllt leben zu können. Nach der Frage „Was heißt Tugend" folgten die

---

3 Roland Süssmuth, Empfängnisverhütung – Fakten – Hintergründe – Zusammenhänge. Holzgerlingen 2000.

4 Natürliche Empfängnisregelung und das christliche Menschenbild, Festvortrag INER Kongress 30.04.2006.

Ausführungen zu folgenden Tugenden: Klugheit, Gerechtigkeit, Tapferkeit, Zucht und Maß, Glaube, Hoffnung und Liebe. Hier ein paar Kostproben aus seinen Ausführungen.

Zur Tugend „*Klugheit*“

In der NER wollen wir das ja gerade: Unseren Blick auf die Wirklichkeit richten, auf die Schöpfungsordnung, auf den Zyklus der Frau so, wie er gegeben ist. Wir haben den Mut zur Wahrheit, auch zur Wahrheit über die Verhütung, über alle ihre Folgen und Nebenwirkungen. Wir spüren, von welchen „Interessen" die Verhütung geleitet ist: die Sexualität von der Fruchtbarkeit abzukoppeln, um sie ohne Angst vor einer unverhofften Schwangerschaft genießen zu können. Sie hat eher die Begierde im Blick als die Liebe.
Zur Klugheit gehört, dass man sich auch etwas sagen lassen kann, nicht aus einer vagen „Bescheidenheit“, sondern aus der Einsicht, dass jeder auf Auskünfte, Ratschläge usw. angewiesen ist. Als Christen lassen wir uns etwas sagen in Bezug auf die verantwortete Elternschaft von unserer Kirche.

Zur Tugend „Gerechtigkeit“

In Anbetracht dessen, dass Natürliche Empfängnisregelung im Rahmen einer Liebesgemeinschaft gelebt wird, könnten wir denken, dass hier die Gerechtigkeit nicht nötig ist. Wir machen ja auch die Erfahrung, dass NER die gegenseitige Rücksicht fördert. Aber gerade die Verschiedenheit von Mann und Frau, aber auch das alltägliche Leben führen dazu, den anderen immer wieder einmal mehr als „anderen" denn als „geliebten" zu erleben. In solchen Momenten kommt die Tugend der Gerechtigkeit ins Spiel.

Zur Tugend „Tapferkeit“

Ich habe bereits angedeutet, dass die Natürliche Empfängnisregelung bei uns gesellschaftlich wenig anerkannt ist. Das heißt umgekehrt: Wer sich für NER einsetzt, der muss mit Widerständen rechnen. (…) Weil die Sexualität mit unserer leiblich ausgedrückten Berufung zur Liebe zu tun hat und sie uns darin Gott ähnlich macht, ist es nicht erstaunlich, dass der Teufel gerade in diesem Bereich für Unordnung sorgt. Gerade weil NER der leiblichen Liebe und der sich darin ausdrückenden göttlichen Liebe wirklich dient, ist hier mit Widerstand gegen das Böse und den Bösen zu rechnen.

Zur Tugend „*Zucht und Maß*"

Zucht und Maß sind schließlich notwendig im Bereich der Geschlechtskraft. Die Sexualität ist ein kostbares Gut. Sie ist buchstäblich darauf gerichtet, das Menschengeschlecht im Sein zu erhalten. Aber, falls sie entartet, übertrifft sie an selbstzerstörerischer Wucht alle anderen menschlichen Dränge und Triebe. Gerade darum bedarf sie auch in besonderem Maße der wahrenden und wehrenden Ordnung. Wieder geht es nicht um eine Schwächung der Geschlechtskraft, sondern um ein Ordnung-Schaffen im Bereich der Sexualität. Innerliche Ordnung heißt: die Dinge sehen, wie sie wirklich sind, und aus der so ergriffenen Wahrheit leben. Die Zuchtlosigkeit des Begehrens macht den Menschen geistig blind und lähmt seine Entscheidungskraft. Zuchtlosigkeit gibt sich nicht hin, sie gibt sich preis. Sie ist egoistisch auf den „Preis" bedacht, auf das Entgelt erschlichener Lust. Das Wesen der Unzucht ist der Egoismus.

Mit diesen Ausführungen komme ich zu einem entscheidenden Aspekt der Natürlichen Empfängnisregelung als Lebenshaltung. NER ist nicht ein Verhütungsmittel, sondern sie beruht auf der Fähigkeit zur periodischen Enthaltsamkeit. Sie setzt das Menschenbild voraus, dass der Mensch den Geschlechtstrieb wie seine anderen Triebe beherrschen kann und ihnen nicht einfach unterworfen ist. Wer davon ausgeht, dass der Mensch vor allem das Recht hat, allen seinen sexuellen Impulsen zu folgen, und dass er das braucht, um glücklich zu sein, der wird kaum ohne Verhütung bis hin zur Abtreibung auskommen. Der verstorbene Papst Johannes Paul II. hat mit Recht darauf hingewiesen, dass es bei der Verhütung primär nicht um die Vermeidung einer Schwangerschaft geht, sondern um das Ausleben der Begierde. Denn die Vermeidung einer Schwangerschaft lässt sich ja auch durch (periodische) Enthaltsamkeit erreichen.

Mit Zucht und Maß schützt der Mensch sich gegen die Zerstörung durch Genuss. Er übt sich in der Kunst des Verzichtens. In einer Gesellschaft, die sich dem Konsum und dem Hedonismus verschrieben hat, ist das Verzichtenkönnen in vielen Bereichen von entscheidender Bedeutung. NER *leistet hier einen wunderbaren Beitrag. Weil sie letztlich dem wahren Glück des Menschen dient, zeitigt sie auch gute Früchte.*

Dies sind ein paar Zitate aus dem grundlegenden Vortrag von Christoph Casetti zum Thema „Natürliche Empfängnisregelung und christliches Menschenbild". Sie sollen darauf verweisen, mit welch feinfühliger und tiefsinniger Art Christoph Casetti die verschiedenen Themenbereiche erarbeitet.
Noch auf einen Bereich aus der Vielfalt der Beiträge von Christoph Casetti zum Thema NER im umfassenden Sinn möchte ich abschließend eingehen, auf seinen Vortrag **„Der Mensch ist das Ebenbild Gottes – weiß er es noch?"**[5]
Schrittweise lässt er uns an den Gedanken teilhaben, dass der Mensch Ebenbild Gottes ist, dass er es aber oft nicht mehr weiß, warum erkennt der Mensch dies heute nicht mehr, über die Ursachen der Gefährdung des Menschen, hin zu den tiefen Gedanken „Was rettet den Menschen? Bekehrung, Heilung und Befreiung".
Ein Zitat aus diesem Vortrag soll meinen Beitrag über Christoph Casetti und seine Verbindung zur NER abschließen:
Ausgehend vom ersten Kapitel der Bibel findet sich die Auffassung des Menschen als Ebenbild Gottes in der Lehre und im Gebetsschatz der Kirche. Sie hat eine eindrückliche Entfaltung gefunden in der Theologie des Leibes des nun heiligen Papstes Johannes Pauls II., der in besonderer Weise nachdenkt über die Ebenbildlichkeit in Bezug auf die Erschaffung des Menschen als Mann und Frau und ihre Lebens- und Liebesgemeinschaft. Ihre Bedeutung lässt sich vielleicht so zusammenfassen: Mit Johannes Paul II. wird einsichtig, was man kaum zu denken wagt: diese beiden Dimensionen des menschlichen und christlichen Lebens, Sexualität und Heiligkeit, gehören zusammen. Die Sexualität ist von Gott. Sie ist nicht ein Rest unserer Tierhaftigkeit. Vielleicht liegt hier

[5] Der Mensch ist das Ebenbild Gottes – weiß er es noch? INER Kongress 2015.

das, was man das Revolutionäre der Sicht von Johannes Paul II. nennen könnte. Es ist gleichsam eine kopernikanische Wende, eine völlige Umkehr der Perspektive.

Christoph Casetti ist ein Priester, der mit ganzem Herzen die Botschaft der Liebe Gottes zu den Menschen weiterträgt, der keine oberflächlichen Vorträge abliefert, sondern seine Zuhörer oftmals auch herausfordert, immer tiefere Gedankengänge mit zu denken, der es immer wieder versteht, uns in den Bann seiner Gedankengänge zu ziehen. In seinen Worten dürfen wir erfahren, wie sehr Gott uns Menschen liebt, uns zur Umkehr aufruft, uns Heilung schenkt. Und sein Geschenk an unser INER liegt auch darin, dass er aufzeigt, wie tief die Natürliche Empfängnisregelung im Schöpfungs- und Erlösungsplan Gottes verwurzelt ist.

Kati und Walter Gabathuler

Unser gemeinsamer Weg mit einem grossen Förderer der Natürlichen Empfängnisregelung (NER)

Es ist lange her seit unserer ersten Begegnung mit Christoph Casetti. Wir waren schon einige Jahre mit Prof. Dr. med. Josef Rötzer bekannt und gaben im kleinen Kreis Kurse über die nach ihm benannte Methode der Natürlichen Empfängnisregelung.
Eines Tages überraschte uns eine Anfrage und Einladung zu einem Treffen mit uns unbekannten Leuten, die in der Schweiz die Billings-Methode lehrten. Initiatoren waren damals Christoph Casetti, Elisabetta Meier-Vismara und Ludwig Braun.
Es war die Idee, alle Gruppen in der Schweiz, die sich mit der Verbreitung der NER befassten, an einen Tisch zu bringen, um eine zukünftige Zusammenarbeit zu diskutieren.
Gemeinsam mit Frau Dr. med. Margrit Reck reisten wir erwartungsvoll aus der Ostschweiz nach Zürich, wo wir herzlich empfangen wurden.
Das Resultat dieser ersten Sitzung war, dass 1985 die IG NFP CH/FL als Verein ins Leben gerufen wurde. Als Präsident stellte sich Christoph Casetti spontan zur Verfügung. Eine äusserst glückliche Lösung, welche bis zum heutigen Tag besteht.
Wir waren beeindruckt von der Offenheit und dem guten Einvernehmen, das unter den verschiedenen Gruppen, die die IG NFP bildeten (Billings, Camen, AVIFA und uns als Mitarbeitende von Dr. Rötzer), herrschte.
Für uns als junge Familie mit vier Kindern war es eine grosse Entlastung, dass die IG NFP unsere Bürokosten übernahm. Sehr sympathisch war uns auch, dass wir als evangelische Christen voll akzeptiert waren.

Es ergab sich eine wunderbare Zusammenarbeit mit Christoph, der unermüdlich auch immer dafür sorgte, dass die IG Kasse gefüllt blieb.
Von Anfang an und bis heute finanziert die IG auch eine Koordinationsstelle, die nebst anderen Aufgaben regelmässig ein Bullettin mit aktuellen Berichten herausgibt.
Christoph öffnete auch die Tür zur Schweizerischen Bischofskonferenz, wo wir mit den anderen Gruppen aus dem italienischen und dem französischen Sprachraum die NER-Arbeit vorstellen durften.
Die IG NFP organisierte zusammen mit der IANFP, der internationalen Ärztegemeinschaft für natürliche Familienplanung, die Jahrestagungen mit jeweils spannenden Referaten über verschiedene Themen.
Bei INER-Kongressen, an denen Christoph regelmässig teilnimmt, werden seine vorzüglichen Referate sehr geschätzt.
Es ist ein grosses Verdienst von Christoph, dass die NER in der Schweiz stetig an Bedeutung zugenommen hat.
Dazu kommt, dass die gute Zusammenarbeit der verschiedenen Gruppen auch international bewundert wird.

In grosser Dankbarkeit!

Olivier Berger

Unter der Haut

Der Mediensprecher und der Journalist: Der erste Berührungspunkt zu Christoph Casetti liegt auf der Hand. Im Laufe der vielen Jahre, in denen er dem Bistum als Mediensprecher diente, haben wir eine Vielzahl von Interviews geführt. Viele dieser Gespräche sind mir bis heute unvergesslich geblieben. Etwa, als Christoph Casetti mich auf den scheinbaren Widerspruch hinwies, dass just ab dem Moment, an dem die Kirche den Weihrauch aus ihren Räumlichkeiten verbannt hatte, die Bevölkerung vermehrt zu Räucherstäbchen griff. Oder seine klare, offene und konsequente Haltung im Zusammenhang mit Missbrauchsskandalen in der Kirche.

Christoph Casetti war über lange Jahre das Gesicht, die Stimme des Bistums. In dieser Funktion hatte er oft unpopuläre Positionen zu vertreten; er tat dies stets loyal, aber auch mit Offenheit und viel Herz. Wir waren nicht immer gleicher Meinung, aber ich denke, die jeweils anderen Standpunkte leuchteten jedem von uns beiden ein. Wir konnten uns unsere Meinung lassen, ohne gleichgültig zu werden. Und: Es waren immer Gespräche, bei denen bei mir als Journalist etwas «hängen» blieb, was über die Ausstrahlung im Radio und später den Abdruck in der Zeitung hinausging. Christoph Casetti gab mir zu denken – und das ist in diesem Falle ausschliesslich positiv gemeint.

Ohne, dass ich es vor dem ersten Interview irgendwann in den frühen Neunzigerjahren wissen konnte, waren Christoph Casettis und mein Lebensweg schon vorher fast parallel verlaufen. Als er noch in Zürich tätig war, lebte ich noch im Zürcher Oberland. Kurz, nachdem er seine Aufgaben für das Ordinariat übernahm, zog ich mit meinen Eltern ins Fürstentum Liechtenstein um – das damals noch Teil des Bistums Chur war. Irgendwann, als unsere Gespräche begannen, über das rein Geschäftliche hinauszugehen, fanden wir Berührungspunkte, aiuch überraschende: Den Dorfpfarrer etwa, der mich als Kind seelsorgerisch begleitet hatte und den er auch kannte. Den Lourdes-Pilgerverein, in dem er sich engagierte und bei dem meine Eltern zu den Mitgliedern gehörten.

Christoph Casetti hat in meinem Leben Spuren hinterlassen, und das sogar im wörtlichen Sinn. Ein Gespräch mit dem damaligen Regens des Priesterseminars weckte mein Interesse an den vier Kardinaltugenden. Es war dann aber Christoph Casetti, der mich auf das Buch «Das Vierergespann» von Josef Pieper hinwies, den er einst im deutschen Münster noch als Professor erlebt hatte. Die Lektüre des «Vierergespanns» wiederum vertiefte meine Begeisterung für das moralisch-philosophische Konzept der Kardinaltugenden. Seit über einem Jahrzehnt zieren sie deshalb als Tätowierung meinen Unterarm – in lateinischer Sprache.

Seit das Bistum Chur einen neuen Mediensprecher hat, haben Christoph Casetti und ich beruflich weniger miteinander zu tun. Aus den Augen sind wir uns deshalb nicht geraten, und das hat drei gute Gründe: unsere Hunde. Oft treffe ich ihn – allein oder in Begleitung von Sr. Elisabeth Stengele – zu später Stunde irgendwo in der Altstadt an. Inzwischen erkennen ihn unsere zwei Hunde schon von weitem; sie wissen, dass der freundliche Herr mit dem lebhaften Pudel manchmal einen kleinen Snack für sie dabei hat.

Mich freuen diese kurzen Begegnungen und Gespräche jedes Mal – und das nicht wegen der «Leckerli» in Christoph Casettis Jackentasche. In dem Vierteljahrhundert, das wir uns mittlerweile kennen, haben wir viel zusammen erlebt; ich habe viel von ihm lernen können. Dass er jetzt seinen 75. Geburtstag feiert, halte ich für ein Gerücht – er hat sich, seit ich ihn kenne, kaum verändert. Sollte es trotzdem zutreffen, kann ich nur sagen: Lieber Herr Casetti, von Herzen herzlichen Glückwunsch und danke für alles!

Beatrice Luginbühl

Die Jugendbibelgruppe von St. Katharina

Zum 75. Geburtstag von Domherr Christoph Casetti

Mache dich auf und werde Licht,
denn dein Licht kommt.

Am Anfang war das Wort

Christoph Casetti kam als junger Priester nach Zürich Affoltern. Als neu berufener Vikar von St. Katharina trat Christoph Casetti seine neue Stelle in der Pfarrei St. Katharina, am äussersten Rande der Stadt Zürich mit viel seelsorglichem Engagement an. Mich beeindruckte damals, dass der neue Vikar am Sonntag in der Kirche immer zuerst eine kurze Geschichte oder eine Erklärung zum Evangelium in einfachen Worten und auf Mundart an uns anwesende Kinder richtete. Wir lauschten gespannt, Sonntag für Sonntag. Als eines seiner „Untikinder" hatte ich in der Folge bei ihm auch Religionsunterricht. Seit dieser Zeit ist der Kontakt zwischen uns nie mehr abgebrochen.

Ein grosser Zusammenhalt in unserer Pfarrei – und später weit über die Pfarrei hinaus – entstand durch die Gründung unserer Jugendbibelgruppe zu Beginn der 80er Jahre. Und alles begann so: Brigitte Seeholzer, ein junges Mädchen aus der Pfarrei St. Katharina schlug Christoph Casetti vor, eine Jugendbibelgruppe zu gründen. Die Idee war, dass junge Leute in der Pfarrei zusammen die Bibel lesen und sich austauschen könnten. Vikar Casetti wäre perfekt geeignet, die Jugendlichen dabei seelsorglich und theologisch zu begleiten und zu unterstützen. Die Idee faszinierte Christoph

Casetti. Aber würde dies auch gelingen? War wirklich genug Interesse bei den Jugendlichen für so ein Vorhaben da, so dass sich zumindest eine kleine Gruppe zusammenfinden würde? Brigitte liess nicht locker und meinte, es sei ein Versuch wert. Gesagt – getan. Briefe wurden verschickt, Leute angesprochen, ein erstes Datum fixiert. Würde jemand kommen?

Natürlich kamen wir. Eine lustige Anekdote sei hier kurz erzählt. Während wir an unserem Gründungstag, am Freitagabend, noch im Foyer der Pfarrei St. Katharina warteten, kam der Leiter des Kirchenchors hocherfreut auf uns zu. Ganz begeistert über den vermeintlichen, jungen Zuwachs seiner Sängertruppe, die ebenfalls an diesem Abend Chorprobe hatte, meinte er, wie er sich freue, dass wir zum Üben kommen würden. „Nein, nein, wir haben heute Bibelgruppe", klärten wir ihn auf. Und da kam auch schon Christoph Casetti um die Ecke, der nicht gleich am ersten Tag seine kleine, lesehungrige Herde verlieren wollte: „Ja, die gehören zu mir!"
„Bibellesen ist auch etwas Schönes", meinte der Chorleiter, der seine Enttäuschung nicht ganz verbergen konnte. „Aber ihr seid jederzeit – auch bei uns – herzlich willkommen!"

So begann es. Vikar Casetti hatte verschiedene Bibeln vor sich auf dem Tisch liegen. Wer keine eigene mitgebracht hatte, konnte sich eine von ihm ausleihen.
Christoph Casetti schlug uns vor, mit dem gemeinsamen Lesen des Johannesevangelium zu beginnen: *Im Anfang war das Wort, und das Wort war bei Gott, und das Wort war Gott (Joh 1,1).*

Es war von Anfang an spannend. Nicht in jeder Bibel stand alles wortwörtlich gleich. Wir verglichen, je nach Ausgabe, diskutierten den ersten Abschnitt, Christoph Casetti klärte unsere Fragen – und die Zeit verstrich dabei wie im Fluge. Anschliessend wurden neue

Termine abgemacht, in Abständen von 14 Tagen, jeweils am Freitagabend. Da wir auch zwei Schwesternschülerinnen unter uns hatten, wurde selbstverständlich auf deren Dienstplan Rücksicht genommen.
Brigitte, Fränzi, Elisabeth, Agnes, Mirta, Monika und ich waren die ersten, sehr bald kamen Cecilia, Kathrin, Ursula dazu und schliesslich noch mehr: Manuela und Albert, Claudia, Pierre-Paul, Sepp, Markus ... Roger, Evi, Helga, Irene, Monika, Regina, Markus, Paul, Bruno, Corinne, Helene ... Vreni, Brigit, Peter, Miki, Anna, Milada, Anna-Maria ... Und später bereicherten auch noch Jugendliche aus Liechtenstein unsere Jugendbibelgruppe. Doch davon später.

Etwa ein Jahr nach der Gründung unserer Jugendbibelgruppe, die sich als voller Erfolg entpuppte, teilte uns Brigitte mit, dass sie zu den Ursulinen nach Fribourg gehen würde. Sie freute sich sehr, dass sich unsere Gruppe inzwischen so erfolgreich entwickelt hatte und sie die Gruppe nun getrost verlassen konnte. Es würde auch ohne sie weitergehen. Mit Christoph Casetti war unsere Jugendbibelgruppe in guten Händen.

Etwa ein Jahr später beschlossen wir, Brigitte in Fribourg zu besuchen und zu schauen, wie es ihr inzwischen ergangen war. Christoph Casetti organisierte ein Weekend in einem Bildungshaus in der Nähe des Klosters. Unser erster gemeinsamer Ausflug mit dem Besuch bei Brigitte und den Ursulinen war eine gelungene und erfreuliche Abwechslung für alle!

Kloster Burg Dinklage

So kamen wir auf die Idee, eine ganze Woche im Sommer gemeinsam zu verbringen. Christoph Casetti kannte von seiner Studienzeit in Deutschland die wunderschöne Kloster Burg Dinklage.

Eine alte Wasserburg mit Wassergraben und Ziehbrücke, quakenden Entchen, die um die Burg herum schwimmen und tauchen – und mit einem richtigen mittelalterlichen Verliess! Dieses sollte sich in den folgenden sommerlich heissen Julitagen noch als wahrer Segen herausstellen! Hier war es schön kühl und die Schwestern stellten uns Kaffee und Getränke ins Verliess. Die Burg gehörte einst dem Grafen von Galen, der die Burg den Benediktinerinnen für eine symbolische Deutsche Mark verkaufte. So konnten die Schwestern dereinst ihr Kloster einrichten und in die mittelalterliche Burg einziehen.

Christoph Casettis Studienkollegin, die Theologin Dr. Lore Bartholomäus wurde angeschrieben und gefragt, ob sie auch käme und für den besinnlichen Teil der Woche etwas vorbereiten würde. Lore sagte spontan zu. So verbrachten wir die erste gemeinsame Woche mit Christoph Casetti und Lore Bartholomäus in Dinklage, welche unsere Woche leiteten und keinen Aufwand scheuten, damit alles klappte.
Es sollten noch viele unvergessene, wunderbare Wochen mit den beiden in den kommenden Jahren folgen. Es entstand eine Freundschaft mit Lore, die bis heute andauert – auch mit den Schwestern, Sr. Moire, der Äbtissin, und Sr. Eucharis, der Pfortenschwester. Sie luden uns wieder nach Dinklage ein und versicherten uns, dass bei ihnen die Türen für uns stets offen stünden. Insgesamt verbrachten wir in den folgenden Jahren noch zweimal unsere gemeinsamen Ferien auf der Burg Dinklage, wo wir auch das Klosterleben und die Gebetszeiten der Benediktinnerinnen schätzen und lieben lernten, die Bendiktinerregel „ora et labora“ studierten und die wunderschöne nähere und weitere Umgebung auskundschafteten. In der nahe gelegene Eisdiele gab es unzählige Sorten feines Glacé

und der spontane Ausflug zur Universitätsstadt Tübingen bleibt unvergessen.
Rüdiger Leggewie, Lores Ehemann, lernten wir bereits bei unserem ersten Aufenthalt im Kloster Burg Dinklage kennen und schätzen. Schon damals war er durch seine schwere Krankheit gezeichnet und sass im Rollstuhl. Er konnte Lore dieses Mal noch nach Dinklage fahren. Nachher war dies nicht mehr möglich. Die Krankheit war unbarmherzig fortgeschritten, so dass er das Autofahren aufgeben musste. Dafür verbrachte er die Tage in den folgenden Jahren jeweils mit uns in Dinklage, geduldig aufmerksam und ohne viele Worte zu verlieren. Cecilia, Irene und Katrin als gelernte Krankenschwestern halfen Lore jeweils am Morgen bei Rüdigers Pflege. Wir hatten grosse Achtung vor Rüdigers unermüdlichen Geduld, mit der er sein Schicksal trug und seiner stets liebenswürdigen Art.

Cavigliano im Tessin

Unvergessen ist auch die Ferienwoche mit Christoph Casetti und unserer Jugendbibelgruppe in den herbstlichen Rebbergen von Cavagliano im Tessin, deren Blätter im Herbst in den herrlichsten Farben blühen. Lore Bartholomäus kannte Herrn Langer, dem der Rebberg und die Rebhäuschen gehörten und der dort sehr einfach und zufrieden lebte. Er lud uns für eine Ferienwoche bei sich ein. In unserer Vorfreude vergassen wir, Essen mitzunehmen. Als wir nachts hungrig und müde oben im Rebberg ankamen, teilte Herr Langer ganz selbstverständlich seinen Schinken und seine Wienerli mit uns und seine vielen Kastanien von seinen Kastanienbäumen, die er für uns im Feuer röstete. Wieder leiteten Christoph Casetti und Lore Bartholomäus die Woche, die wie immer in einem besinnlichen, sehr lehrreichen und einen gesellschaftlichen, gemütlichen Teil und Ausflügen bestand. Das Leben und Wirken von Teresa von Avila war z.B. eines der Themen der Tessiner Woche: „Solo Dio basta“ – Gott allein genügt. Mit der Komplet und dem tröstenden *Salve Regina,* das uns seit Dinklager Zeit treu begleitete, liessen wir unsere gemeinsamen Tage mit all ihren Eindrücken und unseren stillen Anliegen ausklingen.

Inzwischen hatte sich bei Christoph Casetti einiges verändert. Er war nach Chur berufen worden – zu unser aller Schrecken! Wie sollte es jetzt mit unserer Gruppe weitergehen? Christoph Casetti, jetzt Bischofsvikar beim Bischof von Chur, tröstete uns und versicherte uns, er werde die Bibelgruppe weiterhin – auch von Chur aus – leiten und begleiten. Zudem werde er vorläufig in der Pfarrei St. Katharina am Wochenende als Priester Aushilfe leisten und die Messe lesen.
Wir trafen uns nun in 14-täglichem Rhythmus in den Familien, oft bei Familie Monn in Watt, bei Familie Dähler im Holzerhurd oder im Kloster Fahr, dem „kleinen Kloster am Rande der Stadt" in Zürich. So lasen wir uns immer weiter durch die spannenden biblischen Texte hindurch und Christoph Casetti klärte geduldig all unsere Fragen.

Schliesslich liess sich Christoph Casetti in der wunderschönen kleinen Berggemeinde in Planken im Fürstentum Liechtenstein als Aushilfspfarrer – nebst seiner Arbeit im Bischöflichen Ordinariat – anstellen. Und so erweiterte und vermehrte sich unsere Jugendbibelgruppe erneut. Mit uns ins Tessin fuhren nun auch die beiden Mädchen Marie-Theres und Beatrix aus Planken, die unsere Truppe durch ihre sympathische und liebe Art bereicherten und ergänzten. Später kamen weitere Liechtensteiner dazu: Elke, Günter und Stefan. Wir beschlossen, die nächste besinnliche Ferienwoche in Balzers im Fürstentum Liechtenstein zu planen.

Haus Gutenberg in Balzers im Fürstentum Liechtenstein

Einen kleinen Einblick, wie es in unseren Ferien jeweils zu- und herging, vermag vielleicht der folgende Brief an Pfarrer Bours geben, der mir diese Tage wieder in die Hände fiel und den ich damals zum Abschied während unserer Ferienwoche in Balzers im Fürstentum Liechtenstein in unser aller Namen an ihn schrieb:

Sehr geehrter Herr Bours,
aus unserer besinnlichen Woche hier in Balzers im Fürstentum Liechtenstein grüssen wir Sie alle herzlich.
Lore Bartholomäus hat uns Grüsse von Ihnen mitgebracht, dazu das schöne Bild von Jesus und dem schlafenden Johannes und Ihr Büchlein „Du führst uns durch Dunkelheit zum Licht“. Danke vielmal! Wir haben uns riesig gefreut darüber!
Unsere Ferien sind schon fast zu Ende. Wenn ich diesen Brief fertig geschrieben habe, muss ich mich schon ans Kofferpacken machen. Aber eines ist sicher: Wir habe es schön gehabt zusammen.

Den Tag haben wir immer mit einer von unserem Abuna sehr schön und eindrücklich gestalteten Messe in der gemütlichen Kapelle drüben im Patreshaus begonnen. (Heute war's noch schöner: Wir haben vorher noch zusammen die Laudes gebetet.)
Der Abuna (Christoph Casetti) ist übrigens unser guter Hirte; die einen kennen ihn aus Zürich, die anderen von Planken her. Zusammen haben wir die Ansprache des Papstes an die Liechtensteiner Jugend besprochen, die er während seines Besuchs kürzlich hier gehalten hat. Und in den ersten drei Tagen, in denen wir hier gewesen sind, haben wir am Abend einen Rosenkranz gebetet: den glorreichen, freudenreichen und schmerzhaften.

Über Ikonen haben wir gesprochen und uns einige schöne Bilder angeschaut. Eine Menge hat uns Lore über das Jesusgebet erzählt … Ich könnte ihr stundenlang zuhören.
Einen schönen Bibeltext haben wir heute zusammen betrachtet: Lukas 1,39-56. In der Messe hat Abuna auch von Lukas erzählt, der ja jetzt Namenstag gehabt hat. Nachher habe ich mir gedacht, es hätte auch zu Lukas gepasst, zu sagen: „Gib Acht, wie du lebst, für manche Leute bist du vielleicht die einzige Bibel, in der sie lesen."
Gestern haben wir Gott in der Stille gesucht. Nach der Komplet haben wir uns fest vorgenommen, bis zum Morgen zu schweigen. Aber wir haben auch gewandert, getanzt (Volkstanz) und ganz viel gesungen. Die Heinzelmännchen unter uns hatten alle Hände voll zu tun, als Cecilia Geburtstag hatte. Damit das Geburtstagskind auch ja beschäftigt war und nicht etwa auf die Idee kam, vor dem Abendessen in der Küche aufzutauchen (wegen dem Geburtstagskuchen), hat Stefan sogar einen Knopf an seiner Hose geopfert (= abgerissen), den Cecilia (nichts ahnend) und hilfsbereit, wie sie ist, sogleich auf seine Bitte hin wieder annähte.
Und eine prima Köchin haben wir, die uns jeden Tag ganz feine Sachen auf den Tisch zaubert. Seit Donnerstag sind ihre Kinder auch bei uns. Die kleine Rebekka versucht mir jeden Tag eine Freude zu machen, was ihr auch jedesmal gelingt.
Während ich Ihnen jetzt schreibe, sind die einen gerade am Knüpfen von Gebetsschnüren und Rosenkränzen (Lore hat Ihnen auch einen gemacht). Andere besprechen gerade die Lieder für den morgigen Gottesdienst, wieder andere spielen Schach, ruhen sich aus …
Und alle werden von der schönen, wohltuenden Musik der psalmsingenden Mönche begleitet.
Nochmals herzlichen Dank und viele Grüsse von uns allen!
Beatrice

(Brief von Beatrice Luginbühl an Pfarrer Dr. Johannes Bours, Kranenburg-Mehr)

Seit unserer Zeit in Dinklage gaben wir Christoph Casetti den Spitznamen „Abuna“. Von Lore hatten wir die Bedeutung erfahren und fanden, das passt zu unserem Christoph Casetti. Abuna bedeutet nämlich „unser Vater“ und ist auch die Anrede für hohe Mönchspersönlichkeiten.

Besonders lustig war es, wenn Christoph Casetti jenen, die Lust hatten, am Abend beim gemütlichen Beisammensein Volkstänze beibrachte. Er entpuppte sich dabei als überaus talentierter Tanzlehrer! Es wurde sehr viel gelacht und wer ausser Puste war, machte einfach eine Pause.

Wir bereiteten die Lieder für die Messe am Sonntag in Planken vor, wo Christoph Casetti nun Pfarrer war und unsere Ferien nach der Messe enden würde. Wir sangen u.a.: *„Da wo zwei oder drei in meinem Namen beisammen sind, da bin ich mitten unter ihnen.“* Oder: *„Mache dich auf und werde Licht, denn dein Licht kommt.“* Stets dabei war natürlich unser gemeinsames Lieblingslied. Es fehlt – bis heute – nie: Das *Salve Regina,* vom gelähmten Mönch Hermann dem Lahmen (Hermann von Altshausen) dereinst im Kloster Reichenau in grosser Not aufgeschrieben und vertont:

Salve, Regina, mater misericordiae.
Vita, dulcedo et spes nostra, salve.
Ad te clamamus, exsules filii Hevae.
Ad te suspiramus,
gementes et flentes in hac lacrimarum valle.
Eia ergo, Advocata nostra,
illos tuos misericordes oculos
ad nos converte.
Et Jesum, benedictum fructum ventris tui,
nobis post hoc exsilium ostende.
O clemens, o pia, o dulcis virgo Maria.

Die Verbundenheit und Freude unserer gemeinsamen Zeit zeigt sich auch in einem Gedicht von Lore, das mir ebenfalls diese Tage wieder in die Hände fiel:

Beim Auspacken nach der Reise

Ganz zuoberst thront der kleine Wicht
mit der weissen Mütze und dem Waldgesicht,
der in Balzers mich willkommen hiess
neben einem Strauss, so schön wie's Paradies.

Dann quillt aus dem Koffer Schnur an Schnur,
manche ganz verwirrt, doch mit „amour"
und „agape" ordnet alles sich,
wie die Welt aus Chaos und wie du und ich.

Schweizer Kopfsalat und Brötli auch
füll'n am nächsten Tag noch unsern Bauch,
biologisch gut verpacktes Peterli
würzt die Suppe uns – ah!! – wie noch nie.

Die Lasagne, beigefügt Rezept,
ist von Heidi, wo sich's so gut lebt
an dem reich und schön gedeckten Tisch:
nicht nur's Essen, auch die Blumen frisch!

Dunkelrotes Weinstockblatt im Tagebuch
und (beinah) ne Trän' im Taschentuch
sagen mir, wie gut es bei Euch war.
Dank – und Wiederseh'n im nächsten Jahr!

Eure Lore

(Gedicht von Lore Bartholomäus nach der Woche in Balzers)

Im Kloster Cazis GR

Unvergessen sind und bleiben die wunderschönen Ferien, unsere Bibelwoche mit Christoph Casetti in den Bündner Bergen im Kloster St. Peter und Paul in Cazis bei den liebenswerten Dominikanerinnen, die uns mit ihrem grossen Wohlwollen und ihrer herzlichen Gastfreundschaft gleich zweimal beherbergten! Einmal stellten sie uns das Gebäude der Haushaltungsschule, die während der Sommerferien keine Schülerinnen beherbergte, zur Verfügung, das andere Mal ihr Ferienhaus auf dem Hasenberg, weit über der Waldgrenze. Wir genossen es, hier oben ganz ohne Strom auf dieser herrlichen Alp zusammen zu leben, zu beten, zu lernen, zu spielen, zu singen und den Kontakt mit dem nahegelegenen Kloster und den lieben Schwestern zu pflegen. Sr. Marcellina war damals Priorin und Sr. Agnes hat uns, die wir nicht gut zu Fuss waren und bei einer Wanderung nicht mitmachen konnten, kurzerhand mit dem Auto gefahren und uns einen unbeschreiblich schönen Ausflug beschert. Zum gemeinsamen Würstebräteln trafen wir uns dann alle wieder.
Auf der Alp, wo das Holz zum Kochen zuerst noch gespalten werden musste, bereitete uns Josefine Ginter trotz leicht erschwerten Umständen stets ein Festmahl. Am 8. August feierten wir mit den Schwestern das Fest zum Gedenken an den hl. Dominikus.
Diesmal wieder mit dabei war die treue Jrene Gantner, die in Planken das Pfarrhaus für Christoph Casetti in Ordnung hielt. Und die damals noch kleine Helen Monn, die ebenfalls mit uns den strahlend warmen Sommer auf dem Hasenberg verbrachte und heute als Sr. Teresa u.a. die Gäste im Gästehaus des Klosters in Cazis umsorgt!

Fotos: Christoph Casetti vor der Kirche in Planken; die Kirche von Planken im Fürstentum Liechtenstein; Lore Bartholomäus und Christoph Casetti in unserer Balzers-Woche; Gruppenfoto vor dem Pfarrhaus in Planken

Mache dich auf und werde Licht, denn Dein Licht kommt

Lieber Christoph!
Zu Deinem grossen Geburtstag gratuliere ich Dir ganz herzlich!
Du hast uns allen in all den Jahren sehr viel gegeben. Ein paar Anekdoten sind jetzt aufgeschrieben und erzählt, vieles könnte noch ergänzt werden. So waren wir ja auch noch in Kehrsitten am Vierwaldstättersee und haben noch vieles zusammen erlebt! Unsere Jugendbibelgruppe hast Du später geöffnet für jung und alt, sie trifft sich noch immer mit Dir an Freitagabenden in Urdorf und Watt – aber darüber werden Theres und Hans Ziegler in diesem, Deinem Dir gewidmeten Buch an anderer Stelle erzählen.
Schön und unvergessen ist und bleibt unsere gemeinsame Reise nach Lourdes, damals noch im Nachtzug der SBB.
Heute haben wir manchmal fachlich zu tun, Du im Fachgremium und ich als Ansprechperson des Kantons Zürich, wo wir für Opfer sexueller Übergriffe im kirchlichen Umfeld unser Bestes geben. Wir versuchen gemeinsam, und mit anderen, das erlittene Leid der Betroffenen zu lindern.
Oder mit der Gründung des Vereins Notburga, Hilfe zur Selbsthilfe für Schwangere und Mütter in Not, wodurch wir bereits vielen Notleidenden geholfen haben.
Alle aus unserer Jugendbibelgruppe haben sich auf den Weg gemacht, um anderen Licht zu sein. Den längsten Weg aber hat Cecilia (heute Sr. Cecilia) zurückgelegt, als sie bis in den Kongo aufbrach, um dort den Kranken beizustehen.
„*Was du dem Geringsten meiner Brüder getan hast, hast du mir getan.*“ In diesem Sinne wünsche ich Dir weiterhin viel Kraft und Gottes reichen Segen in all Deinem priesterlichen Wirken!
Und ich wünsche Dir ein feines Geburtstagsessen: Ein feines Riz Cazimir mit viel Curry und einem grossen Vermicelles zum Dessert!
Herzliche Grüsse – und danke!
Beatrice

Lore Bartholomäus

Brief für Christoph

Lieber Christoph,

Du weißt ja, dass ich gerne (Briefe) schreibe. So erlaube mir bitte, statt einen Beitrag zu schreiben, der von Dir in der dritten Person spricht, Dich lieber direkt anzusprechen, von Angesicht zu Angesicht. Zwar wurde bei mir erst *nach* dem Abgabetermin für Beiträge zur Festschrift zu Deinem 75. Geburtstag angefragt. Doch trotz der Eile und einiger vergeblichen Anläufe, will ich es heute erneut versuchen, wenn auch in letzter Minute.

Weißt Du noch, wie und wo wir uns kennen gelernt haben? Erinnerst Du Dich noch an den Sommer 1972 und das theologische Seminar in Bierbronnen im südlichen Schwarzwald? Die Leiterin der Gustav-Siewerth-Akademie, eine Philosophieprofessorin, liess mich grosszügig daran teilnehmen, ohne etwas bezahlen zu müssen (das hätte ich gar nicht gekonnt). Stattdessen sollte ich im Haus, in den Gästezimmern und im Speisesaal mitarbeiten; eine gute Lösung für beide Seiten. Der Inhalt des Seminars waren exegetische und dogmatische Vorträge zum Thema „Heiliger Geist" durch die Professoren *Dr. Heinrich Schlier* und *Dr. Joseph Ratzinger*, die sich ergänzten und gegenseitig anregten. Die Eucharistiefeier am Morgen und die Komplet zum Abschluss des Tages waren der feste tragende Rahmen. Zum ersten Mal erlebte ich damals gelebten katholischen Glauben aus der Nähe, im täglichen Zusammensein. Staunend hörte, sah und fühlte die Protestantin, die ich noch war, den Nährboden sakramentalen Lebens, der neu, anziehend, im guten Sinne aufregend war und mir einen neuen Horizont eröffnete.

Du hast damals behutsam und gründlich auf meine Fragen geantwortet, griechische Fachausdrücke übersetzt und erläutert, Literaturhinweise gegeben, Vorurteile angehört und aufgeklärt. Jahre später, als Du schon Priester warst, haben wir auf einer Wanderung im Tessin darüber gesprochen, wie viel diese freundschaftliche Hilfe mir damals bedeutete und auf dem Weg in die Weite der Catholica geholfen hat.

Du warst bereits ein „höheres Semester" an der Universität in Münster, an der auch ich studierte. Wir stellten fest, dass wir nur wenige Strassen voneinander entfernt wohnten. So waren Treffen und Gespräche leicht möglich. Durch Dich habe ich die *Benediktinerinnenabtei Kloster Burg Dinklage* kennen gelernt, die später noch oft segensreich für mein Leben war.

Als endlich Deine Priesterweihe beschlossen war, fuhr ich mit dem Zug nach *Zürich* und auf Einladung Deiner Eltern mit ihnen zusammen nach *Chur*. Die Weihe selbst ist in meinem Gedächtnis verblasst und in der allgemeinen Feierlichkeit des Tages aufgegangen. Deutlich erinnere ich mich aber an den Primizsegen, den Du Angehörigen und Freunden einzeln gespendet hast. Auf meine Frage an eine gemeinsame blinde Freundin in Münster, Elisabeth K., was so ein Primizsegen eigentlich sei, erklärte sie mir verschmitzt lächelnd: „Die ersten Eier der jungen Hühner sind immer die besten: so einen Segen eines Frischgeweihten darf man sich nicht entgehen lassen!"

Es gab Besuche hin und her, in der Schweiz und in Deutschland, einmal auf dem Rückweg von meiner ersten Pilgerfahrt zum heiligen Bruder Klaus. Wann mag das gewesen sein? Es gab lange Sendepausen, die unsere Freundschaft unbeschadet überstanden hat. Und es gab die fünf Wochen in aufeinander folgenden Jahren (1983 bis 1987) an verschiedenen Orten, begonnen und beschlossen in Dinklage, bei denen ich zu unterschiedlichen Themen mit

Deiner Jugendgruppe aus Zürich über Bibeltexte nachdenken, verschiedene Sakramente gründlich betrachten, viel singen und die aufgeschlossenen jungen Leute zu christlicher Lebenspraxis im Alltag anregen durfte. Daraus sind dauerhafte Freundschaften entstanden. Einige davon, mit den in meinen Gästebüchern selbsternannten „Schweizer Töchtern“, bestehen noch heute. Dafür bin und bleibe ich sehr dankbar.

Eine der schönsten Begegnungen – vielleicht unsere letzte? – war unsere gemeinsame Wallfahrt zu „Unserer lieben Frau“, NOSSADONA DA ZITEIL, auf die mich ein emeritierter Priester vom Niederrhein aufmerksam gemacht hatte. Als ich beim *Domherrn Christoph Casetti* per Sprachbox telefonisch nachfragte, ob er diesen Ort in seinem Bistum kenne, antwortete er nach seiner Rückkehr vom Weltjugendtag in Köln: Ja, er kenne ihn, er habe sich erkundigt und wisse, dass im Jahr 2005 ausnahmsweise die Pilgerstätte nicht am 8. September, sondern erst am Fest des heiligen Nikolaus von Flüe, also am 25. September, nach den Gottesdiensten geschlossen werde. Du hast mich damals eingeladen, nach Chur zu kommen, im Gästezimmer des Hauses Hof 20 zu übernachten, mit Dir in aller Herrgottsfrühe zur Alp Muntér zu fahren und nach Ziteil hinauf zu pilgern. Gern machte ich mich auf den Weg.

Unvergesslich bleibt der Aufstieg, begonnen frühmorgens in der Dunkelheit. Bald leuchtete hinter uns im Osten zuerst hellgrau, dann zartgelb, zuletzt in kräftigem Rosa in waagrechten Schichten das Morgenrot auf. Ein starkes, kaltes Hellrot stand in breiten Bändern über dem langen scharf gezackten Bergkamm. Staunend und ergriffen von der unendlichen Schönheit drehte ich mich immer wieder um. Links von uns schob sich bald ein gewaltiger Kegel aus Fels und Geröll vor den flammenden Horizont. Aber rechts hoch oben war der Sonnenaufgang auf den Spitzen und Graten der Berge im Widerschein des Lichts zu sehen, während wir noch im

Schatten gingen. Als die Stirnwand der Kirche mit dem Kreuz auftauchte, meldetest Du: „Ziel in Sicht!" Viele Pilger waren schon da. Die beiden Priester am Altar, der jüngere *Ser Paul Schlienger* und Du, feierten mit uns singend und betend die grosse Danksagung, die Eucharistie, und darin aufgehoben *Nossadona* und *Bruder Klaus*. Nach einem köstlichen Mahl zusammen mit Helfern, zubereitet vom gelernten Koch und Pfarrer *Ser Paul*, begann der Abstieg zur Alp, ungefähr 570 m Höhenunterschied, umgeben von der zugleich gewaltigen und friedlichen Bergwelt im Nachmittagslicht.

Am nächsten Tag fuhr ich, erfüllt von tiefen Eindrücken, wieder in den Norden zurück: Zizers, Landquart, Balzers, Vaduz, Feldkirch, zum Grenzübergang in der Nähe des Bodensees. Ein kurzer Abstecher zur *Kartause Marienau* bei Bad Wurzach rundete die Pilgerreise ab. Dann ging es weiter in Richtung Thüringer Alltag mit seinen ganz anderen Pilgern.

Danke, lieber Christoph, für dieses grosse Erlebnis vor dreizehn Jahren, das immer noch gegenwärtig ist! Danke für unsere sechsundvierzigjährige Freundschaft, die aus der Ferne auch ohne gegenseitige Besuche immer noch hält und durch das Verbundensein in Gebet und Glauben über unsere irdische Zeit hinaus halten wird! In einem Buch von Joseph Ratzinger, das Du mir zu Weihnachten 1972 geschenkt hattest, steht auf Seite 151: „Solange die Welt *Welt* ist, ist die Kirche auf Pilgerschaft, dem Herrn entgegen." Bleiben wir also auf dem Weg, glaubend, hoffend, liebend, bis ER uns heimholt.

Von Herzen wünscht Dir einen festlichen Geburtstag, Freude, Zuversicht, noch viele schöne Begegnungen und im Herzen den tiefen Frieden Christi, den niemand nehmen kann, und grüsst Dich aus dem Thüringer Wald – Lore

Theres und Hans Ziegler

Katechismuskurs mit Christoph Casetti

Ich lernte Christoph Casetti an der Kranken-Pflegerinnenschule am Spital Limmattal in Schlieren in den Achtzigerjahren kennen, er war Dozent für Ethik und ich unterrichtete Psychologie.
In der Kaffeepause entwickelten sich anregende Dispute und Diskussionen, aus denen schliesslich eine Freundschaft entstand, bei der auch meine Familie eingeschlossen war. Er regte dann für unsere heranwachsenden Kinder an, am Katechismuskurs bei der Familie Monn in Watt teilzunehmen. Dort trafen sich einmal im Monat nebst den Jugendlichen der Familie Monn weitere Jugendliche aus der Pfarrei Katharina in Affoltern.
So chauffierte ich unsere beiden Ältesten jeweils nach Watt und holte sie wieder ab. Das war etwas umständlich, so dass ich schliesslich dort blieb und bald gesellte sich auch der Vater Monn dazu. Mit dem Heranwachsen der jungen Menschen gab es durch Ausbildungen oder Wegzug Lücken. Wegen des Wunsches, weiter an diesem Lernen teilhaben zu können, versuchten wir neue Menschen zu gewinnen, so dass bald auch Erwachsene sich interessiert dazugesellten.
Wir sahen die grosse Gastfreundschaft der Familie Monn und machten den Vorschlag, zur Entlastung die monatlichen Treffen abwechselnd in Watt und bei uns in Urdorf durchzuführen.
Das Ritual der Gesprächsrunde änderte sich bis heute nicht: Wir sitzen im grossen Kreis, es wird eine Kerze entzündet und dann beten wir den Engel des Herrn. Christoph zeigt dann auf, was in den letzten Sitzungen geschah und wie die Texte von heute einzuordnen sind. Die Teilnehmer lesen nun reihum Nummern aus dem Katechismus vor. Christoph kommentiert das Gelesene und jeder darf auch Fragen stellen oder eigene Erfahrungen einbringen. Oft ergeben sich spannende Diskussionen. So vertiefen wir dieses rei-

che Glaubensgut bis ca. 22 Uhr. Gemeinsam wird nun das Nachtgebet der Kirche, die Komplet, gebetet und anschliessend das Salve Regina gesungen. Als Abschluss sitzen wir bei Kaffee, Tee, Brötchen, Früchten und Kuchen noch zusammen und plaudern über Gott und die Welt.

Um das Jahr 2010, als wir den Katechismus durchgearbeitet hatten, stellte sich die Frage, was wir neu in Angriff nehmen könnten. Christoph brachte den Vorschlag, uns mit Konzils-Texten zu beschäftigen, was sofort auf offenen Ohren und Herzen stiess.

Als Erstes lasen wir „ Nostra aetate“. Wir waren beeindruckt, wie Christoph uns sorgfältig in den nicht einfachen Weg bis zur endgültigen Fassung des Dokumentes einführte. Die ursprünglich gegen den Antisemitismus gerichtete Erklärung wurde vom Konzil in die Erklärung der Kirche zu den nichtchristlichen Religionen eingefügt, um arabischem Druck entgegen zu kommen.

Das nächste Konzilsdokument war „Lumen gentium“, ein umfangreiches Dokument zum Mysterium der Kirche, zum Volk Gottes, zur hierarchischen Verfassung der Kirche, zu den Laien, zur allgemeine Berufung zur Heiligkeit, zu den Ordensleuten, zum endzeitlichen Charakter der pilgernden Kirche und über die Gottesmutter Maria im Geheimnis Christi und der Kirche. Auch hier führte uns Christoph mit grossem Wissen und vielen Ergänzungen zum Verständnis dieses bedeutenden Dokuments.

Seit dem Erscheinen des Schreibens „Amoris laetitia“ von Papst Franziskus sind wir nun daran, uns mit diesem Dokument zu beschäftigen. Sehr interessant, weil einige Ehepaare mit grossen Familien und reichen Erfahrungen dabei sind und vor allem, weil dieses Schreiben doch auch Verwirrung gestiftet hat.

Aus unserer treuen Runde gibt es aus Altersgründen, Krankheit und Heimgang Lücken, die wir jedoch immer wieder mit interessierten Menschen schliessen können. Alle schätzen das theologische und pastorale Wissen und die reichen Erfahrungen von Christoph als Seelsorger. Seine Hingabe und Liebenswürdigkeit lässt unseren Kreis als Hauskirche erleben und vermag uns auf dem Weg als religiöse Menschen in der heutigen Welt zu stärken und zu ermutigen.

Wir sind Christoph zutiefst dankbar, dass er bereit ist, monatlich die doch lange Reise zu machen, um uns dieses Lernen zu ermöglichen und uns so die Verbundenheit untereinander zu stärken. Lieber Christoph, möge der liebe Gott Dein Wirken weiterhin reich segnen und Dir gute Gesundheit, viel Freude und Wohlergehen schenken.

Ein grosses Vergelt's Gott und verbunden im Gebet!

Martin Rohrer
und Seminaristen des Priesterseminars St. Luzi, Chur

Zum 75. Geburtstag

Lieber Christoph!
Ich danke dir, dass du dich durch dein Leben einsetzt, Mitmenschen zu helfen, in das Leben hineinzuwachsen, zu dem Christus uns befähigt. Ich bin immer wieder tief beeindruckt, was für eine grosse Liebe und Sorge du für Menschen hast, die in einer inneren Not sind. Dein Leben bringt in einer besonderen Art und Weise das zum Ausdruck, was der hl. Papst Johannes Paul II. am 5. Juni 2004 in Bern sagte, indem er sich auf das Lukasevangelium bezieht (Lk 7,11-15): „Auf der einen Seite zieht der Trauerzug mit dem toten Sohn einer Witwe zum Friedhof, auf der anderen Seite kommt die freudige Schar der Jünger, die Jesus nachfolgen, um ihn zu hören. Auch heute mag sich mancher im Trauerzug wiederfinden, der auf den Strassen Nains dahinzieht. Dies ist der Fall, wenn euch Hoffnungslosigkeit und Verzweiflung überkommen, wenn ihr euch von den Illusionen der Konsumgesellschaft blenden lasst, die euch von der wahren Freude wegführen, um euch mit vergänglichen Vergnügungen in Bann zu ziehen und zu verschlingen. Ebenso trifft dies zu, wenn sich Gleichgültigkeit und Oberflächlichkeit in euch breit machen, wenn ihr vor dem Bösen und dem Leid in der Welt an der Gegenwart Gottes und seiner Liebe zu allen Menschen zweifelt, wenn ihr auf der Suche, den inneren Durst nach wahrer und reiner Liebe zu stillen, in ein ungeordnetes Gefühlsleben abdriftet.
Genau in solchen Augenblicken kommt Christus zu einem jeden von euch wie zum jungen Mann aus Nain, um euch durch sein Wort wachzurütteln und aufzuwecken: „Steh auf!" „Nimm diese Einladung an, die dich wieder aufrichtet!" Dies sind nicht bloss Worte. Jesus selbst steht euch gegenüber, das menschgewordene

Wort Gottes. Er ist „das wahre Licht, das jeden Menschen erleuchtet“ (Joh 1,9), die Wahrheit, die uns frei macht (vgl. Joh 14,6), das Leben, das uns der Vater in Fülle gibt (vgl. Joh 10,10). Das Christentum ist nicht einfach eine Art Kultur oder eine Ideologie, selbst nicht ein System von noch so erhabenen Grundsätzen und Werten. Das Christentum ist eine Person, eine Gegenwart, ein Gesicht: Jesus Christus, der dem Leben der Menschen Sinn und Inhalt gibt.“
Lieber Christoph, ich bete für dich, damit du auch in Zukunft vielen Menschen helfen kannst, aufzustehen und in Christus Sinn und Inhalt für ihr Leben zu finden.
Regens Martin Rohrer

Gedanken der Seminaristen aus dem Priesterseminar St. Luzi, Chur

Domherr Casetti ist ein brennender Verehrer von Josef Pieper und wie dieser ein grosser Denker. Seine Vorträge sind immer geistreich und zeugen von seiner tiefen Verwurzelung im Heiligsten Altarsakrament. In diesem Sakrament ist Christus selber zugegen, in dem wir die Glückseligkeit finden. Josef Pieper sagte einst in seinen „Kulturphilosophischen Schriften“ in „Glück und Kontemplation“: „Das ‚Höchste Gut‘ und seine Erlangung – das ist die Glückseligkeit. Und Freude ist: Antwort auf Glückseligkeit.“ Möge das Leben von Domherr Casetti weiterhin „Antwort auf die Glückseligkeit“ und somit von Freude erfüllt sein!
In Christo Mario

„Ich bin der WEG, die WAHRHEIT und das LEBEN“ (Joh 14,6)

Danke, Domherr Casetti, dass Sie sich – schon seit langer Zeit – in Ihrem Wirken für diese drei Schlagworte unermüdlich einbringen: Sei es, um Menschen aus ihren negativen Verstrickungen heraus wieder in die Gemeinschaft mit Gott zu führen. Sei es, für die

Wahrheit einzustehen bzw. Menschen zu helfen, ihr Leben im Lichte dieser Wahrheit zu gestalten. Und sei es auch, dass Sie sich für das christliche Leben in all seinen Formen – gerade auch für den Schutz des ungeborenen Lebens – einsetzen. Wenn ich an meine Berufungsgeschichte denke, waren Sie für mich sinngemäss auch wertvoll und sozusagen ein Werkzeug Gottes: Denn Sie haben mir geholfen, in einer schwierigen Situation wieder auf den richtigen Weg zu kommen. Ein Weg, voller Gnade und Wahrheit, der mir ein Leben in Fülle verheisst. Hierfür bin ich Ihnen sehr dankbar. Bitte nehmen Sie mich und meinen Weg als Seminarist in Ihr Gebet.
Herzlich, Mauro Giaquinto

Domherr Casetti bereichert uns regelmässig durch Vorträge. Er lässt in diese Vorträge viel von seiner langjährigen seelsorgerischen Erfahrung einfliessen, was für uns als potentielle zukünftige Seelsorger natürlich sehr spannend ist. Dass Domherr Casetti auch über die Bistums- bzw. Landesgrenzen hinweg bekannt ist, erfuhr ich, als ich ihm von verschiedenen Leuten meines damaligen Studienortes Heiligenkreuz regelmässig Grüsse übermitteln sollte. Ich schätze seinen Humor und seine zuvorkommende Art sehr und möchte ihm dankbaren Herzens alles Gute wünschen.
A.L.

Ein Leben für das Leben „Denn wer sein Leben retten will, wird es verlieren; wer aber sein Leben um meinetwillen und um des Evangeliums willen verliert, wird es retten“ (Mk 8,35).
Danke, dass Sie ihr Leben für Christus und seine Kirche eingesetzt haben. Danke, dass Sie durch ihr priesterliches Wirken Christus in das Leben von so vielen Menschen gebracht haben und bringen!
Matteo Tuena

Gesundheit, Glück, Wohlergehen und Gottes Segen, damit soll es auch im nächsten Lebensjahr gut weitergehen. Herzlichen Dank für Ihren Einsatz.
Mike Qerkini

Herzlichen Dank für das Zeugnis, das Sie abgegeben haben und abgeben in Impuls, Predigt und allen weiteren Begegnungen mit uns Seminaristen! Ich wünsche Ihnen Gottes reichen Segen und allzeit gute Gesundheit!
J.Z.

Viele erforschen voreilig, wer der Grössere ist im Reich Gottes, ungeachtet dessen, dass sie es nicht wissen, ob sie einst würdig sein werden, unter die Geringsten gezählt zu werden. Sich an Christus zu orientieren heisst, zu den Geringsten zu gehören und durch ihn ins Himmelreich zu gelangen. Daher danken wir Gott und loben ihn für unser Leben und unseren Glauben, er, der sich Zeit genommen hat, Mensch zu werden, um für uns wahres Vorbild zu sein.
A.E.

Hw. Domherr Casetti, herzlichen Dank für die guten, wohlwollenden und interessanten Begegnungen in den letzten Jahren. Ich wünsche Ihnen zu Ihrem 75. Geburtstag, dass Sie noch lange Ihren Lebensweg mit weitem Herzen und wachem Geist, im unsagbaren Glück der Liebe gehen können.
Ihr Br. Abraham

Der gute Hirt gibt sein Leben hin für die Schafe (vgl. Joh 10,11). Für diese Worte der Bibel ist unser Domherr Casetti ein lebendes Beispiel. Denn so, wie ich ihn kenne, ist er immer im unermüdlichen Einsatz für seine Mitmenschen, für die ihm anvertrauten Schäfchen, wozu unter anderem auch wir Seminaristen gehören. Ich bin sehr dankbar für seinen Einsatz für uns Seminaristen und

wünsche ihm für seinen weiteren Dienst in der Kirche alles Gute und hoffe, dass Gott ihn uns noch lange erhalte.
Ernst Niederberger

„Ich setzte den Fuss in die Luft und sie trug“ (Hilde Domin: „Nur eine Rose als Stütze“) – Ein Ausspruch voll hoffenden Wissens, ein Wagnis, welches Glauben wie Leben auszeichnet. So wünsche ich Ihnen, allezeit diese gute Erfahrung machen zu dürfen: Gott trage und beschütze Sie!
T.J.

Was du mit Glaube und Mut begonnen hast, das hilft dir Gott vollenden!
N.R.

Lieber Domherr Casetti, herzlichen Dank für Ihr Engagement und Ihre Ansätze für unsere Ausbildung und das Leben der Menschen. Vergelt's Gott! Alles Gute zum Geburtstag wünsche ich Ihnen!
H.M.

«[...] ich bin gekommen, damit sie das Leben haben und es in Fülle haben» (Joh 10,10). Vielen Dank, Domherr Casetti, dass Sie sich diesen Satz so sehr zu Herzen nehmen und Tag für Tag zum Wohl der Menschen handeln.
N.G.

Lieber Domherr Casetti,
vielen Dank, dass Sie für uns da sind. Sie sind ein Vorbild für uns Priesteramtskandidaten, weil Sie dem Bischof treu sind und sich mit so viel Liebe für das Reich Gottes und für die Menschen einsetzen.
Agil Raju

Lourdespilgerverein

Dank der Ärzte für die jahrzehntelange geistliche Begleitung

Lourdes-Ärzte 2018
Im Namen aller teilnehmenden Lourdes-Ärzte möchten wir Domherr Christoph Casetti herzlich für seinen langjährigen Einsatz als unser geistlicher Begleiter danken!
Anbei mehrere sehr persönliche Erinnerungen einiger Teilnehmer:

Im Jahre 2010 nahm ich zum ersten Mal an der Lourdeswallfahrt teil. Dies war für mich eine ganz neue Welt; eine emotionale Achterbahn.
In den Morgenbetrachtungen begegnete ich Christoph zum ersten Mal. Damals hatte ich keine Ahnung, was ein Domherr ist. Ich bin ein spontaner Mensch und da in mir vieles unklar war, getraute ich mich ihm eines Abends bei einem Glas Wein, diverse «dumme» Fragen zu stellen. Dabei lernte ich ihn besser kennen und schätzen. Nie machte er sich über mein theologisches Unwissen lustig. Geduldig gab er mir Auskunft und dies zu später Stunde: Da er die Rosenkranzprozession um 21 Uhr sehr liebt, fand die Weiterbildung danach statt!

Je mehr ich lernte und erfragte, umso mehr erkannte ich sein Wissen und seine Bescheidenheit. Christoph ist ein zurückhaltender Mensch, nie aufdringlich, wartet er geduldig und holt uns dort ab, wo wir im Glauben stehen. Im Laufe der Jahre in Lourdes und dann später bei einem Zwischenstopp in Chur auf unserem Weg nach Arosa, lernte ich ihn immer mehr kennen und entdeckte neue Seiten an ihm. Er erzählt gerne Witze und hat einen wunderbaren, feinen Humor.

Er ist für mich ein Fels in der Brandung. Sein Glauben ist klar und ohne Widersprüche – er ändert dabei nicht seine Meinung, auch wenn er so oft im Gegenwind steht. Seine Ansichten sind solide, theologisch begründet und gut durchdacht.
So lächerlich dies tönt, erst in Lourdes erkannte ich, dass Priester auch Menschen sind, die auch die Gläubigen nötig haben. Zuvor hatte ich in der Kirche «nur konsumiert». Nun versuche ich aktiv, diese unsere Kirche zu unterstützen, zu der auch die Priester gehören, die ihr Leben Jesus Christus weihen.
Die grösste Freude für Christoph ist es, andere Menschen im Glauben zu unterweisen, ihren Glauben zu stärken und sie näher zu Gott zu führen. Mögen ihm hierfür noch viele Jahre geschenkt werden!

Lieber Christoph, ich danke Dir von Herzen, dass Du meinen Glauben stärkst!
Piroska Berchtold, Ärztin in Payerne FR

Christoph war/ist seit Jahrzehnten ein treuer Begleiter im „Roten Zug". Als ich ihn erstmals getroffen habe, war er für mich ein eher ernster, etwas vornüber gebeugter „Geistlicher Herr" von Chur obäabä. Seine Gedankenwelt war mir nicht immer sehr nah an meinem Alltag. Schnell konnte ich aber bei ihm eine Ader entdecken, die sich gut mit meinem Eigen- und Innenleben vereinbaren liess. In vielen, vielen Nachtstunden haben wir im Getränke- und Speisewagen des roten Zuges gesessen und bei Wein und Brot über Gott und die Welt in lockerer Atmosphäre uns austauschen können.
Ich denke, dass wir beide voneinander auch fürs Leben profitieren konnten. Aktives Zuhören war präsent und auch divergente Meinungen konnten wertfrei deponiert werden. Ich danke Christoph für die Zeit, die er mit uns verbracht hat und wünsche noch viele ruhige Jahre in der Grundhaltung, dass das dann schon gut kommt.
Emil Pfister, Arzt in Gommiswald ZH

Mit Freude denken wir an unsern Freund Christoph und die Lourdesreisen zurück.
Christophs Morgenbetrachtungen waren immer sehr durchdacht und perfekt vorbereitet, zuweilen hatten wir nach kurzen Nächten Mühe, den intellektuellen Höhenflügen und ausgeklügelten Sätzen auch wirklich zu folgen (zum Glück gab es am Schluss Handouts für langsamere Denker).
Christophs Einsatz für fröhliche, gesunde Familien war für uns immer eine Ermutigung und die Zeugnisse aus dem Befreiungsdienst liessen uns die geistliche Wirklichkeit erahnen.
Christoph „Spaghetti" und seine Generationen toller Pudelhunde sind auch bei unsern Kindern sehr beliebt, welche die gutmütigen Vierbeiner bei Besuchen bis zur Erschöpfung (der Kinder und des Hundes) Zirkuskunststücke üben liessen – der Ekel vor Hundespucke war bald überwunden.
Lieber Christoph, wir wünschen Dir noch viele gesegnete, fruchtbare und frohe Jahre und danken Dir für Deinen unermüdlichen Einsatz für die Wahrheit!
Bernadette und Familie

1998 nahm ich an meiner ersten Lourdeswallfahrt teil. Vor vielen Jahren hatte ich während zwei Jahren im St. Claraspital in Basel gearbeitet. So traf ich eines Tages auf der Strasse Schwester Caecilia, die langjährige Leiterin des Pflegedienstes in Lourdes. Direkt wie sie war, sagte sie: „Sie könnte ich in Lourdes gut gebrauchen".
So kam ich mehrere Jahre vor unserer Konversion (unsere ganze Familie konvertierte erst im Jahre 2001 zur katholischen Kirche) zu meiner ersten Lourdeswallfahrt.
Hier lernte ich dann im Rahmen der Morgenbetrachtungen für die Ärzte Christoph Casetti als Leiter dieser Betrachtungen und als geistlichen Leiter für die teilnehmenden Ärztinnen und Ärzte kennen.
Schon beim ersten Mal war ich von der Tiefe und dem Gehalt seiner Ausführungen sehr beeindruckt. Er verstand es immer wieder,

durch den Inhalt, aber auch durch die Themenwahl zu beeindrucken.
Besonders in den ersten Jahren, als ich noch nicht katholisch war (was zu diesem Zeitpunkt allerdings niemand wusste!) gaben mir diese behandelten und vertiefenden Themen sehr viel, wurde doch dadurch manches klar, was bisher noch etwas im Dunkeln war oder was irgendwie der Klärung bedurfte.
Ich habe ihn auch ein oder zwei Mal als Beichtvater erleben können. Dieses Sakrament war mir bisher unbekannt, da dies in unserem freikirchlichen Umfeld nicht von Bedeutung war. Auch hier verstand er es, den Laien oder zumindest Ungeübten behutsam an dieses Sakrament heranzuführen.
Insgesamt durfte ich Christoph Casetti während meiner 17 Jahre, in welchen ich regelmässig an den Lourdeswallfahrten teilnahm, erleben.
Beeindruckt hat mich auch sein umfassendes theologisches Wissen. Dies ergab dann oft interessante Diskussionen, die durchaus auch kontrovers sein durften. Er selbst steht aber immer fest auf dem Fundament der Kirche.
Nun, da ich ja nicht mehr dabei bin, kann ich sagen, dass mir diese Betrachtungen gefehlt haben. Ich freue mich aber für die teilnehmenden Ärztinnen und Ärzte, dass er immer noch dabei ist.
So wünsche ich Christoph zu seinem 75, Geburtstag nur das Beste, Gesundheit und Gottes Segen für sein Wirken.
Ad multos annos!!
Jörg Berchtold

Peter Egger

Der Prophet

Der Prophet mit festem Schritte
schreitet in der Völker Mitte
durch die dunkle Welt dahin.

Er betrachtet Welt und Werke,
die in ihrer Macht und Stärke
künden von des Menschen Sinn.

Er erkennt das Reich des Menschen,
sieht den Wahnsinn ohne Grenzen,
eine Welt ganz ohne Gott!

Die Titanen sich erheben,
um nach Gottes Thron zu streben,
denn der alte Gott ist tot.

Städte mit gewalt'gen Türmen
sieht er nach dem Himmel stürmen,
ohne Maß und ohne Lot.

Der Prophet in seinem Schauen
ahnt voll Sorge und voll Grauen,
dass die Welt in größter Not.

Menschen werden still geknechtet,
durch das „Menschenrecht" entrechtet,
wie's der „Große Bruder" will.

Medien die Gehirne trimmen,
Chaos wächst durch tausend Stimmen,
Ohnmacht schwängert das Gefühl.

Menschen werden zu Maschinen,
die dem großen Tiere dienen,
seelenlos ist ihr Geschick.

Mammon wird zum Götzentempel,
der Profit wird zum Exempel,
Geld ist hier das einz'ge Glück.

Freiheit will der Willkür frönen,
alle Werte sie verhöhnen,
Narren treiben hier ihr Spiel.

Sex kennt irre Wahnsinnsformen,
bricht Tabus und alle Normen,
Lust ist hier das höchste Ziel.

Recht auf Leben wird zertreten,
Ärzte lautlos Föten töten,
Kinder werden hier zu Müll.

Recht auf Sterben wird gepriesen,
sanften Tod darf man genießen,
alter Mensch ist hier zuviel.

Droge soll zum Himmel führen,
bis die Menschen dann krepieren,
Horrortrip führt hier zum Tod.

Schwermut schwelt in vielen Seelen,
die sich durch das Leben quälen,
nur der Selbstmord löst die Not.

Harter Rock die Seelen hämmert
bis der letzte Geist verdämmert,
Seele ist nun hohl und leer.

Geisterkult und Okkultismus,
Esoterik, Spiritismus,
Seele wird nun schwarz und schwer.

Wirtschaft liegt oft schwer danieder,
Arbeitslosigkeit kehrt wieder,
mancher nagt am Hungertuch.

Alptraum von Globalisierung,
Rausch und Zwang der Maximierung,
bis das Ganze wird zum Fluch.

Börsenkrach und Waffenhandel,
Ökotrauma, Klimawandel,
irgendwann wird es zuviel.

Menschen immer lauter klagen,
viele sich nun ängstlich fragen:
Was ist wirklich unser Ziel?

Viele sehen nun das Böse,
wollen, dass sie Gott erlöse,
doch wer zeigt zu Gott den Weg?

Viele suchen nach Gestalten,
die im Auftrag Gottes walten,
Herrgott, nimm den Fluch hinweg!

Der Prophet vernimmt den Jammer,
betet still in seiner Kammer,
bis erstrahlt ein heil'ges Licht.

Er verspürt nun Gottes Walten,
seine Kräfte sich entfalten
und es ruft ihn heil'ge Pflicht.

Um die große Not zu wenden,
eilt er mit gefalt'nen Händen
zu dem heil'gen Berge hin.

Steigt empor wohl tausend Stufen,
bis er hört ein heil'ges Rufen,
das erfüllt ihm Herz und Sinn.

Er erblickt nun hohe Türen,
die in eine Halle führen,
wo er einen Alten sieht.

Dieser ruft ihn in die Nähe,
hört sein Weinen und sein Wehe,
bis das Dunkel weicht und flieht.

Dann spricht Gott zu dem Propheten:
„Hör nicht auf mit deinem Beten,
bis das Heil kommt in die Welt!

Alle Gnad' will ich dir geben,
für ein heilig starkes Leben,
das in jeder Not dich hält!

Steig hinunter zu den Menschen,
zeige ihnen ihre Grenzen,
führe sie zum Guten hin!

Lehre sie den Glauben ehren,
dass sie allem Bösen wehren,
bis die Welt hat wieder Sinn."

Stumm steigt er zur Erde nieder,
wo nach Wahn und Tod nun wieder
Gottes Reich erstehen soll.

Viele Menschen sieht er kommen,
viele Zweifler, viele Frommen,
bis die Kirchen werden voll.

Des Propheten Worte künden,
wie der Mensch durch seine Sünden
Welt und Leben hat zerstört.

Doch durch göttliches Erbarmen
gibt es Rettung für die Armen,
wird ihr Flehen nun erhört.

Und die Menschen lauschen stille,
sie vernehmen Gottes Wille,
sind zur Umkehr nun bereit.

Ihre Herzen sich bekehren,
Lieb' und Glauben sich vermehren
und ein Ende hat der Streit.

Alte Sünden sind vergeben,
es beginnt ein neues Leben,
Hoffnung keimt in jedem Herz.

Alle Not ist überwunden,
seit der Mensch zu Gott gefunden
und der Friede heilt den Schmerz.

Der Prophet mit offnen Armen
dankt nun Gott für das Erbarmen,
dass zu Ende ist die Not.

Gott will er nun ewig ehren,
seinen Ruhm auf Erden mehren,
bis ihn ruft der gnäd'ge Gott!

Käthi Kaufmann-Eggler

Geburtstagskind Christoph Casetti

Freut euch zu jeder Zeit! Betet ohne Unterlass! Dankt für alles; denn das ist der Wille Gottes für euch in Christus Jesus. Löscht den Geist nicht aus! Verachtet prophetisches Reden nicht! Prüft alles und behaltet das Gute! Meidet das Böse in jeder Gestalt! Er selbst, der Gott des Friedens, heilige euch ganz und gar und bewahre euren Geist, eure Seele und euren Leib unversehrt, damit ihr ohne Tadel seid bei der Ankunft unseres Herrn Jesus Christus. Gott, der euch beruft, ist treu; er wird es tun.
(1 Thess 5,16-24)

Freut euch zu jeder Zeit!

Diese Worte aus der 2. Lesung zum Gaudete-Sonntag 2017 sollen der Leitfaden sein durch meinen Text mit Gedanken zum Geburtstagskind Christoph Casetti, dem würdigen Monsignore am bischöflichen Hof zu Chur, der das innere Kind immer mal wieder durchblitzen lässt. Da ein launiges Wort beim gemeinsamen Mittagessen, dort eine passende Anekdote bei einer ausgedehnten Sitzung. Er stammt selber aus einer Familie mit vier Kindern. Viele Jahre war er Bistumsbeauftragter für Ehe und Familie. Entsprechend am Herzen liegt ihm unser Werk, der Verein Arbeitsgruppe Jugend und Familie mit ihrem Arbeitszweig Interessengemeinschaft Familie 3plus. Seit vielen Jahren schätzen wir den aufmerksamen geistreichen Priester sehr als unser treues aktives Vorstandsmitglied, der weit über die Sitzungen hinaus unsere Arbeit mitträgt und unsere Anliegen teilt.

Jugend & Familie

Betet ohne Unterlass!

Die Arbeitsgruppe Jugend und Familie ist eine überkonfessionelle, christliche Arbeitsgemeinschaft von Ehepaaren und Familien. Wir setzen uns ein für die eheliche Treue und für die Familie. Wir kämpfen für den Schutz des menschlichen Lebens von der Zeugung bis zum natürlichen Tod. Ausserdem setzen wir uns ein für die christlichen Grundwerte in Schule, Gesellschaft und Staat. Wir lassen unsere Leser Protestkarten verschicken, wenn am Schweizer Fernsehen die Hostie als simples Brötchen bezeichnet wird. Wir organisieren aber auch eine Aktion mit Dankeskarten für Parlamentarier, die sich gegen die Homo-Ehe einsetzen.

Dankt für alles; denn das ist der Wille Gottes für euch in Christus Jesus.

Aus den jungen Gründungsmitgliedern von Jugend und Familie wurden nach und nach Eltern von drei und mehr Kindern. Einige von ihnen fühlten sich allein gelassen zwischen all den Singles, Karrierefrauen und Doppelverdienern: Das war der Start für die

Interessengemeinschaft Familie3plus. Sie wurde an Silvester 1996 gegründet als ein Arbeitszweig des Vereins Jugend und Familie.

Von Anfang an wollten wir kinderreiche Familien ermutigen und vernetzen. Sie sollten immer wieder einmal auftanken können. So knüpften wir Kontakte zum Verband Christlicher Hotels und zu katholischen Bildungshäusern. Damit wurden fast geschenkte Sommerferien für die ganze Familie möglich. Mutter und Vater müssen nicht kochen. Die Kinder werden auf Wunsch betreut. Es gibt endlich ganz viel Zeit füreinander und damit für manche Ehe neuen Schwung.

Löscht den Geist nicht aus!

Ein weiterer Höhepunkt ist jeweils die Begegnung und das Festessen für die Mütter und Väter im Januar im Bundeshaus, verbunden mit einer Führung durch die Räume des eidgenössischen Parlamentsgebäudes durch Ratsmitglieder, die selber Mütter und Väter von drei und mehr Kindern sind. Dieser Tag soll ein Dank sein und eine Ermutigung, auf dem eingeschlagenen Weg weiterzugehen. Freude macht natürlich auch der alljährliche Familientag für

die ganze Familie im Spätsommer, mit einem ganz grossen gemeinsamen Frühstück je nachdem in einem Zoo, in einem Zirkus, in einem Museum. Bei beiden Anlässen ist Christoph Casetti immer mal wieder als sehr aufmerksamer Gast mit dabei.

Verachtet prophetisches Reden nicht!

Insgesamt fast 10 Millionen Franken durften wir seit Gründung unserer Arbeitsgruppe Jugend und Familie für Hilfe an Familien in

Not vergeben. Tausende von Familien haben wir nicht nur finanziell, sondern auch mit Beratung unterstützt. In Hunderten von Fällen trug unser Einsatz dazu bei, Ehen und Familien zu retten und neue Hoffnung zu schenken. Heute erhalten wir Briefe von Kindern dieser Familien, die uns für die Hilfe in früherer Zeit danken.
Zu Beginn vor gut zwanzig Jahren waren es vor allem Familien aus städtischem Gebiet, die sich bei uns meldeten. Bauernfamilien fanden eine solche Interessengemeinschaft nicht nötig. Auf dem Land war es normal, viele Kinder zu haben. Das hat sich geändert. Die Bauern kämpfen ums wirtschaftliche Überleben und sind froh um einen Rückhalt.
Viele junge Eltern finden es im Übrigen gar nicht mehr „cool", wenn Papa und Mama ausser Haus arbeiten. „Ich habe meine Kinder nicht geschenkt bekommen, damit ich sie zur Fremdbetreuung auslagere", brachte es kürzlich eine junge Mutter auf den Punkt. Da heisst es, sich einzuschränken, denn oft reicht ein Lohn nur knapp, um eine Familie durchzubringen.

Prüft alles und behaltet das Gute!

Die Familien vom Land und von der Stadt, die jungen und die erfahrenen Eltern, auch die alleinerziehenden Väter und Mütter, für sie alle möchten wir ein Netzwerk sein. Über 3000 Familien sind es inzwischen, und täglich kommen neue dazu. Unser langjähriges Vorstandsmitglied Christoph Casetti hat unsere Visitenkarten „erfunden". Selbstverständlich trägt er auf all seinen Reisen immer welche auf sich und überreicht sie jeweils mit einer freundlichen Aufmunterung allen Familien mit drei und mehr Kindern, die seine Wege kreuzen. Wir freuen uns darüber. Es ist wunderbar, einen so treuen Begleiter an unserer Seite zu wissen.

Er selbst, der Gott des Friedens, heilige euch ganz und gar und bewahre euren Geist, eure Seele und euren Leib unversehrt, damit ihr ohne Tadel seid bei der Ankunft unseres Herrn Jesus Christus. (1 Thess 5,23)

Lieber Christoph, ich danke dir ganz herzlich, dass du schon so lange mit uns unterwegs bist:

Ganz vorne als starker Bannerträger zu meiner Rechten beim „Marsch fürs Läbe" durch die Zürcher Bahnhofstrasse, in der heiligen Messe beim Papstbesuch von Johannes Paul II. im Juni 2004 in Bern, als treuer Verfechter der natürlichen Familienplanung, als von vielen Familien geschätzter Katechet und Sakramentenspender, als geistlicher Begleiter auf Wallfahrten, als ein Seelsorger, der geschiedenen Frauen und Männern Perspektiven aufzeigt, als politisch engagierter Kolumnist und Eidgenosse.
Immer. Auch dann, wenn uns ein rauher Wind entgegenbläst …

Gott, der euch beruft, ist treu; er wird es tun.

Mgr. Christoph Casetti (hinterste Reihe rechts aussen) anlässlich der Spendung des Heiligen Firmsakramentes für Barbara und Christian Kaufmann (vorderste Reihe v.li. 3. und 4.) im Sommer 2006 in der Klosterkirche Einsiedeln.

Waltraut Dorothea Sennewald

Dank an Msgr. Casetti zu seinem 75. Geburtstag

Msgr. Casetti hat vor vielen Jahren bei einem Seminar für Menschen in Trennung, Scheidung und Wiederverheiratung gesagt: „Da ich keine eigene Gemeinde mehr habe, seid ihr meine Gemeinde.“ Das erfüllte uns mit großer Freude, und so haben wir ihn als „unseren Seelsorger“ angenommen und erleben, dass er uns ernst nimmt, beisteht, ermutigt und um unser Seelenheil besorgt ist.

Er macht sich für uns stark, tut seinen Mund auf und schweigt nicht, unsere Thematik anzusprechen und klar und deutlich die Lehre von Jesus und der Kirche zu vermitteln. „Dann werdet ihr die Wahrheit erkennen und die Wahrheit wird euch frei machen“ (Joh 8,12).

In vielen Seminaren konnten wir seine offene und ruhige Art erleben und seine Geduld erfahren.

Als Priester und Beichtvater und in den vielen seelsorgerlichen Gesprächen und Vorträgen haben wir aus seinen reichen Erfahrungen Trost, Hilfe, Ermutigung und Stärkung erfahren. Was ihn auszeichnet: Er kann gut zuhören und ist ein väterlicher Priester – das schätzen wir sehr an ihm.

Vergelt's Gott, Msgr. Casetti, für alles, was Sie für uns getan haben und tun. Möge Christus Ihnen noch schöne und gesunde Jahre schenken.

Wir, das ist die internationale Gemeinschaft „Familie Solitude Myriam“ (FSM), und wir wünschen Ihnen alles Gute zu Ihrem 75. Geburtstag, Gottes reichen Segen, seine erfüllende Liebe und seinen Schutz. Möge die Kraft des Heiligen Geistes Sie weiter im Dienst des Herrn stärken und noch gute und gesunde Jahre schenken.

Für die „Familie Solitude Myriam" (FSM) danken Ihnen für alle gute Zusammenarbeit stellvertretend für Deutschland: Jörg Schröter und Waltraut Sennewald; für die Schweiz: Emma Schumacher; für Österreich: Sieglinde Rosenmayer.

Impulse und Erfahrungen

Weihbischof em. Andreas Laun

Die Kirche hat schon viel erlebt

Die Kirche hat schon viel erlebt, auch auf dem Gebiet der Moral. Dabei gab es auch Übertreibungen, vor allem bezüglich der Sexualmoral, laxistische und rigoristische. Das Ziel kann nur sein, sich an die klare, biblische Lehre, wie sie zuletzt vor allem der hl. Papst Johannes Paul II. dargelegt hat, zu halten. Das heißt: Gott schuf den Menschen als Mann und Frau und gab ihm die sexuelle Kraft zur Vermehrung, auch zu seiner Freude in der Liebe und Zärtlichkeit und zur gegenseitigen Hilfe. Der Mensch kann sie nützen und sich ihrer freuen (amoris laetitia, Freude an der Liebe, sagt Papst Franziskus, der hl. Papst Johannes Paul II redet sogar von einem hl. Akt, dessen Heiligkeit natürlich nur mit Gott und in seiner Ordnung gelingt!). Der Mensch kann die Sexualität aber auch ihrer Schönheit berauben, sie missbrauchen und sündigen. Wenn ihm sein Gewissen lässliche oder schwere sexuelle Sünden vorhält, gilt, was für alle Sünden gilt: Der Mensch sollte sie bereuen, sie beichten und den ehrlichen Vorsatz fassen, die Sünde nicht mehr zu begehen.

Zwei rigoristische und besonders unvernünftige Irrtümer seien benannt: Es gab Autoren, die behaupteten, im Bereich der sexuellen Sünden gäbe es nur Todsünden, keine lässlichen Sünden. Aber dass diese These falsch ist und der Tradition der Kirche widerspricht, wurde schon vor rund 100 Jahren klar bewiesen in dem bis heute lesenswerten Buch von A. Adam „Der Primat der Liebe“[1]. Der andere Irrtum, mit sicher auch schlimmen, ungerechten Folgen für die Betroffenen, lautete: Die schwersten Sünden überhaupt seien homosexuelle Sünden, weil sie gegen die Natur sind. Darum seien sie schlimmer als jede andere. Als ob es nicht leicht wäre, Beispiele zu nennen, die diese Behauptung klar widerlegen und ad

1 Kevelaer 1940.

absurdum führen, ohne homosexuelle Akte in Nicht-Sünden oder gar Werte umzudeuten, wie es in letzter Zeit auch schon geschehen ist. Aber wie schon erwähnt: Moraltheologische Entgleisungen gab es auch in die laxistische Richtung, wenn Moraltheologen versuchten, die enge Pforte[2], von der Jesus sprach, ein wenig „breiter" zu machen.

Jesus hat erstaunlich wenig zur Sexualität gesagt, außer der Benennung des lüsternen, ehebrecherischen Blickes und dem Verweis auf die Gebote gegenüber dem reichen jungen Mann, der ihn nach dem Weg zum ewigen Leben befragte. Aber in den Geboten ist natürlich auch die Ordnung für das sexuelle Leben enthalten, die herauszuarbeiten Aufgabe der Moraltheologie und des kirchlichen Lehramtes ist. Aber die schärfste moralische Kritik lösten bei Jesus nicht sexuelle Sünden aus. Harte Worte verwendet Jesus gegen Heuchelei und Ungehorsam gegenüber dem Hl. Geist Gottes[3]. Er spricht zu den Pharisäern und Schriftgelehrten, nennt sie[4] „Nattern und Schlangenbrut" und warnt sie vor dem „Strafgericht der Hölle". Bei anderer Gelegenheit heißt es: „Er sah sie der Reihe nach an, voll Zorn und Trauer über ihr verstocktes Herz."[5] Und sogar die eignen Aposteln nennt er: „Kleingläubige"[6] Und bei all dem geht es nicht um das Geschlecht der Täter, sondern um die Sünde der Verhärtung, der Klein- und Ungläubigkeit und all der anderen Sünden, die Jesus in der Bergpredigt aufzählt.

Konkreter sexueller Unmoral begegnet Jesus laut NT bei drei Frauen: der Frau am Jakobsbrunnen, der Frau, die ihm die Füße wusch, und der Ehebrecherin, die ihm seine Feinde zur Steinigung präsentierten, um ihm eine Falle zu stellen.

---

2 Mt 7,14.

3 Mt 12,28.

4 Mt 23,33-36.

5 Mk 3,5.

6 Lk 12,28.

Dabei geht es nicht um das Geschlecht, sondern immer nur um die Sünden, die Reue und Umkehr derer, die sie begangen haben. Auffallend ist, wie behutsam Jesus mit den Frauen umgeht und spricht, ohne ihre Sünde schönzureden.[7]

Für die heutigen Menschen in der westlichen Welt, die weitgehend eine höchst laxistische Einstellung leben und vertreten, ist besonders die Geschichte von der Ehebrecherin lehrreich: Jesus verurteilt die Frau nicht, aber er bestätigt das Urteil ihres Gewissens, indem er sagt. „Geh hin und sündige nicht mehr!" Es gibt übrigens zu denken, dass es in der Urkirche Menschen gab, die meinten, diese Geschichte könne unmöglich wahr sein, Jesus könne doch nicht so sanft geantwortet haben. Der hl. Papst Johannes Paul II. stellte dazu die Frage, warum denn der dazugehörige Mann, der Ehebrecher, nicht erwähnt wird, und meinte, Jesus habe damit auch die Pharisäer aufmerksam auf ihre Sünden gemacht.[8]

Im Geist dieses Wortes ist auch die Darlegung der Katholischen Ehe- und Sexualmoral zu lesen, wie sie die Kasachischen Bischöfe vorlegen. Es geht um Wahrheit, Liebe und Barmherzigkeit, unvermischt und ungetrennt.

Heute wird oft und oft eine neue Sexualmoral der Kirche gefordert. Leider meistens in einem laxistischen Sinn gemeint! Aber in einer anderen Richtung ist dem zuzustimmen: ja, wenn der Moraltheologe gerade in diesem Bereich darauf achtet, die Gebote, insofern sie die Geschlechtlichkeit betreffen, von der Liebe her zu deuten und verständlich zu machen. Das gilt z.B. gerade auch für Humanae vitae, das Nein der Kirche zur Verhütung. Man muss und kann zeigen: Verhütung richtet sich nicht nur gegen die Zeugung, sondern auch und überraschenderweise gegen die Liebe. Oft hört man: Die Pille schenkt der Liebe die Freiheit. Falsch, sie zerstört die Liebe, weil sie den Leib seine Liebesprache nicht sprechen lässt. Denn darin besteht ja das ganz Besondere der Sexualität: Leib

---

7 Joh, 8,3-11.

8 Mulieris dignitatem 14.

und Seele sprechen zum Anderen das eine große Ja des „Ich liebe dich" der Hingabe. Aber Verhütung muss das Ja des Leibes verhindern, indem es die körperliche Vereinigung verhindert und in dieser Verhinderung besteht ihr Verhütungs-Wesen. Es ist, wie wenn zwei Menschen, die tanzen, sich voneinander lösen und einer allein den Zauber des für ein Paar komponierten gemeinsamen Tanzes vorführen sollte. Oder auch: Es ist, wie wenn ein Geiger eine Melodie auf einer Geige spielen sollte, deren Saiten gerissen sind. Aber eine solche Geige kann nicht „weinen", wie die Ungarn sagen. Und der Leib kann nicht zur Körpersprache der Liebe werden, wenn man ihn verstümmelt – vielleicht nochmals vergleichbar mit einem Hirn, das nach einem Schlaganfall nicht mehr so zu denken ermöglicht wie zuvor.

Und in noch einer anderen Hinsicht könnte eine neue Sexualmoral gedacht werden: Der katholische Vordenker zum Thema Sexualität und Liebe, Dietrich von Hildebrand, widmete in seinem damals bahnbrechenden Buch „Reinheit und Jungfräulichkeit" der Zärtlichkeit größte Aufmerksamkeit, indem er schreibt: Das Ethos der Zärtlichkeit sollte die eheliche Gemeinschaft durchsetzen, von der Zärtlichkeit durchflutet sein, ja als ihr „einzigartiger Höhepunkt erlebt werden."[9] In diesem Zusammenhang ist auch dankend an Prof. Dr. Josef Rötzer zu erinnern, den genialen Arzt, der der Kirche geholfen hat, ihre Lehre wissenschaftlich und praktisch zu untermauern, indem er die von ihm entwickelte sympto-thermale Methode bekannt machte – eine ganz mit der Lehre der Kirche übereinstimmende Methode der Empfängnisregelung, die es den Ehepaaren erlaubt, Sexualität ohne Manipulation zu leben und gleichzeitig die Zahl und den Abstand der Empfängnisse zu regeln. Und welch kritische Fragen an Papst Franziskus auch berechtigt sein mögen: Er hat im 3. Kapitel seines Schreibens „Amoris laetitia"[10]

---

[9] St. Ottilien 1981, 115.

[10] Nr. 58 ff.

die Bedeutung der Zärtlichkeit für die eheliche Liebe noch nachdrücklicher betont, als dies sogar Papst Johannes Paul II. getan hat, und in diesem Sinn dessen Lehre ergänzt. Er mahnt: „Unsere Lehre über Ehe und Familie darf nicht aufhören, aus dem Licht der Verkündigung von Liebe und Zärtlichkeit Anregung zu schöpfen und sich dadurch zu verwandeln, um nicht zu einer bloßen Verteidigung einer kalten und leblosen Doktrin zu werden."[11]
Andererseits ruft Johannes Paul II. zum Nachdenken auf den Bezug der Ehe zur Heiligkeit auf, zu der der Mensch berufen ist. Das tut er in Familiaris consortio (Nr. 13), Papst Benedikt XVI. greift das Thema auf und auch Papst Franziskus tut es in Berufung auf seine Vorgänger.[12] Der hl. Papst Johannes Paul II. schreibt: „Die mit der Erfahrung des bräutlichen Sinnes des Leibes verbundene ursprüngliche Unschuld ist dieselbe Heiligkeit, die es dem Menschen ermöglicht, sich mit seinem Körper, und zwar eben durch die aufrichtige Hingabe seiner selbst, zutiefst auszudrücken. Das Bewusstsein des Schenkens bedingt in diesem Fall das »Sakrament des Leibes«. Der Mensch fühlt sich in seiner Leiblichkeit als Mann bzw. Frau als Subjekt der Heiligkeit."[13]
Es wäre wichtig, über diese Themen, Zärtlichkeit und Heiligkeit in Bezug auf Ehe und Theologie des Leibes weiter nachzudenken.

---

11 Nr. 59.
12 Papst Franziskus, Amoris laetitia Nr. 69.
13 Johannes Paul II., Die menschliche Liebe, Vallendar Schönstatt 1985, 151.

Helmut Prader

Die Auswirkungen der Verhütungsmentalität auf die Beziehung des Paares aus pastoraler Sicht

1. Wenn die Auswirkungen der Verhütungsmentalität betrachtet werden, dann geht es hierbei nicht einfach nur darum, die Probleme aufzuzeigen, die sich bei vielen Paaren durch die Verhütung und der damit zusammenhängenden Verhütungsmentalität ergeben, sondern dass eine Pastoral sich nur dann als Pastoral bezeichnen kann, wenn sie auch Lösungsansätze und Hilfen zu bieten hat. Unsere Antwort auf die Herausforderungen der gegenwärtigen Zeit, in der zumindest im Westen sicherlich 80% der Paare in verschiedenster Form Verhütung betreiben, ist aus naturrechtlicher Sicht die „Natürliche Empfängnisregelung". Vorerst ist es daher nötig, eine Begriffsbestimmung vorzunehmen. Sowohl im englischen wie auch im italienischen Sprachgebrauch wird der Begriff der „Natürlichen Regelung der Fruchtbarkeit" oder der Begriff der „Natürlichen Familienplanung" verwendet. Diese Begriffe haben sich zwar etabliert und sie meinen auch das Richtige, dennoch ist es mir wichtig, auf den Begriff der „Natürlichen Empfängnisregelung" hinzuweisen und bewusst in den allgemeinen Sprachgebrauch einzuführen. In der englischen Sprache wäre das dann der Begriff: „regulation of the conception", in der italienischen Sprache: „regulatione del concepimento".

2. Mit diesem Begriff wird ganz klar ausgedrückt, dass es um eine Beobachtung der natürlichen Abläufe im Zyklus der Frau geht, wo dann in weiterer Folge eine Empfängnis angestrebt werden kann oder bewusst vermieden werden soll. Gelegentlich wird nämlich unter „Natürlicher Familienplanung" durchaus die Abtreibung

mitgezählt. Der Begriff der „Natürlichen Regulierung der Fruchtbarkeit" ist ebenfalls irreführend, weil keine Regulierung der Fruchtbarkeit gemeint ist, was im eigentlichen Sinn des Wortes eine Manipulation wäre. Es wird ja nicht die Fruchtbarkeit reguliert, sondern die Abläufe im Zyklus der Frau beobachtet und dann entsprechend interpretiert. Auch ist es keine „Natürliche Familienplanung", weil eine Familie nur begrenzt „geplant" werden kann. So soll ganz bewusst der Begriff der „Natürlichen Empfängnisregelung" verwendet werden, weil eben die Empfängnis geregelt wird.

3. Der Ausgangspunkt meiner Überlegungen ist eine wichtige Passage aus der Enzyklika „Humanae vitae", die in prägnanter Weise zum Ausdruck bringt, worin eine große Gefahr der Verhütung besteht. In der Nummer 17 der Enzyklika heißt es wörtlich:
„Verständige Menschen können sich noch besser von der Wahrheit der kirchlichen Lehre überzeugen, wenn sie ihr Augenmerk auf die Folgen der Methoden der künstlichen Geburtenregelung richten. Man sollte vor allem bedenken, wie bei solcher Handlungsweise sich ein breiter und leichter Weg einerseits zur ehelichen Untreue, anderseits zur allgemeinen Aufweichung der sittlichen Zucht auftun könnte. Man braucht nicht viel Erfahrung, um zu wissen, wie schwach der Mensch ist, und um zu begreifen, dass der Mensch – besonders der Jugendliche, der gegenüber seiner Triebwelt so verwundbar ist – anspornender Hilfe bedarf, um das Sittengesetz zu beobachten, und dass es unverantwortlich wäre, wenn man ihm die Verletzung des Gesetzes selbst erleichterte. Auch muss man wohl befürchten: Männer, die sich an empfängnisverhütende Mittel gewöhnt haben, könnten die Ehrfurcht vor der Frau verlieren, und, ohne auf ihr körperliches Wohl und seelisches Gleichgewicht Rücksicht zu nehmen, sie zum bloßen Werkzeug ihrer Triebbefriedigung erniedrigen und nicht mehr als Partnerin ansehen, der man Achtung und Liebe schuldet."

In weiterer Folge wird in dieser Nummer 17 der Enzyklika davor gewarnt, dass für Regierungen die Tore geöffnet würden, um durch Programme und Projekte in die Familienplanung ihrer Bürger einzugreifen. Wir brauchen dabei etwa nur an Indien, China oder Teile Afrikas denken, um zu erkennen, wie prophetisch der Papst die Entwicklungen in diesen Ländern vorausgesehen hatte.

4. Mit der Eheschließung sagen Mann und Frau ein bedingungsloses Ja zueinander. Dieses Ja schließt aber auch das Ja zur Fruchtbarkeit und zur Natur von Mann und Frau mit ein. Wenn jedoch die Fruchtbarkeit entweder mechanisch umgangen oder chemisch unterdrückt wird, wird aus dem Ja bei der Eheschließung ein „Ja – Aber". Die Verhütung versucht, einen wesentlichen Teil des Menschseins auszuklammern, indem die Fruchtbarkeit wie eine Krankheit behandelt wird, die umgangen oder ausgeschlossen werden muss. Wir müssen uns die Frage stellen: „Was ist die Krankheit? Die Fruchtbarkeit der Frau oder die Unfruchtbarkeit, die von außen herbeigeführt wird?" Aus diesem Blickwinkel heraus müssen wir sagen, dass etwa hormonelle Kontrazeptiva deshalb nicht als Medikamente bezeichnet werden können, weil Medikamente dazu da sind, einen kranken Menschen zu heilen und nicht umgekehrt einen gesunden, fruchtbaren Menschen unfruchtbar, d.h. krank zu machen!

5. Grundsätzlich ist zu sagen, dass es bei der Natürlichen Empfängnisregelung wie auch bei der Verhütung darum geht, eine Schwangerschaft zu vermeiden. Die Mittel und Wege, die dazu angewendet werden, unterscheiden sich wesentlich. In der Verhütung findet eine Manipulation statt. Die beiden Sinngehalte ehelicher Liebe – die Liebesbezeugung und die Offenheit für neues Leben – werden vom Menschen bewusst voneinander getrennt und auseinandergerissen. Bei der Natürlichen Empfängnisregelung hingegen werden die natürlichen Abläufe im Zyklus der Frau beobachtet

und im Sinne der verantwortlichen Elternschaft gemeinsam entschieden, ob ein weiteres Kind zum gegenwärtigen Zeitpunkt zu verantworten ist oder nicht. Es wird jedoch nicht in die natürlichen Abläufe eingegriffen. Empfängnisregelung durch Beobachtung der natürlichen Abläufe im Zyklus der Frau ist ein Mitwirken am Schöpfungshandeln Gottes, Verhütung hingegen ist ein Handeln gegen den Schöpfer.

6. Papst Paul VI. sieht in der Anwendung von Verhütungsmethoden die Gefahr, dass Männer die Ehrfurcht vor der Frau verlieren und zu wenig auf ihr körperliches Wohl und seelisches Gleichgewicht Rücksicht nehmen. Jeder Mensch, egal wie sehr er sich auch bemüht, ist in der Gefahr, seinen eigenen Vorteil zu suchen, auch auf Kosten anderer. Gerade in der Sexualität ist der Mensch besonders verletzbar, wenn das Gefühl entsteht, „benützt" zu werden. Wenn keine Schwangerschaft eintreten soll, entsteht durch die Verhütung eine ständige Verfügbarkeit der Frau, worin eine besondere Gefahr des Verlustes der Ehrfurcht liegt. Dies tritt nicht unmittelbar ein, sehr wohl aber kann im Laufe der Jahre gerade für die Frau ein Gefühl des „Benütztwerdens" entstehen. Die Pille wurde in den 60-er Jahren als die „große sexuelle Befreiung der Frau" angepriesen. In Wahrheit aber führte die Pille zu keiner Befreiung, sondern zu einer ständigen Verfügbarkeit. Dramatisch ist es in weiterer Folge, dass die Dimension der Offenheit für neues Leben am Verschwinden ist. In der Familienpastoral ist immer wieder zu beobachten, wie sehr Paare in Probleme geraten, wenn sich speziell die Frau hinsichtlich der Sexualität überfordert sieht. Gelebte Sexualität mit Ausschaltung der Fruchtbarkeit bedeutet, dass der Mann zwar Ja zur Frau sagt, nicht jedoch zu ihrer Fruchtbarkeit. Der heilige Augustinus unterscheidet zwischen „uti" („gebrauchen") und „frui" („genießen"). Die eine Haltung – „uti" – strebt nach der Lust um ihrer selbst willen, ohne Rücksicht auf das Subjekt. „Frui" hingegen findet Freude in der ganzheitlichen Zuwendung zum Subjekt, da genau dies von der Natur des Menschen

gefordert ist. Das Liebesgebot weist im gegenseitigen Umgang von Personen verschiedenen Geschlechts innerhalb der Ehe den Weg zu diesem „frui". Es ist ein wesentlicher Unterschied, ob eine Frau sagen kann, dass sie von ihrem Mann auch in ihrer Fruchtbarkeit angenommen wird, oder ob sie sich manipulieren und ihre Fruchtbarkeit wie eine Krankheit behandeln muss. Das Wesen der Ehe und der Sexualität ist vor allem vom Charakter des Sich-Schenkens geprägt. Das tatsächliche Wesen des Geschenkes besteht darin, dass ich etwas hergebe, ohne den Hintergedanken zu haben, was ich dafür zurückbekomme. Die Freude, die jemand ausstrahlt, wenn er ein Geschenk bekommt, muss dem Schenkenden als Genugtuung bereits reichen. Aus dieser Perspektive betrachtet sind die Geschenke zu Weihnachten mehr ein Tauschhandel als ein Geschenk. Man vereinbart einen gewissen Finanzrahmen, damit man sich gegenseitig nichts schuldig bleibt. Was der tatsächliche Sinn des Geschenkes bedeutet, können wir erleben, wenn wir einem kleinen Kind ein Geschenk machen und dann selber „nur" mit der Freude des Kindes beschenkt werden, weil es das Geschenk nicht „zurückzahlen" kann. Genau diese Fähigkeit braucht es in der Ehe und in der Sexualität: Ich will Dir etwas Gutes tun, um dadurch selber der Beschenkte zu werden. Diese Haltung ist die einzige Möglichkeit, um nicht einem Egoismus zu verfallen, der als Resultat Opfer hinterlässt.

7. Gerade in der Familienseelsorge zeigen sich diese Unterschiede in gravierendem Maße. Bisher gibt es keine Untersuchungen darüber, inwieweit die Verhütungsmentalität Mitschuld trägt an Scheidungen. Hingegen gibt es eine große Untersuchung des „Institutes für Natürliche Empfängnisregelung", das belegt, dass ein Paar, das die „Natürliche Empfängnisregelung" praktiziert, eine Scheidungswahrscheinlichkeit von etwa 5% hat. Wenn zudem beide Partner gläubige und praktizierende Katholiken sind, sinkt die Scheidungswahrscheinlichkeit auf unter 2%. Im Gegensatz dazu liegt die

Scheidungsrate in Österreich und Deutschland jeweils bei etwa 45%. Dieser Unterschied darf als signifikant bezeichnet werden.[1] Die gegenseitige Rücksichtnahme, die durch die Natürliche Empfängnisregelung und die damit verbundenen Phasen der sexuellen Enthaltsamkeit erforderlich ist, zeigt seine positiven Auswirkungen im alltäglichen Umgang. Der Weg der Natürlichen Empfängnisregelung ist ein sehr anspruchsvoller Weg ist, der mit vielen Herausforderungen verbunden ist. Schlussendlich aber bringt dieser Weg gute Früchte. Wie auch bei anderen Bereichen, so gilt gerade im Bereich der Sexualität: Was ich permanent haben kann, verliert mit der Zeit auch seinen Reiz und seinen Wert!

8. Die Form der natürlichen Regulierung gelingt nur dann auf Dauer, wenn beide Ehepartner gemeinsam diesen Weg gehen. Diese Lebensweise ist ein partnerschaftlicher Weg. Die Frau ist mit der Fruchtbarkeit nicht alleine gelassen. Es wird eine gemeinsame Aufgabe, in die der Mann genauso mit eingebunden ist.
Was muss es für eine Frau bedeuten, die sagen kann, ihr Mann akzeptiert sie so, wie sie ist, auch mit ihrer Fruchtbarkeit. Dieser Weg ist sicher nicht immer einfach, aber dieser Respekt, diese Hochachtung und Rücksichtnahme wirkt sich auch auf das alltägliche Leben und den Umgang miteinander aus. Es liegt in den Verhütungsmethoden die Gefahr, dass eine Reduktion auf die sexuelle Vereinigung stattfindet und andere Formen der Zärtlichkeiten verkümmern. Was sind andere Formen der Zärtlichkeiten: Sich in die Arme nehmen, das freundliche Wort, kleine Liebenswürdigkeiten, eine Blume für die Frau, speziell Zeit miteinander verbringen, Essen gehen, ein Spaziergang, Kinobesuch, und vor allem auch in besonderer Weise das gemeinsame Gebet pflegen, … Die periodische Enthaltsamkeit führt auch dazu, dass sich ein Paar wieder neu aufeinander freuen kann, worin ein gewisser Reiz liegt.

---

1 Laun, A. u. Eisl, M. (Hrsg.), Die Dynamik der Liebe. Neue Gesichtspunkte zur sympto-thermalen Methode nach Rötzer, 2. Aufl., Jeging 2013.

9. Max Horkheimer war einer der wichtigsten Philosophen (Kommunist) für die Studentenrevolution in Frankfurt im Jahre 1968. Er ist sicher kein Freund des kirchlichen Lehramtes. Er aber hat gesagt: Die Pille mussten wir bezahlen mit dem Verlust der erotischen Liebe.
So sehr die Entwicklung der Anti-Baby-Pille seitens der Feministinnen ursprünglich als die große Befreiung der Frau gefeiert wurde, so sehr wird sie gerade von dieser Seite heute als der eigentliche Grund der Versklavung der Frau erkannt. Meist aber gelingt es den Feministinnen nicht, einzugestehen, dass Papst Paul VI. und die Kirche doch recht hatten mit ihrer Einschätzung.
In der persönlichen Tätigkeit als Familienseelsorger bin ich zur Überzeugung gekommen, dass die Verhütungsmentalität die Hauptursache dafür ist, warum so viele Paare sich nach 20-25 Ehejahren scheiden lassen: Die Kinder sind außer Haus und die Frauen haben es satt, ständig herhalten zu müssen. Viele fühlen sich ausgenützt. Genau das passiert durch die Verhütungsmittel. Der Respekt geht verloren. Andererseits ist ein Neubeleben und Aufblühen der Paare zu beobachten, wenn Paare von der Verhütung wegkommen und den Weg zur Natürlichen Empfängnisregelung finden.

10. Die Natürliche Empfängnisregelung hat im ersten Zyklusteil einen Pearl-Index von 0,2 (Anwendersicherheit) und im zweiten Zyklusteil von 0, das heißt, dass nach korrekter Auswertung der Zyklusaufzeichnungen und Einhaltung der Regeln im zweiten Zyklusteil mit 100%-iger Sicherheit ausgeschlossen werden kann, dass es zu einer Schwangerschaft kommt. Die Sicherheit im zweiten Zyklusteil basiert auf der Auswertung von etwa 400.000 Zyklen.
Manche Frauen sagen, dass sie in der fruchtbaren Zeit besondere Lust auf das Einswerden verspüren. Auch wenn andere Frauen sagen, dass dies bei ihnen keinen Einfluss hätte, müssen wir doch

diese Frage ernst nehmen: Es ist sicher nicht immer leicht, diesen Weg zu leben, oft ist es sicher ein großes Opfer. Aber: Dieser Weg bringt gute Früchte für die Ehe und für die Familie. Periodische Enthaltsamkeit bedeutet nicht Enthaltsamkeit, OBWOHL ich dich liebe, sondern: Enthaltsamkeit, WEIL ich dich liebe.
Gerade jungen Menschen muss nahegebracht werden, dass gelebte Sexualität kein Problemlöser ist. Sexualität schafft keine Harmonie. Vielmehr müssen die Harmonie und der gegenseitige Respekt vorhanden sein, damit die liebende Vereinigung für beide, auch für die Frau, beglückend ist.
Auf diese Weise erlebte gemeinsame Sexualität wird die bestehende Harmonie verstärken und festigen. Dadurch gewinnt ein Ehepaar auch die Kraft für den Alltag und die täglichen Probleme und Aufgaben.

11. Die periodische Enthaltsamkeit verlangt viel Selbstbeherrschung und Disziplin. Ich habe in meiner seelsorglichen Praxis bisher aber eine eigenartige Erfahrung gemacht.
Ich möchte es so beschreiben: Das geringere Problem ist, die periodische Enthaltsamkeit zu leben. Das viel größere Problem liegt darin, dass die Paare mit der Zeit viel zu selten miteinander dieses eheliche Einswerden suchen. Ich führe dies auf zwei Faktoren zurück. Einerseits liegt es daran, dass sich viele Frauen durch den Gebrauch von Verhütungsmitteln ausgenützt fühlen, weil sie den Eindruck haben, sich manipulieren zu müssen, dass sie die Fruchtbarkeit wie eine Krankheit behandeln müssen und sich dadurch vom Mann als Ganzes abgelehnt fühlen. Zudem haben sie den Eindruck, dass sie ständig zur Verfügung stehen müssen. Es gibt aber auch noch eine medizinische Ursache: Eine der Nebenwirkungen der künstlichen Hormone sind depressive Stimmungen und damit verbundene Orgasmusprobleme und Libidoverlust, worunter etwa 30% der Frauen aufgrund der Hormone leiden. Nach zwei gescheiterten Versuchen wurde jetzt erstmals eine luststeigernde Pille für die Frau von der US-Arzneimittelbehörde (Food

and Drug Administration, FDA) genehmigt. Dieses „Viagra für die Frau" trägt den Namen Flibanserin, es ist auch unter dem Namen ADDYI bekannt. Das Medikament beeinflusst im Gehirn die Botenstoffe Dopamin und Serotonin und soll den weiblichen Sexualtrieb steigern. Die rosa Pille wirkt im Gegensatz zu Viagra weniger auf den Körper als vielmehr auf die Psyche. Das Mittel ist ursprünglich ein Antidepressivum, das den Spiegel des lusthemmenden Hormons Serotonin absenken soll. Im Gegenzug hebt es die Konzentration des Glückshormons Dopamin und Noradrenalin im Blut an. Beide können die weibliche Libido steigern. Die Pille muss im Unterschied zu Viagra täglich und nicht nur vor dem Geschlechtsverkehr eingenommen werden. Um es kurz zusammen zu fassen: Durch die Einnahme der Anti-Baby-Pille verliert ein Teil der Frauen die Lust an der Sexualität und die Orgasmusfähigkeit. Durch Antidepressiva soll dieser Verlust ausgeglichen werden. Die Möglichkeit, jederzeit zum Geschlechtsverkehr bereit zu sein, wird bezahlt mit dem Preis des Libidoverlustes, ausgeglichen wird dieser Verlust durch die Einnahme von Psychopharmaka.

12. Es dürfen aber auch die Nebenwirkungen vieler Verhütungsmittel nicht unbeachtet bleiben, auch wenn sie in der Argumentation nicht an erster Stelle stehen. Es ist bekannt, dass gerade Hormone einerseits ein erhöhtes Krebsrisiko mit sich bringen, hinzu kommen Thrombosen und Embolien sowie Schlaganfälle.[2] Exemplarisch für eine Fülle von Informationen zu diesem Thema möchte ich den Sammelband von Roland Süssmuth anführen. In diesem Buch sind auf über 1200 Seiten 48 Artikel von 42 Experten gesammelt, in denen die Hintergründe, Zusammenhänge und Auswirkungen der Verhütungsmentalität beleuchtet werden. Es kommen darin Experten verschiedener Disziplinen zu Wort, darunter etwa auch ein Augenarzt, der die Auswirkungen der hormonellen

---

2 Süßmuth, R. (Hrsg.), Empfängnisverhütung. Fakten, Hintergründe, Zusammenhänge, Holzgerlingen 2000.

Verhütungsmittel auf die Sehkraft untersucht. Besonders interessant ist eine umfangreiche Zusammenstellung einer großen Anzahl von Studien über die Auswirkungen der hormonellen Verhütungsmittel auf die Krebserkrankungen und Schlaganfälle.
Aber auch scheinbar bedenkenlose Methoden der Verhütung wie etwa die Vasektomie (Unterbindung der Samenleiter) haben Auswirkungen auf die Paarbeziehung. So ist zu beobachten, dass die Untreue sprunghaft ansteigt.
Ein separates Thema wären die Auswirkungen der hormonellen Kontrazeptiva auf die Fruchtbarkeit der Paare und die Beeinflussung der Umwelt durch diese künstlichen Hormone, die in der Natur kaum abgebaut werden können und über den Klärschlamm und die Pflanzen in den Nahrungsmittelkreislauf gelangen. Die Spermienqualität der Männer hat in den letzten 40 Jahren um 50% abgenommen. Je früher eine junge Frau mit der Pilleneinnahme beginnt, umso dramatischer sind die Folgen nicht nur für die bereits erwähnte Gesundheit, sondern auch auf ihre Fruchtbarkeit. Die volle Ausreifung des Zyklus' und der Fruchtbarkeit dauert etwa 100 Zyklen. Wenn in dieser Zeit mit Hormonen ein Scheinzyklus erzeugt wird, der mit dem Zyklus der Frau nichts zu tun hat, kann sich ihre Fruchtbarkeit nicht entwickeln. Wenn dann vielleicht nach 15 Jahren Pilleneinnahme der Kinderwunsch sich nicht erfüllt, greift man wiederum zu Hormonen, um auf künstliche Weise beim Kinderwunsch nachzuhelfen. Auch verschiedene Geschlechtskrankheiten, wie etwa Chlamydieninfektionen, können Ursachen für unerfüllten Kinderwunsch sein. Diese führen zum Verkleben der Eileiter, wodurch eine mögliche Schwangerschaft erschwert oder verunmöglicht wird. In Österreich und Deutschland geht man davon aus, dass 5,4% der jungen Frauen mit Chlamydien infiziert sind, in den Großstädten etwa 10%. In den westlichen Ländern gelten 16-20% der Paare als Kinderwunschpaare.

13. Welche Aufgabe haben wir als Kirche:

- Wir müssen uns ganz bewusst mit dem Thema Sexualität befassen, um den uns anvertrauten Menschen eine Hilfestellung zu bieten.
- Der Schatz, den wir in der Kirche haben, müssen wir immer wieder neu heben, vor allem die „Theologie des Leibes", das postsynodale Schreiben „Familiaris consortio" und vor allem müssen wir verstehen und verständlich übersetzen, was die tatsächliche Lehre der Enzyklika „Humanae vitae" beinhaltet.
- Es braucht ausgebildete Multiplikatoren und Fachleute, die besonders in der entfernteren und in der unmittelbaren Ehevorbereitung das Wissen über die Natürliche Empfängnisregelung in ansprechender Weise weitergeben. Genau in dieser Hinsicht wurde gerade in den westlichen Ländern Europas Vieles verabsäumt oder gar verhindert.
- Es gehört in die Priesterausbildung, zumindest grundsätzlich über die biologischen Abläufe im Zyklus der Frau und die Fruchtbarkeit des Paares informiert zu werden. Meinen Studenten biete ich über die Pflichtvorlesung hinaus Komplementärvorlesungen über die Bereiche Natürliche Empfängnisregelung und Wirkweisen von Verhütungsmitteln an.
- Es darf in der Ausbildung und Erziehung einerseits nicht verabsäumt werden, den jungen Menschen zu vermitteln, dass die gelebte Sexualität ganz natürlich seinen richtigen Platz in der Ehe hat, andererseits muss die Schönheit der Sexualität vermittelt werden. Regelmäßig habe ich vor allem mit Frauen in der Familienseelsorge und in der Ehebegleitung zu tun, die ein Problem damit haben, Lust zu verspüren oder die die körperliche Vereinigung nur als Notwendigkeit sehen. Die sexuelle Lust ist keine Folge der Erbsünde, sondern konnte aus dem Paradies herübergerettet werden – Gott sei Dank!
- Wir brauchen nicht moralisieren, sondern einfach die Realität sehen, und gerade in einem säkularen Umfeld ist es nötig, auf

der Vernunftebene zu argumentieren. Es ist klar, dass wir aber auch unsere Glaubensüberzeugung nicht verschweigen dürfen.

- Die Hauptmotivation all jener, die mit Paaren in der Seelsorge zu tun haben, muss es sein, einen Beitrag zu leisten, damit Paare in der Ehe ihrem Versprechen treu sein können.
- Ich bin der festen Überzeugung, dass die Ehe eines Paares, mögen die beiden auch schwere Krisen durchmachen, immer gerettet werden kann, wenn sich das Paar kompetente Hilfe von außen holt und diese auch annehmen kann! Genau diese Kompetenz müssen viele Begleiter haben, dafür Zeugnis ablegen und keine Scheu haben, gerade in der Priesterausbildung für jene Studenten Angebote zu machen, die sich berufen fühlen, in besonderer Weise in der Familienpastoral tätig zu werden.

Elisabeth Stengele

Beichte oder Bussgottesdienst?

Die pastorale Bedeutung von Beichte und Bussgottesdienst

1. Grundlagen des Sakramentes der Versöhnung im Neuen Testament

1.1 Zusammenhang von Sündenvergebung und körperlicher Heilung

Im Evangelium nach Matthäus, wie auch bei den anderen Synoptikern, vergibt Jesus, beim Bericht über die Heilung des von seinen Freunden herbeigebrachten Gelähmten, zuerst die Sünden, bevor er den Mann aufstehen und gehen heisst (Mt 9,1-8, Mk 2, 1-12, Lk 5,17-26).

Jesus scheint hier auf die sprichwörtlich lähmende Wirkung der Sünde auf den menschlichen Körper hinweisen zu wollen. Es ist anzunehmen, dass den meisten von Jesus gewirkten Heilungen eine Vergebung der Sünden vorausging, ausgesprochen oder unausgesprochen bleibt dahingestellt. Darauf weist auch der Ausspruch Jesu bei Lk 5,31-32 hin: *„Nicht die Gesunden brauchen den Arzt, sondern die Kranken. Ich bin gekommen, um die Sünder zur Umkehr zu rufen und nicht die Gerechten.*" In dieser Aussage scheint die Barmherzigkeit unseres Gottes für die Sünder deutlich auf!

Im Evangelium nach Johannes wird von der Heilung eines Gelähmten am Sabbat berichtet. Dieser wartete vergebens auf die Möglichkeit, in das heilende Wasser hinab zu steigen: Jesus erbarmt sich seiner und sagt zu ihm: *„Steh auf, nimm deine Bahre und geh!*"Der Mann wurde sofort gesund, stand auf und ging. Nach einem Wortgeplänkel mit den Juden, begegnet er Jesus noch einmal, und bei dieser Gelegenheit ermahnt ihn Jesus: *„Jetzt bist du gesund; sündige* *nicht mehr, damit dir nicht noch Schlimmeres zustösst!"* Der Mann weiss nichts Besseres, als zu den Juden zu gehen und diesen zu erzählen, dass es Jesus war, der ihn geheilt hat, was er vor der zweiten Begegnung mit Jesus nicht gewusst hatte. (Joh 5,1-18)

Somit kann in Anbetracht ungezählter Stellen im Neuen Testament gesagt werden, dass Jesus die seelische Gesundheit des Menschen mehr am Herzen liegt als die körperliche. Die Heilung des Körpers ist bei Jesus sicher ein wichtiges Heilszeichen, ja, ein Zeichen der Ankunft des Reiches Gottes, wenn er auf die Frage des Täufers in Mt 11,5 die Antwort gibt: *„Blinde sehen wieder und Lahme gehen; Aussätzige werden rein und Taube hören; Tote stehen auf und den Armen wird das Evangelium verkündet."*

1.2 Reue und Vergebung

Im Gleichnis vom verlorenen Sohn (Lk 15,11-32) zeigt Jesus die Bereitschaft des Vaters zur Sündenvergebung gegenüber dem an ihm schuldig gewordenen Sohn. Dieser zeigt seine tiefe Reue dadurch, dass er ins Vaterhaus zurückkehrt, nicht einmal in der Hoffnung, wieder als Sohn aufgenommen zu werden, sondern einfach im Wissen, dass im Hause seines Vaters selbst die Knechte gut behandelt werden.
Wenn der sündige Mensch sich aufmacht, um bei Gott die Vergebung seiner Schuld zu erbitten, eilt ihm Gott mit seiner Gnade entgegen, ja, ER steht schon längst wartend da, selbst die kleinste Regung der Reue registrierend, mit ausgebreiteten Armen und offenem Herzen. Jesus sagt ja auch (Lk 15,10): *„Es herrscht bei den Engeln Gottes Freude über einen einzigen Sünder, der umkehrt."*

Ebenfalls unter diesem Titel kann man das Gleichnis von den ungleichen Söhnen in Mt 21,28-32 erwähnen. Der eine Sohn, der wohl „Ja" sagt, aber nichts tut, und der andere, der seinem Vater zuerst zwar „Nein“ sagt, der sich dann aber besinnt, den seine Verweigerung reut und der am Ende den Willen des Vaters erfüllt. In Vers 32 weist Jesus im Besonderen auf die Wichtigkeit der Reue hin: *„Denn Johannes ist gekommen, um euch den Weg der Gerechtigkeit zu zeigen, und ihr habt ihm nicht geglaubt; aber die Zöllner und Dirnen haben ihm geglaubt. Ihr habt es gesehen, und doch habt ihr nicht bereut und ihm nicht geglaubt.“*

1.3 Liebe und Vergebung

In der Begegnung Jesu mit der Sünderin (Lk 7,36-50) vergibt Jesus deren Sünden, weil sie ihn liebt, weil Er die Grösse und Wahrhaftigkeit ihrer Liebe sieht, weil diese Frau ihre Sünde eingesehen hat und aus tiefstem Herzen bereut, weil die Grösse ihrer Liebe schwerer wiegt als die Last ihrer Sünden. Die Frau glaubt in ihrer Liebesreue an die Vergebung ihrer Sünden durch Jesus, und erhält sie auch.

Die Begegnung Jesu mit der Ehebrecherin (Joh 8,1-11), die der aufgebrachte, selbstgerechte Mob vor ihn bringt, zeigt die unendliche Bereitschaft Jesu, von Verurteilung und Strafe abzusehen und die Umkehrwilligen mit der Mahnung, nach erhaltener Vergebung nicht mehr zu sündigen, in seinem Frieden zu entlassen. Gerade in dieser Situation zeigt Jesus liebevollstes Zartgefühl, mit keinem Wort und keiner Geste stimmt Jesus in die Anklage der Menge gegenüber der Frau mit ein, im Gegenteil, er sagt ausdrücklich: *„Auch ich verurteile dich nicht. Geh und sündige von jetzt an nicht mehr!“*

Im 1. Petrusbrief schreibt der Apostel in 4,8: *„Vor allem haltet fest an der Liebe zueinander, denn die Liebe deckt viele Sünden zu.“*

So ist es möglich zu sagen: Wer wahrhaft liebt, sündigt nicht.

1.4 Die Sendung der Apostel

Nun kommen wir zur eigentlichen Grundlage des Sakramentes der Versöhnung. Im Osterbericht nach Johannes 20,19-23 kommt Jesus in die Mitte der Apostel spricht sie an mit: *„Der Friede sei mit*

euch!" Noch einmal sagt Er: „ ‚*Der Friede sei mit euch! Wie mich der Vater gesandt hat, so sende ich euch!' Nachdem er das gesagt hatte, hauchte er sie an und sprach zu ihnen: ‚Empfangt den Heiligen Geist! Wem ihr die Sünden vergebt, dem sind sie vergeben; wem ihr die Vergebung verweigert, dem ist sie verweigert.*' "
Eindeutiger geht es kaum. Der Auftrag zur Sündenvergebung ist Jesus derart wichtig, dass er dafür sogar die Aussendung des Heiligen Geistes auf die Apostel dem Pfingstgeschehen vorwegnimmt. Diese Sendung, dieser Auftrag an die Apostel und deren Nachfolger ist so geartet, dass er bis zum heutigen Tag unverändert Gültigkeit hat!

2. Die Lehre der Kirche heute

2.1 Zweites Vatikanisches Konzil (1962-1965)

„Ähnlich sind sie bei der Verwaltung der Sakramente mit der Gesinnung und Liebe Christi geeint; zu solcher Einigung tragen sie (die Priester) besonders bei, wenn sie sich allgemein und stets bereit zeigen, den Liebesdienst der Spendung des Busssakramentes zu leisten, sooft die Gläubigen begründeterweise darum bitten." (PO [Presbyterorum Ordinis] 13)
„Im Sakrament der Busse versöhnen sie die Sünder mit Gott und der Kirche." (PO 5)
„Die Pfarrer sollen auch bedenken, dass das Busssakrament sehr viel dazu beiträgt, das christliche Leben zu fördern. Deshalb seien sie gerne bereit, die Beichten der Gläubigen zu hören." (CD [Christus Dominus] 30,2)
„Die aber zum Sakrament der Busse hintreten, erhalten für ihre Gott zugefügten Beleidigungen von seiner Barmherzigkeit Verzeihung und werden zugleich mit der Kirche versöhnt, die sie durch die Sünde verwundet haben und die zu ihrer Bekehrung durch Liebe, Beispiel und Gebet mitwirkt." (LG [Lumen Gentium] 11)
„Ritus und Formeln des Busssakramentes sollen so revidiert werden, dass sie Natur und Wirkung des Sakramentes deutlicher ausdrücken." (SC [Sacrosanctum Concilium] 72)

Soweit ein Überblick über die Aussagen des Zweiten Vatikanischen Konzils. Obwohl das Busssakrament in den Konzilsdokumenten nur in kurzen Sätzen erwähnt wird, unterstreichen eben diese kurzen Sätze seine Bedeutung und Wichtigkeit. Das Hören der Beichte ist ein Liebesdienst der Priester am Einzelnen, an der Kirche und vor allem auch an Gott, ist also Gottesdienst im wahrsten Sinne des Wortes. Im Hinblick auf das Thema dieses Beitrages hat sicher das zuletzt zitierte Wort aus der Konstitution über die heilige Liturgie besondere Bedeutung, denn auf Grund dieses Wortes wurde in der Art und Weise der Feier des Busssakramentes Einiges in Bewegung gesetzt. Doch darauf komme ich später zurück.

2.2 Busse und Busssakrament. Pastoralschreiben der Schweizer Bischofskonferenz (1974)

In den Weisungen der SBK über die Busse vom November 1974 äussern sich die Bischöfe wie folgt:
In Punkt 2.6 zur Einzelbeichte: Diese erfülle über ihren sakramental-ekklesiologischen Wert hinaus eine bedeutsame Funktion im Rahmen der individuellen Seelsorge.
Die Priester sollen den Dienst der Versöhnung in der Einzelbeichte willig auf sich nehmen und dieser wichtigen Aufgabe genügend Zeit einräumen. Zu einer guten Beicht bedarf es jedoch von Seiten des Beichtvaters gewisser menschlicher Voraussetzungen, vorab aber der geistlichen Befähigung, die letztlich eine Gabe des Heiligen Geistes und eine Frucht der Liebe ist.
In 2.7 wird als weitere Form die Bussfeier mit Einzelbekenntnis und Einzellossprechung genannt. Dies sei eine weitere Möglichkeit, das Sakrament der Versöhnung zu empfangen. Die kirchliche Dimension der Busse trete hier deutlicher zutage. Diese Form der Feier der Busse eigne sich besonders für Gruppen, könne aber auch in Pfarreien angewendet werden.

Zu 2.8, der Bussfeier mit gemeinsamem Bekenntnis und sakramentaler Generalabsolution, stellen die Bischöfe folgendes fest: Bei schwerwiegender Notwendigkeit darf mehreren Gläubigen zusammen, die ein allgemeines Sündenbekenntnis abgelegt haben, die sakramentale Generalabsolution erteilt werden.
Von den Gläubigen, die eine sakramentale Generalabsolution empfangen, ist erfordert, dass sie die begangenen Sünden bereuen und den Vorsatz zur Umkehr fassen ... Für jene, die sich einer schweren Schuld bewusst sind, bleibt die Beichte vor einem Priester mit Einzellossprechung der normale (und meiner unmassgeblichen Meinung nach, auch der einzige) Weg der Versöhnung mit Gott und mit der Kirche. Der leitende Priester hat in jedem Bussgottesdienst mit sakramentaler Generalabsolution den Gläubigen in Erinnerung zu rufen, dass sie verpflichtet sind, schwere Sünden in einer Einzelbeichte zu bekennen.
Zu Punkt 3: Feiern der Versöhnung, erinnern die Bischöfe daran, das auch diese in der Praxis des Bussvollzugs ihren pastoralen Wert haben. Diese Gottesdienste haben vornehmlich die Aufgabe, den Geist und die Haltung der Umkehr zu fördern und zur Weiterentwicklung der Busspraxis beizutragen.
Die in der Schweiz daraufhin weithin in den Pfarreien praktizierte Generalabsolution wurde von der Schweizer Bischofskonferenz im Jahre 2009 verboten, da die dafür notwendigen Voraussetzungen nicht gegeben sind (s. unten 2.7).

2.3 Codex Iuris Canonici (1983)

In Can. 960 wird das persönliche und vollständige Bekenntnis und die Absolution als einziger ordentlicher Weg bezeichnet, auf dem ein Gläubiger, der sich einer schweren Sünde bewusst ist, mit Gott und der Kirche versöhnt wird. Allein physische oder moralische Unmöglichkeit entschuldige von einem solchen Bekenntnis; in diesem Fall könne die Versöhnung auch auf andere Weisen erlangt werden.

In Can. 961 werden die Bedingungen genannt, unter denen mehreren Gläubigen gleichzeitig die Absolution erteilt werden kann. Da wären folgende Situationen zu nennen:
Wenn Todesgefahr besteht und der Priester keine Möglichkeit mehr hat, die Bekenntnisse der einzelnen Gläubigen entgegen zu nehmen. Oder
wenn eine schwere Notlage besteht, das heisst, wenn wegen der grossen Anzahl der Pönitenten und zu wenigen Beichtvätern, die Wartezeit zu gross und unzumutbar für den Einzelnen werden würde und so der Einzelne längere Zeit die sakramentale Gnade oder die heilige Kommunion entbehren müsste. Es ist jedoch keine ausreichend begründete Notlage, wenn wegen einem Fest oder wegen einer Wallfahrt nicht genügend Beichtväter vorhanden sind.
In Can. 962 wird zudem ausgesagt, dass der Gläubige, der die sakramentale Absolution gleichzeitig mit mehreren anderen erhalten hat, dazu in rechter Weise disponiert sein muss und gleichzeitig sich vornehmen muss, seine schweren Sünden bei nächster Gelegenheit in einer Einzelbeichte Gott zu bekennen – ansonsten wäre der Empfang der Absolution ungültig.
Can. 963 bestimmt des weiteren, dass derjenige, dem durch eine Generalabsolution schwere Sünden nachgelassen wurden, bevor er wieder eine Generalabsolution empfängt, verpflichtet ist, seine schweren Sünden in einer Einzelbeichte zu bekennen.

2.4 Papst Johannes Paul II. – Apostolisches Schreiben *Reconciliatio et paenitentia* (1984)

Unter „Punkt 32: Formen der Bussfeier“ beschreibt der Papst die drei heute möglichen Formen der Feier des Busssakramentes. Als erste und einzige normale und ordentliche Weise der Feier dieses Sakramentes bestimmt er die *Feier der Versöhnung für einzelne,* d.h. die Einzelbeichte, die weder vernachlässigt noch ausser Gebrauch kommen dürfe. Als eine zweite mögliche Form gilt die *Gemeinschaftliche Feier der Versöhnung mit Bekenntnis und Lossprechung des Einzelnen.*

Diese Form lässt durch die gemeinsame Vorbereitung und Gewissenserforschung den Gemeinschaftsbezug des Busssakramentes besonders hervortreten, und erreicht dennoch die erste Form im krönenden sakramentalen Akt, in der Beichte und Lossprechung eines jeden Einzelnen. Wohingegen die dritte Form, die *Gemeinschaftliche Feier der Versöhnung mit allgemeinem Bekenntnis und Generalabsolution* als Ausnahme gelten soll, und deshalb auch nicht der freien Wahl überlassen, sondern durch eigene Bestimmungen geregelt wird.

2.5 Katechismus der Katholischen Kirche (1992)

Als Überschrift über das 2. Kapitel des 2. Abschnitts des 2. Teils des KKK wurde, sicher nicht ohne tieferen Grund, der Titel „Die Sakramente der Heilung" gewählt, womit zuerst das Sakrament der Busse gemeint ist und dann das Sakrament der Krankensalbung.

In Artikel 1448 betont der KKK, dass die Feier und Ordnung des Sakramentes der Vergebung, wie es hier ausdrücklich genannt wird, wohl im Laufe der Jahrhunderte etlichen Veränderungen unterworfen war, doch dass sich in seiner Grundstruktur eigentlich nichts verändert habe. Zwei Grundelemente sind stets vorhanden: Zum einen handelt der Mensch, der unter dem Anstoss des Heiligen Geistes, seine Sünden erkennt, bereut, bekennt und sühnt, zum andern handelt Gott durch den Dienst der Kirche. Die Kirche schenkt durch den Dienst der Bischöfe und seiner Priester im Namen Christi dem Sünder die Vergebung der Schuld, bestimmt die Genugtuung und leistet mit dem Sünder Busse. Der Sünder wird so geheilt und wieder in die kirchliche Gemeinschaft aufgenommen.
Durch die Sünde trennt sich ja der Mensch von Gott und auch von der kirchlichen Gemeinschaft. Es ist nicht Gott, der sich vom Sünder entfernt, sondern der sündige Mensch schliesst sich selbst von der Gemeinschaft mit Gott und der Kirche aus.

2.6 Johannes Paul II. – Apostolisches Schreiben *Misericordia Dei* über einige Aspekte der Feier des Sakramentes der Busse (2002)

Wir wollen den heiligen Papst Johannes Paul II. hier vollständig und im Wortlaut hören:

„Durch die Barmherzigkeit Gottes, des Vaters, der versöhnt, hat das Wort Fleisch angenommen im reinen Schoß der seligen Jungfrau Maria, um »sein Volk von seinen Sünden« zu erlösen (*Mt* 1,21) und ihm »den Weg des ewigen Heiles« zu erschließen. Der heilige Johannes der Täufer bestätigt diese Sendung, indem er auf Jesus hinweist als das »Lamm Gottes«, »das die Sünden der Welt hinwegnimmt« (*Joh* 1,29). Das gesamte Handeln und die Verkündigung des Vorläufers Jesu sind ein nachdrücklicher und beherzter Ruf zur Buße und zur Umkehr, dessen Ausdruck die in den Wassern des Jordans gespendete Taufe ist. Jesus selbst unterwarf sich jenem Bußritus (vgl. *Mt* 3, 13-17), nicht weil er gesündigt hätte, sondern weil »er sich unter die Sünder rechnen läßt. Er ist schon „das Lamm Gottes, das die Sünde der Welt hinwegnimmt"(*Joh* 1,29). Er nimmt schon die „Taufe" seines blutigen Todes vorweg«. Das Heil ist insbesondere Erlösung von der Sünde, die ein Hindernis für die Freundschaft mit Gott ist, Befreiung aus dem Zustand der Sklaverei, in dem der Mensch steht, der der Versuchung des Bösen nachgab und die Freiheit der Kinder Gottes verloren hat (vgl. *Röm* 8, 21).

Die von Christus den Aposteln anvertraute Sendung ist die Ankündigung des Reiches Gottes und die Verkündigung des Evangeliums im Hinblick auf die Bekehrung (vgl. *Mk* 16, 15; *Mt* 28, 18-20). Der Abend desselben Tages seiner Auferstehung, unmittelbar vor Beginn der apostolischen Sendung, schenkt Jesus den Aposteln, auf Grund der Kraft des Heiligen Geistes, die Macht, die reuigen Sünder mit Gott und mit der Kirche zu versöhnen: »Empfangt den Heiligen Geist! Wem ihr die Sünden vergebt, dem sind sie vergeben; wem ihr die Vergebung verweigert, dem ist sie verweigert« (*Joh* 20,22-23).

Im Laufe der Geschichte und in der ununterbrochenen Praxis der Kirche hat sich der »Dienst der Versöhnung« (*2 Kor* 5,18), der durch die Sakramente der Taufe und der Buße gespendet worden ist, als eine pastorale Aufgabe erwiesen, die immer lebendig im Bewußtsein blieb und die gemäß dem Auftrag Jesu als ein wesentlicher Bestandteil des priesterlichen Amtes erfüllt worden ist. Die Feier des Sakramentes der Buße hat im Laufe der Jahrhunderte eine Entwicklung erfahren, die verschiedene Formen hervorgebracht hat, wobei die Grundstruktur jedoch immer bewahrt worden ist. Neben der Handlung des Beichtvaters – dieser ist immer ein Bischof oder ein Priester, der im Namen Jesu Christi richtet und freispricht, heilt und gesund macht – besteht diese notwendigerweise aus den Akten des Büßers: die Reue, das Bekenntnis und die Genugtuung.

Im Apostolischen Schreiben *Novo millennio ineunte* habe ich geschrieben: »Sodann bitte ich um einen neuen pastoralen Mut, damit die tägliche Pädagogik der christlichen Gemeinden überzeugend und wirksam die Praxis des *Sakramentes der Versöhnung* vorzulegen vermag. Wie ihr euch erinnert, habe ich mich im Jahre 1984 zu diesem Thema mit dem Nachsynodalen Apostolischen Schreiben *Reconciliatio et paenitentia* geäußert. Dieses Dokument faßte die Früchte der Überlegungen zusammen, die eine Generalversammlung der Bischofssynode zu diesem Problem hervorgebracht hatte. Damals habe ich darum gebeten, mit aller Anstrengung die Krise des „Sündenbewußtseins“ anzugehen, die sich in der zeitgenössischen Kultur feststellen läßt. (...) Als die schon erwähnte Synode das Problem behandelte, hatten alle die Krise des Sakramentes vor Augen, die sich besonders in einigen Gebieten der Welt zeigt. Die Gründe, die an der Wurzel liegen, sind in dieser kurzen Zeitspanne nicht geschwunden. Doch war das Jubiläumsjahr besonders von einer Rückkehr zur sakramentalen Buße geprägt; so hält es eine

ermutigende Botschaft bereit, die man nicht unterschlagen sollte: Wenn viele Gläubige, darunter auch zahlreiche Jugendliche, dieses Sakrament fruchtbar empfangen haben, dann müssen wahrscheinlich die Hirten mehr Vertrauen, mehr Phantasie und einen längeren Atem haben, um das Bußsakrament in der Verkündigung vorzulegen und seine Wertschätzung zu fördern«.
Mit diesen Worten hatte und habe ich die Absicht, meinen Mitbrüdern im bischöflichen Amt – und durch diese allen Priestern – Mut zu machen und sie gleichzeitig mit Nachdruck einzuladen, für eine rasche Erneuerung des Sakramentes der Versöhnung zu sorgen. Dies ist auch eine Forderung echter Nächstenliebe und wahrer pastoraler Gerechtigkeit. Ich erinnere sie auch daran, daß jeder Gläubige, der die geforderte innere Disposition mitbringt, das Recht hat, persönlich die Gabe dieses Sakramentes zu empfangen.
Damit das Urteil über die Disposition des Büßers hinsichtlich der Gewährung bzw. der Verweigerung der Vergebung und der Auferlegung der angemessenen Buße von seiten des Spenders des Sakramentes gefällt werden kann, ist es notwendig, daß der Gläubige über das Bewußtsein um die begangenen Sünden, den Schmerz darüber und den Willen, nicht wieder darin zurückzufallen, hinaus seine Sünden bekennt. In diesem Sinn erklärte das Konzil von Trient, daß es »nach göttlichem Recht notwendig sei, die Todsünden samt und sonders zu bekennen«. Die Kirche sah schon immer einen wesentlichen Zusammenhang zwischen dem Urteil, das den Priestern in diesem Sakrament anvertraut ist, und der Notwendigkeit, daß die Büßer die eigenen Sünden bekennen, außer bei Unmöglichkeit. Weil das vollständige Bekenntnis der schweren Sünden kraft göttlicher Einsetzung grundlegender Bestandteil des Sakramentes ist, ist es keineswegs der freien Verfügbarkeit der Hirten anheimgestellt (Dispens, Interpretation, örtliche Gewohnheiten, usw.). Allein die zuständige kirchliche Autorität gibt genau – im Rahmen der entsprechenden Disziplinarnormen – die Kriterien zur Unterscheidung an, um die echte Unmöglichkeit, die Sünden zu bekennen, zu unterscheiden von anderen Situationen, in denen

die Unmöglichkeit nur scheinbar vorliegt oder jedenfalls überwindbar ist.
In den aktuellen pastoralen Situationen und indem ich den besorgten Anträgen zahlreicher Mitbrüder im Episkopat entgegenkomme, halte ich es für angebracht, auf einige der geltenden kanonischen Normen bezüglich der Feier dieses Sakramentes aufmerksam zu machen und dabei einige Aspekte zu präzisieren, um – im Geiste der Gemeinschaft mit der Verantwortung, die dem gesamten Episkopat eigen ist –, eine bessere Spendung des Sakramentes zu begünstigen. Es geht darum, die Feier der Gabe, die der Herr Jesus Christus nach seiner Auferstehung der Kirche anvertraut hat, wirksamer zu gestalten, sie immer treu zu wahren, und auf diese Weise fruchtbarer werden zu lassen (vgl. *Joh* 20,19-23). Dies scheint besonders notwendig zu sein, da in einigen Gegenden die Tendenz sichtbar wird, die persönliche Beichte fallen zu lassen, und gleichzeitig unerlaubterweise auf die »Generalabsolution« bzw. die »kollektive Absolution« zurückzugreifen, so daß diese nicht mehr als außerordentliches Mittel in ganz außergewöhnlichen Situationen erkennbar ist. Aufgrund einer willkürlichen Ausweitung der Bedingung einer *schweren Notlage* verliert man praktisch die Treue zum göttlichen Charakter des Sakramentes aus den Augen, und konkret die Notwendigkeit der Einzelbeichte, was zu schweren Schäden für das geistliche Leben der Gläubigen und für die Heiligkeit der Kirche führt.
Nachdem ich diesbezüglich die Kongregation für die Glaubenslehre, die Kongregation für den Gottesdienst und die Sakramentenordnung und den Päpstlichen Rat für die Auslegung von Gesetzestexten angehört sowie die Meinung der verehrten Brüder Kardinäle, die den Dikasterien der Römischen Kurie vorstehen, eingeholt habe, bestätige ich die katholische Lehre über das Sakrament der Buße und der Versöhnung, die im *Katechismus der Katholischen Kirche* zusammenfassend dargestellt ist. Deshalb bestimme ich

im Wissen um meine pastorale Verantwortung und im vollen Bewusstsein über die immer aktuelle Notwendigkeit und Wirksamkeit dieses Sakramentes folgendes:
1. Die Ordinarien sollen alle Spender des Sakramentes der Buße daran erinnern, daß das universale Gesetz der Kirche unter Anwendung der diesbezüglichen katholischen Lehre folgendes bestätigt hat:
a) »Das persönliche und vollständige Bekenntnis und die Absolution bilden den einzigen ordentlichen Weg, auf dem ein Gläubiger, der sich einer schweren Sünde bewußt ist, mit Gott und der Kirche versöhnt wird; allein physische oder moralische Unmöglichkeit entschuldigt von einem solchen Bekenntnis; in diesem Fall kann die Versöhnung auch auf andere Weisen erlangt werden«.
b) Deshalb ist »jeder, dem von Amts wegen die Seelsorge aufgetragen ist, zur Vorsorge dafür verpflichtet, daß die Beichten der ihm anvertrauten Gläubigen gehört werden, die in vernünftiger Weise darum bitten; des weiteren, daß ihnen an festgesetzten Tagen und Stunden, die ihnen genehm sind, Gelegenheit geboten wird, zu einer persönlichen Beichte zu kommen«.
Ferner sollen alle Priester, die die Befugnis zur Spendung des Bußsakramentes haben, dazu allgemein und stets bereit sein, sooft die Gläubigen begründeter Weise darum bitten. Der Mangel an Bereitschaft, die verwundeten Schafe aufzunehmen, vielmehr ihnen entgegenzugehen, um sie in den Schafstall zurückzuführen, wäre für den, der durch die Priesterweihe in sich das Bild des Guten Hirten tragen soll, ein schmerzliches Zeichen eines fehlenden pastoralen Empfindens.
2. Die Ortsordinarien sowie die Pfarrer und Rektoren von Kirchen und Heiligtümern müssen periodisch überprüfen, daß tatsächlich die größtmöglichen Erleichterungen für die Beichte der Gläubigen bestehen. Empfohlen wird insbesondere die sichtbare Anwesenheit der Beichtväter in den Kultstätten während der vorgesehenen Zeiten, die Anpassung dieser Zeiten an die reale Lebenssituation

der Pönitenten und die spezielle Bereitschaft dazu, vor den Meßfeiern die Beichte abzunehmen und, sofern andere Priester zur Verfügung stehen, dem Bedürfnis der Gläubigen nach der Beichte auch während der Meßfeier nachzukommen.

3. Da »der Gläubige verpflichtet ist, alle nach der Taufe begangenen schweren Sünden, deren er sich nach einer sorgfältigen Gewissenserforschung bewußt ist, nach Art und Zahl zu bekennen, sofern sie noch nicht durch die Schlüsselgewalt der Kirche direkt nachgelassen sind und er sich ihrer noch nicht in einem persönlichen Bekenntnis angeklagt hat«, muß jede Praxis mißbilligt werden, die die Beichte auf ein allgemeines oder auf das Bekenntnis nur einer oder mehrerer für gewichtiger gehaltener Sünden beschränkt. Indem man der Berufung aller Gläubigen zur Heiligkeit Rechnung trägt, wird ihnen andererseits empfohlen, auch ihre läßlichen Sünden zu bekennen.

4. Die in can. 961 des kirchlichen Gesetzbuches vorgesehene Absolution, die mehreren Pönitenten gleichzeitig und ohne vorausgehende Einzelbeichte erteilt wird, muß im Licht und im Rahmen der vorangehenden Normen verstanden und entsprechend angewendet werden. Sie hat nämlich »den Charakter einer Ausnahme« und »kann in allgemeiner Weise nur erteilt werden:

1° wenn *Todesgefahr* besteht und für den oder die Priester die Zeit nicht ausreicht, um die Bekenntnisse der einzelnen Pönitenten zu hören;

2° wenn eine *schwere Notlage* besteht, das heißt, wenn unter Berücksichtigung der Zahl der Pönitenten nicht genügend Beichtväter vorhanden sind, um die Bekenntnisse der einzelnen innerhalb einer angemessenen Zeit ordnungsgemäß zu hören, so daß die Pönitenten ohne eigene Schuld gezwungen wären, die sakramentale Gnade oder die heilige Kommunion längere Zeit zu entbehren; als ausreichend begründete Notlage gilt aber nicht, wenn allein aufgrund eines großen Andrangs von Pönitenten, wie er bei einem großen Fest oder bei einer Wallfahrt vorkommen kann, nicht genügend Beichtväter zur Verfügung stehen können«.

Was den Fall der *schweren Notlage* betrifft, gilt präzise folgendes:
a) Es handelt sich um objektive Ausnahmesituationen, wie sie in Missionsgebieten oder in Gemeinden abgeschieden lebender Gläubiger vorkommen können, wo der Priester nur einmal oder wenige Male im Jahr vorbeikommen kann, wenn es ihm die kriegsbedingten oder meteorologischen Verhältnisse oder andere ähnliche Umstände gestatten.
b) Die beiden im Kanon festgelegten Voraussetzungen für die schwere Notlage dürfen nicht voneinander getrennt werden; deshalb reicht allein die Unmöglichkeit, wegen Priestermangels den einzelnen die Beichte »ordnungsgemäß« »innerhalb einer angemessenen Zeit« abzunehmen, niemals aus; diese Unmöglichkeit muß mit dem Umstand verbunden sein, daß andernfalls die Pönitenten gezwungen wären, ohne ihre Schuld »längere Zeit« die sakramentale Gnade zu entbehren. Daher muß die Gesamtsituation der Pönitenten und der Diözese im Hinblick auf ihre pastorale Organisation und auf die Zugangsmöglichkeit der Gläubigen zum Sakrament der Buße berücksichtigt werden.
c) Die erste Voraussetzung, die Unmöglichkeit, die Bekenntnisse »ordnungsgemäß« »innerhalb einer angemessenen Zeit« hören zu können, bezieht sich nur auf die Zeit, die für die unerläßliche, gültige und würdige Spendung des Sakramentes berechtigterweise erforderlich ist. Ein längeres Seelsorgsgespräch, das auf günstigere Umstände verschoben werden kann, spielt in diesem Zusammenhang keine Rolle. Diese berechtigterweise angemessene Zeit, innerhalb welcher die Bekenntnisse gehört werden können, wird von den realen Möglichkeiten des Beichtvaters bzw. der Beichtväter und der Pönitenten selbst abhängen.
d) Was die zweite Voraussetzung betrifft, wird eine kluge Beurteilung abschätzen, wie lange, sofern keine Todesgefahr besteht, die Zeit der Entbehrung der sakramentalen Gnade sein muß, damit tatsächlich die Unmöglichkeit, gemäß can. 960 gegeben ist. Diese Beurteilung ist unklug, wenn sie den Sinn der physischen oder mo-

ralischen Unmöglichkeit verzerrt, wie es zum Beispiel mit der Annahme der Fall wäre, bei einem Zeitabschnitt unter einem Monat läge eine solche Entbehrung für »längere Zeit« vor.
e) Es ist nicht zulässig, Situationen einer scheinbaren *schweren Notlage* zu erzeugen oder entstehen zu lassen, die sich aus der wegen Nichtbeachtung der oben angeführten Normen versäumten ordentlichen Spendung des Sakramentes ergeben, und noch weniger solche, die aus der Option der Gläubigen für die Generalabsolution entstehen, so als handele es sich um eine normale und den beiden im Rituale beschriebenen ordentlichen Formen gleichwertige Möglichkeit.
f) Der große Andrang von Pönitenten stellt allein keine ausreichende Notlage dar, weder bei hohen Festen oder Wallfahrten, noch aus tourismusbedingten oder anderen Gründen, die mit der zunehmenden Mobilität der Menschen zusammenhängen.
5. Das Urteil darüber, ob die gemäß can. 961, § 1, 2° erforderlichen Voraussetzungen gegeben sind, steht nicht dem Beichtvater, sondern dem »Diözesanbischof zu; dieser kann unter Berücksichtigung der Kriterien, die mit den übrigen Mitgliedern der Bischofskonferenz abgestimmt sind, feststellen, wann solche Notfälle gegeben sind«. Diese pastoralen Kriterien werden, nach den Gegebenheiten der jeweiligen Gebiete, Ausdruck des Bemühens um die vollkommene Treue zu den von der universalen Ordnung der Kirche formulierten Grundkriterien sein müssen, die sich im übrigen auf die aus demselben Sakrament der Buße in seiner göttlichen Stiftung herrührenden Forderungen stützen.
6. Da es in einem für das Leben der Kirche so wesentlichen Gegenstand von grundsätzlicher Bedeutung ist, daß unter den verschiedenen Episkopaten der Welt völlige Harmonie herrscht, sollen die Bischofskonferenzen gemäß can. 455, § 2 des CIC so bald wie möglich der Kongregation für den Gottesdienst und die Sakramentenordnung den Text der Normen zukommen lassen, die sie im Lichte des vorliegenden *Motu proprio*, unter Anwendung von can. 961 des CIC zu erlassen oder zu aktualisieren beabsichtigen.

Damit wird man nicht fehlgehen, eine immer größere Gemeinschaft zwischen den Bischöfen der ganzen Kirche zu fördern, indem man überall die Gläubigen dazu anspornt, reichlich aus den im Sakrament der Versöhnung immer sprudelnden Quellen der göttlichen Barmherzigkeit zu schöpfen.
Aus diesem Blickwinkel wird es auch angebracht sein, daß die Diözesanbischöfe den jeweiligen Bischofskonferenzen berichten, ob in ihrem Jurisdiktionsbereich Fälle von *schwerer Notlage* aufgetreten sind oder nicht. Es wird sodann Aufgabe der Bischofskonferenzen sein, die obengenannte Kongregation über die tatsächliche Situation in ihrem Gebiet und über eventuelle Veränderungen, die womöglich später festgestellt werden, zu informieren.
7. Was die persönliche Disposition der Pönitenten betrifft, wird folgendes bekräftigt:
a) »Damit ein Gläubiger die sakramentale Absolution, die gleichzeitig mehreren erteilt wird, gültig empfängt, ist nicht nur erforderlich, daß er recht disponiert ist; er muß sich vielmehr gleichzeitig auch vornehmen, seine schweren Sünden, die er gegenwärtig nicht auf diese Weise bekennen kann, zu gebotener Zeit einzeln zu beichten«.
b) Soweit möglich, ist an die Gläubigen, selbst bei Todesgefahr, »die Aufforderung vorauszuschicken, daß sich jeder bemüht, einen Akt der Reue zu erwecken«.
c) Es ist klar, daß Pönitenten, die im Gewohnheitszustand der schweren Sünde leben und nicht beabsichtigen, ihre Situation zu ändern, die Absolution nicht gültig empfangen können.
8. Unbeschadet der Verpflichtung, »seine schweren Sünden wenigstens einmal im Jahr aufrichtig zu bekennen«, »hat der, dem durch Generalabsolution schwere Sünden vergeben werden, bei nächstmöglicher Gelegenheit, sofern nicht ein gerechter Grund dem entgegensteht, ein persönliches Bekenntnis abzulegen, bevor er eine weitere Generalabsolution empfängt«.
9. Bezüglich des *Ortes* und seiner *Ausgestaltung* für die Feier des Sakramentes ist zu berücksichtigen, daß:

a) »der für die Entgegennahme sakramentaler Beichten eigene Ort eine Kirche oder eine Kapelle ist«, wobei freilich klar ist, daß pastorale Gründe die Erteilung des Sakramentes auch an anderen Orten rechtfertigen können;
b) seine Gestaltung durch die von den jeweiligen Bischofskonferenzen erlassenen Normen geregelt wird, die gewährleisten müssen, daß sich die Stelle der Beichtgelegenheit »an einem offen zugänglichen Ort« befindet und auch »mit einem festen Gitter versehen« ist, so daß die Gläubigen und die Beichtväter selbst, die dies wünschen, frei davon Gebrauch machen können.
Ich bestimme, daß alles, was ich mit dem vorliegenden Apostolischen Schreiben in Form eines *Motu proprio* festgelegt habe, volle und bleibende Gültigkeit habe und vom heutigen Tag an eingehalten werde, ungeachtet jeder anderen gegenteiligen Anordnung. Alles, was ich in diesem Schreiben verfügt habe, hat seiner Natur entsprechend auch für die verehrungswürdigen katholischen Ostkirchen Geltung, in Übereinstimmung mit den jeweiligen Canones ihres eigenen Codex."

2.7 Dekret der Schweizer Bischofskonferenz (2009)

Die leichte Ermöglichung der Generalabsolution in der Schweiz vom November 1974 (siehe oben Nr. 2.2) entsprach nicht mehr den geltenden gesamtkirchlichen Normen. Daher erließ die Schweizer Bischofskonferenz am 01.01.2009 ein Dekret, in dem geregelt wird, dass das persönliche und vollständige Bekenntnis und die Absolution „den einzigen ordentlichen Weg [bilden], auf dem ein Gläubiger, der sich einer schweren Sünde bewusst ist, mit Gott und der Kirche versöhnt wird (can. 960). Die Bussfeiern sollen, gemäss den Normen des Rituals, entweder mit einem vollständigen Einzelbekenntnis und Einzelabsolution oder mit einer einfachen deprekativen Vergebungsbitte abgeschlossen werden. Hinsichtlich der Generalabsolution ausserhalb von Todesgefahr (can. 961) hält die Schweizer Bischofskonferenz in Form eines nach can.

455 und nach Art. 6 des Motu Proprio Misericordia Dei vom 2. Mai 2002 erlassenen allgemeinen Dekrets in Bezug auf can. 961 § 2 und gestützt auf die vorhergehenden Erwägungen fest, dass in den ihr zugehörigen Diözesen und Gebietsabteien die eine schwere Notlage begründenden Voraussetzungen für die Erteilung der Generalabsolution nicht gegeben sind; die Generalabsolution darf deshalb nur bei drohender Todesgefahr (can. 961, § 1, 1°) erteilt werden."

2.8 Direktorium für Dienst und Leben der Priester (2013)

Im II. Kapitel mit dem Titel „Priesterliche Spiritualität" heisst es unter Punkt 71: *Der Priester muss aufgrund seines Amtes und aufgrund seiner sakramentalen Weihe zum Beichthören Zeit und Energie aufwenden. Wie die Erfahrung zeigt, kommen die Gläubigen gern zum Sakramentenempfang, wenn sie wissen und sehen, dass dafür Priester zur Verfügung stehen.*" Und mit einem Zitat Papst Benedikts XVI. verweist das Dokument auf *„die gläubige und großzügige Bereitschaft der Priester, nach dem Vorbild der großen Heiligen der Geschichte, vom hl. Jean Marie Vianney und dem hl. Johannes Bosco, vom hl. Josemaría Escrivá bis zum hl. Pio da Pietrelcina, vom hl. Giuseppe Cafasso bis zum hl. Leopold Mandić, Beichte zu hören, uns allen zeigt, dass der Beichtstuhl ein wirklicher ‚Ort' der Heiligung sein kann"* (ebd.). Das Dokument betont: *„Jeder Priester wird sich an die kirchlichen Normen halten, die den Wert der individuellen Beichte verteidigen und fördern, das persönliche umfassende Sündenbekenntnis im direkten Gespräch mit dem Beichthörenden"* und es mahnt: *„Die Vornahme gemeinschaftlicher Absolutionen ohne die Einhaltung der geltenden Normen ist als schwerer Missbrauch zu betrachten"* (ebd.).

2.9 Rekapitulation und Folgerungen aus dem bisher gesammelten Material

Die Kirche hält ausdrücklich an der *Einzelbeichte* als der einzigen ordentlichen Form des Empfangs des Sakramentes der Versöhnung fest. Ebenso gültig wie diese ist der *gemeinschaftliche Bussgottesdienst mit gemeinsamer Gewissenserforschung und anschliessendem persönlichen Bekenntnis vor dem Priester mit Einzelabsolution.* Die seit 1974 in der Schweiz von der Bischofskonferenz gestattete (und bisweilen auch in anderen Ländern ohne bischöfliche Erlaubnis gepflegte) Praxis der *Generalabsolution (Lossprechung ohne individuelles Sündenbekenntnis)* widerspricht der kirchlichen Ordnung. Die Schweizer Bischofskonferenz hat diese Praxis im Jahr 2009 auf päpstliche Weisung hin zurückgenommen und ausdrücklich verboten.

3. Busspraxis in der Kirche heute

3.1 Bussgottesdienst ohne Absolution

Bussgottesdienste ohne sakramentale Absolution werden heute vor allem in priesterlosen Pfarreien vor grossen Festtagen, wie Weihnachten und Ostern, durchgeführt. Sicher hat die gemeinsame Gewissenserforschung einen tiefen Sinn, denn in dieser kommt zum Ausdruck, dass Schuld nicht nur etwas ist, was nur mich allein betrifft, sondern dass durch persönliche Schuld auch die zwischenmenschlichen Beziehungen empfindlich gestört werden.

Wenn jedoch in solchen Bussfeiern eine Quasi-Absolution erteilt wird und man das gläubige Volk im Glauben lässt, es habe durch die Teilnahme an dieser Feier die sakramentale Vergebung der Kirche erlangt, dann ist der Wert einer solchen Praxis höchst fragwürdig, denn damit führt man Unwissende hinters Licht, wenn man sie nicht sogar um die Gnade der Sündenvergebung betrügt.

Im Rituale für die Feier der Busse steht im Anhang II, unter Regeln für die Gestaltung von Bussgottesdiensten in Punkt 1. folgendes: *Es ist jedoch darauf zu achten, dass die Bussgottesdienste nicht mit der sakramentalen Beichte und Lossprechung verwechselt werden.*

3.2 Bussgottesdienst mit unerlaubter Generalabsolution

Auch in diesen Bussgottesdiensten hat die gemeinsame Gewissenserforschung ganz sicher ihren hohen Stellenwert. Doch es ist zu bedenken, wie viele Gläubige nur noch solche Bussgottesdienste besuchen, ein oder zweimal im Jahr, vor Ostern und vor Weihnachten, es aber nicht mehr für notwendig erachten, ihre schweren Sünden in einer Einzelbeichte zu bekennen. Es wird im Allgemeinen auch nicht darauf hingewiesen, dass die schweren Sünden eben doch zu beichten sind. Die Not liegt vor allem auch da, dass der normale Gläubige, der in einen Bussgottesdienst geht, heute kaum noch weiss, was überhaupt schwere Sünde ist. Da liegt es am Priester, der einem solchen Bussgottesdienst vorsteht, die Gläubigen aufzuklären. Lässliche Sünden werden ja schon durch einen aufrichtigen Akt der Reue nachgelassen, selbst ohne priesterliche Absolution. Wenn also jemand überspitzt gesagt, sich ehrlichen Herzens „nur" lässlicher Sünden bewusst ist, bräuchte er nicht einmal einen Bussgottesdienst zu besuchen, vorausgesetzt, er erweckt einen Akt der Reue.
Vor Jahren hat der Pfarrer der Pfarrei, in der ich damals wohnte, anlässlich des Bussgottesdienstes einen zweiten Priester eingeladen und nach der gemeinschaftlichen Gewissenserforschung „durften" die Gläubigen, wie zum Kommunionempfang nach vorne gehen und erhielten von den beiden Priestern die Einzellossprechung ohne Bekenntnis der Sünden. Wenn das nicht Irreführung des gläubigen Volkes ist!

Als Hinweis ist im Rituale unter Kapitel III vermerkt:
In oder nach der Homilie soll man den Gläubigen, welche die Generalabsolution erhalten wollen, darauf hinweisen, dass sie sich entsprechend vorbereiten müssen: sie sollen die begangenen Sünden bereuen und den Vorsatz fassen, nicht mehr zu sündigen sowie gegebenes Ärgernis und zugefügten Schaden wieder gut zu machen. Zugleich sollen sie sich vornehmen, zur gegebenen Zeit jene

schweren Sünden einzeln zu bekennen, die sie jetzt nicht in dieser Weise beichten können.
Abgesehen davon ist die Praxis der Generalabsolution von der Schweizer Bischofskonferenz 2009 – außer im Fall von Todesgefahr – untersagt worden.

3.3 Bussgottesdienst mit anschliessendem Einzelbekenntnis und Einzelabsolution

Diese Art des Bussgottesdienstes ist meines Erachtens den beiden vorhergehend Beschriebenen vorzuziehen. In der Schweiz habe ich diese Art von Bussgottesdienst während meines Aufenthaltes im Unterwallis erlebt. Vor grossen Festtagen fanden da reihum in den Dörfern Bussfeiern statt, an denen jeweils alle Priester einer Region und zudem auch noch Ordenspriester teilnahmen, welche nach der gemeinsamen Gewissenserforschung den anwesenden Gläubigen das Sündenbekenntnis abnahmen und ihnen die Lossprechung erteilten. Da zumeist in diesen Kirchen nicht genügend Beichtstühle vorhanden sind, verteilten sich die Priester im Chor, in der hintersten und/oder vordersten Bank. Es wurde sehr darauf geachtet, den nötigen Abstand aus Gründen der Diskretion zu wahren.
Diese Art des Bussgottesdienstes hatte in den Gemeinden eine grosse Akzeptanz und das Angebot solcher Feiern wurde vom gläubigen Volk gerne angenommen. (Dies war vor 30 Jahren so im Unterwallis, wie die heutige Praxis ist, entzieht sich meiner Kenntnis).

Durch die gemeinsame Gewissenserforschung entsteht ein gewisses Zusammengehörigkeitsgefühl, aus der Erkenntnis heraus, dass alle zu den Sündern gehören. Vor allem ist es besonders ermutigend zu sehen, dass sich zuerst die Priester gegenseitig die Beichte abnehmen, bevor sie sich an ihre Plätze begeben.

Das ausgesprochene Sündenbekenntnis, der Zuspruch des Priesters und die persönlich zugesprochene Vergebung Gottes, schenken wahre Befreiung. Der grosse Vorteil dieser Art von Bussgottesdienst ist sicherlich die Tatsache, dass angespornt durch das Beispiel der Priester und der Gläubigen, die Hemmschwelle, zum Sakrament hinzuzutreten, erheblich sinkt, auch derer, die nicht so „geübt“ sind. Für die Gemeindepastoral lässt sich hier, salopp gesagt, sicher das grösste „Plus“ verbuchen!
Hier kommen alle positiven Punkte als da sind; die gemeinsame Gewissenserforschung, das Erkennen der eigenen Schuldhaftigkeit, das bewusste Formulieren und Aussprechen der Schuld, die Reue und die durch die Lossprechung im Namen des Vaters und des Sohnes und des Heiligen Geistes zugesprochene Vergebung zusammen.

3.4 Die Einzelbeichte

Die Einzelbeichte, als von der Kirche als erste und einzig normale und ordentliche Weise der Feier des Sakramentes der Vergebung mehrfach bestätigt und empfohlen, gerät in unseren Breitengraden mehr und mehr in einen Dornröschenschlaf der Vergessenheit.

Bei der Einzelbeichte ist, im Gegensatz zur unter 3.3 beschriebenen Form, die Hemmschwelle, zum Sakrament hinzuzutreten, gerade in unserer Zeit, erheblich grösser. Dazu kommt, dass es in den meisten Pfarreien gar keine offiziellen Beichtzeiten mehr gibt. Auch fühlen sich die Priester oft überfordert, wenn sie jedem, der kommt, entscheidenden Rat für das Leben geben sollen. Sicher wird unter anderem auch aus diesem Grund wenig „Werbung“ für das Sakrament der Versöhnung betrieben. Über alles mögliche andere wird in der Predigt gesprochen, doch nur selten wagt es ein Priester, über die Heilsnotwendigkeit des Sakramentes der Barmherzigkeit Gottes zu predigen.

3.5 Warum fällt Beichten so schwer?

Diese Frage stellt Hans Schalk in seinem Buch „Beichten", ganz am Anfang. Er beantwortet diese Frage wie folgt:

Der Gedanke an die Beichte ist für Christen oft eine Qual. Viele tun sich schwer damit, manche haben aufgehört, zum Beichten zu gehen; und sie haben dabei nicht den Eindruck, dass ihnen etwas fehlt. Im Gegenteil, sie fühlen sich wie von einem Zwang befreit.
Warum verstehen sie nicht mehr, was Beichte ist? Vielleicht, weil sie eine Art Beichtautomatik erlebt haben, ein Aufzählen von Sünden ohne wirkliche Bekehrung, ohne Aufarbeitung der Schuld. Daraus entsteht der Eindruck, dass die Beichte ja doch nichts ändere.

Man kann sich heute auch fragen, weshalb so viele Menschen in psychiatrischer Behandlung sind, weshalb soviel seelisches Elend herrscht, weshalb Menschen von Angstzuständen gepeinigt werden. Tonnenweise werden in unserer Spassgesellschaft Antidepressiva und Drogen geschluckt, wird Alkohol im Unmass getrunken, weshalb wohl? Weil der Mensch in all diesen Ersatzhandlungen und Ausflüchten seine Schuld, seine Sünde zu verdrängen sucht, und sie doch nicht loswerden kann.

Es ist sicher, wenn die Beichte vom Arzt verordnet werden müsste, und eine Viertelstunde im Beichtstuhl den „Patienten" hundert Franken kosten würde, dann wäre die Flaute vor den Beichtstühlen vorbei. Dann würden die Leute auch noch anstehen, selbst wenn sie Stunden warten müssten! Doch leider, die Beichte wird nicht vom Arzt verordnet und kostet keine hundert Franken pro Viertelstunde. Obwohl sie es sicher wert wäre, wenn man bedenkt, wie sehr man das menschliche Elend durch eine gesunde Beichtpraxis reduzieren könnte.

Ja zuerst wäre in unserer Kirche manches heiler und heiliger und dann würde auch in unserer Welt mit Sicherheit mehr Frieden herrschen.

Was heute ganz eindeutig fehlt, auch bei ansonsten gläubigen Katholiken, ist die Kenntnis von Sünde und Schuld. „Was sündige ich denn schon gross?", ist heute der einhellige Tenor. Es heisst da etwa, man habe noch nie jemand ermordet, denkt aber nicht daran, dass die Lüge, die man über die Nachbarin erzählt hat, ein Rufmord war. Was man so zu Ohren bekommt, wenn man sich ein wenig umhört, ist oft erschreckend. Bei den meisten Katholiken fehlen eindeutig die grundlegenden Fundamente zu einem wahrhaft christlichen, um nicht zu sagen katholischen Lebenswandel. Allgemeine Meinung ist das, was die Massenmedien verkünden, man prüft die Botschaften nicht einmal mehr auf ihren Wahrheitsgehalt. Wie soll man denn da noch das Sakrament der Versöhnung mit Gott erkennen und hoch schätzen, wenn einem nicht einmal die Versöhnung mit seinen Eltern, dem Ehepartner, den Geschwistern, Freunden, Nachbarn und Arbeitskollegen etwas bedeutet? Oftmals muss ein Mensch wirklich komplett aus dem Geleise geworfen werden, bis er gnadenhaft erkennen darf, dass das Bekenntnis seiner Schuld im Beichtgespräch ihn von der Last befreit und er so wieder fähig wird, frei durchzuatmen ohne Angstzustände.

4. Meine persönlichen Erfahrungen mit dem Sakrament der Versöhnung

4.1 Erinnerungen an die Kindheit

Es ist vielleicht erwähnenswert, dass mich mein Vater schon als Dreijährige, wenn er am Sonntag im Kirchenchor gesungen hat, in die Sonntagsmesse mitgenommen hat, und ich mit Begeisterung mitgegangen bin. Auch das kleine Fenster im Emporengitter, wo

ich jeweils das Geschehen am Altar verfolgte, ist mir noch heute in bester Erinnerung.
Nun zu meiner ersten Beichte: noch heute erinnere ich mich daran mit Vergnügen. Ich hatte mir im Beichtspiegel in meinem Gebetbuch alle meine Sünden angekreuzt, und zwar aus der Furcht heraus, ich könnte erstens eine Sünde vergessen und zweitens mein Sündenregister nicht in der richtigen Reihenfolge aufzählen. So nahm ich mein Gebetbuch mit in den Beichtstuhl, doch o weh, es war sehr düster darin, so dass es mir unmöglich war, auch nur eine Zeile zu lesen. Reichlich verlegen bat ich unseren Pfarrer um Verzeihung, dass ich nun halt meine Sünden so beichten müsse, wie sie mir in den Sinn kommen. Da sagte er mir ganz liebevoll, dass dies ja genau das Richtige sei! So war der Bann gebrochen, und die Angst in der Beichte, etwas Falsches zu sagen, war verflogen. In der Beichte kann man gar nichts Falsches sagen, was einem schwer auf der Seele liegt, und sei es auch nur eine „Kleinigkeit", will Gott hingelegt werden.
Als Religionslehrer hatten wir damals einen Kaplan, der immer wieder nach der Religionsstunde fragte: „Wann hast Du zum letzten Mal gebeichtet?" War dann die Antwort: „Vor etwa vier Wochen", meinte er darauf, dann sei es ja langsam wieder Zeit ... Da meine erste Erfahrung mit der Beichte eine positive war, ging ich damals gerne und regelmässig beichten. Ich hatte sicher auch eine ganz besondere Gnade, immer einen Beichtvater zu haben, dem ich wirklich Vertrauen schenken konnte.

4.2 Die Jugendzeit

Mit zunehmendem Alter ging ich dann auch weniger zur Beichte, obwohl die Sünden nicht weniger waren. Doch mindestens zweimal im Jahr war auch da eine feste Regel. Wenn der Schuh irgendwann und irgendwo ganz besonders stark drückte, kam es auch vor, dass ich bei den Patres von Bernrain um ein Beichtgespräch bat. Diese Beichtgespräche brachten immer eine Beruhigung der Situation, und die Last war weg.

4.3 Meine tiefsten Erfahrungen mit der Beichtgnade

Die erste, wirklich tiefe Erfahrung mit der Beichtgnade hatte ich mit 37 Jahren in Ars-sur-Formans. Damals lebte ich in einer Gemeinschaft und da ich unter der Woche stets sehr strengen Küchendienst hatte, wurde mir am Sonntag meist ein Ausflug zugestanden, der mich in der Regel nach Ars führte. Anlässlich eines solchen Ausflugs entschloss ich mich zu beichten, natürlich auf Französisch, denn es gab keinen Beichtvater, der Deutsch verstanden hätte. So bekannte ich denn all meine Sünden, die mir bei der Gewissenserforschung eingefallen waren, die am schwierigsten auszusprechende gleich am Anfang, sonst wird sie verdrängt und dann vergessen.
Der Priester gab mir dann nach einem sehr herzlichen Zuspruch die Absolution: „Je vous pardonne tous vos péchés!" mit der Betonung auf tous, alle: Da war es mir, als fielen Zentnergewichte von mir ab, und als ich den Beichtstuhl verliess, war ich überglücklich und hatte das Gefühl, zu schweben. Dieser Glückszustand hielt eine volle Woche an. Eines weiss ich mit Gewissheit, eingebildet habe ich mir das Ganze sicher nicht.
Seither ist für mich die regelmässige Beichte ein äusserst wertvoller Bestandteil meines christlichen Lebens.
Solche Erlebnisse mit der Beichte, wie ich sie damals in Ars einmalig hatte, sind wohl weder alltäglich noch normal. Doch ich glaube, ich durfte diese Erfahrung machen, um zu wissen, welchen Effekt jeder Empfang des Sakramentes der Versöhnung hat.
Mein Herz halte ich durch die regelmässige Seelenhygiene im Frieden mit Gott und den Menschen. Nach Möglichkeit beichte ich jede Woche. So erspare ich mir den Psychiater, der mich ja doch nicht von der Schuld befreien kann.

4.4 Erfahrungen des Heils und der Heilung

Völlig zu Recht wird das Sakrament der Versöhnung im Katechismus auch als Sakrament der Heilung genannt. Wie oft durfte ich schon erfahren, dass Menschen, denen ich nach einem Gespräch geraten hatte, doch beichten zu gehen und den Priester zu bitten, mit ihnen um Befreiung zu beten, wirklich durch die Beichte befreit wurden von Angstzuständen und Depressionen. Solche Angstzustände plagen oft Menschen, die sich, bewusst oder eben meist auch unbewusst, auf okkulte Praktiken eingelassen haben. Es leuchtet diesen Menschen meist zuerst nicht ein, dass sie sich, in dem sie Gott nicht volles Vertrauen geschenkt und sich okkulten Praktiken zugewandt haben, sich gegen Gott versündigt haben.
Es ist nun aber eine Tatsache, dass nur die Reue über den Vertrauensbruch Gott gegenüber, das Bekenntnis in der Beichte und die Lossprechung des Priesters, den so von den Mächten der Finsternis geplagten Menschen von seiner Angst befreien können. Je nachdem, wie tief sich ein Mensch in okkulte Machenschaften eingelassen hat, braucht es dann auch noch zusätzliche Befreiungsgebete, doch mit der Beichte ist ganz sicher der erste Schritt zur Heilung getan!

Eine aufrichtige Beichte bei einem Beichtvater, der dem Beichtenden wirklich ein verständnisvoller „Vater" ist, kann wahrhaft Wunder wirken, das weiss ich mit Sicherheit!

5. Zusammenhang zwischen Beichte und Fortschritt im geistlichen Leben

5.1 Beichte als Jungbrunnen der Seele

Betrachtet man die Beichte unter dem Aspekt, dass in ihr der ursprüngliche Zustand der Seele nach dem Erhalt des Taufsakramentes wiederhergestellt wird, so kann man von ihr wahrhaft von einem „Jungbrunnen" sprechen. Wenn der Mensch durch die Sünde

zwischen sich und der Liebe Gottes eine Mauer aufbaut und sich, durch die Verstrickung in die Sünde, auch von seinen Mitmenschen entfernt, sich in eine eigentliche Isolation begibt, dann wird ihm, wenn er umkehrt, bereut, bekennt und sühnt, durch die sakramentale Lossprechung die Taufgnade neu geschenkt.
Ein Neubeginn ohne Hypotheken kann begonnen werden, denn Gott selbst hat uns „entschuldet"! Der Ankläger in unserer Seele wird gestürzt, der uns Tag und Nacht nicht zum Seelenfrieden kommen lässt, wir haben ihn besiegt durch das Blut des Lammes. Ich glaube, zu recht darf man diese Verse der Offenbarung 12,10-11 nachempfunden, auf die gnadenhafte Wirkung des Busssakramentes anwenden.

5.2 Das Netz wird engmaschiger!

Ich vergleiche das Gewissen immer mit einem Netz: Je weniger das Gewissen ausgebildet ist, desto grösser sind die Maschen des Netzes. Dickste Fische haben gar keine Mühe, durch diese Maschen zu schlüpfen. Das Gewissen bleibt ruhig und schläft vor sich hin. Durch grosse Löcher schwimmen sogar Haie unbehelligt im Netz umher, nähren sich von den kleinen Fischen und werden so immer fetter.

Endlich bemerkt der Mensch, dass mit seinem Netz etwas nicht stimmt, er zieht es an Land, repariert es, und wenn er es wieder ins Wasser lässt, fängt er einige grosse Fische darin. Diese Fische sind die schwersten Sünden, die ihm nun endlich zum Bewusstsein kommen. Legt er diese Sünden in der Beichte in Gottes Barmherzigkeit, wird sein Netz wie von selbst engmaschiger.
Sein Gewissen regt sich nun schon bei kleineren Sünden, er merkt, dass auch diese seinen Herzensfrieden stören, und so legt er auch diese in das barmherzige Herz unseres Gottes. Je genauer der Mensch nun sein Gewissen erforscht, desto feinfühliger wird es

auf das, was Sünde ist, desto enger werden die Maschen des Netzes.
Vielleicht wird dem Menschen durch einen besonders dicken Fisch ein Loch ins Netz gerissen, dieses Loch bleibt ganz sicher nicht unbemerkt, das Netz wird in der Beichte wieder repariert und ein Neuanfang ist möglich. Wenn das Netz mit dem Loch jedoch nicht zur Reparatur gebracht wird, werden andere grosse Fische kommen, die Löcher und die Maschen werden wieder grösser, bis selbst die grössten Raubfische ungehindert im Netz herumschwimmen.

Dieses Gleichnis will sagen, dass ein geschultes Gewissen nicht nur grobe Verfehlungen gegen die Liebe als sündhaft empfindet, sondern eben auch die lässlichen Sünden als störend erkennt. Da die lässlichen Sünden, wenn sie gehäuft auftreten, sehr gutes Futter für die schweren Sünden sind, wird es, wenn man nicht ernsthaft Seelenhygiene betreibt, immer schwerer, die Gefrässigkeit der schweren Sünden zu bezähmen und das Netz des Gewissens engmaschig und ohne Löcher zu bewahren.

Jean-Marie Vianney, der heilige Pfarrer von Ars, drückt dasselbe mit folgenden Worten aus: *Wie schön ist es zu wissen, dass wir ein Sakrament haben, das die Wunden unserer Seele heilt! Wir müssen es jedoch mit aufrichtigem Herzen und gutem Vorsatz empfangen, sonst kommen neue Wunden zu den alten hinzu. Was würdet ihr von jemandem halten, der ganz mit Wunden bedeckt ist und sich folgendermassen benimmt: man rät ihm, ins Krankenhaus zu gehen. Er sucht einen Arzt auf, der ihn mit Medikamenten heilt. Jetzt aber nimmt er sein Messer und bringt sich damit tiefe Schnitte bei; er richtet sich noch schlimmer zu als zuvor. Seht ihr, so macht es auch ihr oft, wenn ihr aus dem Beichtstuhl kommt und wieder in die gleichen Sünden fallt.*

Für einen Katholiken kann wahre Seelenhygiene nur im Bereuen, Bekennen, und Sühnen der Sündenschuld in der Beichte und in der sakramentalen Lossprechung geschehen. Ebenso ist auch ein ech-

ter Wille zur Umkehr vonnöten. Auch soll derjenige, der im Sakrament die Vergebung seiner Sünden empfangen hat, bereit sein, all jenen zu vergeben, die sich gegen ihn versündigt haben. Erst wenn auch wir unseren Schuldigern vergeben haben, werden auch wir vollständig frei von unserer eigenen Schuld, da durch das Nichtvergebenkönnen unheilvolle Bindungen an Menschen entstehen.
Wie wir sehen können, stehen also der regelmässige Empfang des Busssakramentes und der Fortschritt im geistlichen Leben in einem sehr engen, unmittelbaren Zusammenhang. Dies vor allem in der heutigen Zeit, wo man sicher nicht mehr gewohnheitsmässig das Sakrament der Versöhnung empfängt. Das Gewissen wird durch die regelmässige Beichte sicher empfindsamer, und durch diese vermehrte Empfindsamkeit können aus Liebe zu Gott viele Sünden vermieden werden.

6. Konklusionen

6.1 Wie wir anhand der Beispiele aus dem Neuen Testament gesehen haben, spricht Jesus die Sündenvergebung immer Einzelnen zu, er heilt auch den Einzelnen, er wendet sich ihm zu.
Ebenso heilt Jesus auch im Sakrament der Versöhnung den Einzelnen, damit er für das Leben in der Gemeinschaft wieder fähig werde. Dies geschieht in der persönlichen Beichte. Denn Jesus hat für jeden Einzelnen seinen ganz besonderen Segen bereit.
6.2 Die Lehre der Kirche besagt, dass die Einzelbeichte mit dem persönlichen und vollständigen Bekenntnis des Pönitenten der einzige ordentliche Weg ist, durch den die Vergebung der schweren Schuld geschieht und der Gläubige mit Gott und der Kirche versöhnt wird.

6.3. Die Erteilung der Generalabsolution ist – außer im Fall von Todesgefahr – verboten, spätestens seit 2009 auch in der Schweiz. Leider entspricht die Praxis heute, vor allem im deutschen Sprachraum vielfach nicht mehr dem, was die Kirche lehrt und fordert.

Das ist vor allem deshalb betrüblich, weil so ein enormes Potential des Heils und der Heilung brach liegt.

6.4 Für mich selbst ist das Sakrament der Versöhnung neben der Eucharistie, die ja der Höhepunkt allen liturgischen Geschehens ist, eine Quelle des Segens, die ich nicht missen möchte. Es ist mir ein grosses Anliegen, dass diese Quelle des Heils, den Menschen heutzutage wieder zugänglicher gemacht wird, dass wieder bekannt wird, um was es dabei eigentlich geht. Dass es vor allen Dingen in keiner Weise darum geht, die persönliche Neugier eines Priesters zu befriedigen, sondern dass man seine Schuld Gott gegenüber ausspricht und bekennt, damit ER uns im Gegenzug von unserer Schuld freisprechen kann.

6.5 Wie wir gesehen haben, ist wahrer Fortschritt im geistlichen Leben nur mit ausreichender Seelenhygiene möglich. Das gilt nicht nur für Laien, sondern selbstverständlich ebenso für Priester und Gottgeweihte. Die Weihe allein genügt nicht, um die Seele auf Dauer rein zu erhalten.

Wir sehnen uns heute alle nach Freiheit, wir wollen befreit werden von allzu langen Arbeitszeiten, von Zwängen und Einengungen. Weshalb sehnen wir uns nicht ebenso sehr nach der Befreiung von der Last unserer Sünden, die uns ja die eigentliche und tiefste Freiheit nimmt, nämlich die Freiheit unserer Seele!

So scheint es mir vor allen Dingen wichtig zu sein, zuerst über Bussgottesdienste mit gemeinsamer Gewissenserforschung und anschliessendem Einzelbekenntnis und Einzelabsolution die Grundlage der Akzeptanz der Einzelbeichte wieder zu schaffen, wo diese nicht mehr vorhanden ist. Die Frucht eines solchen Unterfangens dürfte ein Lebendigwerden der einzelnen Pfarreien sein. Wo die zwischenmenschlichen Beziehungen nicht mit Schuld belastet sind, wird das Wehen des Heiligen Geistes spürbar.

Zusammenfassend wage ich zu sagen, das Beichtehören eines Priesters ist ein ausserordentlich wertvoller Dienst für das Leben. Du, Christoph, stellst Dich immer wieder gerne für diesen wahren Dienst am Leben, am ewigen Leben zur Verfügung. Mit diesem Beitrag danke ich Dir im Namen all der ungezählten Menschen, denen DU schon im Namen Jesu die Lossprechung erteilt hast!

Martin Grichting

Klartext

Die Kolumnen von Bischofsvikar Christoph Casetti im „Bündner Tagblatt“

Bischofsvikar Christoph Casetti ist mit den Medien vertraut. Von 1990 bis 2009 war er Medienverantwortlicher des Bistums Chur und hat in dieser Zeit die Licht- und Schattenseiten, die Chancen und Gefahren des Mediensystems aus eigener Anschauung kennengelernt. Wer so lange in diesem Business tätig ist, wendet sich schliesslich entweder angewidert davon ab, oder er nutzt – durch Erfahrung gewitzigt – das System weiter, um den christlichen Glauben darin zur Geltung zu bringen. Bei Bischofsvikar Casetti ist Letzteres der Fall. Das zeigt sich nicht zuletzt daran, dass er seit dem Jahr 2001 – im Turnus mit evangelisch-reformierten und römisch-katholischen Pfarrern – in einer der beiden Tageszeitungen Graubündens, dem „Bündner Tagblatt“, eine Kolumne „zum Sonntag“ verfasst. Sie erscheint jeweils auf Seite 2, unter der sinnigen Rubrik „Klartext“. Ob alle dort erscheinenden Texte das Adjektiv „klar“ verdienen, mag dahingestellt bleiben. Die bisher rund 50 von Christoph Casetti publizierten Kolumnen enthalten jedoch Klartext. Sie zeichnen sich durch Sachkenntnis, Prägnanz und Unzweideutigkeit aus. Journalisten, die täglich mit dem wabernden Geschwurbel von Politikern zu kämpfen haben, lieben solche Klarheit. Diese lässt sie offenbar bis heute darüber hinwegsehen, dass der von Bischofsvikar Casetti gesprochene Klartext immer stramm gegen den Mainstream gebürstet ist. Im Folgenden soll eine repräsentative Auswahl der Kernbotschaften vorgelegt werden, die unser Kolumnist seinen Lesern gesandt hat.

Unscheinbarer Beginn

Thematisch fängt Kolumnist Casetti seine Tätigkeit breitgefächert und pastoral gestimmt an: Jahreszeitengerecht spricht er von der Fasnacht und was man ihr vom Standpunkt des christlichen Glaubens aus abgewinnen kann (24.2.2001). Es geht dann im Juli um die Ferien und wie man sie als Christ nutzen kann, um Gott zu begegnen: dem Schöpfer in seiner Schöpfung, dem Herrn der Kirche beim Besuch von Kirchgebäuden, zu denen Christoph Casetti als Sohn eines Architekten eine besondere Beziehung hat. Kirchgebäude sind steingewordene Zeugen des Glaubens und sprechen von der Geborgenheit, die unser christlicher Glaube uns schenkt (7.7.2001). Im darauffolgenden März geht es dann ums Fasten, darum, mit Leib und Seele zu beten, durch Verzicht Platz zu machen für Jesus Christus (2.3.2002).

Wendepunkt „Fristenlösung"

Mit der Kolumne vom 13. Juli 2002 ändert sich dann jedoch abrupt der Themenfokus – und zwar für die nächsten 16 Jahre bis heute. Und man wird sagen dürfen: Hoffentlich wird unser Autor nicht ermüden, weiterzufahren mit seiner Tätigkeit! Möge ihm die Chefredaktion nicht den Stecker ziehen! Was ist geschehen? Am 2. Juni 2002 hat das Schweizer Volk mit 72.2 % gegen 27.8 % bei einer Beteiligung von 41.8 % mittels einer Volksabstimmung den Schwangerschaftsabbruch legalisiert. Die Tötung Ungeborener bleibt bis zur 12. Schwangerschaftswoche straffrei, wenn die schwangere Frau eine Notlage geltend macht. In bestimmten Fällen kann diese Frist bis kurz vor der Geburt erstreckt werden. Christoph Casetti versteht sofort, dass hier eine Zäsur stattgefunden hat: Der Staat hat für ihn über Nacht „ein anderes Gesicht" bekommen, wie er konsterniert festhält. Nicht nur ein Parlament, wie in den umliegenden Ländern, sondern das Volk selbst hat dem ungeborenen Kind das Lebensrecht verweigert. Und Casetti kommt nicht umhin festzustellen: „Mit diesem neuen Gesetz hat die Schweiz für mich in einem wesentlichen Punkt aufgehört, ein Rechtsstaat zu sein. Denn Menschenrechte können und dürfen nicht mit demokratischen Mehrheiten aus den Angeln gehoben werden". Bischofsvikar Casetti ist Theologe genug, um zu sehen, dass diese Entscheidung des Schweizer Volks ihre Ursache letztlich im verblassenden Gottesglauben hat. Er erinnert an Romano Guardini und dessen Werk „Das Ende der Neuzeit". Darin erläutert der Gelehrte, wie das Verschwinden des Glaubens an den einen Gott in drei Personen auch die personale Würde des Ebenbilds Gottes, des Menschen, in Frage stellt. Christoph Casetti konstatiert deshalb nicht nur, dass die Schweiz daran sei, ihre christlichen Wurzeln auszureissen. Er sieht auch – schon im Jahr 2002 – voraus, dass die Negierung der Personenwürde der Ungeborenen bald auch andere Menschen treffen werde: die unheilbar Kranken und die Behinderten.

16 Jahre Plädoyers für das Leben

In den kommenden Jahren nutzt Bischofsvikar Casetti die Kolumne im „Bündner Tagblatt", um konsequent Lebensrechtsthemen aufzugreifen und vom Standpunkt des kirchlichen Lehramts aus zu behandeln. Er tut es als Theologe, der sich durch jahrzehntelange Beschäftigung mit der Materie auch in den damit zusammenhängenden naturwissenschaftlichen und ethischen Fragen profund auskennt. Seine Kolumnen lesen sich wie ein Kompendium dessen, was in diesem wichtigen kirchlichen Verkündigungsfeld in den letzten Jahren behandelt wurde.

Christoph Casetti argumentiert dabei abwechselnd auf zwei Ebenen: auf der säkularen und der theologischen. Beides ist in einem säkularen Medium angebracht. „Säkulare", auf reinen Vernunftgründen ruhende Argumentation ist unerlässlich, um in einer pluralistischen Gesellschaft verstanden zu werden. Denn die Berufung auf Gott und seine Offenbarung wird da nicht gehört. Es gilt deshalb immer, sich argumentativ dem säkularen Verständnishorizont der heutigen Zeitgenossen anzupassen, um verstanden zu werden. Theologisch fundierte Argumentation ist aber ebenfalls unverzichtbar. Denn einmal bildet sie die Grundlage für das, was dann ins „Säkulare" übersetzt werden muss. Und zudem richtet sich theologische und pastorale Rede an die eigenen Gläubigen, die man immer auch anspricht, wenn man in säkularen Medien auftritt. Die Behauptung sei einmal gewagt: Man ermutigt die Gläubigen mehr, wenn man zu ihnen über die säkularen Medien spricht, als wenn man in den verbliebenen „kirchlichen" Medien ein Heimspiel gibt.

Abtreibung

Seit der Einführung der „Fristenlösung" befassen sich viele Kolumnen Casettis mit der Abtreibung und der „verbrauchenden" Embryonenforschung. Mit dem grossen Verfechter des Lebensrechts der Ungeborenen, dem Hl. Papst Johannes Paul II., stellt er fest: „Wenn der Mensch allein, ohne Gott, entscheiden kann, was gut und was böse ist, dann kann er auch verfügen, dass eine Gruppe von Menschen zu vernichten ist" (26.2.2005). Auch Kinder mit Trisomie 21 gehörten zu dieser Gruppe. Nur eine Minderheit von ihnen dürfe noch das Licht der Welt erblicken. Auch hier argumentiert Bischofsvikar Casetti theologisch: „Die bedingungslose Menschenliebe, die Jesus verkündet und mit seinem Leben bezeugt hat, erlaubt niemals die Aussonderung und Ausmerzung von angeblich lebensunwertem Leben" (8.3.2003).

Sich der begrenzten Wirkung bewusst, welche theologische Argumente in Lebensrechtsfragen haben, greift der Kolumnist jedoch auch zu Argumenten, die an den gesunden Menschenverstand appellieren. Einmal nimmt er den Tierschutz zum Ausgangspunkt.

Bei der Schlachtung trächtiger Kühe würden deren Kälber im Mutterleib qualvoll ersticken, was bis zu zwanzig Minuten dauern könne. Zweifellos sei das zu verbieten, auch Christen setzten sich für den Tierschutz und den schonenden Umgang mit der Schöpfung ein. Es stellte sich dann allerdings die Frage, wie es mit der Abtreibung stehe. Spätestens seit dem Film «Der stumme Schrei» von Bernhard Nathanson wisse man, dass die Abtreibung für das ungeborene Kind im Mutterleib qualvoll sei. Die Abtreibungsgesetzgebung dürfe nicht so bleiben. Denn: „Ich möchte mich nicht damit abfinden, in einer Gesellschaft zu leben, in der Tierschutz höher gewichtet wird als Kinderschutz" (25.7.2015).

Ein anderes Mal erzählt Christoph Casetti die Geschichte einer Frau, die ihr zweites Kind abtreiben lassen will, weil es zu nahe auf das erste folge. Der Arzt – offenbar einer, der das Leben zu schützen weiss – „empfiehlt" ihr, doch besser das schon geborene Kind zu töten. Das sei für sie weniger gefährlich. Die Frau ist entsetzt und begreift: Es kommt auf das gleiche heraus, ob man ein Kind vor oder nach der Geburt tötet (19.11.2011). An den in einer säkularen Gesellschaft immer noch existierenden Sinn für Humanismus appellierend, stellt Christoph Casetti zudem fest: „Es kann gerade als die Leistung der auf jüdisch-christlichem Gedankengut beruhenden abendländischen Ethik angesehen werden, dass die Würde des Menschen als Person auch in den schwächsten Gliedern der Menschheit, den ungeborenen und neugeborenen Kindern, den Armen und Kranken, den Komatösen und Dementen anerkannt wird" (3.11.2012). Den pragmatischen Schweizer möchte unser Kolumnist ferner argumentativ erreichen, indem er auf Forschungsergebnisse hinweist. Demnach litten Kinder, deren Abtreibung von den Eltern erwogen worden sei oder deren Geschwister tatsächlich abgetrieben worden seien, vermehrt an Bindungsängsten, Süchten und Unreife. Sie erführen irgendwann oder spürten intuitiv, dass jemand fehle. Deshalb seien sie vermehrt in ihrem Verhältnis zu den Eltern gestört, litten unter Ängsten und der ständigen Sorge, unerwünscht zu sein (27.2.2016). Noch pragmatischer wird Casetti mit einem fiktiven Dialog zwischen den Menschen und Gott. Casetti will damit darauf hinweisen, wie viel „Humankapital" durch Abtreibungen vernichtet wird. Zusammengefasst lautet dieser Dialog: „Gott, warum sendest Du uns nicht Menschen, die Mittel gegen Krebs, Aids und Hunger finden, Mittel für die ökonomischen, politischen und familiären Probleme, Mittel gegen Krieg, Terror und Armut?". Und Gott antwortet: „Ich tat es. Ihr habt sie abgetrieben" (12.1.2008).

Dem stets an Finanzen interessierten Schweizer rechnet Christoph Casetti auch die pekuniäre Seite des Abtreibungsdramas vor: Der 1957 von Ludwig Erhart befürchtete „Rentnerberg" sei heute Tatsache. Aber eigentlich herrsche nicht eine Überalterung der Gesellschaft, sondern eine „Unterjüngung", verursacht durch Egoismus, Empfängnisverhütung und Abtreibung. Die Folgen seien in den Industriestaaten sterbende Völker und die Tatsache, dass die Sozialwerke nicht mehr zu finanzieren seien (30.8.2008). „Unterjüngung" sei auch ein wesentlicher Grund für die Explosion der Gesundheitskosten, die alle zu tragen hätten, bis hin zu dem Teil der Krankenkassenprämie, welcher die Allgemeinheit für Abtreibungen und deren psychologische sowie soziale Folgekosten zu bezahlen habe (29.10.2005). Deshalb unterstützt unser Autor auch den Vorstoss, die Abtreibung aus dem Leistungskatalog der Krankenkassen-Grundversicherung zu streichen. Untersuchungen hätten gezeigt, dass dies helfe, die Zahl der Abtreibungen zu verringern (29.5.2010). Und schliesslich sei eine Schwangerschaft keine Krankheit – ein Argument, das Casetti auch verwendet, um sich für die Gewissensfreiheit von Ärzten und Spitalpersonal stark zu machen. Er zitiert einen Schweizer Chefarzt, der geäussert habe, man könne im Irak auch nicht den Beruf des Henkers ausüben und dann Hinrichtungen verweigern. Abtreibung gehöre zum Auftrag des Gynäkologen. Nein, Abtreibung sei kein Teil der Frauenheilkunde, entgegnet Casetti. Und er erwähnt das Tabuthema, dass es in der Schweiz mittlerweile fast nicht mehr möglich sei, sich als Frauenarzt oder Hebamme ausbilden zu lassen, ohne bei Abtreibungen mitzuwirken. Und für Frauen sei es deshalb schwierig geworden, einen Gynäkologen zu finden, der nicht an Abtreibungen beteiligt sei (3.5.2008).

Im säkularen Raum argumentierend, kommt Christoph Casetti immer wieder auf ökonomische Fragen zu sprechen, sei es im Zusammenhang mit finanziellen Problemen bei der Pflege behinderter Kinder (6.8.2011), sei es in Bezug auf die Euthanasie. So kritisiert er etwa den Europarat, der sich gegen die vermehrte Forschung im Bereich seltener Erbkrankheiten gewandt hatte. Vielmehr sollten Eltern genetisch beraten und deren Kinder, die Träger genetischer Erbkrankheiten sind, abgetrieben werden. Denn die Entwicklung spezifischer Therapien sei zu kostenaufwändig. Und auch hier folgt wieder ein Appell, in der humanistische Tradition Europas zu verbleiben: „Es gehört zum geistigen Erbe Europas, das Lebensrecht kranker und behinderter Menschen zu achten und ihnen beizustehen“ (7.11.2009).

Öffentlichkeitsarbeit

Als früherer Medienbeauftragter des Bistums Chur weiss Bischofsvikar Casetti, dass neben dem Hinweis auf die finanziellen Folgen der Abtreibungsgesellschaft auch gezielte und permanente Öffentlichkeitsarbeit ihre Wirkung nicht verfehlt. Er freut sich deshalb, dass der Bischof von Chur im Jahr 2010 in seinem Bistum einen „Tag des Lebens“ eingeführt hat. Er wird seither begangen am Sonntag nach dem 2. Juni, in Erinnerung an die Einführung der Legalisierung des Schwangerschaftsabbruchs am 2. Juni 2002. Und dieser Tag wird stets verbunden mit einer Tagung, die einem Thema aus dem Lebensrechtsbereich gewidmet ist. Die Gesetzesänderung von 2002 habe dazu geführt, dass aus der Straffreiheit mittlerweile ein „Recht auf Abtreibung“ geworden sei (29.5.2010).

Und die Behauptung der Befürworter der „Fristenlösung“, die Zahl der Abtreibungen werde abnehmen, habe sich nicht bewahrheitet. Nach wie vor würden in der Schweiz jährlich rund 11’000 Kinder vor der Geburt im Mutterleib getötet. Denn der Staat habe das Unrechtsbewusstsein untergraben (14.7.2012).

In die Kategorie Sensibilisierung der Öffentlichkeit gehört auch der „Marsch für das Leben“. Immer wieder kommt Bischofsvikar Casetti darauf zu sprechen und macht in seiner Kolumne Werbung dafür. Dieser Tag mit seiner Öffentlichkeitswirkung ist besonders an die staatlichen Verantwortungsträger gerichtet. Entsprechend argumentiert Christoph Casetti. In der Schweizer Bundesverfassung von 1998 heisse es, „dass die Stärke des Volkes sich misst am Wohl der Schwachen“. Und das seien gerade auch die Ungeborenen, die alten und kranken Menschen. Casetti appelliert an das Gewissen der staatlichen Amtsträger, die ja besonders für den Frieden einstehen müssen, indem er Mutter Theresa zitiert: „Abtreibung ist der grösste Zerstörer des Friedens“ (11.9.2010). Wie wenig ernst es den staatlichen Autoritäten jedoch mit ihrer Aufgabe ist, die Schwächsten zu schützen, zeigt sich dann gerade am Beispiel des „Marsch für das Leben“. Im Jahr 2016 darf in Bern wegen „linksautonomer“ Störer kein Marsch, sondern nur noch eine Kundgebung durchgeführt werden, ohne Gottesdienst und Workshops – aus Sicherheitsgründen, wie Casetti nicht ohne Ironie vermerkt (8.10.2016). Im Jahr 2017 ist der Staat dann vollends eingeknickt. Wegen noch nicht einmal angekündigter Störaktionen hat der Regierungsrat von Obwalden den „Marsch für das Leben“ in Flühli-Ranft, dem Wirkungsort des Hl. Bruder Klaus, kurzerhand untersagt. „Beten verboten“ kommentiert Christoph Casetti. Und er fährt fort: „Es gehört zu den Aufgaben eines Rechtsstaates, das Leben des Menschen in allen seinen Phasen wirksam zu schützen, die Ausübung der Religionsfreiheit zu gewährleisten sowie die Versammlungs- und Meinungsfreiheit zu garantieren, welche für die

Demokratie unabdingbar ist. Für den Regierungsrat von Obwalden kann man nur noch beten“ (16.9.2017).

Embryonenforschung und deren Folgen

Auch das Drama der „verbrauchenden“ Embryonenforschung nimmt der Churer Bischofsvikar immer wieder auf. Schon im Jahr 2003 kritisiert er das Ansinnen, den Beginn des menschlichen Lebens nicht mit der Befruchtung, sondern erst mit der Einnistung in die Gebärmutter beginnen zu lassen, um damit an „Forschungsmaterial“, an angeblich vormenschliche „Zellhaufen“ zu kommen. Dies hat schon damals zu „überzähligen“ Embryonen und zum Dilemma geführt, was man mit ihnen später „machen“ soll (12.7.2003). „Verbrauchende“ Embryonenforschung vergleicht Casetti deshalb drastisch mit Vampirismus. Der Vampir verschaffe sich Leben auf Kosten eines anderen Menschen. Und nichts anderes täten Forscher, welche Menschen für medizinische Forschung töteten (24.6.2006). Die Forschungsfreiheit müsse jedoch der Menschenwürde untergeordnet sein und bleiben (13.2.2010). In diesem Zusammenhang richtet Casetti folgenden Appell an den Stimmbürger: „Ich möchte nicht, dass künftig alle Kinder mit Down-Syndrom einfach eliminiert werden. Ihre Entwicklungschancen sind heute sehr gut. Ich möchte nicht, dass künftig beliebig im Labor entschieden wird, welches Leben als «lebensunwert» vernichtet wird. Ich möchte nicht, dass Behinderte künftig in unserer Gesellschaft diskriminiert werden, weil ihr Leben als «nicht lebenswert» und als vermeidbares Risiko betrachtet wird. Letztlich geht es um das Gebot Gottes: «Du sollst nicht töten»“ (31.10.2015).

Wie sehr solche Forderungen berechtigt sind, zeigt die neueste Entwicklung im Bereich der künstlichen Befruchtung. Mittels von Techniken, welche Sexualität und Zeugung auseinandernehmen, ist – wie Bischofvikar Casetti einmal mehr mit Hinweis auf die

Ökonomie erklärt – ein „grosser Baby-Markt“ entstanden. 8.7 Milliarden Euro seien 2016 umgesetzt worden. Man gehe im Jahr 2020 von einem Marktvolumen von rund 20 Milliarden aus. Befruchtung im Reagenzglas, Gentests auf 400 Krankheiten, „Social freezing“, Geschlechterselektion und rechtliche Arrangements für die Leihmutterschaft seien im Angebot. Auf den „Sex ohne Zeugung“ sei die „Zeugung ohne Sex“ gefolgt (20.5.2017). Man könne mit Embryonen wohl nur so umgehen, wenn man total verdränge, dass es sich dabei um Menschenkinder handle. Doch alle neueren Erkenntnisse der Forschung hätten ergeben, dass der Mensch bei seiner Zeugung durch die Verschmelzung von Ei und Samenzelle, also bei der Befruchtung, entstehe. Jeder Embryo besitze deshalb, aus der Sicht des christlichen Glaubens, eine unsterbliche Seele. Und – auf das kürzlich erfolgte Austragen eines während 24 Jahren eingefrorenen Embryos gemünzt – bemerkt Christoph Casetti, der Embryo sei ein Menschenkind „unabhängig von seiner Körpertemperatur“ (6.1.2018).

Der Weltöffentlichkeit ist die Tragweite des Embryonen- und Kinderhandels spätestens mit dem bemitleidenswerten thailändischen Kind Gammy bewusstgeworden. Bei einer Leihmutter bestellt, ist er 2014 nicht abgeholt worden, weil er – im Unterschied zu seinem Zwillings-Schwesterchen – an Trisomie 21 leidet. Christoph Casetti erklärt anhand dieses Falles die gängige, der Öffentlichkeit gern verschwiegene Praxis: Ein Vertrag regle nicht nur das Entgelt, welches die Leihmutter erhalte. Er verpflichte sie auch zur Pränataldiagnostik und zur Abtreibung bei allenfalls „ungünstigem“ Befund. Hier gehe es nicht mehr um die Annahme eines Kindes innerhalb einer Familie, sondern um eine Geschäftsbeziehung. Das Kind werde zur Ware. Und was sei Leihmutterschaft anderes als Kinderhandel, fragt Christoph Casetti den Leser (16.8.2014).
Aber dies scheint die Schweizer Öffentlichkeit wenig zu beeindrucken. Denn inzwischen hat die Eidgenossenschaft die Stief-

kindadoption legalisiert. Sie wird die Türöffnerin sein, um gleichgeschlechtlichen Paaren die Adoption von Kindern zu erlauben. „Salamitaktik" nennt man das in der Schweiz. Christoph Casetti spricht dazu eine unangenehme, von den Medien nur zu gern unterschlagene Wahrheit aus: Kinder, die in gleichgeschlechtlichen Lebensgemeinschaften aufwachsen, weisen ein signifikant höheres Risiko auf (2,38fach), später an psychischen Problemen zu leiden als Kinder aus natürlich Familien. Und er zitiert den Forscher Konrad Lorenz: „Der Irrglaube, dass man aus dem Menschen schlechterdings alles machen kann, liegt den vielen Todsünden zugrunde, welche die zivilisierte Menschheit gegen die Natur des Menschen begeht. Es muss übelste Auswirkungen haben, wenn eine weltumfassende Ideologie samt der sich daraus ergebenden Politik auf einer Lüge begründet ist" (25.6.2016).

Leihmutterschaft wird dennoch bereits auch in der Schweiz diskutiert und von der Nationalen „Ethikkommission" befürwortet. Christoph Casetti weist darauf hin, wo das enden wird: Die WHO sei daran, den Begriff der „Unfruchtbarkeit" umzudefinieren. Neu solle sie nicht nur auf Paare anwendbar sein, die ein Jahr erfolglos auf Nachwuchs gehofft haben, sondern auch für Einzelpersonen gelten, die ein Kind möchten, aber keinen Sexualpartner haben. Casetti folgert: Hier gehe es nicht mehr um eine medizinische, sondern um ein soziale Definition der Kinderlosigkeit, verbunden mit dem Ziel, Singles ein Recht auf ein Kind einzuräumen. Dafür müsse man aber die Eizellspende und die Leihmutterschaft legalisieren. Fortpflanzung solle damit von der elterlichen Bindung gelöst werden, zumal auch Homosexuelle Kinderlosigkeit geltend machen könnten. Zeugung aus Liebe werde abgelöst durch die Schreckensvision der Menschenzucht. Und Christoph Casetti bleibt da nur, daran zu erinnern, dass es kein Recht auf Kinder gebe und diese ein Geschenk des Schöpfers seien. Kinder könnten nicht „gemacht", sondern nur empfangen werden im Raum der Liebe zwischen Mann und Frau. Das sei die beste Voraussetzung, dass ihr Leben gelingen könne (21.1.2017).

Euthanasie

„Wird das Leben an seinem Anfang zur Disposition gestellt, wird es nicht lange dauern, bis das Gleiche auch am Ende des Lebens geschieht". Auch dort werde der Stärkere über den Schwächeren verfügen. So die Grundsatzüberlegung von Bischofsvikar Casetti zur Euthanasie (14.7.2012). Schon zehn Jahre zuvor, in der eingangs erwähnten Kolumne zur Fristenregelung von 2002 hatte Christoph Casetti dies erstmals betont. Und wer würde bestreiten können, dass es nicht genau so gekommen ist, wie er es vorausgesehen hat? Casetti erinnert in diesem Zusammenhang daran, dass die Gräuel Hitlers und seiner Schergen zur Folge hatten, dass die Euthanasie fünfzig Jahre lang tabu gewesen sei. Nun aber häuften sich Fälle von Menschen, die unfreiwillig ins Jenseits befördert würden, schreibt er schon im Jahr 2003. Es gehe nicht mehr um Rassenhygiene, sondern um „Mitleid" und Pflegekosten. Alte Menschen aus Holland, Vorreiter der Euthanasie, liessen sich in anderen Ländern nieder aus Angst, in der Heimat „euthanasiert" zu werden. Und ebenfalls schon 2003 – lange bevor es international Schlagzeilen machte – weiss Christoph Casetti: „Umgekehrt scheint es einen Sterbetourismus nach Zürich zu geben, seit die Suizidbeihilfe dort gesetzlich erleichtert ist". Dem hält er den Appell entgegen: „Wie anders ist die Haltung von Mutter Teresa von Kalkutta, der neuen Seligen! Ihr ist es nie in den Sinn gekommen, einem Kranken oder Sterbenden dadurch zu helfen, dass sie ihn getötet oder ihm Beihilfe zum Suizid geleistet hätte. Sie schenkte den Leidenden einfach die Liebe Jesu. So half sie ihnen, ihr Geschick anzunehmen" (1.11.2003).

Auch bei der Problematik der Euthanasie verbleibt unser Autor nicht auf der Ebene theologischer Argumentation. Er weist auf den grösseren Kontext hin: den Mangel an Jüngeren, der die alten Menschen erst recht zu Last werden lasse. Und er weist hin auf den ökonomischen Druck, dem sich die Menschen ausgesetzt fühlten, wenn Euthanasie salonfähig geworden sei. „Palliative care" lautet gemäss Casetti die richtige Antwort auf die Herausforderung des Leidens am Ende des irdischen Lebens. Palliativmedizin entspreche dem christlichen Menschenbild, wonach der Mensch sein Leben aus Gottes Hand erhalten habe, es sich also nicht selber gegeben habe und es sich deshalb auch nicht selber nehmen dürfe. Hinzu komme die soziale Dimension: Der Mensch existiere nicht für sich allein, sondern stets in Beziehung zu seinen Nächsten, denen er sich deshalb nicht einfach entziehen dürfe. Und einmal mehr auf den abendländischen Humanismus rekurrierend, stellt Casetti fest, dieser habe das Leiden als etwas gewürdigt, das zum Menschsein gehöre (21.9.2013). Zuletzt kommt Casetti freilich gerade bei diesem Thema dann doch nicht darum herum, theologisch zu argumentieren, wenn er sagt: „Allerdings gebe ich zu, dass die tiefste Begründung, der Versuchung zur Selbsttötung zu widerstehen, im Glauben an Gott liegt; im Glauben, dass Gott, der mir das Leben geschenkt hat, am besten weiss, wann der beste Augenblick gekommen ist, mich zu ihm zurück zu rufen" (29.11.2014).

Familienpolitik

Immer wieder beklagt unser Kolumnist die Benachteiligung kinderreicher Familien (29.10.2005). Und er prangert die „strukturelle Rücksichtslosigkeit der Gesellschaft gegenüber den Familien" an. Wenn Ehe und Familie von der Politik missachtet würden, dürfe man sich nicht wundern, wenn sich in der Gesellschaft Liebe und Freundschaft rarmachten, was wiederum Ehe und Familie den Nährboden entziehe (14.10.2006). Es bedürfe deshalb einer vermehrten Wertschätzung von Familienarbeit. Casetti charakterisiert die Lage mit folgender Anekdote: „Eine Frau, die ich kenne, machte folgende Erfahrung: Wenn sie bei Empfängen auf die

Frage, was sie beruflich mache, antwortete, sie sei Hausfrau, wurde sie stehen gelassen. Sie änderte ihr Verhalten, so dass etwa folgender Dialog entstand: Was machen Sie? – Ich habe eine Firma. – Interessant! Wie gross ist Ihre Firma? – Ich habe sieben Mitarbeitende. – Was haben Sie für eine Firmenphilosophie? – Partizipation wird bei uns gross geschrieben. – Das ist ja spannend! Und was stellen Sie her? – Humankapital!". Und Casetti ergänzt: „Erst in dieser Sprache konnte sich die sechsfache Mutter und Hausfrau in Gesellschaft Anerkennung verschaffen" (2.6.2007).

Casetti sieht auch, dass es letztlich im Eigeninteresse des Staates läge, für die Familie in rechtlicher und wirtschaftlicher Hinsicht mehr zu tun, statt schon für Säuglinge Kinderkrippen und wechselnde Bezugspersonen zu organisieren. Es sei heute allgemein anerkannt, dass die meisten Menschen, welche drogensüchtig würden, aus zerrütteten Familien stammten. Es sei deshalb unabdingbar, Müttern drei Jahre Zeit zu geben, um sich um ihre Neugeborenen zu kümmern, damit diese die Fähigkeit erlangten, später selbst Bindungen einzugehen und sich sozial zu verhalten (2.7.2005).

Übergriffige staatliche „Sexualaufklärung"

Auch die nicht selten übergriffige staatliche Sexualaufklärung ist in jüngerer Zeit ein Thema in den Kolumnen des Churer Bischofsvikars. Er betont, mit Bezugnahme auf Weihbischof Andreas Laun, den Vorrang der Elternrechte und geisselt den „sexuellen Missbrauch", den der Staat begehe, wenn er die Unmoral der sexuellen Revolution mittels seines Gewaltmonopols den Kindern aufzudrängen versuche. Und Casetti scheut sich angesichts der erklärten Absicht staatlicher Stellen, bereits Kindern – an ihren Eltern vorbei – „ein Recht auf ausgelebte Sexualität" zuzugestehen, zu schreiben: „Prominente der 68er-Generation, für welche Kindersex kein Tabu war, haben offensichtlich Anhänger an Schlüsselstellen der Verwaltung und der Lehrplangestaltung". Und er ruft Parlamente und Bürgerinnen sowie Bürger auf, sich zu wehren, wenn ihnen am Wohl der Kinder etwas gelegen sei (9.4.2011).

Ehe und Familie nach dem Plan Gottes

Katholische Lebensrechtsarbeit bedeutet in unseren Zeiten oft, gesellschaftliche Entwicklungen und staatliche Gesetze zu bedauern und zu kritisieren. Auch die bisherigen Ausführungen lassen das erkennen. Bischofsvikar Casetti bemüht sich jedoch in seinen Kolumnen immer wieder, den positiven, den lebensbejahenden Wert des christlichen Glaubens und der darin wurzelnden ethischen Anforderungen aufzuzeigen, auch die positiven Auswirkungen für Staat und Gesellschaft. „Kinder kriegen die Leute doch von alleine", hatte in den 50er Jahren des letzten Jahrhunderts Konrad Adenauer gesagt. Nein, sie kriegten Kinder nicht von allein, sagt Christoph Casetti angesichts der späteren Entwicklung (3.2.2007). Notwendig sei vielmehr die stützende und unterstützende Kraft der Gesellschaft und des Staates. Und es bedürfe eben letztlich doch einer gläubigen, christlichen Sicht der Welt und des Menschen, um zum Leben in all seinen Facetten Ja sagen zu können. So stellt unser Autor einmal fest: „Früher haben die Menschen das Leben weitergegeben, weil sie ihre Sterblichkeit annehmen konnten. Heute glauben sie, sich die Weitergabe des Lebens nicht mehr leisten zu können, weil sie das Leben bis zum Letzten auskosten wollen. Hinter der Explosion der Gesundheitskosten steckt eine religiöse Frage" (29.10.2005). Christoph Casetti ist überzeugt: Nur aus gesunden Familien werde es Menschen geben, die den Frieden lebten. Denn: „Der Friede in der Welt beginnt im Kinderzimmer". Und es seien die Familien, in denen man zusammen bete, die eher zusammenblieben (9.11.2002).

Ja, letztlich ist es der christliche Glaube, der Ehe und Familie begründet und in der Praxis auch gelingen lässt. Für Christoph Casetti ist es gerade der selige Papst Paul VI. gewesen, welcher gewusst habe, was christliche Ehen gelingen lasse. Die Enzyklika „Humanae Vitae", die Casetti als prophetisch bezeichnet, sei Ausdruck dieser Sicht. Und so schreibt er über Paul VI.: „Unser Prophet erkannte, was Ehen und Familien gelingen lässt: eine eheliche Liebe, die vollmenschlich ist, die nicht nur auf Gefühlen, sondern auf einer Entscheidung des Willens aufbaut; eine eheliche Liebe, die ganzheitlich ist und den anderen vorbehaltlos so annimmt, wie er ist; eine eheliche Liebe, die treu und ausschliesslich ist bis zum Ende des Lebens; eine eheliche Liebe, die Kinder als ihre vorzüglichste Gabe anzunehmen bereit ist". Und Christoph Casetti fügt hinzu: „Von einer solchen Liebe träumen heute noch die meisten Menschen, gerade auch die Jungen!" (30.8.2008).

Gerade wenn es um Sexualerziehung geht, auch um eine humane Sexualität in der Ehe, kommt man um eine christliche Sichtweise nicht herum. Deshalb nutzt Christoph Casetti kurz vor Weihnachten eine Kolumne, um den Lesern des „Bündner Tagblatt" zu erklären, dass das Christentum nicht leibfeindlich ist. Wenn das Wort Mensch – Fleisch – werde, dann habe das auch eine Bedeutung für unseren Leib: „Weil Gott uns mit Leib und Seele erschaffen hat, weil er selber im Kind von Bethlehem einen Leib angenommen hat, darum sollen wir ehrfurchtsvoll umgehen mit unserem Leib. Wir dürfen mit ihm nicht einfach alles machen, was wir können" (20.12.2008). Der menschliche Leib und die menschliche Sexualität seien – mit Berufung auf die „Theologie des Leibes" von Papst Johannes Paul II. – gut und ein Geschenk des Schöpfers. Die geschlechtliche Verschiedenheit des Mannes und der Frau sei eine Hilfe, damit der Mensch sein Ich auf ein Du hin übersteigen und zur selbstlosen Liebe gelangen könne. Die „Theologie des Leibes" beinhalte, dass nicht Selbstverwirklichung, sondern Selbsthingabe den Menschen wirklich glücklich machten. Diese genuin christliche Sicht des Menschen sei die wahre „sexuelle Revolution" (26.4.2014).

Könnte schon dies als Schlusswort und Quintessenz der Kolumnen von Bischofsvikar Christoph Casetti im „Bündner Tagblatt" gelten, so eignen sich die folgenden Zeilen noch besser: „Ja, der Glaube ist mehr als eine Morallehre. Aber seit Gott selbst Mensch geworden ist, hat der Mensch eine besondere Würde. Und entsprechend dieser Würde müssen wir mit ihm umgehen – in allen Phasen seines Lebens, auch schon vor der Geburt" (4.1.2014).

Der Grund unserer Hoffnung

Überblickt man die Entwicklungen der letzten Jahrzehnte im Bereich der Lebensrechtsfragen und der Bioethik, wie sie sich auch in den Kolumnen spiegeln, die Bischofsvikar Christoph Casetti im „Bündner Tagblatt" verfasst hat, könnte man leicht entmutigt werden. Die katholische Kirche und viele Christen aus christlichen Gemeinschaften haben in dieser Zeit mit zahllosen Initiativen und verschiedenartigen Argumenten versucht, dem, was dem Menschen gemäss ist und dem Evangelium vom Leben entspricht, in den Gesetzen der Staaten und den Werthaltungen der Gesellschaften Nachachtung zu verschaffen. Zweifellos ist es dadurch immer wieder da und dort gelungen, Erfolge zu erzielen oder zumindest Schlimmeres zu verhindern. Zudem sind viele Menschen hellhörig geworden und haben in ihrem persönlichen Leben Entscheidungen getroffen, die mit dem Plan Gottes für die Ehe, die Familie und das menschliche Leben übereinstimmen. Aber insgesamt betrachtet, haben die westlichen Gesellschaften vor einigen Jahrzehnten die schiefe Bahn betreten, und nach wie vor rutscht darauf alles weiter abwärts. Am Horizont stehen derzeit Drei-Eltern-Kinder, Mensch-Tier-Hybride und extrauterine Menschenzucht.

Mit theologischen Argumenten, so grundlegend sie sind, war all diesen Entwicklungen nicht beizukommen. Das kann man in pluralistischen Demokratien nachvollziehen. Erschütternd ist aber, dass angesichts von Marktinteressen und dem unstillbaren Wunsch des Menschen, seine Endlichkeit aus eigener Kraft mit technischen Mitteln zu überwinden, sogar eine rein säkulare, ohne Rekurs auf Theologie argumentierende Ratio inzwischen ins Leere zu laufen scheint. Denn selbst das, was der Übervater neuzeitlicher Philosophie, Immanuel Kant, als „kategorischen Imperativ" bezeichnet hatte, wird heute nicht mehr respektiert: „Denn vernünftige Wesen stehen alle unter dem Gesetz, dass jedes derselben sich selbst und alle andere niemals bloß als Mittel, sondern jederzeit zugleich als Zweck an sich selbst behandeln solle" (Immanuel Kant, Ausgabe der Preußischen Akademie der Wissenschaften, Berlin 1900 ff., AA IV, 433). Wenn grundrechtsfundierte westliche Demokratien die Leihmutterschaft erlauben, dann degradieren sie Mütter – Menschen – zum blossen Mittel. Und die so „gemachten" Kinder werden zum Gegenstand von Verträgen, die im Grunde Kaufverträge sind. Der Menschenhandel ist zurückgekehrt, wenn man ein Kind kaufen kann – und das mit der Billigung von Staaten und in Gesellschaften, die sich wohl selbst für die aufgeklärtesten der ganzen Menschheitsgeschichte halten.

All das ist Grund zur Resignation. Es könnte jedenfalls ein Grund dazu sein. Dennoch sehen wir Gott sei Dank, dass die katholische Kirche und viele ihrer Gläubigen sowie zahlreiche Christen aus kirchlichen Gemeinschaften das Bemühen fortsetzen, dem Recht des Menschen auf Leben und auf dessen Unantastbarkeit eine Stimme zu geben. Die Kolumnen von Bischofsvikar Christoph Casetti sind eines von vielen Beispielen dafür.

Man kann sich fragen, woher sie dafür den Mut und die Ausdauer nehmen. Es ist offensichtlich: Es ist der Glaube an den lebendigen Gott, der trotz allem, was Menschen einfällt und was sie tun, da ist und den Verlauf der Geschichte in Händen hält. Tritt man einige Schritte zurück und blickt man auf die Menschheitsgeschichte, kann man beobachten: Sie verläuft zwar nicht geradlinig und auch nicht bestimmten Gesetzen folgend. Aber sie ist doch in dem Sinn gewissermassen zyklisch, dass der Mensch immer wieder erschrickt über das, was er getan hat. Er bewegt sich zuerst weg von dem, was er ist und was ihm vom Schöpfer buchstäblich auf den Leib geschrieben ist. Das führt zu verheerenden Folgen, die ihn dann umkehren lassen. Das Pendel schlägt zurück – freilich nicht, um in der Mitte stehen zu bleiben ... Diese Bewegungen haben damit zu tun, dass der Mensch Geschöpf ist – eine Tatsache, die er schwer erträgt, weil sie ihm Vorgaben macht und Grenzen setzt. Der Mensch nicht als Prometheus, sondern als Geschöpf ist jedoch zugleich der Grund, weshalb der gläubige Christ nicht aufgibt, nicht am Menschen verzweifelt. Denn der Christ weiss, um es mit dem „Katechismus der Katholischen Kirche" zu sagen: „In der Schöpfung hat Gott eine Grundlage und Gesetze gelegt, die bestehen bleiben. Der Glaubende kann sich auf sie verlassen; sie sind ihm Zeichen und Gewähr der unerschütterlichen Treue, mit der Gott an seinem Bund festhält" (Nr. 346).

Es gibt trotz aller Dementis, welche nachchristliche Gesellschaften abgeben, indem sie Handlungsweisen gesetzlich legitimieren, die dem Wesen des Menschen widersprechen, die unveränderbare Unterscheidung in Gut und Böse. Denn es ist so, wie es der „Katechismus der katholischen Kirche" meisterhaft gesagt hat: „Dieser ‚Baum der Erkenntnis von Gut und Böse' erinnert sinnbildlich an die unüberschreitbare Grenze, die der Mensch als Geschöpf freiwillig anerkennen und vertrauensvoll achten soll. Der Mensch hängt vom Schöpfer ab, er untersteht den Gesetzen der Schöpfung und den sittlichen Normen, die den Gebrauch der Freiheit regeln" (Nr. 396). Böses wird deshalb niemals gut, auch wenn es von Völkern, Parlamenten und Gerichten für gut erklärt wird. Denn der

Mensch als Geschöpf vermag nicht, die „Grundlagen und Gesetze" der Schöpfung zu verändern, so sehr er es auch versuchen mag. Das ist ein Grund der Hoffnung und der Ansporn, weiterhin für das Gute einzutreten. Hinzu kommt, dass es Gott möglich ist, aus dem Bösen, das Menschen angerichtet haben, etwas Gutes zu machen. Noch einmal mit dem „Katechismus der katholischen Kirche" gesagt: „Aus dem schlimmsten moralischen Übel, das je begangen worden ist, aus der durch die Sünden aller Menschen verschuldeten Verwerfung und Ermordung des Sohnes Gottes, hat Gott im Übermass seiner Gnade das grösste aller Güter gemacht: die Verherrlichung Christi und unsere Erlösung" (Nr. 312).

Auf dem Glauben daran beruht der Einsatz der Christen für das Gute und die Beharrlichkeit angesichts manchmal aussichtslos erscheinender gesellschaftlicher Entwicklungen. Möge das diesbezügliche Beispiel, das Bischofsvikar Christoph Casetti mit seinen seit 2001 für das „Bündner Tagblatt" verfassten Kolumnen gegeben hat, Ermutigung für viele Gläubige sein, ihrerseits mitten in den säkularisierten Gesellschaften unserer Zeit Zeugnis zu geben vom lebendigen Gott, der unser Schöpfer und Erlöser ist, der Herr des Lebens.

Matthias Rey

Lebensprojekt für jedes Alter

Wenn das Weizenkorn nicht in die Erde fällt und stirbt, bleibt es allein

„Wenn ich die Gebote Gottes halte, dann geht es mir im Leben gut.“ Das ist eine der Irrlehren, die heute selbst unter gläubigen Menschen verbreitet ist. Menschen, die der Kirche fern stehen, sagen im Angesicht einer Katastrophe oder eines Schicksalsschlages: „Es ist doch alles dem Zufall überlassen, wenn so etwas geschieht.“ Sie rechtfertigen damit, dass es nichts nützt, zur Kirche zu gehen und zu beten. Den Gläubigen geht es oft nicht besser. Sie denken, dass ihre ganzen Bemühungen nichts gebracht haben und kämpfen mit Hader und Auflehnung gegen Gott. Sie alle kennen die Worte Jesu nicht – obschon die Gläubigen seine Worte schon oft gehört haben. Jesus sagt nie: „Wenn ihr mir nachfolgt, dann bleibt ihr gesund und es wird euch nichts Schlimmes zustossen.“ Der Herr sagt genau das Gegenteil! Er redet uns zu, keine Angst zu haben, unser Leben hinzugeben. Ja er warnt sogar davor, dass, wenn wir nicht in die Erde fallen und sterben, allein bleiben. Allein bleiben bedeutet aber nichts anderes als die Hölle. Allein, ohne Liebe, ohne Gott.

Wenn es aber stirbt, bringt es reiche Frucht

Der Drohung des Herrn, dass wir allein bleiben, wenn wir unser Leben nicht hingeben, folgt die Verheissung, dass wir reiche Frucht bringen. Reiche Frucht bedeutet Himmel, ewiges Leben. Für den, der diese Bildsprache nicht versteht, fügt Jesus hinzu: „Wer an seinem Leben hängt, verliert es; wer aber sein Leben in dieser Welt gering achtet, wird es bewahren bis ins ewige Leben“

(Joh 12,25). Viele Menschen haben ein Lebensprojekt für 90 Jahre: Gute Ausbildung, guter Beruf, Gesundheit, gute Familie, Wohlstand, Ansehen und schliesslich ein schöner Lebensabend. Und was ist das Projekt der Gläubigen? Wenn ich an die verschiedenen Gebetsanliegen denke, kommt es mir vor, dass sie dasselbe Projekt haben. Sie beten um Gesundheit, Heilung, Lösung von Problemen im Beruf, in der Familie. Sie denken gar nicht daran, dass sie auch krank, verlassen und arm heilig werden können, dass sie reiche Frucht in die Ewigkeit tragen, wenn sie sich nur Jesus ganz hingeben. Jedes Leiden, jeder Tod im Alltag, jeder Verzicht, jedes Ertragen bringt Frucht für die Ewigkeit, wenn wir es in der Hingabe an den Herrn tun.

Die Weiche

Wenn Menschen unheilbar krank werden, wenn sie einen lieben Mitmenschen verlieren (vielleicht sogar ihr eigenes Kind), wenn sie im Beruf, in der Nachbarschaft, ja vielleicht sogar in der eigenen Verwandtschaft Ungerechtigkeiten erfahren, dann stellen sie eine Weiche. Sie gehen entweder den Weg in Richtung Auflehnung, Hader, Bitterkeit bis hin zum Unglauben und Hass. Oder sie gehen in Richtung Hingabe, Opfer, Liebe bis hin zu einer innigen Vereinigung mit dem Herrn. Jesus sagt: „Wenn ich über die Erde erhöht bin, werde ich alle zu mir ziehen“ (Joh 12,32). Dunkle Momente im Leben sind oft Chancen, dem Herrn in einer ganz tiefen Weise zu begegnen. Liebe zu Gott heisst ja Vereinigung mit ihm. Wenn ich von Angst bedrängt werde, kann ich mich mit Jesus im Ölgarten vereinen. Wenn ich Unrecht erleide, kann ich Jesus trösten, der zum Tod verurteilt wurde. Oder ich kann mich in den Herrn vertiefen, der mit der Dornenkrone vor mir steht.
Der Sinn des Lebens ist also nicht das 90-Jahre-Projekt, sondern das Projekt für die Ewigkeit. Ich lebe ganz für Jesus, ich schenke mich ihm. Jedes Kreuz, jedes Leiden wird zum Anlass, mich mit ihm zu vereinen. Und diese Vereinigung bringt mir schliesslich das

ewige Leben, die ewige Vereinigung mit IHM. Diese Vereinigung mit Gott beginnt schon hier und jetzt, jedoch nicht so sehr im Wohlergehen und Genuss, sondern vielmehr im Kreuz und Leid.

Gabriele Kuby

Christliche Prinzipien des politischen Kampfes

Mit Dank und Segenswünschen zum 75. Geburtstag von Herrn Msgr. Christoph Casetti, der

- *niemals Böses tut, um Gutes zu erreichen,*
- *auf sophistische Manipulation verzichtet,*
- *die Feinde liebt,*
- *die ganze Wahrheit sagt,*
- *klug ist wie die Schlangen und arglos wie die Tauben,*
- *mit Stolz ein demütiger Christ ist,*
- *ein Fackelträger der Hoffnung,*

und so die Christlichen Prinzipien des politischen Kampfes lebt.

***

Solange wir leben, kämpfen wir, solange wir kämpfen, ist es ein Zeichen, daß wir nicht unterlegen sind und der gute Geist in uns wohnt. Und wenn dich der Tod nicht als Sieger antrifft, soll er dich als Kämpfer finden.

Augustinus von Hippo

Der Zweck heiligt die Mittel nicht

Christen haben eine großen Nachteil im politischen Kampf: Der gute Zweck kann niemals die schlechten Mittel heiligen. Für Christen gibt es moralische Grenzen, die sie nicht überschreiten dürfen, wenn sie nicht den Segen Gottes verlieren wollen. Diese Grenzen sind in den Zehn Geboten festgelegt. Bei dieser Sicht sträuben sich die Haare der Relativisten und Utilitaristen, ja mehr noch, es ballt sich ihre Faust. Für die Relativisten gibt es keine absoluten Wahrheiten und für die Utilitaristen auch nicht: Alles ist erlaubt, was nützlich ist. Aber sie mögen zeigen, daß die Welt besser funktioniert, wenn Gott nicht angebetet wird, wenn es weder Zeit noch Ort für Gott im Menschenleben gibt, wenn die Eltern mißachtet werden, wenn getötet, die Ehe gebrochen, gestohlen und gelogen wird, wenn der Nächste verleumdet wird, seine Frau und sein Hab und Gut begehrt werden.

Verzicht auf sophistische Manipulation

Schon immer haben gescheite Leute ihren Verstand dazu benutzt, um für das Schlechte gute Gründe zu finden. Man nennt sie Sophisten – eine philosophische Schule der alten Griechen –, die sich zu allen Zeiten als Liebediener der Macht betätigen. Friedrich Hegel geht mit ihnen scharf ins Gericht. „Man kann für alles gute Gründe finden. In der schlechtesten Handlung liegt ein Gesichtspunkt, der an sich wesentlich ist; hebt man diesen heraus, so entschuldigt und verteidigt man die Handlung … So sind die größten Verbrechen, Meuchelmord, Verrat usf., gerechtfertigt worden … Was seit Adam Böses geschehen ist, ist durch gute Gründe gerechtfertigt worden" (Geschichte der Philosophie).
Die bioethischen Debatten unserer Tage werden von hochgebildeten Sophisten beherrscht, welche in der Regel die politischen Entscheidungsgremien beherrschen. Tötung des ungeborenen Kindes, um die Wahlfreiheit und das Wohlbefinden der Mutter zu schützen; Tötung des alten Menschen, um ihn von Leiden zu befreien (und die Krankenkassen von den Kosten); Verlegung der Zeugung des Menschen ins Labor, bis hin zur Produktion des Kindes durch den Kauf von Eizelle, Samen und Leihmutter, um den Kinderwunsch von Paaren zu erfüllen, die sich nicht fortpflanzen können.

Wer an diesen Fronten kämpft, muß sich gut ausbilden, um den Argumenten der schlauen Sophisten gewachsen zu sein und die

verdeckten Interessen, denen sie dienen, ans Licht zu bringen. Kratzt man an der verführerischen Oberfläche, so entdeckt man die immer gleichen menschlichen Begierden nach Geld, Macht und Sex. Die guten Argumente sind aufseiten der Christen. Sie müssen argumentationsfähig sein, auch wenn die Gegner sich von Argumenten nicht überzeugen lassen, sondern auf die Arroganz der Macht setzen.
Das ist der große Unterschied zwischen Menschen, die als Vordenker einer Utopie und deren revolutionäre Protagonisten handeln, und jenen, die als Christen einen Schimmer des Reiches Gottes in dieser Welt verwirklichen wollen: Erstere beginnen mit hehren Idealen wie Freiheit, Gleichheit, Brüderlichkeit, Gerechtigkeit für die Arbeiterklasse oder dem tausendjährigen Reich und enden im Handumdrehen bei der Guillotine, dem Gulag und dem KZ. Letztere wissen sich einem Herrn verpflichtet, der sich selbst zum Opfer gebracht hat, von ihnen Nachfolge auf dem Kreuzweg verlangt, und vor dem sie sich zu verantworten haben. Sie können und dürfen nichts Böses tun, um ein gutes Ziel zu erreichen.

Liebet eure Feinde!

Der Herr verlangt etwas Unmenschliches: *„Liebet eure Feinde!"* Das ist aus eigener Kraft nicht möglich, nur aus *seiner* Kraft. Dieser Satz wird oft mißverstanden, als wäre er eine Aufforderung zum Pazifismus, zum Verzicht auf Kampf, als hätte Jesus gesagt: „Verhaltet euch so, daß euch eure Feinde lieben!" Jesus wurde vom ersten Tag an nach dem Leben getrachtet, bis er es schließlich aus freiem Willen hingegeben hat. Christen kämpfen für die gute Sache, es geht ihnen nie um die Vernichtung der Person, denn diese Person wird von Gott geliebt und kann sich, solange sie lebt, von ihren Sünden ab und zu Gott hinwenden – einem barmherzigen Gott, der vergibt. Der Satz des hl. Augustinus bringt es auf den Punkt: „Die Sünde hassen und den Sünder lieben." Das ist schwer, wenn uns selbst Haß entgegenschlägt. Darauf nicht mit Haß zu reagieren,

sondern mit Klarheit, Unerschrockenheit und Sanftmut ist für alle, die es sehen, ein unmittelbares Zeugnis für Christus.
Der heilige Paulus schreibt an die Korinther:
„Wir leben zwar in dieser Welt, kämpfen aber nicht mit den Waffen dieser Welt. Die Waffen, die wir bei unserem Feldzug einsetzen, sind nicht irdisch, aber sie haben durch Gott die Macht, Festungen zu schleifen; mit ihnen reißen wir alle hohen Gedankengebäude nieder, die sich gegen die Erkenntnis Gottes auftürmen" (2 Kor 10,3-5).

Die ganze Wahrheit sagen

Wer den Auftrag hat, die Wahrheit zu verkünden, muß die *ganze* Wahrheit sagen. Er darf keine Abstriche machen, weder aus Opportunismus, noch aus Menschenfurcht, noch aus der falschen Berechnung, daß dann die zurechtgestutzte Botschaft besser angenommen würde. Man mag öffentlicher Diffamierung entgehen, aber der Preis ist hoch: Man verliert Vollmacht und Autorität. Die Botschaft wird seicht und uninteressant, sie lockt keinen (getauften) Heiden hinter dem Ofen hervor, sondern jährlich Hunderttausende aus der Kirche heraus. Der Feind wittert die Feigheit und wird nur umso hemmungsloser angreifen.
Sind denn die Feinde Gottes lau? Sie wagen es, alles auf den Scheiterhaufen ihrer Ideologie zu werfen, was das menschliche Leben trägt: die Würde der Person, die Zweigeschlechtlichkeit, die sittlichen Gebote der Sexualität, die Ehe, die Familie, das Lebensrecht. War Jesus so? Hat er uns auf der breiten Straße ins Himmelreich gelockt? Zur Gemeinde von Loadizea sagt er das erschreckende Wort: *„Weil du lau bist, weder heiß noch kalt, will ich dich aus meinem Mund ausspeien"* (Offb 3,16).

Klug wie die Schlangen, arglos wie die Tauben

Das ist keine Aufforderung zum Draufgängertum, zur unbesonnenen Radikalität. Der Herr sendet seine Jünger wie Schafe unter die Wölfe. Sie sollen klug sein wie die Schlangen und arglos wie die

Tauben (vgl. Mt 10,16). Geben wir Menschenfurcht, Feigheit und Opportunismus nicht als Klugheit aus! Arglos? Ohne Hintergedanken, ohne Lüge, ohne Manipulation – das alles sind die Mittel der Gegner. Wir führen die Menschen nicht hinters Licht, wir entzünden ein Licht in der Finsternis.

Der Kampf richtet sich letztlich *„nicht gegen Menschen aus Fleisch und Blut, sondern gegen die Fürsten und Gewalten, gegen die Beherrscher dieser finsteren Welt, gegen die bösen Geister des himmlischen Bereichs"* (Eph 6,12). Wir streiten nicht nur *gegen* die bösen Geistert, sondern auch *mit* den guten, den Engeln und Gewalten der triumphierenden Kirche. Kaiser Konstantin soll die aussichtlose Schlacht an der Milvischen Brücke gewonnen haben, nachdem er auf den Fahnen seiner Truppen das Kreuz anbringen ließ. Rufen wir Gott und unsere himmlischen Helfer an vor jeder Schlacht, bitten wir den hl. Erzengel Michael, daß er uns im Kampfe verteidige gegen die Bosheit und die Nachstellungen des Teufels und bitten wir Klöster, für uns zu beten. Die Gott geweihten Männer und Frauen der Orden beten ja nicht nur für ihr eigenes Heil, sie beten für uns alle, die wir so wenig Zeit zum Beten haben.

Mit Stolz ein demütiger Christ sein

Hören wir endlich damit auf, zu verbergen, daß wir Christen sind. Erstens weiß es jeder, zweitens können wir stolz darauf sein. Wir sind Kinder Gottes, wir sind blutsverwandt mit Jesus, wir haben denselben Vater und dieselbe Mutter. Drittens können wir *„getrennt von ihm nichts vollbringen"* (Joh 15,5). Nur Gott kann den Kampf gewinnen – und Er wird ihn gewinnen. Wie mächtig haben sich die Reiche des Unheils gebärdet, wie kurz haben sie gedauert!

Fackelträger der Hoffnung

Wir brauchen eine neue Tonlage der Hoffnung. Die ganze und unveränderliche Wahrheit des Evangeliums muß von Personen, die selbst etwas von der Freude des Ostermorgens ausstrahlen, unerschrocken verkündet werden – seien es Bischöfe, Priester oder Laien. Wer den Glauben *lebt,* wird von dieser Freude ergriffen und wird so und nur so ein „Licht auf dem Leuchter", ja „eine Stadt auf dem Berg" (Mt 5,14-16).

Christen leben aus einer doppelten Hoffnung: der Hoffnung auf die eigene Erlösung durch die Liebe Gottes und der Hoffnung auf die *„Wiederherstellung von allem, die Gott von jeher durch den Mund seiner heiligen Propheten verkündet hat"* (Apg 3,21). Das Leben läuft nicht ins Leere, weder das eigene, noch die Geschichte, sie hat ein Alpha und ein Omega, und das ist Jesus Christus. Jesus ist mit dem Ausruf am Kreuz gestorben: *„Es ist vollbracht!"* (Joh 19,30). Die Erlösung ist bereits vollbracht für jeden Einzelnen, der sie annimmt.

Vor dem Ostermorgen kommt der Karfreitag und nach dem Karfreitag kommt der Ostermorgen. Siebenmal berichten die Evangelisten von der Ankündigung Jesu, daß er zu leiden habe und „am dritten Tag" auferstehen werde. *„Dieses Wort beschäftigte [die Jünger] und sie fragten einander, was das sei: von den Toten auferstehen"* (Mk 9,10). Als alles zusammenbrach, worauf sie ihr Leben gesetzt hatten, da haben sie die Voraussage Jesu völlig vergessen.

So wenig wie sich die Jünger unter „Auferstehung" etwas vorstellen konnten, so wenig können wir uns die Wiederkunft Christi vorstellen. Jesus selbst hat sie mit großer Macht verkündet (vgl. Mt 24,29-31). Kaiphas forderte ihn auf: *„Ich beschwöre dich bei dem lebendigen Gott, sag uns: Bist du der Messias, der Sohn Gottes?"* Im Angesicht des Kreuzes antwortete Jesus: *„Du hast es gesagt. Doch ich erkläre euch: Von nun an werdet ihr den Menschensohn zur Rechten der Macht sitzen und auf den Wolken des Himmels kommen sehen"* (Mt 26,63-64). Das ist die Hoffnung, das ist der Glaube der Christen, die von keiner Macht der Welt zerstört werden können.

Überall auf der Welt entstehen christliche Initiativen von Menschen, die sich von Jesus in seinen Dienst rufen lassen. Eine solche Initiative ist das Gebetshaus Augsburg, wo seit zehn Jahren rund um die Uhr 7 x 24 Stunden gebetet wird. Nun wird ein Mission

Campus gebaut, in dem jährlich tausend junge Menschen für die Neuevangelisation ausgebildet werden sollen. EUROPE SHALL BE SAVED, ist die Botschaft der Hoffnung – Europa soll und wird gerettet werden! Tausende haben sich in der Fastenzeit 2017 rufen lassen, dieser Hoffnung mit *Gebet und Fasten* Kraft zu verleihen, denn Gebet *und* Fasten bewegen etwas in der geistigen Welt.
Wir trauen Gott jederzeit die Wendung zum Guten und den Sieg in den politischen Kämpfen zu. Aber wir machen uns nicht vom Erfolg abhängig. Unsere Aufgabe ist es, das Licht der Hoffnung *unter allen Umständen* leuchten zu lassen.
Wir wissen nicht, wie der Herr den Weg von der Kultur des Todes zur Kultur des Lebens bahnt. Aber wir wissen, daß Gott Mensch wurde, gekreuzigt wurde und auferstanden ist und sein Werk der Erlösung des Menschen zu Ende führen wird.

CHRISTUS VINCIT
CHRISTUS REGNAT
CHRISTUS IMPERAT

Abdruck aus : Gabriele Kuby, *Christliche Prinzipien des politischen Kampfes,* fe-medienverlag, Kisslegg 2017, S. 46-61.

Michael Hesemann

Als die Gottesmutter in Zeitoun erschien …

Zeitoun/Kairo, 2.4.1968: Ein muslimischer Wachmann, der in der Busgarage der Staatlichen Verkehrsgesellschaft in der Toman-Bey-Straße arbeitete, war der erste, der sie sah. Das war abends gegen 20.30 Uhr, die Sonne war gerade untergegangen und die nächtliche Dunkelheit breitete sich aus, während in der Straße schon die orangeglühende Straßenbeleuchtung flackerte. Doch Abdel Aziz Ali zog etwas in seinen Bann, das es eigentlich nicht geben dürfte. Auf dem Dach der gegenüberliegenden koptischen Marienkirche stand eine leuchtende Frau. „Schaut mal das Licht da auf der Kirche!", rief er den Mechanikern des Betriebes zu, dann sahen auch sie es. Das „Licht" hatte die Gestalt eines schmalen, jungen Mädchens, das, ganz in weiß gekleidet, neben dem Kreuz auf der mittleren, größten Kuppel des vanillefarbenen Gotteshauses kniete. Dort, wo es steil und eigentlich lebensgefährlich war.
„Seien Sie vorsichtig!", rief einer der Mechaniker der vermeintlichen Selbstmörderin zu. Ein anderer telefonierte mit der Polizei, die bald darauf eintraf. Längst hatte sich eine Traube von Schaulustigen gebildet, die von der Straße aus ebenfalls die „Selbstmörderin" gesehen hatten und jetzt abwarten wollten, was weiter geschehen würde.
„Die Gestalt des Mädchens wurde immer klarer", berichtete später einer von ihnen, der koptische Bäcker Ibrahim Yussuf, „allmählich erkannte man deutlich eine junge, schöne Frau, die ein schimmerndes Kleid aus weißem Licht trug und in den Händen einen grünen Olivenzweig hielt. Plötzlich erschien eine ganze Formation bemerkenswert weiß leuchtender Tauben über ihrem Kopf. In diesem Augenblick war uns klar, dass es keine Selbstmörderin sein konnte, dass es eine himmlische Erscheinung war!"
Um sicher zu sein, richtete die Polizei ihre Scheinwerfer auf sie. Doch die zusätzliche Beleuchtung ließ die Frau nur noch heller

strahlen. Jemand stellte die Straßenbeleuchtung ab, doch das änderte nichts an der Leuchtkraft der hellen Gestalt, die plötzlich aufstand und umher ging. Dabei war sie von einem Lichtschein umgeben, der von ihr auszugehen schien.
In diesem Augenblick zerriss ein Schrei das andächtige Murmeln, das bislang die Erscheinung begleitet hatte: „Das ist kein Mensch. Das ist die Jungfrau Maria, die Mutter des Lichtes!" Mit einem Mal ertoste donnernder Applaus, während Stimmen zum Gesang ansetzten, die ersten Kirchenlieder ertönten. Sie rühmten Gott, der es seiner Mutter gestattet hatte, nach fast 2000 Jahren wieder nach Ägypten zurückzukehren. Bis nach Mitternacht dauerte die Erscheinung an, dann verschwand sie urplötzlich.
Doch die Madonna kam wieder. Gleich in der nächsten Nacht und an vielen weiteren Tagen, ein Jahre lang, danach sporadisch, bis zu ihrer letzten Erscheinung am 29. Mai 1971. Mal war sie allein, mal in Begleitung leuchtender Tauben, die sie umkreisten, auf die Kuppel der Kirche zurasten und urplötzlich verschwanden oder am Himmel Formationen in Kreuzform bildeten. Einige Male war die Kuppel der Kirche in süß duftenden Weihrauch gehüllt. Nicht selten sandte die heilige Jungfrau Lichtwellen aus, die alle Anwesenden erfassten. Die längste Erscheinung, zu der es am 30. April 1968 kam, dauerte über zwei Stunden, nämlich von 2.45 bis 5.00 Uhr früh. Hunderttausende, nach offiziellen Schätzungen bis zu einer Million Menschen, sahen die Frau aus Licht in Zeitoun: Christen wie Moslems, Ägypter ebenso wie Amerikaner und Europäer.

Foto der Erscheinung von Zeitoun, aufgenommen von dem Moslem Ali Ibrahim, einem Direktor des Ägyptischen Museums *in Kairo.*

Nachdem die ersten Zeitungen über die Erscheinungen berichtet hatten, berief der koptische Papst Kyrill VI. eine Untersuchungskommission ein. Am 23. April 1968 trafen die mit dieser Aufgabe betrauten Bischöfe an der Marienkirche von Zeitoun ein. Nachdem sie die ersten Augenzeugen, die muslimischen Garagenarbeiter, befragt hatten, wurden auch sie Zeugen des Wunders. In ihrem offiziellen Bericht stellten sie fest:

„Wir haben selbst die heilige Jungfrau gesehen. Zunächst von himmlischem Licht umhüllt, dann wieder direkt. Sie bewegte sich um die Kirchenkuppel, kniete vor dem Kreuz auf der Kuppel und segnete die versammelten Menschen."

Ein Mitglied der Untersuchungskommission war *Anba* Athanasius, Erzbischof von Beni Suef in Oberägypten. Er erinnerte sich später:

„Das erste, was wir sahen, als wir gegen 23.00 Uhr nach Zeitoun kamen, war etwas unterhalb der nordöstlichen Kuppel. Es war nur eine Silhouette, nicht sehr hell, die langsam aufstieg. Zuerst sah ich sie kaum, dann nahm ich sie schwach wahr. Ich sagte den Leuten, dass ich dazu nicht aussagen könnte, wenn das alles gewesen wäre. Vor der Kirche war eine große Menschenansammlung und wir standen dort bis 3.45 Uhr früh. Als der Morgen schon dämmerte, kamen einige meiner Begleiter, die auf der Nordseite der Kirche gewacht hatten, angelaufen und riefen mir zu: ‚Die Dame ist über der Mittelkuppel'. Man sagte mir, eine Art Wolke hätte die Kuppel verhüllt, als plötzlich ein fluoreszierendes Licht wie eine Lampe den Himmel erhellte. Plötzlich stand sie da in voller Gestalt!
Die Menge war in heller Aufregung. Es war schwer, sich an den Menschen vorbeizudrängen, doch ich versuchte es und stand schließlich direkt vor der Kirche.
Da war sie, schwebte fünf oder sechs Meter über der Kuppel, hoch im Himmel, wie eine phosphorisierende Statue, aber keineswegs steif wie eine Statue. Ihr Körper und ihre Kleidung bewegten sich. Es war schwer, die Stellung zu halten, da die Menschen von allen Seiten drängelten, vielleicht hunderttausend waren es in dieser Nacht. Der Zaun rund um den Hof der Kirche wurde einfach niedergetrampelt. So zog ich mich in ein kleines Haus des Bürokomplexes südlich der Kirche zurück. Von dort aus beobachtete ich die Gestalt eine Stunde lang, von vier bis fünf Uhr. Sie verschwand nie. Die Madonna schaute nach Norden, winkte, segnete die Menschen, manchmal in der Richtung, in der ich stand. Ihr Gewand wehte im Wind. Sie war sehr still aber voller Glanz und Würde. Es war etwas wirklich Übernatürliches und eindeutig aus dem Himmel."

Vor allem aber waren die Kommissionsmitglieder beeindruckt von den vielen Heilungen, zu denen es in Zeitoun gekommen war. Minutiös untersuchte der medizinische Berater der Kommission,

Prof. Dr. Shafik Abdel-Malek, jeden einzelnen Fall. Bei einem Mann war ein zitronengroßes Krebsgeschwür in der Blase verschwunden. Eine Frau konnte ihre seit zwölf Jahren gelähmte Hand wieder bewegen. Bei einem Mediziner (!) wurde eine Hernie (Eingeweidebruch) über Nacht geheilt. Die Frau des muslimischen Straßenbaudirektors von Kairo, der die Ärzte eine unheilbare Lähmung des linken Beins diagnostiziert hatten, rief die „Mutter des Lichtes" um Hilfe an – und konnte wieder laufen. Eine weitere Muslima wurde von einer schweren Schilddrüsenerkrankung kuriert. Ein blinder und stummer Moslem gewann Augenlicht und Sprache wieder.
Das Zeugnis seiner Bischöfe und die vielen Heilungen waren für Kyrill VI. Beweis genug. Am 4. Mai 1968 veröffentlichte der 116. Nachfolger des hl. Markus die folgende Erklärung:

„Der apostolische Stuhl (*von Alexandria, Anm. d. Verf.*) verkündet hiermit mit absolutem Glauben und Gewissheit, mit Freude und Dank an den allmächtigen Gott, dass die heilige und gesegnete Mutter des Lichtes in klarer und deutlich umrissener Form an mehreren Nächten erschien – und weiter erscheint (…) bis auf den heutigen Tag. Dies geschah in der nach ihr benannten koptisch-orthodoxen Kirche an der Toman-Bey-Straße in Zeitoun, Kairo. Diese Kirche liegt auf dem Weg, den die Heilige Familie während ihres Aufenthaltes in Ägypten nahm. "

In der Tat liegt die Kirche von Zeitoun nur zwei Kilometer vom Marienbaum von Matariya entfernt; es ist also zumindest denkbar, dass die Heilige Familie die Stätte passierte. Jedenfalls führten die Erscheinungen dazu, dass man Zeitoun fortan in die Liste der Orte, die von der Heiligen Familie besucht worden waren, aufnahm, was zumindest verrät, wie flexibel die koptische Tradition ist.
Natürlich besuchte ich bei meinem Aufenthalt in Kairo die Marienkirche von Zeitoun. Sie ist ein architektonisches Kleinod, das,

von einer Mauer umgeben, inmitten eines kleinen Gartens liegt. Palmen, Rosen, Granatäpfel und Maulbeerbäume wachsen hier und bilden einen schönen Kontrast zu dem vanillegelben Gotteshaus mit seinen fünf sahneweißen Kuppeln, die aus Zuckerguss sein könnten. Ein reicher Landbesitzer, Khalil Ibrahim, hatte es errichten lassen, nachdem ihm 1918 im Traum die Gottesmutter erschienen war. Sie bat ihn, ihr auf einem seiner Grundstücke eine Kirche zu bauen und versprach, nach 50 Jahren dorthin zurückzukehren. So beauftragte er den italienischen Architekten Leomingelli mit der Planung; byzantinische Kirchen einschließlich der Hagia-Sophia-Kathedrale von Konstantinopel (heute: Istanbul) dienten nur allzu offensichtlich als Vorbild. Er konnte nicht ahnen, dass die Bilder ihrer Kuppeln ein halbes Jahrhundert später um die Welt gehen würden.

Als ich am 10. März 2010 das erste Mal nach Zeitoun kam, war ich überrascht, wie mondän das Viertel ist, in dem sich die Kirche befindet. Die Straßen sind ungewohnt sauber, die Häuser in bestem Zustand, die Menschen gut gekleidet. Hier, in Kairos Gartenvorstadt, wohnt eine urbane Mittelschicht, westlich orientiert, meist akademisch gebildet und modern. Hier hätte man am wenigsten eine Marienerscheinung erwartet.

Die ersten Fotos der Menschen, die auf die Gottesmutter warteten und Zeugen des Wunders wurden, sind heute in einem Säulengang im Innenhof der Kirche ausgestellt. Sie zeigen Männer in Anzug und Krawatte, viele Brillenträger mit modischen Haarschnitten. Wer glaubt, dass sich Marienerscheinungen vorwiegend in entlegenen Gegenden vor einer entsprechend ungebildeten und abergläubischen Landbevölkerung ereignen, wird hier eines Besseren belehrt.

Ich sprach einen älteren Priester an, der in der Kirche seinen Dienst tat und sich als *Abuna* Zadik vorstellte. Er war Student der Ingenieurswissenschaften gewesen, als auch er 1968 Zeuge der Erscheinungen wurde, durch die er schließlich seine Berufung fand.

„Wir waren damals alle noch am Boden zerstört. Die Niederlage im Sechstagekrieg war für uns eine nationale Katastrophe gewesen", erklärte er mir. Für die Kopten war dadurch eine gefährliche Situation entstanden. Muslimische Prediger hatten sie zu Kollaborateuren der Israelis erklärt, ihnen die Schuld an der Niederlage gegeben. Die ersten von ihnen forderten bereits, nicht nur die Juden, sondern auch die Christen aus dem Land zu vertreiben. Die koptische Kirche war in der Defensive. Papst Kyrill VI. untersagte fortan allen Kopten, bei Strafe der Exkommunikation, nach Jerusalem zu pilgern, „solange die heiligen Stätten in zionistischer Hand sind"; eine Regelung, die bis heute gilt. Es durfte keinen Zweifel am Patriotismus seiner Gläubigen geben. Doch dann kam ihnen die Gottesmutter zu Hilfe.

„Sie hielt den Ölzweig als Zeichen des Friedens in den Händen", war *Abuna* Zadik überzeugt, „und sie kam in der Osterzeit, um uns zu sagen: Ich weiß, meine Kinder, dass ihr jetzt nicht zu mir kommen könnt. Darum komme ich zu euch, damit ihr seht, dass ich euch nie alleine lasse."

Auch die Muslime verstanden das Zeichen. Immerhin wird die Mutter Jesu auch im *Qur'an* verehrt. Eine ganze Sure, die 19., trägt den Titel *Maryam*. Selbst dass sie als Jungfrau gebar, billigt ihr das Buch Muhammads zu, nur nicht den Status, *Gottesmutter* zu sein. Trotzdem wird Maria von vielen muslimischen Frauen in Ägypten heimlich verehrt, schon weil sie für ein anderes Frauenbild als das ihres Glaubens steht.

„Wissen Sie, dass sogar unser muslimischer Präsident Nasser die Gottesmutter von Zeitoun gesehen hat?"

„Wirklich?"

Abuna Zadik bestand darauf: „Er hatte in der Presse von den Erscheinungen gelesen. Seine Limousine parkte drüben in der Garage der staatlichen Verkehrsgesellschaft. Natürlich zeigte er sich nicht, das war ein privater Besuch, doch jeder der Priester in unserer Kirche wusste Bescheid. Zwei Nächte lang stand er da, wartete. Dann wurde er belohnt. Er sah die Heilige Jungfrau."

Kurz darauf gab das ägyptische Informationsministerium bekannt:

„Eine offizielle Untersuchung wurde durchgeführt und kam zu dem Ergebnis, dass es eine unbestreitbare Tatsache ist, dass die Gesegnete Jungfrau Maria auf der Kirche von Zeitoun in einem klaren und leuchtenden Körper erscheint, der von allen Anwesenden vor der Kirche gesehen wird, gleich ob sie Christen oder Moslems sind."

„Durch die Erfahrung des Präsidenten wurde das da möglich", meinte *Abuna* Zadik und zeigte auf die andere Seite der Straße. Dort erhebt sich, groß und dickbäuchig wie ein Walfisch, die moderne *Kirche der Erscheinung der Heiligen Jungfrau*, 1970 errichtet, als das kleine Gotteshaus unter dem Ansturm der Pilger aus allen Nähten zu platzen drohte. Sie steht auf dem Gelände der einstigen staatlichen Busgarage.
„Präsident Nasser hat dieses Bauland gestiftet", beteuerte mir der *Abuna*. Diese unerwartete Geste eines muslimischen Präsidenten war an sich schon Beweis genug, dass die Geschichte des Priesters stimmen musste.
Nasser war nicht der einzige prominente Zeuge, der als Skeptiker gekommen war. Auch der evangelische Pastor und Koptologe Otto Meinardus konnte nicht glauben, was man ihm aus Zeitoun berichtete. So fuhr er eines Abends selbst hin, zusammen mit seiner amerikanischen Frau. Es dauerte nicht lange, dann sah das Paar ebenfalls, wie eine leuchtende Gestalt hinter einer der Kuppeln erschien. „Das ist Caspar, der freundliche Geist!", entfuhr es Frau Meinardus. Später, in seinem Buch *Auf den Spuren der Heiligen Familie* beschreibt der Deutsche die Erscheinung als „manchmal rötlich-goldene, manchmal grünlich-blaue Halbfigur" und bezeugt: „Mehrere Abende habe ich einwandfrei die Lichterscheinungen gesehen, das Beten, Rufen, Schreien der Tausenden von Gläubigen vernommen, die Maria, ihre Herrin und Gottesmutter, zu erblicken glaubten."

„Die Erscheinung war so real, dass sie sogar fotografiert werden konnte“, versicherte *Abuna* Zadik und führte uns zu einer Schautafel mit den Originalaufnahmen des Wunders von Zeitoun. Sie alle zeigen, was die Zeugen beschrieben: Leuchtende Tauben am Himmel, die Kuppel der Kirche in Rauch, Nebel und Licht gehüllt, darin, aber auch ganz frei schwebend, eine leuchtende Gestalt. Jeder Christ würde sie sofort als die Gottesmutter erkennen.
Mindestens bei zweien der Bilder ist jede Manipulation ausgeschlossen: Sie hat der US-Physiker Prof. John Jackson von der *U.S. Air Force Academy* in Colorado Springs in einem amerikanischen Speziallabor untersuchen lassen. Auf dem einen Bild leuchtet die Madonna so stark, dass sich ihr Licht in der Linse spiegelt. Bei dem anderen scheinen die Kuppeln der Kirche, das Kreuz, selbst die Köpfe der Schaulustigen regelrecht zu glühen; Hinweis auf eine *koronare Entladung*, deren Ursache unbekannt ist.
„Weißt du, was mir bei diesen Fotos auffällt?“, fragte meine Begleiterin Yuliya Tkachova, die als studierte Kunstgeschichtlerin gleich die Antwort lieferte: „Die Art und Weise, wie Maria dort erscheint, hat nichts mit der traditionellen koptischen Ikonografie zu tun. Überhaupt nicht mit der Ikonografie der Ostkirchen. Die ganze Gestik entstammt der katholischen Bilderwelt. Auf einem der Fotos steht die Madonna leicht gebeugt, die Hände gefaltet, so, wie sie Bernadette Subirous in Lourdes erschien oder wie sie auf der *Tilma* von Guadalupe in Mexiko zu sehen ist. Auf einem anderen Foto schwebt sie mit ausgestreckten Händen vor der Kuppel der Kirche von Zeitoun wie auf der *Wundertätigen Medaille*.“
Jetzt fiel das auch mir auf. Natürlich kannte ich beide Gnadenbilder, war in Lourdes gewesen und in dem Haus der Vinzentinerinnen in der *rue du Bac* in Paris, wo die 24-jährige Novizin Catherine Labouré am 17. November 1830 ihre zweite Marienerscheinung hatte. Damals beauftragte die Gottesmutter sie, nach dem Bild, das sie ihr offenbart hatte, eine Medaille prägen zu lassen. Sie zeigt die Jungfrau, wie sie auf der Erdkugel steht, aus ihren geöffneten Handflächen strömt Licht. Über eine Milliarde dieser Medaillen

wurden seitdem produziert, unzählige Katholiken sind von ihrer Wunderkraft überzeugt.
Vielleicht war gerade das die Botschaft Mariens – ein ökumenischer Appell an die Konfessionen: „Versöhnt Euch! Ich segne die Kirche der Kopten, wie ich die katholische Kirche gesegnet habe. Ich liebe beide Kirchen und fordere Euch auf, die von Menschen gemachte Spaltung von Chalcedon zu überwinden, auf dass ihr wieder eine Kirche werdet."
Immerhin fand 1968 die 1900-Jahrfeier des Martyriums des hl. Markus statt, gab Rom den Kopten zumindest einen Teil seiner Reliquien zurück, setzte damals der Dialog zwischen den Kirchen ein.
Tatsächlich bewirkten die Erscheinungen von Zeitoun, dass die Kopten sich der westlichen, speziell der süditalienischen Ikonografie zuwandten, was freilich manchmal zu Ergebnissen von zweifelhaftem Kunstgeschmack führte. So werden süßliche Heiligenbildchen in Bonbonfarben, meist in China für den neapolitanischen Markt produziert, in vielen Dorfkirchen direkt neben den altehrwürdigen Ikonen platziert. Natürlich werden beide gerne mit blinkenden Lichterketten geschmückt, den schillernden Trophäen einer geglückten Globalisierung.
Ökumenisch und international war aber auch das Interesse an Zeitoun. Selbst Papst Paul VI. im fernen Rom interessierte sich für die Erscheinungen und bat Kardinal Stephanos I. Sidarouss, den Patriarchen der *Koptisch-Katholischen Kirche*, um einen Bericht. Seine gut 200 000 Gläubigen zelebrieren im koptischen Ritus, sind aber mit Rom uniert. Seit 1895 existiert diese Kirche, die ihre Entstehung Papst Leo XIII. verdankt. „Es ist zweifellos eine echte Erscheinung", stellte der Kardinalpatriarch in seinem Bericht nach Rom fest, „die von vielen koptischen Katholiken gesehen wurde, die unser volles Vertrauen genießen. (...) Dieses einzigartige Wunder birgt eine Botschaft voller Güte in sich, die aus der Kirche von Zeitoun einen Pilgerort von weltweiter Bedeutung werden lässt."

Ioannes Chandon Chattopadhyay

Ein Vater für das Leben!

Warum der heilige Joseph Schutzpatron der katholischen Kirche wurde

Für Domherr Msgr. Christoph Casetti, meinen väterlichen Freund und Lehrer, in tiefer Dankbarkeit

Während Josef nachdachte, *«erschien ihm ein Engel des Herrn im Traum»* (Mt 1,20).

Josef träumt. Josef ist ein wahrer Träumer (vgl. Mt 1,16-24). Wann immer es Schwierigkeiten gibt, geht er schlafen. Und träumt. Während sich andere bei Problemen und Gefahren den Kopf zerbrechen und voller Unruhe nach der rettenden Lösung suchen, bleibt Josef in völliger Ruhe, schweigt – und schläft. Er tut dies nicht vergebens. Denn während der Psalm 127 all denen, die auf ihr eigenes Können, ihr eigenes Geld und ihre eigene Macht bauen, zuruft: *«Es ist umsonst, dass ihr früh aufsteht und euch spät erst niedersetzt, um das Brot der Mühsal zu essen; denn der Herr gibt es den Seinen im Schlaf»* (Ps 127,2) – so ist Josef eben gerade ein solcher Mann Gottes, dem alles im Schlaf gegeben wird. Ausgerechnet dieser Mann, der schweigt, schläft und träumt, ist der Patron der katholischen Kirche. Ausgerechnet den heiligen Josef, der im irdischen Leben keine Menschenmassen angeführt und keine wortreiche Lehre verkündet hat, nimmt sich die Kirche als Schutzherrn. In diesem kurzen Artikel soll also der Frage nachgegangen werden, wie es dazu kam, dass die Kirche Josef als ihren Schutzpatron erwählte, und welche praktischen Konsequenzen seine Schutzherrschaft für alle Katholiken hat.

Dass sich die Gläubigen der katholischen Kirche überhaupt Schutzheilige und Patrone erwählen, liegt daran, dass sie sich als

Gemeinschaft der Heiligen verstehen, bei welcher die auf Erden Lebenden ihre Verstorbenen zwar nicht mehr sehen, doch die sichere Hoffnung haben dürfen, dass sie in ewiger Freude vor Gottes Thron stehen. Von diesen Heiligen spricht der Apostel Paul im Hebräerbrief, wenn er den Judenchristen voll Freude zuruft: *«Ihr seid [...] zum Berg Zion hingetreten, zur Stadt des lebendigen Gottes, dem himmlischen Jerusalem [...]; zu Gott, dem Richter aller, zu den Geistern der schon vollendeten Gerechten»* (Hebr 12,22-23). Der heilige Josef ist wahrhaftig ein Idealbild dieser himmlischen Vollendeten, nennt ihn doch der Evangelist Matthäus in seinem Evangelium *«gerecht»* (Mt 1,19). Da also der heilige Josef als Gerechter in ewiger Freude vor Gottes Thron stehen darf, wird er auch durch seine Fürbitte bei Gott für die Gläubigen einstehen, welche ihn darum ersuchen.

Dass die Kirche den heiligen Joseph als ihren Schutzpatron anruft und alle Gläubigen seiner Vaterschaft unterstellt, ist allerdings eine Konsequenz der Ereignisse des 19. Jahrhunderts. Papst Pius IX. deklariert ihn 1870 im Dekret «Quemadmodum Deus» zum Patron der katholischen Kirche. Er schreibt darin, *«dass nun in diesen äusserst traurigen Zeiten (1870), in denen die Katholische Kirche von allen Seiten von Feinden verfolgt und von schwerem Unglück belastet wird, gottlose Menschen behaupten, dass die 'Pforten der Unterwelt' jetzt über die Kirche siegen werden.»*[1] In der Tat stehen die Dinge für die katholische Kirche politisch gesehen schlecht. Nachdem bereits in Zuge der französischen Revolution versucht worden war, den Katholiken das Rückgrat zu brechen, erobern 1870 italienische Truppen den Kirchenstaat und besetzen Rom.[2] Das 1. Vatikanische Konzil muss unterbrochen und auf unbestimmte Zeit vertagt werden.[3] Papst Pius IX. sieht die geistliche Unabhängigkeit der katholischen Kirche in Gefahr.[4] Die

---

1 Vgl. Päpstliche Ritenkongregation, „Quemadmodum Deus“: „portas inferi“; vgl. auch Mt 16,18.

2 Vgl. Jedin, Kirche 703-705.

3 Vgl. Schwaiger, Papsttum 43-44.

4 Vgl. Nürnberger, Kirchengeschichte 187-189.

nationalistischen Revolutionen und die liberalen Denkströmungen dieser Zeit betrachtet er als eine Episode im Gefecht zwischen Gott und Satan. Dem politischen Niedergang des Kirchenstaates stellt er ein tiefes Vertrauen in die göttliche Vorsehung entgegen und kämpft mit den geistlichen Mitteln des Gebetes.[5] In dieser beinahe aussichtslosen Situation, in welcher die Kirche mit dem Rücken zur Wand steht, macht Pius IX. den heiligen Josef zu ihrem Schutzpatron. Er begründet seine Wahl damit, dass Josef von Gott erwählt worden ist, für den «Schatz Gottes»[6] Verantwortung zu tragen, sprich für die Mutter Gottes und den Sohn Gottes liebevoll zu sorgen und beide vor jeder Gefahr zu beschützen. Und in der Tat tut dies Josef meisterhaft, indem er schweigt, schläft und träumt. Er ist zwar macht- und mittellos, aber er verfügt über ein tiefes Gottvertrauen. Er glaubt dem himmlischen Vater, er glaubt dessen Verheissungen, und genau dies macht ihn gerecht vor Gott (vgl. Röm 4,13.16-18.22). Es sind die göttlichen Eingebungen im Traum, die es Josef erlauben, in jeder Situation richtig zu handeln: Er nimmt Maria zu sich, wie es im Evangelium heisst (vgl. Mt 1,24), und später rettet er auf eine Traumeingebung hin seine kleine Familie vor dem tödlichen Zugriff des mörderischen Königs Herodes (vgl. Mt 2,13-14). Josefs Hände sind leer, doch sein Herz ist ruhig und stark, denn er weiss: *«Ist Gott für uns, wer ist dann gegen uns?»* (Röm 8,31)

Ein Mann, der den «Schatz Gottes», also das Jesuskindlein und Maria, die Mutter Gottes, die ja auch die Mutter der Kirche ist, hütet und schützt, ist goldrichtig, um auch die Kirche zu beschützen. Und wahrhaftig, Josef hat seither als ihr Patron alle Hände voll zu tun, denn die Bedrängnisse der Kirche sind seit 1870 nicht weniger geworden. Bereits der Nachfolger von Papst Pius IX., Papst Leo XIII., ruft 1884 in seiner Enzyklika «Humanum Genus» alle Gläubigen auf, den heiligen Josef um seinen Beistand zu bitten im

---

5 Vgl. Jedin, Kirche 702.

6 Vgl. Päpstliche Ritenkongregation, „Quemadmodum Deus": *„Deus Iosephum […] thesaurorum sourum custodem elegit"*.

Kampf der Kirche gegen die Freimaurerei, die er als irdische Vertreter des Reiches Satans bezeichnet, deren Ziel die Vernichtung der Kirche ist.[7] Und auch im 20. Jahrhundert bis hinein in die Gegenwart sind die Bedrohungen der Kirche und aller Menschen nicht weniger geworden, wenn man schon nur die beiden furchtbaren Weltkriege, den Kommunismus, den Nationalsozialismus, den Islamismus und den globalen Kapitalismus ins Auge fasst. Doch der heilige Josef erfüllt seinen Auftrag, ohne mit der Wimper zu zucken, ist doch die Kirche allen Erschütterungen und Anfeindungen zum Trotz seither immer grösser und weltumspannender geworden. Eigentlich braucht dies die Christen nicht zu überraschen, denn hat nicht Jesus Christus selbst über seine Kirche gesagt: *«die Mächte der Unterwelt werden sie nicht überwältigen»*? (Mt 16,18)

Josef schweigt, schläft und träumt und behütet auf diese Weise den «Schatz Gottes». Was aber können die Christen vom Heiligen Josef und seiner Schirmherrschaft über die Katholische Kirche lernen? Seine Lehre ist so einfach wie klar: Wie er sollen alle Christen ein unerschütterliches Gottvertrauen haben. Mögen die Schwierigkeiten und die weltlichen Anfeindungen auch noch so gross sein, sie sollen ein ruhiges Herz behalten und einzig und alleine von ihrem Herrn und Gott ihre Rettung erwarten. Denn: *«ist Gott für uns, wer ist dann gegen uns? Er hat seinen eigenen Sohn nicht verschont, sondern ihn für uns alle hingegeben – wie sollte er uns mit ihm nicht alles schenken?»* (Röm 8,31-32)

Und so an dieser Stelle mit einem Gebet von Papst Leo XIII. geschlossen werden:[8]
Zu dir, seliger Joseph, nehmen wir in der Trübsal unsere Zuflucht. Wir haben deine heilige Braut um ihre Hilfe angerufen, nun bitten wir auch dich vertrauensvoll um deinen väterlichen Schutz. Um der Liebe willen, die dich mit der

7 Vgl. Leo XIII., «Humanum genus» 37.
8 Leo XIII., «Oratio ad Sanctum Iosephum», unmittelbar nach «Quamquam pluries».

unbefleckten Jungfrau und Gottesmutter verbunden hat, um der väterlichen Liebe willen, mit der du das Jesuskind umfangen hast, bitten wir dich flehentlich: Schau gütig herab auf die Kirche, die Jesus Christus durch Sein Blut sich erworben hat, und komm unseren Nöten durch deine Macht zur Hilfe. Nimm, o fürsorglicher Beschützer der Heiligen Familie, die auserwählten Kinder Jesu Christi unter deine Obhut! Liebreicher Vater, halte fern von uns jede Ansteckung durch Irrtum und Verderbnis! Du starker Beschützer, steh uns vom Himmel aus gnädig bei in unserem Kampf mit der Macht der Finsternis. Wie du einst den Knaben Jesus aus der höchsten Lebensgefahr gerettet hast, so verteidige jetzt die heilige Kirche Gottes gegen alle Nachstellungen ihrer Feinde und gegen jede Widerwärtigkeit. Jeden aus uns nimm unter deinen ständigen Schutz, dass wir nach deinem Beispiel und mit deiner Hilfe heilig leben, fromm sterben und die ewige Seligkeit im Himmel erlangen. Amen.

Literaturverzeichnis:

Jedin, Hubert (Hrsg.): Die Kirche der Gegenwart: Die Kirche zwischen Revolution und Restauration (Band VI/I). Freiburg i. Br.: Herder, 1985.

Leo XIII.: Enzyklika «Humanum genus». In: http://www.kathpedia.com/index.php?title=Humanum_genus_%28Wortlaut%29 (Zugang 24.03.2018).

Leo XIII.: «Oratio ad Sanctum Iosephum», unmittelbar nach dem Text der Enzyklika «Quamquam pluries» (15.08.1889): Leonis XIII P. M. Acta IX (1890), S. 183.

Nürnberger, August: Zur Kirchengeschichte des XIX. Jahrhunderts. Papsttum und Kirchenstaat. 3. Der Kirchenstaat und Piemont (1850-1870). Mainz: Franz Kirchheim, 1900.

Päpstliche Ritenkongregation: Dekret «Quemadmodum Deus» (8. Dezember 1870): Papst Pius IX. Decretum quo sanctus Iosephus Catholicae Ecclesiae patronus declaratur. In: ASS 6, 193. Vatikan, 1870.

Schwaiger, Georg: Papsttum und Päpste im 20. Jahrhundert. München: Beck, 1999.

Dominik Meier-Ritz

Wenn nicht der Herr das Haus baut, müht sich jeder umsonst, der daran baut
(Psalm 127)

Ein Beitrag zum 600-Jahr-Jubiläum unseres Landespatrons Bruder Klaus 2017

In Zeiten der Unruhe oder drohenden Unfriedens war es schon immer eine gute eidgenössische und christliche Tradition, bei Gott Hilfe und Orientierung zu erflehen (s. „Das Grosse Gebet der Eidgenossen"), gemäss dem Psalmwort: „Wir schauen auf den Herrn, bis ER uns gnädig ist." (Ps 123) Das kleine schweizerische Bergvolk, natürlich geschützt durch mächtige Alpenformationen auf der einen Seite und der Jurakette auf der gegenüberliegenden Seite, hat schon lange „Gott, den Herrn, im hehren Vaterland geahnt" und begriffen, dass ein Rechtsstaat ohne Gott niemals gerecht sein kann, dass Frieden, wenn er nicht von Gott kommt, nicht dauerhaft sein kann, dass Egoismus und Machthunger nicht überwunden werden können, wenn nicht christliche Barmherzigkeit und Nächstenliebe Grundlage allen Zusammenlebens ist. Nicht zuletzt geht seine Identität und Neutralität auf die Erfahrung göttlicher Hilfe bei der Entstehung des Bundesstaates zurück. Das christliche Kreuz auf der Landesflagge zeigt an, auf welcher Seite die Schweiz stets zu stehen wünschte: „Ich hebe meine Augen auf zu den Bergen: Woher kommt mir Hilfe? Meine Hilfe kommt vom Herrn, der Himmel und Erde gemacht hat." (Ps 121) Eine grosse Statue von Bruder Klaus steht auch im Bundeshaus in Bern. So ist es denn auch nicht erstaunlich, dass selbst die Bundesverfassung in der Präambel mit den Worten beginnt:

„Im Namen Gottes des Allmächtigen!
Das Schweizervolk und die Kantone, in der Verantwortung gegenüber der Schöpfung, im Bestreben, den Bund zu erneuern, um Freiheit und Demokratie, Unabhängigkeit und Frieden in Solidarität und Offenheit gegenüber der Welt zu stärken, im Willen, in gegenseitiger Rücksichtnahme und Achtung ihre Vielfalt in der Einheit zu leben, im Bewusstsein der gemeinsamen Errungenschaften und der Verantwortung gegenüber den künftigen Generationen, gewiss, dass frei nur ist, wer seine Freiheit gebraucht, und dass die Stärke des Volkes sich misst am Wohl der Schwachen, geben sich folgende Verfassung: […]"

Andere Länder und Völker bringen Genies, Heerführer als Helden oder Idole hervor; die Schweiz hat einen Heiligen als höchsten Bürger: Bruder Klaus. Was ist sein Geheimnis? Charles Journet schreibt in seinem Büchlein „Der heilige Niklaus von Flüe" (S. 213): „Wenn Niklaus von Flüe die höchste Verkörperung des schweizerischen Wesens ist, so als Retter und Friedensstifter des Vaterlands, als geistiger Begründer der schweizerischen Eidgenossenschaft, als erster eidgenössischer Patriot." So erblicken die Schweizer in Bruder Klaus das höchste Band, das sie zu einen vermag, und das reinste Symbol der ganzen Nation. Seine stets weisen und vom Heiligen Geist erleuchteten Ratschläge haben bis in die heutige Politik Gültigkeit und prägen das lebendige Bewusstsein darüber, welchen Grundsätzen, welcher Grundhaltung die Schweiz ihren Wohlstand und den dauerhaften Frieden zu verdanken hat: Dem Schöpfer selbst, der bis heute Freude hat an friedliebenden Menschen, dem allmächtigen Gott, der seine Hand bis heute schützend über das Schweizerland legt.
Wie hat Bruder Klaus ohne die heutigen Medien und Möglichkeiten es geschafft, weit über die Landesgrenzen hinaus Bekanntheit und Respekt zu erlangen? Seine fast zwanzigjährige Nahrungslosigkeit ist sicher nicht der einzige Grund dafür. „Wenn die Schweizer Katholiken" – so Ch. Journet – „und mit ihnen der Papst den heiligen Niklaus von Flüe „als Patron und Beschützer" der Schweiz

begrüssen, so denken sie nicht an die politische Macht, an einen irdischen Schutzpatron oder Beschützer. Sie denken an einen Schutzpatron und Beschützer, der im Himmel ist, dessen Liebe und Gebet ihnen in den Ungewissheiten ihrer Liebe und ihres Gebets helfen kann. Das Edelste, das die Worte Patron und Beschützer in der Ordnung der Dinge von hienieden bedeuten können, erhebt sie in die Welt des himmlischen Lebens." (S. 215)

Auf diese Weise wurde mit Bruder Klaus nicht nur dem Schweizervolk, sondern der ganzen Welt ein Heiliger geschenkt, auf dessen Fürsprache wir vertrauen dürfen. Denn die Nächstenliebe und Gotteserkenntnis der Heiligen im Himmel ist um ein Vielfaches vollkommener als die unsere.

In Zeiten der Unruhe und des drohenden Unfriedens, der sittlichen Unordnung in der Gesellschaft, in der die göttliche Schöpfungsordnung in Schieflage gebracht wird, ist der Blick auf die Prioriätenliste von Bruder Klaus nicht fehl am Platz: Er will das, was buchstäblich „verrückt" ist, wieder gerade rücken und uns auf den rechten Weg an Gottes Hand zurückführen: Gebet, Demut und Gehorsam, sowie ein Leben aus der Eucharistie, aus dem Glauben heraus. Das ist die Rezeptur eines ungewöhnlichen Lebens, des Lebens von Bruder Klaus. Er hat sich mithilfe des sogenannten „Sachsler Meditationsbildes" stets auf das Wesentliche neu orientiert: Unentwegte, beständige Absage an das Böse, Egoistische, Zerstörerische und vollkommene Hingabe an die Liebe, die Suche nach dem „einig Wesen" mit dem Dreifaltigen Gott. Die Seligpreisungen, die Werke der Barmherzigkeit, die Betrachtung des Leidens Jesu, das „Innere Gebet", sowie die Bereitschaft, aus dem Geiste Jesu stets zur Hilfe bereit zu sein, haben unseren Landespatron zum gesuchten Ratgeber für Kirche, Politik und Militär gemacht. Bruder Klaus wurde von Gott niemals enttäuscht. Stets hat er die Hilfe erfahren, die er erbeten hatte. So wurde Niklaus von Flüe zum zuverlässigen Apostel des Friedens, der über die Landes- und Konfessionsgrenzen hinweg als sein ureigenes Vermächtnis verkündet:

Wenn nicht der Herr das Haus baut, müht sich jeder umsonst, der daran baut (Psalm 127)

Friede ist allweg in Gott, denn Gott ist der Friede.
Friede mag nicht zerstört werden, Unfriede aber wird zerstört.
Darum stellet auf Frieden, o liebe Freunde,
macht den Zaun nicht zu weit, damit ihr umso besser im Frieden, Ruhe und Einigkeit
eure sauer erworbene Freiheit erhalten könnt.
Belastet euch nicht mit fremden Sachen,
verbindet euch nicht mit fremder Herrschaft,
hütet euch vor Entzweiung und Eigennutz,
behütet euer Vaterland, bleibt ihm treu.
Suchet nicht den Krieg.
Sollte aber jemand euch überfallen, dann kämpft tapfer für Freiheit und Vaterland.
Gott sei mit euch.

Br. Klaus-Denkmal in Solothurn, Stanser Verkommnis 1481

Hanspeter Wick

Medizin im Wandel und wo liegen die Ursachen für den Kostenschub?

Ich habe Christoph Casetti erstmals anlässlich einer Pilgerfahrt nach Lourdes näher kennengelernt. Er betreute damals die begleitenden Ärzte. Besonders berührt haben mich damals seine Ausführungen über die Enzyklika «Humanae vitae». Dieses mir vorher unbekannte päpstliche Schreiben, hat sich positiv auf meine berufliche Tätigkeit ausgewirkt, wofür ich Christoph zu Dank verpflichtet bin. An dieser Stellte möchte ich ihm auch für die vielen wertvollen Diskussionen in den vergangenen Jahren danken.

Mehr als 40 Jahre war ich als Hausarzt tätig. Mein Beruf bereitete mir stets grosse Befriedigung, und auch die unzähligen Hausbesuche und der Notfalldienst erfüllten mich mit Genugtuung. Die geistige Herausforderung mit immer neuen Situationen empfand ich zwar gelegentlich als belastend, sie war aber auch immer eine Quelle der Freude. Meine Praxis eröffnete ich in den 70er Jahren. Vergleicht man die Situation von damals mit heute, ist der Wandel enorm. Während der vergangenen gut 50 Jahre überlebten von 120 gebräuchlichen Medikamenten nur ca. deren 8. Zwischenzeitlich ist auch die Anzahl der Ärzte stark gestiegen. Gab es in der Schweiz Mitte der 80er Jahre ca. 9'300, sind es gegenwärtig über 36'000. Hinzu kommen auch mehr und grössere Spitäler. Unser Gesundheitswesen ist mittlerweile einer der grössten Arbeitgeber in unserem Land. Die medizinischen Dienstleistungen sind im internationalen Vergleich erstklassig und für jedermann zugänglich, aber zu teuer. Über 70 Mrd. geben wir 2017 (1985: 18 Mrd.) für unsere Gesundheit aus, und in absehbarer Zukunft ist keine Abnahme dieser Tendenz zu erwarten. Erstaunlich ist auch die Tatsache, dass 60 % der Ausgaben im Gesundheitswesen in den letzten 6 Monaten des Lebens entstehen!

Die Prämien für die Krankenkassen werden selbst für den Mittelstand zunehmend unbezahlbar und sind somit zu einem Problem für die Mehrzahl der Schweizer geworden. Der Anstieg der Kosten steht in keinem Verhältnis zum Wirtschaftswachstum. Das medizinische Angebot übersteigt bei weitem das Sinnvolle und Notwendige. Man kann angesichts dieser Tatsachen mit Recht von einer eigentlichen Blase, einer «Medizinalblase», sprechen. Für den rasanten Anstieg der jährlichen Kosten werden regelmässig die nicht steuerbare Überalterung und der medizinische Fortschritt genannt. Doch dies ist nur die halbe Wahrheit, denn andere oft verschwiegene Faktoren sind wesentlich bedeutender. Im Folgenden möchte ich aufgrund meiner Erfahrung auf einige dieser Aspekte eingehen:

Der aufgeklärte Patient. Tagtäglich gaukeln uns TV Sendungen vor, was alles möglich ist. Irgendein Promi erzählt von irgendeinem Eingriff, dem er sich unterzogen hat. Das weckt dann Begehrlichkeiten beim Zuschauer. Zum Erhalt des höchsten irdischen Guts – der Gesundheit – sind alle Mittel und Therapien recht.
Neben dieser Begehrlichkeit ist die Ungeduld ein weiteres Charakteristikum des modernen Patienten. Ein Röntgenspezialist meinte einmal, dass er längst Konkurs gegangen wäre, wenn sich seine Kunden auch nur wenige Wochen bis zum ersehnten Computertomogramm gedulden müssten. Hätten die Leute etwas mehr Geduld, liessen sich auch viele Operationen vermeiden. Die Natur heilt nämlich vieles von selbst. Aber eben nur der Gesunde denkt ans Sparen, nie der Kranke.
Jeder Bürger ist zudem paramedizinischer Berater. Man braucht nur im Lokalzug zu sitzen und bekommt gratis hundertfach medizinische Ratschläge. Kaum je vernimmt man jedoch Ratschläge zur seelischen Gesundung. Die Patienten sind zudem materialistischer und religionsferner geworden. Die Medizin füllt diese Lücke und hat fast ersatzreligiösen Charakter. Selbst der kritischste Religionsskeptiker glaubt nämlich, dass es der Wahrheit entspricht, wenn

ihm der Arzt mitteilt, auf seinem Computertomogramm sei kein Krebs zu erkennen. Dieses schier endlose Vertrauen in die ärztliche Kunst wiegt viele in falscher Sicherheit, und die medizinischen Möglichkeiten werden überschätzt.

Einen an Krebs erkrankten Katholiken versuchte ich einmal vom Besuch eines Besinnungstages zu überzeugen. Er war kurz davor hinzufahren, als ihn die Ärzte für geheilt erklärten. Damit wurde auch der Besinnungstag hinfällig.

Gewöhnlich versuchte ich Patienten auch auf die religiöse Dimension des Sterbens anzusprechen. Das Resultat war aber wenig ermutigend. Für einen Vortrag über das Sterben meiner Patienten analysierte ich willkürlich hundert verstorbene Patienten hinsichtlich ihrer religiösen Haltung – soweit sie mir bekannt war – angesichts des Todes. Meine Recherchen ergaben folgendes:

2 % lehnten religiöse Hilfe aktiv ab, und nur 2-4 % riefen selbständig nach einem Priester oder Pastor. Aber was machten die restlichen 95 %? Sie kümmerten sich kaum feststellbar um Gott und verdrängten die Frage. Sie wünschten einzig ruhig und schmerzlos zu sterben, und verlangten vornehmlich Schmerz- und Schlafmittel. Wer nur ans Diesseits denkt, möchte dieses Leben so angenehm und genussreich wie möglich gestalten, und da nimmt die Medizin, die ja körperliches Wohl verheisst, eine Schlüsselstellung ein bis zum Tod.

In diesem Zusammenhang ist es auch nicht verwunderlich, dass die Euthanasie zunehmend populär und gesellschaftlich akzeptiert wird, wenn die körperlichen Leiden zunehmen und aus rein diesseitiger Perspektive sinnlos erscheinen. Immer weniger Ärzte sehen darin etwas Schlechtes und raten gar Schwerkranken zu diesem Schritt. Mehrmals haben mir Angehörige von Verstorbenen berichtet, dass der behandelnde Arzt im stillen Einvernehmen mit dem Kranken „nachgeholfen“ habe.

Der Arzt. Viele glauben, je mehr Ärzte, Ambulanzen und Spitäler es gebe, umso sicherer und sorgenfreier sei das Leben. Anlässlich

eines Interviews wurde ich einmal gefragt, ob es zu viel oder zu wenig Ärzte gebe. Ich war und bin dezidiert der Ansicht, dass es weder zu viele noch zu wenige, sondern *viel zu viele* Ärzte gibt.
Die Arztdichte ist in der Schweiz relativ hoch. Auf 10'000 Einwohner kommen bei uns ca. 42 Ärzte. Auch die Spitaldichte ist überdurchschnittlich. Trotzdem bekommen wir regelmässig zu hören, es gebe einen akuten Ärztemangel. In Ländern mit deutlicher geringerer Arztdichte hört man solche Horrormeldung jedoch kaum. Die Ursachen für den angeblichen Mangel sind vielfältig.
Allerlei Papierkram, statistische Auswertungen sowie Berichte und Rapporte absorbieren Ärzte und Pflegepersonal. Immer weniger Ärzte arbeiten zudem Vollzeit. Dies hat sicher auch damit zu tun, dass es heute viel mehr Ärztinnen gibt. Gegenwärtig sind 60 % der Medizinstudenten junge Frauen.[1] Davon werden gemäss Statistik gerade mal 26 % Vollzeit beschäftigt sein. Bedeutender als die oft zitierte Medizinalbürokratie ist für die steigenden Kosten und den angeblichen Ärztemangel in der Medizin die Feminisierung und der allgemeine Trend, nur noch Teilzeit zu arbeiten. Gut 60% aller Medizinstudierenden sind heute junge Frauen, von denen laut Prognosen geradevmal 26% voll arbeiten werden. Als Ursache wird Stress angegeben … und das oft schon bei kleiner täglicher Patientenzahl. Es lässt sich in der Tat nicht leugnen, dass viele junge Ärzte/innen weniger belastbar und viele Patienten anspruchsvoller geworden sind. 50 Jahre Wohlstand haben da ihre Spuren hinterlassen gemäss dem Goethezitat: „Nichts ist schwerer zu ertragen als eine Reihe von guten Tagen“.
Bis 1980 gab es in meinem Einzugsgebiet einen einzigen Gynäkologen. Heute sind es deren 17, und angeblich scheinen alle – zumindest subjektiv – gut ausgelastet. Diese massive Zunahme von Spezialisten bleibt natürlich nicht ohne Folgen. Die Leute sind nicht kränker geworden, werden aber kränker gemacht. Immer

1 Bei der Tiermedizin sind es fast 90 % Frauen, die sich später einmal um Kanarienvögel, Schosshündchen und Goldhamster kümmern.

häufiger und akribischer wird nach krankhaften Befunden gesucht, stets mit dem verfänglichen Argument, ja keinen Krebs zu verpassen. Nur bei wenigen % der Eingriffe an der Brust oder an der Gebärmutter kann jedoch ein relevanter Befund erhoben werden. Dies grenzt meiner Meinung nach eher an Missbrauch als an gezielte Krebsbekämpfung. Es gibt Spezialisten, die bei mehr als der Hälfte ihrer Schwangeren einen Kaiserschnitt durchführen.

Bei ungenügender Kundschaft gibt es kaum einen Patienten, bei dem man nicht etwas auf der Haut entfernen kann, regelmässig den Durchfluss einer Arterie oder einen Laborwert beobachten oder messen sollte. In einem Extremfall erlebte ich, dass ein Patient wegen einer komplikationslosen Warzenentfernung 13 Mal vom behandelnden Arzt aufgeboten wurde. Wer zu wenig Kundschaft hat, neigt dazu, den Tarif voll auszureizen, unnötig zu operieren und das Wohl des eigenen Portemonnaies mit dem Wohl des Patienten zu verwechseln. Es gibt nämlich eine *médicine qui querit* und eine *médicine qui tue*. Zu viele medizinische Leistungserbringer sind reines Gift für die Gesundheit. Man vergesse auch nicht, dann werden die Leistungserbringer zu Konkurrenten, die Patienten zu Konsumenten. Konsumenten können so eine Situation ausnützen, indem sie festlegen, was gut und sinnvoll ist für ihre Gesundheit (die Kosten spielen da keine Rolle) und für wie lange sie ein Arbeitsunfähigkeitszeugnis benötigen.

Zweifellos erleben wir bahnbrechende, die Lebensqualität verbessernde Fortschritte in der Orthopädie, der Kardiologie (Gelenkprothesen, Herzeingriffe) und bei AIDS. Aber auch diese Eingriffe werden bis zu dreimal häufiger dort durchgeführt, wo die entsprechenden, technischen Geräte stehen, und wo es die grösste Anzahl an Spezialisten gibt. Anderseits kann die moderne Medizin bei vielen neurologischen, psychischen und degenerativen Erkrankungen (z.B. Wirbelsäule) im Alter ihre Erwartungen leider nicht erfüllen.

Landesweit wird der Niedergang der Hausarztmedizin bedauert. In ländlichen Gebieten gibt es in der Tat einen Mangel an Hausärzten. Schuld daran sind nicht allein die Spezialisten, sondern auch die

Allgemeinpraktiker selbst. Auch sie sind Kinder unserer Zeit. Der klassische Hausarzt war verheiratet, hatte Kinder, war in der Gemeinde verankert, verfügte über grosses Vertrauen, war auch ausserhalb der Bürozeit erreichbar und behandelte 90 % aller Gebrechen. Dieses Hausarztbild ist heute leider oft eine Rarität. Moderne Ärzte/innen zieht es zunehmend in städtische Gebiete, was geregelte Bürozeiten, mehr Freizeit, kaum Notfalldienst und weniger Übernahme von Verantwortung mit sich bringt, da sich Risikopatienten schneller in Spitäler überweisen lassen.

Der Mangel an Hausärzten in ländlichen Gebieten kann weder mit höheren Tarifen noch mit dem Ruf nach mehr Medizinstudenten gelöst werden. Dieser Mangel ist nicht primär eine Frage des Einkommens. Wer sich nämlich trotzdem – aus echter Freude an ganzheitlicher Medizin – aufs Land wagt, der wird tagtäglich mit heiklen Situationen konfrontiert. Ohne religiöse Wurzeln und familiären Rückhalt stösst man da selbst bei optimaler Ausbildung schnell an seine medizinischen und menschlichen Grenzen. Mancher zieht deshalb schon nach kurzer Zeit (möglicherweise auch unter dem Druck seiner Partnerin) wieder in eine städtische Agglomeration, wo es bereits zu viele Aerzte gibt. Könnte es gar dazu kommen, dass in Zukunft ein Arzt, der willig ist, aufs Land zu ziehen, zuerst an einer TV-Sendung „Landarzt sucht Frau" teilnehmen sollte?

Der Grossteil der Hausärzte in städtischen Gebieten ist zunehmend nur noch zu Bürozeiten erreichbar, meidet Hausbesuche und schickt Notfälle ungesehen gleich ins Spital. Damit verspielt der Hausarzt den Vorteil, den er gegenüber der hoch technisierten Medizin hätte, und macht sich entbehrlich. Hält der derzeitige Trend an, so können in der Zukunft nur noch 24h-Permanencen und Topspezialisten überleben. Das wäre der Sieg der Technik über das Herz. Das Verschwinden des Hausarztes mit seiner Vertrauen einflössenden, heilenden Nähe, um sich im technischen «Medizinaldschungel» zurechtzufinden, ist bedauerlich. Viele v.a.

ältere Patienten sind nämlich völlig überfordert und hilflos. Wer, wenn nicht der Hausarzt, könnte diese Lücke besser füllen?
Von ihrer Ausbildung her wären die Hausärzte eigentlich in der Lage, 90 % aller medizinischen Probleme zu diagnostizieren und zu beurteilen. Eine Lungenentzündung ambulant behandelt, kostet nur 10 % so viel wie im Spital. Eine medizinische Praxisangestellte aus Zürich sagte mir einmal, dass sich ihr Chef darauf beschränke, seinen Patienten auf die Schulter zu klopfen und den Blutdruck zu messen – angeblich aus Angst vor Haftpflichtfällen. Man muss sich daher nicht wundern, dass sich Patienten bei einem solch dürftigen Angebot gleich an einen Spezialisten oder im Notfall direkt an ein Spital wenden. Die Spitäler ächzen jedoch unter der Last der „Notfälle". In den 80er/90er Jahren war es üblich, im Notfalldienst 20 Patienten zu sehen. Heute sieht ein Arzt im gleichen Einzugsgebiet, trotz stark gewachsener Bevölkerung höchstens 2-5 Patienten. Darunter leiden natürlich das Ansehen und die Kompetenz des Hausarztes. Viele sind daher frustriert und die Ärzteschaft, einst ein Hort des liberalen Bürgertums, mutiert schleichend zu einem grün-sozialistischen Klub.
Da es für Hausärzte zunehmend schwieriger geworden ist, einen Nachfolger zu finden, kamen im Zuge der Personenfreizügigkeit unkontrolliert Ärzte in die Schweiz. Neben vielen guten Kollegen leider auch Kurpfuscher und Goldgräber, die vor allem daran interessiert sind, gesalzene Rechnungen auszustellen.

Meine Aufmerksamkeit gilt noch einer speziellen Gruppe: **der Psychiater und Psychologen (PP).** Zürich gilt als das Mekka der PP. Nirgends auf der Welt gibt es mehr Psychiater pro Quadratmeter. In der Regel arbeiten sie Teilzeit. Auffallend viele kommen aus dem Ausland. Noch mehr als die klassische Medizin berührt die PP mittlerweile alle Bereiche unseres Lebens. Kein Sozialamt, Bundesstelle, Gericht, Schule, Naturkatastrophe, Flugunfall, Eheseminar oder Sportverein ist ohne PP noch denkbar. Dadurch gewinnt PP eine ungeheure Macht über die Menschen. Wir werden belehrt, wie wir uns zu verhalten haben bei Trauer, bei Glück, in der Sexualität. Kurzum, was Normalität heisst. Wer früher Hilfe holte bei der Kirche, kauft sie heute beim PP. Wäre die PP eine moralische Instanz, so hätte sie es in der Hand, die Gesellschaft positiv zu beeinflussen. Doch dem ist leider nicht so. Die meisten PP sind agnostisch oder vertreten häufig buddhistisches Gedankengut. Das christliche Weltbild und seine Moralvorstellungen finden kaum Platz in ihrem Denken. Dies wirkt sich teilweise verheerend aus in der Paarberatung, wo dann vorschnell zur Scheidung als zur Versöhnung oder auch zu einer Abtreibung geraten wird. Anstatt Leuten beim Verarbeiten von Schuldgefühlen, etwa bei postabortiven Syndromen, zu helfen, wird Schuld verdrängt, und es werden einfach stärkere Psychopharmaka verschrieben, oder man sucht die Schuld nicht in persönlichem Fehlverhalten, sondern bei der bürgerlich-kapitalistischen Gesellschaft. Letzteres wiederum wirkt sich ungünstig aus etwa in der IV (Invalidenversicherung), wenn bei PP-Gutachten sozialistische Ideologie einfliesst. Aufgrund meiner beruflichen Erfahrung bin ich zur Überzeugung gelangt, dass viele Menschen an unverarbeiteten Schulgefühlen leiden: Abtreibungen, zwischenmenschliche Konflikte und Streitereien, Angst vor dem Tod, Perversionen, Süchte und allerlei Unrecht in der Vergangenheit vermindern die Lebensqualität unzähliger Menschen. Die Seelsorge hätte hier eine echte Aufgabe, indem sie Menschen zur Selbstreflektion anregt und zur Versöhnung mit Gott hinführt. In vielen Fällen würden damit jahrelange und teure PP-Gespräche oder Psychopharmaka überflüssig.

Alternativmediziner haben ebenfalls Hochkonjunktur: Homöopathen, Natur- und Geistheiler, exotische Handaufleger, Magnetopathen, Wahrsager, Kartenleger, Teetherapeuten, Inhaber von Seelenwerkstätten etc. buhlen auf dem Gesundheitsmarkt um die Gunst der Kundschaft. Sie kommen aus allen Ecken der Welt. Im

Beamtenjargon gelten solche Einwanderer übrigens als Hochqualifizierte, da sie irgendein sog. Höheres Abschluss-Diplom vorweisen können.
Selbst der kleinste Weiler in der Schweiz hat heute seinen Naturarzt, Esoteriker oder gar eine Seelenwerkstatt. Offenbar gibt es dafür ein Bedürfnis. Man liest da etwa: Aprikosenkerne gegen „Zucker" oder Krebs. Welcher Zuckerkranke sollte da noch Diät halten und sich täglich Insulin spritzen, wenn ein exotischer Wurzelsaft aus Indien ebenso wirksam ist? Der Erfolg der Alternativmedizin hat aber auch mit den kaum noch überschaubaren und komplexen Zusammenhängen der modernen Medizin zu tun. Für schwierige Probleme sucht man einfache Lösungen. Zunehmend schliessen sich auch klassische Mediziner diesem Trend an. Dies hat für sie mehrere Vorteile: man braucht kaum Investitionen, die Patienten sind viel unkritischer, das Behandlungsrisiko ist gering, man braucht keinen Notfalldienst zu leisten und über die Alternativversicherung gibt es trotzdem ein gutes Einkommen.
Im Alltag spielen die nicht klassischen Arzneimittel eine grosse Rolle. Der Umsatz rezeptfreier Heilmittel (OTC), wie Hustensirup, pflanzlicher Schlaf- und Beruhigungsmittel, Stärkungsmittel, Cremen und Pasten aller Art überschreitet die Milliardengrenze und belastet die Krankenkassen kaum. Die Wirksamkeit dieser Produkte ist jedoch oft nicht nachgewiesen. Es ist sicher nicht falsch, bei nicht lebensbedrohenden Krankheiten zuerst einen Versuch mit solchen Haus- und Naturprodukten zu machen, bevor man zu grobem Geschütz greift, denn gut 30 % aller Beschwerden verschwinden ohnehin mit oder ohne Medizin. In der Not aber wird wohl kaum ein Schwerstkranken nach einem exotischen Baumsaft schreien.

Die Spitäler. Es besteht ein Konsens, dass man fast die Hälfte unserer Spitäler vernünftigerweise schliessen müsste. Ein Politiker, der jedoch versucht, die Spitallandschaft zu bereinigen, muss um seine Wiederwahl fürchten. Zu viele Spitäler heisst aber auch grössere Konkurrenz, und um zu überleben, wird das medizinische Angebot landauf landab noch massiv gesteigert. Unnötigerweise kommt es dabei zu chirurgischen Eingriffen, Computertomogramme werden verordnet, was dann wiederum zu häufigeren Komplikationen und unkontrollierbaren weiteren Kosten führt. Dazu folgende Beispiele:

- Bei einer Bekannten wurde per Zufall ein Dickdarmtumor entdeckt. Bei der Operation zeigten sich unzählige Ableger (Metastasen) u. a. auch in der Leber. Die Patientin erholte sich gut vom Eingriff und wurde fast beschwerdefrei. Sie rief mich an und bat um Rat. Ich riet ihr, sich nun auch um das seelische Heil zu kümmern und mit ihrem Ehemann die noch verbleibende Zeit positiv zu nutzen. Leider wurde sie von der onkologischen Abteilung des Spitals aufgeboten und ein Heer von Spezialisten überredeten sie zur Chemotherapie. Kaum mit der Chemo begonnen, wurde aus der beschwerdearmen, eine abgemagerte, siechende Patientin, die aber laut Statistik einige Wochen länger lebte (Kostenpunkt: sicher Fr. 50 000.-).
- Ein Bekannter von mir lag als Privatpatient unheilbar krank unter einer Sauerstoffmaske in einer Klinik. Wir konnten uns noch unterhalten, dann musste ich auf Anweisung einer Krankenschwester das Zimmer für 30 Minuten verlassen. Wie es sich herausstellte, erhielt mein Freund Besuch von einer Diätberaterin! Man muss sich schon fragen, ob in dieser Situation Diätberatung das Richtige ist. Eine Diätassistentin, die tagtäglich solch unsinnige Beratungen bei Schwerstkranken durchführt, ist abends zu Recht erschöpft und wird über kurz oder lang nach einer weiteren Diätassistentin rufen. Diese wird dann im Ausland angeworben und schon bald führen zwei Assistentinnen diesen Unsinn weiter.

Es soll hier nicht der Eindruck erweckt werden, man solle bei Krebs gar nichts tun. Ganz im Gegenteil, ein frisch entdeckter Tumor muss möglichst früh energisch angegangen werden (Operation, Bestrahlung, Chemotherapie). Hat jedoch der Tumor schon multiple Ableger (Metastasen) gelegt, so ist meistens jegliche Therapie nicht nur sinnlos, sondern führt wegen starker Nebenwirkungen zu einer schnellen Verschlechterung des Zustands, zum Siechtum bei evtl. geringer Lebensverlängerung des Kranken. Heilungen in diesen Fällen sind eine absolute Rarität, ausser bei Leukämien. Von den Kosten ganz zu schweigen. Es gilt hier: Ad life to years, not years to life.

Ich habe mit mehreren kritischen Zeitgenossen, darunter einer ehemaligen Personalverantwortlichen eines Spitals, Gespräche geführt. Alle waren sich darin einig, dass in den Spitälern das ständige Jammern über zu wenig Personal in keine Weise der Realität entspricht. Mit Ausnahme in einigen Bereichen, beschäftigen unsere Spitäler insgesamt zu viel Personal. Die eigentliche Arbeit am Patienten weicht immer mehr administrativen Tätigkeiten, um sich vor möglichen Haftpflichtfällen abzusichern. Die Absicherung gegen Haftpflichtfälle kostet Aerzte und Spitäler jährlich Hunderte von Millionen und führt zur „defensive medicine." Wer mit der medizinischen Behandlung oder deren Ergebnis nicht zufrieden ist, kann nämlich mit Hilfe von spezialisierten Juristen klagen und evtl. erhebliche finanzielle Entschädigungen herausholen. Die Anbieter im Gesundheitswesen betreiben dagegen „defensive medicine", indem sie unnötige, kostentreibende, aber im Gerichtsfall nützliche Zusatzuntersuchungen verordnen.

Die Krankenkassen (KK). Sie hätten eigentlich eine Doppelfunktion: Zahlstelle und Kontrolle der abgerechneten Leistungen. Tausende Patienten beanstanden die ärztlichen Honorarforderungen. Doch es geschieht nicht nur nichts, im Gegenteil, die Kassen leisten dem Missbrauch noch Vorschub, indem sie die Rechnungen direkt am Patienten vorbei bezahlen. An dieser Entwicklung sind nicht nur die Krankenkassen schuld. Der Rechtsweg und der Datenschutz sind derart rigide, dass der Aufwand die meisten Krankenkassen völlig überfordert. Auch beim Leistungskatalog sind die

Krankenkassen am Limit. Von der Politik werden ihnen laufend neue, weit über die Grundversorgung reichende Leistungen aufgebürdet: Drogenabgabe, Homöopathie, Schwangerschaftsabbrüche, Fettabsaugen, Reproduktionsmedizin, Geschlechtsumwandlungen, Magenbending bei Adipositas, Vorsorgeuntersuchungen ohne nachgewiesenen Nutzen wie z.B. Mammographie etc. Zudem kommen in regelmässigen Abständen neue Krebsmedikamente in den Handel: sündhaft teuer mit fraglichem Gewinn für den Kranken.
Während sich unsere Behörden über die nicht mehr bezahlbaren Krankenkassenprämien beschweren, beklagen sie sich gleichzeitig über zu wenige Organtransplantationen. Letztere gehören neben Dialyse, Onkologie, Langzeitpsychiatrie in der Klinik sowie diverser chronisch neurologischer Leiden und den Pflegefällen zu den grössten Ausgabenposten in der Medizin.
Nicht zu vergessen gilt es darüber hinaus, dass ca. 10 % der Leute in der Schweiz für medizinische Leistungen nichts bezahlen. Das gilt für: Asylsuchende, Medizinaltouristen, Sozialfälle, chronische Nichtzahler. Allein im Kanton Zürich blieben den Krankenkassen 2012 in 72‘800 Fällen / im Thurgau 2011 in 5‘600 Fällen nur noch Schuldscheine. Dabei darf nicht vergessen werden, dass der Patient mit seinen Krankenkassenprämien nur gut 30 % der Kosten im Gesundheitswesen deckt, der Rest läuft über Subventionen d.h. Steuergelder. Staatliche Stellen übernehmen die Krankenkassenprämien für Asylsuchende, Sozialfälle etc. und schonen so die Krankenkassen. Ein Vorstoss, säumige Zahler zu erfassen und solche nur noch im äussersten Notfall zu behandeln, wurde von der Gesundheitsdirektorenkonferenz abgelehnt, weil zu aufwendig. Steuermittel einzusetzen ist eben einfacher und weniger anstrengend.

Medikamente. Abgesehen von den neuen und teuren Krebsmedikamenten sind die gängigsten Medikamente eher günstig zu haben. Viele ältere, bewährte Medikamente sind jedoch aus dem

Handel gezogen worden wegen zu geringen Gewinnmargen. Sparpotenzial gibt es weniger bei den Verkaufspreisen, als bei einer gezielteren Verschreibung. Man geht nämlich davon aus, dass ca. 30 % der Medikamente im Abfall landet. Behutsames und damit sparsames Umgehen mit Arzneien ist unerlässlich nicht nur wegen der Nichteinnahme, sondern auch wegen möglicher, erst nach Jahren unerwartet auftretender Nebenwirkungen, v.a. bei Schwangeren und Kindern (Ritalin?). Man erinnere sich nur an den Fall Contergan.

Ausblick. Ende 2017 liess eine Meldung einer Krankenkasse aufhorchen. Durch rigorose Kontrolle der Arztrechnungen habe man mehrere hundert Millionen (in welchem Zeitraum?) einsparen können. Das Sparpotential wäre enorm, wenn ähnliche Massnahmen anderorts ergriffen würden: weniger Ärzte, v.a. Spezialisten, weniger Spitäler (minus 50 %!), weniger Medikamente, den Leistungskatalog der Krankenkassen auf das Notwendige zu beschränken. Die obligatorische Krankenkasse sollte einen einfachen Leistungskatalog anbieten, ohne Luxus, ohne Modeströmungen nur den Grundbedarf deckend. Wer mehr Leistungen wünscht, soll sich privat zusätzlich versichern. Zurzeit erleben wir leider das Gegenteil: Spitäler rüsten auf, die medizinischen Fakultäten werden massiv ausgebaut, immer teurere und wenig erprobte Medikamente in der Krebsbehandlung werden unter öffentlichem Druck zugelassen. Dies scheint unvernünftig zu sein. Doch über Vernunft lässt sich bekanntlich streiten. Je nach Standpunkt ist dies oder jenes vernünftig. Es ist deshalb sehr fraglich, ob sich unter diesen Umständen ein Konsens über den „vernünftigen" Grundbedarf finden lässt. Und die Medizinblase wächst und wächst …
Die Medizin kann sicher nicht aus rein betriebswirtschaftlichen oder logischen Gesichtspunkten betrachtet oder wie eine Firma geführt werden, denn da geht es um den Wunsch nach Gesundheit, Ängste, Gefühle, Vorurteile, Psychologie. Auch Sparvorschläge,

wie Dicke, Raucher und Alkoholiker mit höheren Krankenkassenprämien zu bestrafen mit der Begründung, dass sie höhere Gesundheitskosten verursachten, halte ich für Unsinn; laut Statistik sterben diese Leute nämlich viele Jahre früher als die Normalbürger und beanspruchen so viel weniger lang medizinische Leistungen.

Martin Filipponi

Die Aktion aus der Kontemplation

Das Bild und die Vorstellungen über das Priestertum divergieren und reichen vom Eremiten bis hin zum Manager. Der gemeinsame Nenner des priesterlichen Dienstes und der priesterlichen Existenz scheint nicht einfach erkennbar zu sein. In diesem Zusammenhang macht der Kirchenlehrer Robert Bellarmin auf den Unterschied zwischen Eremiten, welche in der Wüste wohnen, und Priestern in der Welt aufmerksam: „Sie kämpfen mit dem Feind, jedoch bei geschlossenen und fest verrammelten Toren. Wir dagegen müssen bei offenen Toren mit dem Feind kämpfen. Denn wenn wir Seelen gewinnen wollen, müssen wir gezwungenermassen ein normales Leben führen, müssen sehen, und gesehen werden, müssen mit dem Anblick von äusserer Schönheit, Prunk, Reichtum, Ehrenstellungen usw. leben. Wir müssen in der Beichte vieles anhören, auch überaus Abscheuliches. Und dann müssen wir über diese Dinge auch noch nachdenken, um dafür Abhilfe zu schaffen. Wir müssen nach der Art der anderen essen und uns Kleidung beschaffen. Und schliesslich müssen wir lehren und predigen, und selbst Geld müssen wir beschaffen und ausgeben, was alles Aufgaben sind, welche die Sammlung des Geistes sehr erschweren.“[1] Trotz dieser unterschiedlichen Daseinsformen gibt es eine Gemeinsamkeit, welche das Priestertum ausmacht. Eine Priorität, die ganz oben auf der „To-Do-Liste“ des Priesters stehen sollte: Die Menschen an Gott zu binden, damit sie ein Leben in Fülle haben (vgl. Joh 10,10). Der Priester soll als Mittler zwischen Himmel und Erde den Menschen helfen, aus einer lebendigen Beziehung mit Jesus heraus, zu einem Leben in Freude und Fülle finden zu können. Der Priester soll ein Diener der Freude, ein Diener des Wortes, ein Diener Gottes, ein

---

1 Robert Bellarmin, De custodia cordis 198. zitiert in: Wollbold, Als Priester Leben. Ein Leitfaden, S. 15.

Geistlicher, ein Mann Gottes sein. Stets bemüht, nicht sich selbst in den Mittelpunkt zu stellen, sondern wie die Propheten und die Heiligen auf Gott zu verweisen. Es geht darum, dass der Priester als Wegweiser den Menschen den Weg zu Gott weist. Wenn der Priester nicht den Weg zeigt, besteht die Gefahr, dass die Menschen Opfer der Welt und des Widersachers werden. Doch wie bleibt der Priester als Wegweiser eine verlässliche Hilfe, welcher wirklich den Weg weist und nicht in die Irre, auf Abwege führt? Die Ausrichtung auf den Herrn in der eucharistischen Anbetung kann dabei helfen. Wir wissen vom heiligen Papst Johannes Paul II., dass er oft vor Gott in der Stille verweilte und seine Schriften vor der hl. Eucharistie erstellte. Diese Stille vor dem Herrn ist wichtig, denn Gott spricht in der Stille zu uns. Um IHN hören zu können, wird Schweigen vorausgesetzt. Man kann sagen, dass Gott im Schweigen und in der Stille zu uns spricht. Dabei steht die persönliche Begegnung mit Gott im Mittelpunkt. Aus dieser persönlichen Begegnung heraus wird der Glaube konkret. Aus der Kontemplation entsteht die konkrete Aktion. Nicht umgekehrt, nicht ziellos, sondern auf IHN hin und aus IHM heraus. Ein weiteres Beispiel für die Aktion, welche aus der Kontemplation heraus wächst, gibt uns der Kirchenlehrer Thomas von Aquin. Er legte seine Schriften vor den Tabernakel und betete:

„Herr Jesus Christus, der Du in diesem wunderbaren Sakrament wahrhaft gegenwärtig bist und dessen Werke unbegreifliche Wunder sind, ich beschwöre Dich demütig, mach mir kund, ob das, was ich über Dich geschrieben habe, mit der Wahrheit übereinstimmt! Verleihe mir die Gabe, es meine Brüder zu lehren und sie davon zu überzeugen! Ist aber im Gegenteil in dieser Schrift etwas dem katholischen Glauben entgegen, so nimm mir die Möglichkeit, es ihnen vorzutragen!“[2] Wer, wenn nicht der heilige Thomas von Aquin, einer der einflussreichsten Theologen, wusste um die Hilfe

---

2 Thomas v. Aquin, zitiert in: Holböck, Das Allerheiligste und die Heiligen, S. 114.

und die schöpferische Kraft, die aus der eucharistischen Anbetung hervorgeht. Für den Priester gilt, dass er durch das Sakrament der Priesterweihe und die Anbetung christusförmiger wird. Durch das betrachtende Verweilen vor IHM wird der Mensch mit den Charismen ausgestattet, welche die Kirche im Hier und Jetzt benötigt. Aus der Anbetung wächst der Mensch, weil er sich vor Gott klein macht und es Gott ist, welcher den Anbetenden gross macht (vgl. Ps 18,33). Durch die Anbetung Gottes nimmt ER uns, wie wir sind, und formt uns so, wie ER uns für den Dienst in der Kirche haben möchte. Von Gott lässt sich der Priester beschenken und gibt das in Wort und Tat weiter, was er von Gott geschenkhaft empfangen hat. Lassen wir uns von IHM ausbilden, inspirieren und zum Dienst für die Kirche ausrüsten, damit der Mensch von heute wieder die Möglichkeit hat, Gott persönlich zu begegnen und heilige Augenblicke zu erfahren.

Katharina von Däniken

Harmonie von Körper, Geist und Seele, was hat Enthaltsamkeit damit zu tun?

Referat zum Thema „Leben mit NER“,
HLI Jahresversammlung, ZH

Gruss und Glückwunsch für die Festtagsschrift
Lieber Don Christoph, überall da, wo es um das Leben geht, begegnete ich Dir! Ich lernte Dich 1990 bei INER kennen. Im Jahr 1996 gründeten wir den Verein TeenSTAR Schweiz. Da warst Du bereits TeenSTAR-Leiter und hast seither unseren Verein und unsere Arbeit immer auf vielfältige Art begleitet, unterstützt, gefördert.
Von Herzen danken wir Dir für alles, was du in deinem Leben für das Leben getan hast!
Hans und ich, der Verein, der Vorstand, wir alle wünschen Dir alles Gute, gratulieren herzlich zum Geburtstag und wünschen Dir einen gesegneten Festtag!
Im Namen des Vorstandes und den Vereinsmitgliedern von TeenSTAR Schweiz
Katharina von Däniken
Präsidentin TeenSTAR Schweiz

Als Urs Kayser mich anfragte, ob ich zum Thema „Enthaltsamkeit“ in Bezug auf die Anwendung der Natürlichen Empfängnisregelung etwas sagen könnte, dachte ich: „kein Problem, das leben wir ja seit vielen Jahren“.
Ich stellte dann aber fest, dass unser Lebensstil, den wir uns zu eigen gemacht hatten, so normal geworden war, dass ich mir gar nicht mehr bewusst war, wie er im Alltag aussah.

Natürlich hatte ich mein Konzept entwickelt, was ich den Jugendlichen in der Schule oder den jungen Paaren im Ehevorbereitungskurs zu diesem Thema sagte.

z.B.: Heute gibt es viele Arten der „Enthaltsamkeit". Sportler verzichten, abends auszugehen. Mannequins enthalten sich fettem Essen. Wir Ehepaare enthalten uns der ehelichen Vereinigung, wenn wir momentan kein weiteres Kind wünschen.

Ich behaupte in den Kursen, dass es kein grosses Problem ist, periodisch enthaltsam zu sein, weil es heute viele Möglichkeiten gibt, sich abzulenken. Sowie, dass die Liebe und gegenseitige Attraktion erhalten bleiben, ja sich sogar vertiefen, bei periodischer Enthaltsamkeit.

Ich habe mich für euch daran gemacht, unsere Ehe zu beobachten und zu überprüfen, ob meine Behauptung überhaupt stimmt. Ich hoffe, es gelingt mir, diesem vordergründig grossen Problem, das der NER stets vorgeworfen wird, auf den Zahn zu fühlen und der Realität im Eheleben auf die Spur zu kommen.

Einige von euch kennen mich. Sie wissen, dass ich verheiratet bin, mit meinem Mann nach der natürlichen Empfängnisregelung von Prof. Dr. Josef Rötzer lebe (sympto-thermale Methode) und sechs Kinder habe. Drei Mädchen und drei Jungen im Alter zwischen 22 und 13 Jahren.

Ein Wort zum Entscheid, keine Verhütungsmittel zu gebrauchen: vor 23 Jahren erklärte uns im Ehevorbereitungskurs Dr. Ehmann, er ist hier unter uns, die Auswirkung der Verhütungsmittel auf die Gesundheit der Frau. Er zeigte, wie sie funktionieren und dass man noch nicht weiss, wie sie sich auf die Fruchtbarkeit und Zeugungsfähigkeit der kommenden Generationen auswirken.

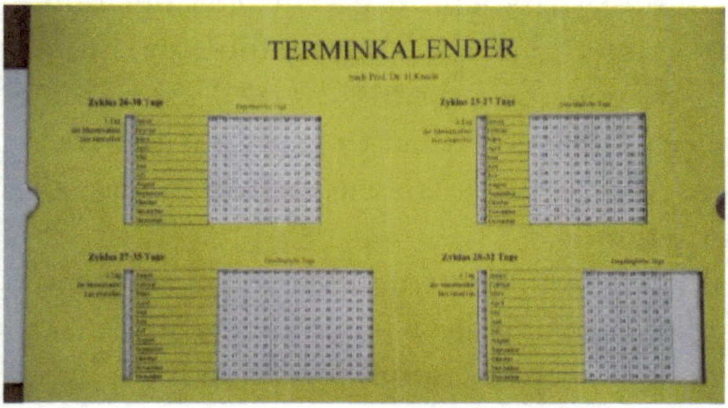

Damals konnte er uns als Natürliche Methode nur Knaus-Ogino anbieten. Die war aber schon bei unseren Grosseltern und Eltern als sehr unsicher verpönt.

Wir nahmen die Herausforderung trotzdem an und fühlten uns schon damals als Exoten. Wir wünschten uns mehrere Kinder, so konnten wir die relative Unsicherheit der Methode am Anfang unserer Ehe in Kauf nehmen.

Das funktionierte folgendermassen:
Ich bekam von meiner Mutter diesen Karton. Das ist eine Reliquie, ein Original-Ogino-Knaus-Tabellenschieber. Mein Mann hat für Sie eine Vergrösserung hergestellt, damit Sie besser verfolgen können, wie ich (und alle Mütter und Grossmütter vor mir) ihre Zyklen planen mussten (Weihbischof Andreas Laun half mir mit dem Ogino-Knaus-Schieber, was ein ziemliches Gelächter auslöste, als er anfing, mit mir zu diskutieren, welches Beispiel ich nehmen soll.)

Sie sehen hier verschiedene Beispiele von Zykluslängen. Für eine von diesen musste ich mich im Voraus entscheiden. Nach meinem damaligen Wissensstand hatte ich 27-Tage-Zyklen. Deshalb entschied ich mich für das erste Beispiel hier. Laut dem konnte ich zwischen dem 15. und 25. Tag schwanger werden.

Das klappte zwischen den ersten drei Schwangerschaften mit einem Abstand von jeweils 18 Monaten ganz gut.

Obwohl ich dazu sagen muss, dass ich mich sehr unsicher fühlte und der Sache nie recht traute. Es waren Angstgefühle da, im falschen Moment schwanger zu werden, die mir oft die Lust auf eine körperliche Vereinigung raubte, auch wenn es laut Tabelle die unfruchtbaren Tage waren. Alles, was ich tat, war zu hoffen, dass die Rechnung des Schiebers aufging.
Für uns war die Enthaltsamkeit an den fruchtbaren Tagen damals ein Mittel zum Zweck, die Abstände der Kinder zu regeln. Die Arbeit mit den Kindern, dem Haus und Garten forderten mich mehr als ich es mir vorgestellt hatte und obwohl wir uns noch mehr Kinder wünschten, wollte ich sie auch geniessen können, mit ihnen spielen, spazieren gehen usw.
Eine grosse Krise kam, als sich das vierte Kindlein schon drei Monate nach der Geburt des Dritten anmeldete. Ich haderte mit Gott und klagte ihn an: „Ja, ich bin bereit für mehr Kinder, aber müssen sie so nah aufeinander kommen?"

In mir machte sich eine zusätzliche grosse Wut breit. Warum, was lief da ab?

Es kamen von aussen:

- Hinweise, wie man verhüten kann, obwohl ich nie sagte, ich hätte das Kind nicht gewollt, es war mir nur zu nahe bei den anderen.
- Der weise Rat, ich soll meinen Mann zur Unterbindung schicken.
- Kommentare zu „vielen Kindern" (Übervölkerung war schon ein Thema).
- Andere, die für uns entscheiden wollten, welches die angemessene Kinderzahl war.
- Angebote zur Hilfe im Haushalt, die aber nie eingelöst wurden.

- Erlaubte ich zu erwähnen, ich hätte viel zu tun, hiess es, „ihr wolltet es ja selber so".
- Sogar der Vorwurf, „wie Kaninchen", hinter vorgehaltener Hand, dabei hatten wir viele enthaltsame Tage.

Wir lebten im Zwiespalt und hatten zu kämpfen:

- weil unsere Vorstellung, planen zu können nicht funktionierte,
- weil unsere enthaltsamen Tage umsonst waren.
- Wir fühlten uns im Stich gelassen, unverstanden, nicht ernst genommen von der Kirche, den Mitmenschen (das erste Rötzer Buch kam im Jahre 1956 heraus, ich konnte nicht verstehen, dass wir 1980 in der Schweiz noch nichts davon hörten.)
- Wir waren an unserer Leistungsgrenze angelangt, von der Arbeit und Belastung her.
- Wir wussten nicht, wie wir unserer Linie noch treu bleiben konnten, wenn wir gegenüber den Kindern unsere Verantwortung noch wahrnehmen wollten.
- Wir empfanden diese Methode selber als keine Lösung.
- Die Ärzte wollten mir Verhütungsmittel aufschwatzen, oder die Sterilisation. (Dass wir vielleicht noch mehr Kinder wollten, kam denen gar nicht in den Sinn.)
- Weil ich plötzlich darum ringen musste, daran zu glauben, dass Kinderbekommen ein Segen ist.

Was sich andere aus meiner nächsten Verwandtschaft sehnlichst wünschten, fruchtbar zu sein und Kinder zu bekommen, wurde für uns zur Belastung.

Es war eine sehr intensive Zeit. Aber nie hätte ich den Kritikern eingestanden, dass wir am Limit waren. Ich war meinem Mann dankbar, dass er mit mir einig war, dass ich nicht die Pille schlucken musste, und eine Spirale hätten wir beide sowieso nie akzeptiert, die frühabtreibende Wirkung war uns bekannt. Der natürliche Weg war trotz allem der Einzige für uns.

Da wir dauernd auf der Suche nach etwas Neuem waren, kamen wir auf die Temperatur-Methode, dann auf Billings und nach dem fünften Kind zur sympto-thermalen Methode. Ich wusste sofort, dass die sympto-thermale Methode für mich wie geschaffen war, die Antwort auf mein Suchen und Hoffen.

Eines hatten diese Methoden alle gemeinsam: **die enthaltsamen Tage.**

Dieses Bild hatte ich immer vor Augen. So liefen also meine Zyklen ab!

Ich konnte an meinem Körper die fruchtbaren Tage beobachten, die wie eine Regenzeit in der Natur leicht zu verstehen war.
Meine Zyklen entwickelten sich genau nach Buch. Die Folge davon: meine Angst und Unsicherheit verschwanden. Ich hatte ein völlig neues Gefühl von „Frausein". Und im Gegensatz zu vorher wagte auch ich einmal, meinen Mann zu verführen!

Jetzt mit diesen genauen Kenntnissen des Zyklus wurde die Enthaltsamkeit von einem unabwendbaren *Grundübel* zu einem dazugehörenden, integrierten *Grundelement.* Unser Leben hatte einen Rhythmus, den ich früher nicht wahrnehmen konnte.
Mein Zyklus wurde auch der Zyklus meines Mannes. Er wertet die Tabellen aus, weiss also, wo wir stehen, und kann darauf eingehen.

Die enthaltsamen Tage bekamen neue Gesichtspunkte. Sie wurden zum Ehe-Thema.

Gesprächsthemen über die enthaltsamen Tage

1. Wie gestalten wir unsere nächste gemeinsame Fruchtbarkeits-Phase?
2. Wie helfen wir uns, wenn wir eigentlich Lust hätten, zusammenzukommen, aber im Moment kein Kind verantworten können?
3. Kann man es planen, dass man in den fruchtbaren Tagen nicht zusammenkommt?
4. Verliert man nicht die Spontaneität?
5. Geht nicht die Liebe verloren, wenn man sich „Gewalt" antut und verzichtet?

Antworten

1. Wir haben an diesen Tagen z.B. Fotos eingeklebt. So konnten wir in Erinnerungen schwelgen und viele Situationen überdenken, darüber lachen, reden, manchmal sogar zusammen verarbeiten. Es tut gut zu sehen, dass man aneinander und miteinander gewachsen ist, an den überstandenen Schwierigkeiten.
2. Mit der Zeit haben wir diese besagten Tage für uns umgetauft. Wir nennen sie heute unsere „Fastentage". Ich weiss nicht, haben Sie schon einmal in Jahresprogrammen von Bildungszentren das Angebot für Fastenwochen gelesen? Es wird dort auf das Essen verzichtet, um Zeit zu gewinnen, den Geist, die Seele, das Spirituelle im Menschen zu pflegen.
So wird klar, wozu das „Sich-Zusammennehmen, Gelüste-Überwinden" gut ist. Auch dass man daran keinen Schaden nimmt, sondern im Gegenteil, daran wächst.
3. Mit der Zeit gehört das Verzichten/äh-Fasten – zum Lebensstil, zum Rhythmus des Lebens, und wird auch so empfunden. Also lässt es sich einplanen.
4. Die Spontaneität kommt automatisch, nachdem gefastet wurde. Studien belegen übrigens, dass Ehepaare, die mit der Pille verhüten, im Durchschnitt weniger häufig zusammenkommen, als NER-Paare.

5. Wir üben in den enthaltsamen Tagen bewusst die gegenseitige Liebe im gemeinschaftlichen Leben des Alltags.

Gegenseitige Liebe pflegen im gemeinschaftlichen Leben des Alltags, durch Aufmerksamkeiten dem anderen gegenüber:

- Ich nehme mir Zeit, ihm bei der Arbeit zuzusehen, und lasse meine Arbeit momentan liegen.
- Ich höre ihm bewusst aufmerksam zu, versuche ihn nicht zu unterbrechen, oder voreilig mit meiner eigenen Meinung zu kontern.
- Ihn jeden Tag neu sehen, von vorne anfangen, zuerst einmal lieben, nicht kritisieren.
- Gemeinsames Arbeiten im Garten gibt mir das Gefühl, zusammenzugehören.
- Er will mir am Computer etwas erklären und ich verstehe es wieder einmal nicht: sich Mühe geben, nicht gleich auszuflippen.
- Ich tue etwas für meine Gesundheit (Sport treiben, gemeinsamer Spaziergang).
- Sich weiterbilden (im Religiösen, in einer Sprache, etc.).
- Das Hobby pflegen (gemeinsam musizieren).
- Seine Interessen wichtig finden als seien es die eigenen.
- Eigene Interessen, Ideen mitteilen, teilhaben lassen an den Gedankengängen.

Mein Einsatz hier bei Ihnen, meine Arbeit an der Schule für die Jugendlichen, unterstützt er zu 100 %. Er nahm sich z.B. Zeit, mir zuzuhören, was ich für Sie vorbereitet habe, regte neue Gedanken an, sagte, was er gut fand, oder was er ändern würde. Dieser Vortrag ist ein gemeinsames Werk.

Dieses bewusste Leben der gegenseitigen Liebe wirkt sich auf den ganzen Monat aus. Ich habe nicht das Gefühl, alleine zu lieben, sondern ich fühle mich auch geliebt. Unsere Bemühungen beruhen auf Gegenseitigkeit. Wir verzichten gemeinsam, wir planen gemeinsam, wir erleben gemeinsam!

Was wir mit der periodischen Enthaltsamkeit gelernt haben, hilft uns, einander frei zu geben für wichtige Dinge ausserhalb der Ehe. z.B. für die Kinder der ganzen Gemeinde ein Eisfeld zu betreuen, für den Kindergarten ein riesen Puppenhaus schreinern, Krankenbesuche machen, Beratungsgespräche in NER halten, neu Zugezogene besuchen und einladen usw.

Oft kommt mir das Ehepaar Dorothea und Niklaus von der Flüe in den Sinn: Sie konnte ihn für seinen Anruf, den er von Gott vernahm, freigeben, weil sie im Einklang zueinander waren. Sein Anruf war auch ihr Anruf, weil sie ein Ehepaar waren, das nicht nur die körperliche Vereinigung lebte, sondern auch die geistige und seelische Einheit.

Das Wort „Enthaltsamkeit“ scheint überholt zu sein, für jene, die es annehmen, eine Herausforderung, jedesmal neu. Jeder muss sich selber bemühen, dass er es schafft. Auch die Herausforderung Ehe braucht das tägliche Sich-Bemühen, sich verstehen zu wollen, sich gegenseitig gut zu wollen. Für jedes Ehepaar immer wieder neu, immer spannend!

Zusammenfassend kann ich Ihnen sagen:
Der Einklang, die Zufriedenheit und Ausgeglichenheit die ich für mich, oder in unserer Ehe erlebe, bedeutet die *Harmonie von Körper, Geist und Seele.* Sie entsteht mit der bewussten Pflege aller Aspekte der Liebe und Beziehung. Die Tage der Enthaltsamkeit geben der sexuellen ehelichen Vereinigung den richtigen Stellenwert, entgegen den gesellschaftlichen Vorgaben.
Wie gut wir die Enthaltsamkeit annehmen können, entscheidet vielleicht sogar das gegenseitige Glücksgefühl. Das heisst nicht, dass andere nicht auch glücklich sein können. Aber schon Theresa

von Avila sagte: *Im Himmel werden alle glücklich sein, trotzdem wird es solche geben, die glücklicher sind als andere.*

Enthaltsamkeit, die gewöhnlich als Verlust von etwas dem Menschen Wichtigen bedeutet, kann also bei genauerem Hinsehen viel Wertvolles ent-halten:
Enthaltsamkeit im positiven „enthält" Tiefe, Glück, Wärme, Erfülltsein, gegenseitiges Verständnis, Liebe, Respekt und Rücksichtnahme.

*En(d)t*lich *halt*en es Mann und Frau zu*sam*men aus, bis in die Ewig*keit*!

Ent - halt - sam - keit

Rainer Barmet – Katharina von Däniken

Den Wert der Sexualität vermitteln

TeenSTAR – ein sexualpädagogisches Programm für junge Menschen

Sexualität. Mein Weg – meine Verantwortung. Mit dieser Überschrift werden junge Menschen auf ihre Sexualität angesprochen. Wer sich mit diesem Programm auseinandersetzt, merkt schnell, dass TeenSTAR eigene und ungewöhnliche Wege geht, das Thema Sexualität aufzugreifen. In den drei Stichworten Beobachtung, Information und Begleitung kann man die Methodik des TeenSTAR-Programms kurz umreissen. Den Jugendlichen wird dabei bewusst zugemutet, den Wert der Sexualität, ihren eigenen Wert und den Wert des menschlichen Lebens selber (wieder neu) zu entdecken. Denn Nachhaltigkeit, so die Überzeugung von TeenSTAR, ist nur möglich, wenn jede Erkenntnis vom Jugendlichen selber vollzogen wird.

Wer sich mit der Thematik Jugendsexualität auseinandersetzt, merkt schnell, dass die Angebote zwar breit, aber relativ einfältig einseitig sind. Alle gewichtigen Organisationen fühlen sich der sogenannt emanzipatorischen Sexualpädagogik verpflichtet. Von biographischen, kulturellen und gesellschaftlichen Zwängen befreit wird jeder auf die Suche geschickt, eine rundum selbstbestimmte Sexualität und Lebensform zu finden. Die einzige mitgegebene Leitplanke dazu ist die Verhandlungsmoral. Alles, was verhandelbar ist, ist moralisch legitim.
In Lehrplänen und in konkreten Unterrichtssequenzen reduziert sich das Mitgegebene meistens auf wenige Kernthemen: Anatomie, Verhütung, sexuelle Orientierung und AIDS.

Um das TeenSTAR-Programm vorzustellen, lohnt es sich nicht, nun eine Abgrenzung zum häufigen Status quo vorzunehmen. Vielmehr soll der eigene Ansatz von sich aus überzeugend wirken.

Hanna Klaus, Gynäkologin und Missionsschwester

TeenSTAR ist eine internationale Organisation, die in über 40 Ländern aktiv ist. Die Gründerin von TeenSTAR ist Schwester Dr. med. gyn. Hanna Klaus. Die gebürtige Österreicherin mit Jahrgang 1928 entwickelte und gründete TeenSTAR Anfang der 80er Jahre. Ausschlaggebend dafür waren zwei ihre Arbeit prägende Erlebnisse. Einerseits wurde sie während einer längeren Arbeitszeit als Gynäkologin in einem Spital in Pakistan mit dem Elend vieler junger Frauen konfrontiert: Unvollständige Abtreibungen, Unwissen über Fruchtbarkeit und Zyklus, mangelndes Hygienebewusstsein … Andererseits begegneten ihr während ihrer Arbeit in den USA immer wieder Teenagermütter, die doch über Verhütungsmittel Bescheid wissen sollten.

Aus diesen beiden prägenden Erfahrungen entstand die Motivation, ein sexualpädagogisches Programm zu entwickeln, das jungen Menschen, Frauen aber auch Männern, zu einem Bewusstsein über ihre Sexualität und ihre Fruchtbarkeit verhilft. Bewusstsein, nicht Wissen.

Hanna Klaus hat dieses Programm in erster Linie als Gynäkologin geschrieben. TeenSTAR ist deshalb ein sexualpädagogisches Programm für alle jungen Menschen. Junge Menschen sollen, wollen und werden selber entscheiden, wie sie mit ihrer Sexualität umgehen. TeenSTAR bereitet das Terrain für den Entscheid. Und dieses Terrain hat viel mit dem jungen Menschen selber zu tun. An dieser Stelle kommt Hanna Klaus ihr christlicher Wertehintergrund als Missionsschwester zu Hilfe. Doch der Reihe nach:

Sexualität ist mehr als Sex

Der erste Baustein besteht darin, sich bewusst zu werden, was Sexualität alles beinhaltet. Sex ist nur ein Ausdruck, der Körper nur eine Komponente von Sexualität. Insgesamt stellt das Programm die Sexualität in den fünf Bereichen Körper, Gefühle/Emotionen,

Verstand, Seele und soziales Umfeld dar. Oder: Wie funktioniere ich, was fühle ich, was denke ich, was trägt mich, was prägt mich? Nur wer sich in allen diesen fünf Bereichen mit seiner Sexualität auseinandersetzt, nur wer sich der Wechselbeziehungen und Abhängigkeiten bewusst wird, kann zu einer reifen Sexualität finden. Das ist die Überzeugung, die hinter dieser Vielfalt steht. Wer für sich den Test machen will, merkt sofort, dass schon hinter diesem Start eine Lebensaufgabe steht. Es reicht die Aufgabe, folgende Begriffe den fünf Bereichen zuzuordnen: Anatomie, Hormone, Fruchtbarkeit, Empfängnisverhütung/-regelung, Verantwortung, Geschlechtsverkehr, Schwangerschaft, Medien, Verzicht, Hingabe, Triebe, Moral, Pubertät, Abtreibung, Vertrauen, Liebeskummer, Selbstwert, Sehnsucht, Neinsagen und Geborgenheit. Die Liste kann man beliebig weiterentwickeln.

Wer sich dieser Aufgabe stellt, erkennt im Anschluss daran zwei wichtige Eckpfeiler: 1. Sexualität betrifft mich als ganzen Menschen und 2., es gibt nicht einfach nur klare Zuordnungen, sonst läuft man Gefahr, Begriffe nur einseitig zu sehen.

Selbstbeobachtung – ungewöhnlich und offenbarend

In einem TeenSTAR-Kurs wird an allen fünf Bereichen gearbeitet. Der Lebensrealität von uns Menschen entsprechend, beginnt das Programm beim Körper. Nur über den Körper findet man zur Fülle der ganzen Sexualität. Diesen Leitspruch hat Hanna Klaus immer vertreten. Mit Körper meint sie damit aber nicht einfach nur Körperwissen, sondern Körperbewusstsein, Wertschätzung und Identität.

Konkret ist es das affektive Ziel von TeenSTAR, dass jeder Jugendliche zuerst nachvollzieht, wie unglaublich wunderbar er selber geschaffen ist. Der Weg dazu ist gerade zu simpel. Genau hinschauen!

Die Anatomie des Körpers besteht nicht nur aus Begriffen, sondern aus eigenen Körperteilen. Ein Hoden ist eine eigene unglaubliche Produktionsstätte von Samenzellen, einmal gereift, ist er bis ans Lebensende dazu da, Leben weiterzugeben. Sexuelle Abläufe sind ein ausgeklügeltes System von komplizierten Abläufen. Der Zyklus der Frau ist ein hochsensibler Spiegel der Mädchen selber, in dem man verschiedenste Lebenssituationen ablesen und nachvollziehen kann. Und für die Mädchen ganz besonders wichtig: Sie werden Schritt für Schritt eingeführt, ihren Zyklus und sich selber zu beobachten.
Die Fragen kommen von alleine. Wissensfragen und persönliche Fragen zugleich, weil sie selten trennbar sind. Die Erkenntnisse folgen auf dem Fuss. Der erste Grundwert wird gestärkt: Ich bin wertvoll. Und die Frage stellt sich: Was mach ich jetzt (mit mir)?

Fruchtbarkeit – ich will Leben weitergeben!

Die Selbstbeobachtung zieht sich durch den ganzen Kurs hindurch. Denn immer ist sie Bestandteil, sichert den Zugang zu sich selber. Sogar die Jungs beobachten sich eine Zeitlang selbst: Gefühle, Gedanken, Aggression, Energie – wann tauchen bestimmte Empfindungen auf, wie gehe ich damit um? Das lohnt sich zu überlegen.
Die Erfahrung in Kursen zeigt, dass die Selbstbeobachtung eine neue Blickrichtung offenbart. Das bei den Mädchen bisher einzig sichtbare, die Menstruation, wird zu dem, was sie ist: Abbluten der Gebärmutterschleimhaut und Start zum neuen Zyklus, Start zur nächsten fruchtbaren Phase, Start zum nächsten möglichen Projekt, Leben weiterzugeben.
Die Jungs lernen parallel dazu ihren Testosteronzyklus kennen. Die unbändige Kraft, die mal gross und mal riesig ist und selten klein in den Pubertätsjahren. Wozu ist sie da? Mich zu ärgern, mich zu treiben? Nein, sie will letztlich Leben weitergeben. Sie produziert Samenzellen, ermöglicht Lust, verändert den Jungen zum

Mann. Auch eine Sichtweise. Der zweite Grundwert wird gestärkt: Leben. Zumindest mal die Sexualorgane kennen nur eine Richtung, nämlich lebensfördernd zu sein. Und da Sexualität ja nicht nur Sex ist und nicht nur Geschlechtsverkehr bedeutet, ist die Kraft der Sexualität auch mehr, als nur Leben in Form von Kindern weiterzugeben. Der Umgang mit dieser Kraft wird zum Thema.

Thema um Thema – bisherige Meinungen auf dem Prüfstand

Wie sehen Fernsehwerbungen aus, was bewirken Hormone genau, was heisst Intimhygiene, was ist verliebt und was ist Freundschaft, Selbstwert, Empfängnisregelung und Empfängnisverhütung, wie spreche ich über Sexualität, Nein-sagen-Können, Geschlechtskrankheiten?
Ganz vieles wird Thema in einem TeenSTAR-Kurs. Unter dem Blickwinkel auf den eigenen Körper, die eigene Wunderhaftigkeit und die eigene Fruchtbarkeit zeigen sich auch alle diese Themen in einem neuen Licht. Was zeigen mir Medien und was möchte ich selber sein? Welche Produkte werden mir verkauft – doch was will und brauche ich eigentlich? Was fühle ich und was sagt die Seele? Wie sprechen andere über Sexualität und wie möchte ich eigentlich darüber sprechen? Machen meine Hormone mit mir, was sie wollen, oder lerne ich mit ihnen umzugehen?
Die Erfahrung zeigt erneut, dass es am Ziel vorbeigeht, vorgefasste Meinungen den jungen Menschen aufzudrängen. Die Fragen zum Thema zu machen, reicht völlig aus. Denn das Medienbild widerspricht automatisch den eigenen Beobachtungen, neues Wissen über Hormone verändert automatisch deren Einschätzung, Verhütung wird sofort mit Fruchtbarkeit in Verbindung gebracht.
Noch besser ist es, wenn in einem Kurs sowohl Mädchen als auch Jungs sind. So werden auch die unterschiedlichen Bedürfnisse von Mann und Frau von selber zum Thema. Das Beispiel Verliebtheit und Freundschaft: Jungs deuten Worte und Gesten anders als

Mädchen. Wenn die Angebetete dem jungen Mann zulächelt, ist das schon eine halbe Liebeserklärung, wenn sie ihn küsst, ist das der Autobahnzubringer für die ganze Körperentdeckung. Wenn der Junge ihr sagt, dass er sie wirklich liebt, möchte sie ihm auch wirklich Glauben schenken. Die Unterschiedlichkeiten werden ersichtlich, ein dritter Grundwert wird gefördert, die Sorgfalt. Die Sorgfalt durchaus im Sinne der Freiheit. Die Sorgfalt durchaus im Gegensatz zu Leichtsinn und Instrumentalisierung. Die Sorgfalt in allen fünf Bereichen: Körper, Gefühle, Verstand, Seele, Umfeld/Gesellschaft.

Rahmenbedingungen und Resultate

Der erfolgte Einblick in einen TeenSTAR-Kurs zeigt, dass es im TeenSTAR-Konzept nicht einfach um Wissensvermittlung geht. Das Stichwort Persönlichkeitsentwicklung passt, obwohl etwas abgegriffen, wesentlich besser. Entwicklung und Reife der eigenen Persönlichkeit und insbesondere der eigenen Sexualität ist ein Prozess. Aus diesem Grunde ergeben sich bestimmte Rahmenbedingungen für einen TeenSTAR-Kurs.

Ein TeenSTAR-Kurs besteht in der Regel aus 10-15 Einheiten verteilt auf mind. drei Monate, besser ein halbes Jahr. Erst so wird es möglich, dass Fragen entstehen, dass eine aussagekräftige Beobachtung bei den Mädchen überhaupt möglich ist, dass letztlich die Thematik auch greift. Wenn immer möglich, sollte ein Kurs aus beiden Geschlechtern bestehen und wird von zwei Leitern – Frau und Mann – geleitet. In jedem Kurs sind Sequenzen zusammen und getrennt vorgesehen.

Altersmässig sollten die Kursteilnehmer in einem ähnlichen Entwicklungsstadium sein, da sich sonst Fragen und Bedürfnisse zu stark unterscheiden.

Das Konzept sieht Kurse für 11- bis 13-Jährige und 14- bis 17-Jährige vor. Auch junge Erwachsene ab 18 Jahren können einen TeenSTAR-Kurs besuchen.

Optimal ist es, wenn Jugendliche mehrmals mit dem Programm in Kontakt kommen. Wenn sie also z.B. als 13Jährige in der ersten Oberstufe einen Kurs besuchen und als 15-/16-Jährige Ende der dritten Oberstufe vielleicht in etwas kleinerem Rahmen den Kurs vertiefen. Die Erfahrung zeigt, dass ganz andere und neue Fragen bei den Jugendlichen im Raum stehen. Genauer: nicht alles, was man beim ersten Kurs thematisiert, kommt in gleicher Art bei den jungen Menschen an. Das hängt von dem ab, was sie in ihrem jeweiligen Alter beschäftigt. Eine Neuauflage stellt andere Themen ins Zentrum – die im Jetzt aktuellen.
So ist TeenSTAR ein Baustein für die Persönlichkeitsbildung. Nicht mehr, nicht weniger.
Die Kurserfahrungen zeigen, dass die jungen Menschen mit mehr Kompetenz und Selbstvertrauen ihren Weg weitergehen. Mit mehr Wertschätzung gegenüber sich selber und der Sexualität. Eine Erfolgsgeschichte.

Zum Schluss darf ich auch von mir selber* sagen, dass das TeenSTAR-Programm nicht spurlos an mir vorbeigeht. Mit jeder Erfahrung und Auseinandersetzung mit jungen Menschen, den Erwachsenen in den Ausbildungsseminaren und mit der Thematik der Sexualität steigt die eigene Wertschätzung und Werthaltung gegenüber diesem grossen und bedeutsamen Geschenk. So bin ich dankbar für diese Aufgabe, jungen Menschen und ihren Eltern den Wert der Sexualität nahebringen zu dürfen.

TeenSTAR bedeutet nicht einfach „Aufklärung", sondern ist Sexualerziehung aus Liebe, mit Liebe, zur Liebe. Es ist Persönlichkeitsbildung. Es begleitet die Jugendlichen während der wichtigen

* Katharina von Däniken, verheiratet, sechs erwachsene, verheiratete Kinder und 13 Grosskinder, Familienfrau, Pädagogin, Erwachsenenbildnerin, Präsidentin des Vereins TeenSTAR Schweiz und Ausbildungsleiterin, arbeitet und lebt für dieses Programm, seit sie es 1995 kennengelernt hat.

Reifezeit zu ihrem Leben als Erwachsene. Deshalb setze ich mich dafür ein.

TeenSTAR:
Sexuality **T**eaching in the Context of **A**dult **R**esponsibility
Sexualitätsbildung Jugendlicher im Hinblick auf die Verantwortung als Erwachsene

Helmut Renner

Zur Freiheit hat uns Christus befreit

Konzept und Durchführung von Heilungsexerzitien unter Mitwirkung von Laien

Einleitung

„Unter jedem Dach ein Ach". Welcher Seelsorger kennt aus seiner täglichen Praxis nicht ungezählte Beispiele für dieses deutsche Sprichwort.

Eine vollständige Liste dieser „Achs" wird es wohl kaum geben. Zu vielfältig, zu komplex sind die Probleme dieser Welt. Unerfüllte Wünsche, Sorgen, Nöte, Probleme, körperliche oder seelische Krankheiten, Plagen und Übel aller Art, kaum ein „Fall" gleicht bis in die letzte Einzelheit einem anderen. Kaum eine Person, kaum eine Familie, kaum eine Gemeinschaft, kaum ein Haushalt wird ein ganzes Leben von diesen negativen Erfahrungen verschont bleiben. Unter jedem Dach so ein „Ach".

Mir erscheint es sinnvoll, bei so einem „Ach" immer den geistlichen Aspekt, das heisst die unsichtbare Wirklichkeit, die dahinter steckt, zu erforschen. Gemäss dem Pauluswort:
Das Sichtbare ist aus dem Unsichtbaren entstanden (Hebr 11,3).

Wenn ein Betroffener sich entschliesst, Hilfe in Anspruch zu nehmen, ist es in meinen Augen sinnvoll, immer gleich zu Beginn einen geistlichen Begleiter, einen priesterlichen Seelsorger um „geistliche" Hilfe zu bitten, gleichzeitig und zusätzlich zu den „weltlichen" Hilfen – je nach Situation – durch Ärzte, Psychiater, Lebensberater, Schuldenberater u.ä.

In unserer so säkularen Welt wird dies leider zu selten geschehen. Dazu kommt, dass es nicht einfach ist, bei dem Priestermangel überhaupt einen Priester als persönlichen Seelsorger zu finden und noch dazu einen Priester mit Erfahrung im Heilungs- und Befreiungsdienst.

Des Weiteren ist es wegen der Vielfalt der Probleme ausgesprochen schwierig zu entscheiden, wo anzusetzen und womit zu beginnen ist, um an die Wurzel der Probleme zu kommen. Nicht immer kann ein Priester mit einem Gebetskreis zusammenarbeiten, in dem Mitbeter die Geistesgabe der Erkenntnis geschenkt bekommen haben.

Es erscheint mir daher ausgesprochen hilfreich, Exerzitien als Heilungsexerzitien zu gestalten und solche einem Betroffenen zu empfehlen, auch dies zusätzlich zur persönlichen priesterlichen Begleitung: Heilungsexerzitien, die in erster Linie umfassend alle Problem-Ursachen angehen und sich erst an zweiter Stelle den individuellen Problemen zuwenden.

Es ist erstaunlich, dass solche Heilungsexerzitien relativ selten angeboten werden. Um dem abzuhelfen, könnten auch Laien oder nicht-priesterliche Theologen mit Priestern zusammenarbeiten und diese somit entlasten und dadurch insgesamt das Angebot an Exerzitien zu erhöhen. Hier mitzuhelfen ist mir als Laie ein persönliches Anliegen.

Die Durchführung von mehrtägigen Heilungsexerzitien ist für eine Person allein körperlich und psychisch sehr belastend. Vielleicht ist dies auch ein Grund, dass sich nur wenige Priester dafür zur Verfügung stellen. Es ist daher mein Konzept, solche Heilungsexerzitien so zu gestalten, dass neben dem Priester auch ein Laie mitwirkt. Ein in dieser Thematik ausgebildeter Laie übernimmt durch Vorträge, die Lehre um das nötige Glaubenswissen zu vermitteln.

Auch kann dieser Laie den Gebetsteil übernehmen mit entsprechenden Heilungs- und Befreiungsgebeten. Der Priester ist entlastet und kann sich auf den sakramentalen Teil konzentrieren: Eucharistie, Beichte, Krankensalbung und Einzelseelsorge. Gerade dadurch, dass der Priester mehr Zeit für Einzelseelsorge hat, können solche Heilungsexerzitien für die Teilnehmer sehr segensreich sein.

Mit diesem Konzept durfte ich schon viele Jahre Heilungsexerzitien gestalten und entsprechende Erfahrungen sammeln. Dabei kann ich ärztliches Wissen und Laien-Apostolat verbinden. In meinen Vorträgen, der Katechese, werden die möglichen Wurzelursachen der Probleme und Plagen angesprochen und anschliessend im Gebet „abgearbeitet". Täglich ist heilige Messe mit der Intention passend zur Katechese. Allen Teilnehmern wird dringend empfohlen, die Gelegenheit zur Beichte wahrzunehmen. Am letzten Tag kann die Krankensalbung empfangen werden, wenn die Voraussetzungen dazu gegeben sind. Bei mehrtägigen Exerzitien ist genügend Zeit für Einzelseelsorge und eucharistische Anbetung, bei Wochenend-Exerzitien ist für Einzelseelsorge die Zeit zu knapp.

Allen Beteiligten muss immer vor Augen stehen: Es ist der dreifaltige Gott, der wirkt, nicht der Referent und auch nicht der Priester: Der Heilige Geist deckt auf – der Referent unterstützt dies durch Vermittlung des nötigen Glaubenswissens – und Jesus heilt und befreit – vertreten durch den Priester mit seiner priesterlichen Vollmacht.

Das Ziel solcher Exerzitien ist primär die innere Heilung, die Heilung der inneren Verletzungen und Verwundungen und den damit verbundenen negativen Erinnerungen. Dadurch gelingt es, frei zu werden von allen negativen Bindungen, die letztlich von Gott trennen. Im Gegenzug soll eine positive Bindung an Jesus Christus entstehen. Als Thema solcher Heilungsexerzitien kann das biblische Wort gewählt werden:

Zur Freiheit hat uns Christus befreit (Gal 5,1).

Denn dazu ist unser Jesus in die Welt gekommen, um uns aus der Gefangenschaft der negativen Bindungen durch die Mächte der Finsternis zu befreien:
Der Geist des Herrn ruht auf mir; denn der Herr hat mich gesalbt. Er hat mich gesandt, damit ich den Armen eine gute Nachricht bringe; damit ich den Gefangenen die Entlassung verkünde und den Blinden das Augenlicht; damit ich die Zerschlagenen in Freiheit setze und ein Gnadenjahr des Herrn ausrufe (Lk 4,18-19).

Der Part des Laien

Mein Part als Laie und Kursleiter ist es, durch entsprechende Referate das nötige Glaubenswissen zu vermitteln. Wie wichtig dies ist, sagt uns die Bibel: *Mein Volk kommt um, weil ihm die Erkenntnis fehlt* (Hos 4,6). Ein Teilnehmer bemerkte einmal: „Dies sagt uns ja sonst keiner!" So sind klare und eindeutige Aussagen nötig: Dies und das ist Sünde und hat diese und jene negativen Folgen. Anbiederungen an und Kompromisse mit dem Zeitgeist werden nicht gemacht. Es wird Klartext geredet. Pro Referat sind 40-45 Minuten vorgesehen. Die Themen werden auch aus der Sicht eines Arztes beleuchtet. Dabei ist es erstaunlich, dass es zu vielen Fragen der angesprochenen geistlichen Probleme neuere wissenschaftliche nicht-christliche Forschungen und Erkenntnisse gibt.

Alle diese „Achs" drücken aufs Gemüt, auf die Seele, oft auch auf den Leib, sie sind schwere bis schwerste Lasten, bewirken „Un"-Heil, verursachen Fesseln und negative Bindungen. Die Betroffenen werden zu Gefangenen ihres „Achs".

Nur Jesus Christus wird hier zum Retter, zum Helfer, zum Arzt, zum Befreier. So muss Jesus immer im Mittelpunkt jeder Katechese stehen.

Folglich müssen meine Lehrvorträge immer den Grundsatz erfüllen: Christus-zentriert. Dazu muss die Katechese biblisch fundiert sein und aus Liebe zu Christus stets im Gehorsam zur katholischen Lehre bleiben.

Die Teilnehmer haben die Möglichkeit, ein oder einige Probleme – aus Zeitgründen nicht alle –, die sie sehr bedrücken und für die sie Hilfe in den Exerzitien erhoffen, schriftlich mir als dem Kursleiter zu übergeben. Diese können dann in einer Einzelseelsorge, wenn ein medizinisches Problem im Vordergrund steht, durch mich oder ansonsten durch den Priester besprochen und mit den entsprechenden Ratschlägen versehen werden. Wobei ich meine Ratschläge in der Regel schriftlich festhalte und weitergebe.

Nach all dem, was ich selbst gelernt und erfahren habe, sind es hauptsächlich 5 Wurzelursachen, die in der unsichtbaren Wirklichkeit existieren, „wurzeln", und die dann in der sichtbaren Wirklichkeit die Probleme, die Plagen, die „Achs" bewirken. Auch wenn in den meisten Fällen nicht nur eine Wurzelursache vorliegt, sondern ein ganzes Gewirr von Wurzelursachen, ist es sinnvoll, alle diese Wurzelursachen einzeln anzugehen.

Folgende fünf Wurzelursachen vieler Übel werden „abgearbeitet":

Nicht-Vergeben

Die negativen Folgen des Nicht-Vergebens werden aufgezeigt. Vergebung wird gelehrt. Der Unterschied zwischen Vergebung und Versöhnung wird klar herausgestellt. Die Ergebnisse der modernen medizinischen Vergebungsforschung werden an einigen

Beispielen besprochen. Es wird aufgezeigt, wie man Vergebung „macht". Gemeinsam wird das Vergebungsgebet nach Pater Robert de Grandis gebetet. In einem „Vergebungs-Ritual" wird während einer der heiligen Messen nach den Fürbitten der Schuldschein eines oder mehrerer „Schuldiger" zerrissen und laut die Vergebung ausgesprochen: „Ich vergebe von ganzem Herzen im Namen Jesu." Es wird auch angesprochen, dass die bisherige Nicht-Vergebung und deren Folgen wie Groll, Zorn, Hass, Rachegefühle als Sünde in die Beichte gebracht werden müssen. So kann Heilung der inneren Verletzungen und Befreiung von den negativen Bindungen an Täter und dessen Missetat gelingen.

Sünden gegen die 10 Gebote, speziell gegen das 1. Gebot durch Esoterik, Okkultismus und Spiritismus

Als Arzt gehe ich speziell auf medizinische Folgen von Sünden ein. Schwerpunkt sind jedoch die Dinge, die Gott ein Gräuel sind, dadurch dass sie gegen das 1. Gebot verstossen. Die Unkenntnis dieser Dinge ist gross. Gerade hier zeigt sich oft, wie wichtig Information und Wissen ist. In einem Befreiungsgebet wird all diesen Dingen aus der „Gräuel"-Liste laut widersagt: „Ich widersage." All dies muss zusätzlich in der Beichte vor Gott gebracht werden, bekannt und bereut mit dem guten Vorsatz, diese Gräuel in Zukunft zu unterlassen.

Die „Mutterwunde", das ist der Mangel an Liebe, besonders der mütterlichen Liebe, in den frühen Prägungsphasen des Lebens.

Die Pastoral kennt dafür den Begriff der „Ablehnung". Ablehnung bewirkt eine tiefe, unbewusste Verwundung und Verletzung, die ein ganzes Leben negativ wirken kann. Aus dieser pastoralen Erfahrung heraus sind viele Probleme im Erwachsenenalter erklärbar. Die moderne Bindungsforschung und das neue Forschungsgebiet der Epigenetik zeigen, dass die negativen Folgen dieses Liebesmangels durch die gestörte Hirnreifung des Babys und des Kleinkindes zu erklären sind. Keine medikamentöse Therapie, keine Psychotherapie kann diese Störungen heilen. Nur Jesus Christus, der derselbe ist gestern, heute und in Ewigkeit, kann heute noch diese Wunden des Liebesmangels in der Vergangenheit heilen – Christus-Therapie. Dazu bitten wir Jesus, in alle Phasen unseres früheren Lebens zu kommen, die damals entstandenen Wunden und Verletzungen mit seinem kostbaren Blut zu heilen und die damals vorenthaltene menschliche Liebe mit seiner göttlichen Liebe zu ersetzten. Ein Beispiel zur Lebensphase als Kleinkind: Vor unserem inneren Auge sehen wir uns als Kleinkind, Jesus nimmt uns in seine Arme, er herzt uns, küsst uns und segnet uns. Wir beten gemeinsam laut das Heilungsgebet von Jean Pliya. Ich nenne diesen Schritt: Heilung der eigenen Lebensgeschichte.

Negative Bindungen durch ungesühnte Schuld der eigenen Vorfahren

Es gibt viele Erfahrungsberichte über den Nutzen von Gebet für die Vorfahren. Auch die Kirche empfiehlt, für die Seelen der Verstorbenen zu beten und zu opfern, besonders das heilige Messopfer. So beten wir in ein spezielles Gebet zur Heilung der Familie von P. Leonhard Wetterich. Zudem halten wir eine der heiligen Messen für die Armen Seelen unserer blutsverwandten Vorfahren und bitten bei den Fürbitten stellvertretend für sie Gott um Vergebung für deren ungesühnte Schuld, und vergeben stellvertretend für sie den Tätern, deren Opfer sie waren, und bitten stellvertretend für sie die Opfer um Vergebung, bei denen sie Täter waren. Ich nenne diesen Schritt: Heilung der Familiengeschichte.

Fremd- und Selbstverfluchungen

Verfluchungen durch Fremde oder durch Familienangehörige sind ein grosses Übel und wirken oft über viele Generationen. Sie erweisen sich in der Regel als sehr wirksam. Die Wirksamkeit von Flüchen ist kein Märchen aus dem finsteren Mittelalter, dies ist auch in unserer Zeit grausame Realität, im Zeitalter von Harry Potter, der nach Europa überschwappenden Voodoo-Welle und dem sich immer weiter verbreitenden, auch offen gezeigten Satanismus. Auch sich selbst verfluchen ist äusserst gefährlich. Viele negativen Selbstfestlegungen, wie „ich bin nichts", „ich bringe es nie zu etwas", „dies passiert immer nur mir", sind Flüche über sich selbst. In der Schweiz kann man nicht selten hören: „Gopferdammi" (Gott verdamme mich). Wie schnell ist dies im Zorn oder aus Ungeduld ausgesprochen, gedankenlos, aus schlechter Gewohnheit. Aber all dies ist nicht ohne Wirkung in der unsichtbaren Welt. Alle Flüche sind eine Aufforderung an die Geister der Finsternis, die Dämonen, ihr schädliches Wirken zu beginnen. Und sie hören nicht damit auf, bis der Fluch gebrochen wird, mit Befreiungsgebeten in der Vollmacht eines Priesters.

Der Part des Priesters

Die Wissensvermittlung in den Referaten ist Voraussetzung für den entscheidenden Teil der Exerzitien: Heilung und Befreiung der Teilnehmer durch die vollmächtigen Gebete des Priesters und durch die Sakramente, die der Priester spendet. Nur er hat als Stellvertreter Christi die Vollmacht, in der Beichte durch den Dienst der Kirche von Sünden loszusprechen und zusätzlich die durch die Sünden bedingten negativen Bindungen und wie auch alle Flüche zu brechen und zu lösen. Nur er kann die heilige Messe feiern, in der die Anliegen aller Teilnehmer in das Opfer Jesu mit hinein genommen werden. Er wird uns im Rahmen einer der heiligen Messen zur Tauferneuerung anleiten.

Er kann das Allerheiligste für die eucharistische Anbetung aussetzen. Nur er kann – üblicherweise am letzten Tag – den Teilnehmern die Krankensalbung spenden und zum Abschluss den eucharistischen Segen erteilen. Und zusätzlich steht er an allen Tagen für priesterliche Einzelseelsorge zu Verfügung. Dies alles ist eine grosse Herausforderung, die auch körperlich und psychisch sehr belastend sein kann.

Ausblick

In den Lehrvorträgen muss leider auch über den oder die Verursacher all des Bösen gesprochen werden. Die Unordnung in allen Bereichen dieser Welt, die oben genannten Wurzelursachen aller Übel, Plagen, aller „Achs", werden von den Mächten der Finsternis bewirkt, vom „Bösen Geist" und seinen Helfershelfern. So gilt es auch das Wissen über die „Unterscheidung der Geister" zu fördern. Immer wieder muss der Warnruf zu hören sein: *Seid wachsam!* (1 Petr 5,8).

Wir bitten Gott, uns von diesen Übeln zu befreien: *Rette uns von dem Bösen* (Mt 6,13b). Wir stellen uns in unserer Ganzheitlichkeit mit Leib, Seele und Geist wieder in die göttliche Ordnung. Der „Heilige Geist" ist ein Geist der Ordnung und wir bitten ihn, wieder Ordnung in alle Bereiche unseres Lebens zu bringen: *„Komm herab, o Heil'ger Geist, der die finstre Nacht zerreisst, strahle Licht in diese Welt!"* Der Heilige Geist soll die Exerzitien begleiten, und er wird gebeten, uns durch das ganze weitere Leben zu führen.

Das Ziel der Exerzitien ist – wie eingangs erwähnt – die innere Heilung, um dadurch die Freiheit von allen negativen Bindungen zu gewinnen. *Zur Freiheit hat uns Christus befreit* (Gal 5,1). Aber dazu ist die eigene Bekehrung die Grundvoraussetzung: *Kehrt um und glaubt an das Evangelium* (Mk 1,15). Umkehren, Busse tun, mahnt uns die Bibel. Und dann die Versöhnung mit Gott im Sakrament der Beichte: *Lasst euch mit Gott versöhnen* (2 Kor 5,20).

Die „Um"-kehr" bewirkt die „Zu"-kehr zu Jesus Christus und mit Hilfe der Sakramente die Wiedererlangung des Standes der Gnade. Dies bewirkt eine Neu-Entscheidung für Jesus Christus, ein klares Bekenntnis der Gottheit Christi und Übergabe des eigenen Lebens in die Hände Jesu: *„Mein Jesus, ich vertraue dir, grenzenlos!"*

Statt Trennung von Gott, finden wir zurück in die Einheit mit Gott, dem zentralen Anliegen Jesu vor seiner Himmelfahrt: *Alle sollen eins sein: Wie du, Vater, in mir bist und ich in dir bin, sollen auch sie in uns sein, damit die Welt glaubt, dass du mich gesandt hast* (Joh 17,21).

Heilungsexerzitien sind „geistliche Medizin". Sie sind zumindest immer Hilfe. Sie tragen bei zur Heilung von Leib, Seele und Geist. Jeder Katholik sollte mindestens einmal im Leben an Heilungsexerzitien teilnehmen.

Aber eine einmalige Teilnahme wird nicht alle Probleme auf einmal lösen. An Heilungsexerzitien sollte man mehrfach im Leben aktiv mitarbeiten. So kann Schicht um Schicht der Blockaden auf dem Glaubensweg freigelegt und freigesetzt werden, um letztlich „freie Bahn" zu erreichen, freie Bahn auf dem Pilger-Weg zu Gott. Damit wir in die „Freiheit der Kinder Gottes" gelangen, zu einer Freiheit, zu der uns Christus befreit hat.

Alexandra Maria Linder

Licht im Dunkel

Warum engagieren sich Menschen für Kirche, für Lebensrecht, für Familie im „alterhergebrachten" Sinne („normal" oder „natürlich" darf man ja nicht mehr schreiben, ohne der Homophobie beschuldigt zu werden)? In diesen Bereichen kann man keinen Blumentopf gewinnen, wird regelmäßig schlechtgemacht und gilt günstigstenfalls als altbacken oder weltfremd.
Umso mehr Respekt habe ich persönlich vor Menschen, die eben genau dies tun. Denen der Gegenwind des Mainstreams ebensowenig den Mut und das Engagement rauben kann wie die Tatsache, nicht überall willkommen zu sein. Die bei aller hitzigen Argumentation, bei allem Widerstand und bei allen persönlichen Angriffen standhaft bleiben.
Wir kennen uns, lieber Monsignore, seit einigen Jahren persönlich, leider treffen wir uns immer nur sporadisch auf Kongressen und Podien. Als ich Sie zum ersten Mal sah, gemeinsam mit Ihrer „flotten Schwester" Elisabeth (schon bei der ersten Sichtung bewunderte ich die Geschwindigkeit, mit der sie durch die Halle flitzte) und den Hund im Schlepptau, dachte ich mir gleich, dass Sie besondere Menschen sein müssen. Jedes Jahr freue ich mich darauf, mit Ihnen beiden zu essen, ein Glas Wein zu trinken und dabei für mich sehr bereichernde Gespräche zu führen. Jede dieser Begegnungen ist für mich wichtig und ein besonderes Erlebnis. Denn viel zu selten begegnet man feinen, fein humorvollen, wahrhaft christlichen Menschen. Menschen, die keine apodiktischen, selbstzentrierten Wahrheiten für sich meinen gepachtet zu haben, die sich nicht über andere erheben, sondern Gott und den Menschen in den Mittelpunkt stellen, letzteren mit seinen Stärken und Schwächen, begangenen Fehlern und nicht umgesetzten guten Vorsätzen. Die dabei aber weder den Kern der Sache noch die deutliche

Äußerung des Notwendigen und Richtigen vergessen, verdrängen oder verschweigen.
Warum eigentlich ist das Eintreten für unbedingte Menschenwürde bei Migranten in Ordnung, bei Kindern vor der Geburt aber nicht? Warum steht das Kindeswohl an oberster Stelle, wenn es darum geht, Kinder aus möglicherweise intakten Familien herauszuholen, aber nicht, wenn es um die Frage geht, in welche Sozialelternkonstellation sie hineingeboren werden? Warum ist Inklusion nach der Geburt ein politisches und gesellschaftliches Anliegen, vor der Geburt aber wird es ausgeblendet und stattdessen versucht, mit möglichst früh angewandten Selektionsmethoden die Geburt von Kindern mit Besonderheiten eher zu verhindern? Warum werden Studien, Forschungsergebnisse und Tatsachen in Bezug auf Abtreibung negiert, die belegen, wie schädlich die vorgeburtliche Kindstötung auch für die Mütter, die Familien und die Gesellschaft ist?
Hierbei geht es auch um getürkte (dieses Wort ist den Sprachkorrektoren bisher glatt entgangen!) Zahlen, nur halb wiedergegebene Fakten und es geht um die Wahrheit, der sich jeder aufrechte Katholik verpflichtet sieht oder sehen müsste. Getürkte Zahlen zum Beispiel im Zusammenhang mit der Abtreibungsstatistik in Deutschland: Es gibt irgendwie ein Stück weit eine Meldepflicht, der nicht nachgekommen und die nicht geprüft wird. Desweiteren, und hier sind wir beim Übergang zu den Fakten, spielt weder die seit Einführung der Freiverkäuflichkeit nach einem dubiosen Präzedenzfall in Köln immens gestiegene Verkaufszahl der sogenannten Pille danach eine Rolle noch die, wenn auch in weit geringerem Maße, hochzurechnenden Fälle der Frühabtreibung bei Einnahme der normalen Verhütungspille.
Eine besondere Bedeutung spielt hierbei der Begriff „interzeptiv“. Es bedeutet zwischen der Entstehung des Menschen und seiner Einnistung in die Gebärmutter, betrifft also die allerersten Lebenstage einer Person. Künstliche Verhütungsmöglichkeiten wie die Spirale (die insbesondere die Einnistung verhindert) und die Pille

(von denen man schon damals wusste, dass sie auch interzeptiv wirkt) sorgten in den 60er Jahren des 20. Jahrhunderts dafür, dass die Definition der Schwangerschaft sich änderte – ändern musste, denn sonst wären diese Methoden als Abtreibungsmittel definiert und damit verboten worden. Seitdem ist man erst „ab der Einnistung der befruchteten Eizelle in die Gebärmutter" schwanger, nicht mehr ab der Empfängnis. Und aus diesem Grund kann man behaupten, dass weder Spirale noch Pillen abtreibend wirken, sondern lediglich verhütend.
Wurde früher die auch interzeptive Wirkung von Levonorgestrel (LNG), einem Gestagen, das in vielen normalen Verhütungspillen und hoch dosiert in einigen Sorten der „Pille danach" enthalten ist, in allen Lehr- und Fachbüchern beschrieben, so hat dieser chemische Stoff offenbar ernsthaft über sich selbst nachgedacht und daraufhin seine Eigenschaften ganz selbständig eingeschränkt – er wirkt plötzlich nur noch vor dem Eisprung: ein Wunder! Übrigens vorgebracht und bedenkenlos übernommen von denselben Leuten, die über Marienerscheinungen überheblich zu lächeln pflegen. Für Umdefinitionen aus ideologischen Gründen gibt es zahlreiche Beispiele – mit Worten wird Politik gemacht und Bewusstsein gebildet. Aktuell zum Beispiel soll es den Krankenhäusern und im medizinischen Bereich arbeitenden Menschen an den Kragen gehen, die Wert auf ein Gewissen legen und sich nicht an Euthanasie, Abtreibung und ähnlichem beteiligen möchten. „Conscentious objection" nennt man das, auf Deutsch „Weigerung aus Gewissensgründen". Um in Zukunft das Personal zu solchen Handlungen zwingen zu können, wird flugs umdefiniert: in „dishonourable disobedience" – „unehrenhaften Ungehorsam". Genauso machte man in Schweden aus „Familien" nur noch „Haushalte", macht man aus Kindern vor der Geburt in den ersten Wochen „Fruchtblase" oder „Gebärmutterinhalt".
Apropos, momentan definiert man den künstlich hergestellten Embryo um, denn wie in der Schweiz will man auch in Deutsch-

land ein Fortpflanzungsmedizingesetz auf den Weg bringen, welches das deutsche, weltweit bewunderte Embryonenschutzgesetz ersetzen, sprich abschaffen wird. Aus dem Embryo werden in einem Gesetzentwurf „totipotente Zellen", aus dem Kind ein „gewünschtes Kind" und die „Wunscheltern" stehen im Mittelpunkt, hinweg mit dem Kindeswohl! Wohin das führt, ist unschwer zu erkennen und wird demnächst auch in Deutschland ein lukrativer Geschäftszweig.

Ideologie ist das Hauptstichwort bei der Antwort auf die „Warum?"-Fragen, darunter extremistischer Feminismus, Eugenik durch die Hintertür, Gender (kennen Sie meine Lieblingsgendersorten? Einer ist der Aerogender, der seine Vorlieben mit der Windrichtung ändert, und noch besser ist der Heliogender, der besonders warm und sonnenaffin ist), gepaart mit Verdienstabsichten, mit dem Unwillen, sich selbst zu beherrschen oder zu beschränken, und dem Willen, sich selbst zum Maß aller Dinge zu machen.

Die Wahrheit kann nicht umdefiniert werden, auch nicht in dem Maße, wie ideologische Richtungen, technische Fortschritte oder bioethische Versuche en vogue oder erwünscht sind. Kennzeichen einer Wahrheit ist ja eben, dass sie ganz und gar unabhängig vom Menschen ist, ein Glück für die immer wankelmütige und beeinflussbare Menschheit, aber auch eine Herausforderung für diejenigen, die an dieser Wahrheit nicht nur festhalten, sondern es überdies wagen, sie öffentlich zu verkünden und konsequent für sie einzutreten; und für diejenigen, die nicht nur darüber sprechen und Forderungen stellen, was das Leben anderer betrifft, sondern die versuchen, die Wahrheit selbst vorzuleben und sich selbst daran zu halten.

Wenn man heutzutage darauf hinweist, dass es die Hölle und dämonische Kräfte auf der Welt gibt, grätscht man, wie mein fußballbegeisterter Mann sagen würde, kräftig alle ab, die sich einer WirhabenunseinfachmalalleliebundderliebeGottunsauch-Kultur mit Stuhlkreisen, DaswünscheichmirvonderKirche-Flipcharts und

Händchenhalten beim Vaterunser verschrieben haben. Das ist auch viel angenehmer, denn man braucht sich nicht mit kuschelfeindlichen Dingen wie Schuld, Buße, Beichte, Jüngstem Gericht oder Apokalypse herumzuschlagen.

Wenn man heutzutage auf die prophetische Enzyklika Pauls VI. hinweist, auf Humanae Vitae, landet man unweigerlich in der Kategorie rückständig, fundamentalistisch, frauenfeindlich. Die für den Menschen schwerwiegenden Folgen wie das Erschweren ganzheitlicher, monogamer Liebe, die Überbetonung des Sexuellen, die steigende Bindungsunfähigkeit, sexuell übertragbare Krankheiten und die Entwertung des Menschen, vor allem der Frauen (Förderung der Prostitution, Reduzierung der Frauen auf Sexualobjekte – wo bleibt da die Emanzipation?), werden ausgeblendet. Ebenso wie die logische Folge, dass aufgrund der (gerne verschwiegenen) hohen Versagerquoten künstlicher Verhütungsmittel die Abtreibung als legalisierte „Spätverhütung" uneingeschränkt zur Verfügung stehen muss, damit das Konzept der unbedingten Kindervermeidung einerseits und der perfekten Kinderproduktion andererseits ganz aufgeht.

Wenn man heutzutage die christliche Ehe als Sakrament, als von Gott eingerichtete Institution, die der Mensch nicht trennen darf, vertritt und verteidigt, gegen zeitgeistige Strömungen neuartiger Beziehungskonstellationen, auf Solangeesgutgeht-Grundlage ausgelegter Beziehungen und wechselnder Patchworkstrukturen, ist man ein für Diffamierungskampagnen willkommener Repräsentant einer Feindbild-Kirche, die ja keine Ahnung vom Menschen hat und den Leuten ihr Glück nicht gönnen will.

Ja, warum tut man das alles überhaupt? Um der Menschen und um des Himmelreiches willen, würde ich antworten. Das klingt vielleicht hochtrabend, ist aber des Pudels Kern, für weniger täte man es nicht. Denn man könnte es sich viel leichter und angenehmer machen. Man könnte mit belanglosen Tätigkeiten viel Geld verdienen. Man könnte sich für Robbenbabies oder indonesische Regenwälder einsetzen. Man könnte anstreben, nur Gutes über sich

selbst zu lesen, auch in der Süddeutschen oder der taz, zwei ausgewiesenen deutschen Zeitgeisthechelblättern. Doch das wäre ein rein weltliches, ephemeres „Adels"-Prädikat. Und der Zeitgeist kann sich schneller ändern, als manchen lieb ist.
Es gibt, gesellschaftspolitisch betrachtet, in einer Demokratie drei grundlegende Möglichkeiten, wie man sich verhalten kann: Man kann sich sagen, ach ne, hat ja doch keinen Sinn, sich biedermeiermäßig auf sein Sofa, seinen eigenen Bereich und sein eigenes Seelenheil zurückziehen und alles an sich vorbeigehen lassen, nach dem Motto „Nach mir die Sintflut". Das ist der Rückzugstyp. Man kann sich alternativ keine eigene Meinung bilden, sondern die Fahne kurz heben, prüfen, woher der Wind weht, und locker hinterherflattern, möglichst unter eigener Nutzenziehung. Das ist der Opportunistentyp. Oder man kann sich ins Getümmel stürzen und für die Ideale eintreten, an die man glaubt. Das ist der Kämpfertyp. Christen, die sich für letzteres entscheiden, sollte man, diese Nebenbemerkung sei mir gestattet, auch daran erkennen, dass sie für die Sache kämpfen, aber nicht gegen Personen.

Sie, lieber Monsignore, haben sich für letztgenannten Typ entschieden und stehen für jedes der obigen „Wenn man heutzutage"-Themen ein und gerade. Für Christen und Lebensrechtler sind Sie eine Stütze und ein Licht im Kirchen- und Gesellschaftsdunkel des 21. Jahrhunderts. Sie sagen nicht nur, was falsch ist, sondern bieten eine christliche Alternative, die dem Menschen dient, seine Würde achtet und seine Sorgen ernstnimmt. Für mich und zahllose andere sind Sie ein Vorbild für eine im besten Sinne fundamentale Kirche und für echte Caritas.
Ich wünsche Ihnen alles Gute zum Geburtstag, Gottes Segen, wünsche Ihnen, dass Glaube, Hoffnung und Liebe Ihnen erhalten bleiben – und uns, dass Sie noch lange erhalten bleiben.

Christa Meves

Die Krise der Familie in der Moderne und ihr unaufgebbarer überzeitlicher Sinn

Der folgende Aufsatz sei unserem hochverehrten Domherrn Christoph Casetti zu seinem 75. Geburtstag gewidmet. Im jahrzehntelangen Kampf gegen die desaströsen gesellschaftlichen Niedergangserscheinungen kämpfte dieser so getreue, wahrheitsbewusste Geistliche mit seiner Aufklärungsarbeit über die von Gott gewollte Existenz der Familie unermüdlich und ohne die Beachtung gesellschaftlicher Einbußen an Anerkennung, die grundsätzlich damit verbunden sind, Seite an Seite mit mir in der Öffentlichkeitsarbeit.

Sie existiert noch – die Familie in ihrer traditionellen Form mit einem Elternpaar, seinen leiblichen Kindern und einem Clan im Hintergrund; aber in einem doch recht zerrauften Zustand und mit einem sorgenvollen Antlitz. Sie ist mächtig abgemagert. Nur noch wenige Kinder gehen aus ihr hervor: 1,3 sind es pro Frau hierzulande insgesamt. Seit Jahrzehnten verharrt die Familie deshalb in diesem unzureichenden beklagenswerten Zustand. Und durch Scheidung kommt ihr häufig sogar ihre Lebenslänglichkeit abhanden. Ja, und sie ist – jedenfalls meinen das viele – unansehnlich geworden, geradezu unattraktiv und deshalb nicht mehr beachtenswert. Das ist nicht erstaunlich; denn in den vergangenen Jahrzehnten ist sie viel geschmäht, häufig auch lächerlich gemacht, manchmal sogar bespuckt worden. Und so schleicht sie nur noch abgehalftert durch ein umdüstertes Terrain. Von den Thronen der Hochachtung, des Respektes und des Ansehens ist sie im medialen Mainstream längst gestürzt worden.
Man hat sie ihres Wertes beraubt.
Wer oder was hat diesen bejammernswerten Zustand mit einem so großen Geburtenschwund, der nicht mehr in der Lage ist, den Bestand der Bevölkerung stabil zu halten, hervorgerufen? Was ist geschehen?

Schauen wir kurz einmal zurück. Was ließ noch vor 50 Jahren die Familie als wertvoll erscheinen? Es war als erstes der Nutzen, den sie für das zukünftige Gedeihen des Landes besaß – durch die Erzeugung von damals 2,6 Kindern pro Frau, einem gesunden Level für einen stabilen Status und die Erfüllung des Generationenvertrags.
Als zweites gründete ihr Wert in der allgemein gemachten Erfahrung, dass gesunde, zusammenhaltende Elternpaare durch sorgsame erzieherische Bemühungen leistungsstarke junge Exemplare hervorzubringen pflegen, was zukunftsträchtige Wettbewerbsfähigkeit der Gesellschaft vorantreibt. Mittlerweile hat sorgsame Forschung darüber hinaus diese Erfahrung bestätigt: Um in der jungen Generation seelisch gesunde, leistungs- und liebesfähige Erwachsene zu haben, taugt am besten der persönliche familiäre Einsatz durch ihre Kindheit hindurch, ja mehr noch: Das Fehlen solcher elterlichen Leistungen nährt die Gefahr von seelischen Störungen im jungen Alter. Wie die leerstehenden Ausbildungsplätze für geeignete Auszubildende zu Fachkräften z.Zt. zeigen, befinden wir uns jetzt bereits in diesem unzureichenden Zustand.
Wie ließ sich die Ressource Familie, die immerhin noch im Grundgesetz der BRD von 1949 einen angemessenen, würdevollen Platz einnimmt, verspielen? Wie konnte es geschehen, dass sie in den jetzt vorherrschenden beklemmenden Zustand der Entwertung geriet? Denn dass diese neumodische Missachtung die Hauptquelle der demographischen Krise darstellt, ist unverkennbar.
In welchen Zeitströmungen sind die Ursachen dieser bedenklichen Entwicklung zu suchen? Das müssen wir uns fragen, wenn wir auf Änderung hoffen wollen.
In den 50er Jahren boomten die naturwissenschaftlichen Erfindungen. Gleichzeitig steigerten sich allgemein in den deutschsprachigen Ländern Europas die wirtschaftlichen Erfolge und bewirkten hier eine erhebliche Zunahme des Wohlstands. Eine Fülle von Umgestaltungen setzte ein. Allmählich lösten umfängliche neue

technische Veränderungen geradezu so etwas wie einen Machbarkeitswahn aus. Wozu brauchen wir für unser Leben noch die Vorstellung eines unsichtbaren Gottes? Der atheistische Existentialismus war vorgeprescht und hatte begonnen, einer hedonistischen, liberalistischen Lebensstimmung Raum zu geben, gekennzeichnet z.B. durch die Aussagen der Lebensgefährtin von Jean-Paul Sartre, Simone Beauvoir. Sie wurde zur Galionsfigur und zur Protagonistin der militanten Feministinnen, die sich in dieser Zeit formierten. Beauvoir bezeichnete Mutterschaft als „Falle" der Frau und setzte damit ein entscheidendes Fanal zur Entwertung der Familie. Diese nichtswürdige Institution habe jahrhundertelang die Entfaltung der Frau verhindert, postulierte sie. Die Frau müsse sich daraus lösen, um sich selbst zu verwirklichen.

Ab 1969 stimmte deshalb eine erhebliche Zahl von Frauen in den Ruf der Neuen Linken ein, die traditionelle Familie als veraltet abzuschaffen. Mit Verve feierte so der Ur-ruf von Engels im Verbund mit Marx in den Revoluzzer-Hirnen Urständ: Diese Lebensform, vor 200 Jahren von einem ungerechten Bürgertum gegründet – so behauptete man leichtfertig falsch und kühn – habe nun endlich ausgedient. Die Familie erzeuge fortgesetzt ungerechte Unterschiede in der Gesellschaft und müsse um der Gerechtigkeit willen einer gleichförmigen Kollektivierung der Kinder und familiärer Auflösung durch Scheidungserleichterung weichen. Die Befreiung der Frau aus der Versklavung durch den Paterfamilias und ihrem Aufschwung zu unabhängiger Erwerbstätigkeit statt zwischen „Kindern, Küche und Kirche zu vergammeln", wurde nun – neben der Befreiung zur Sexualität und der Abschaffung auch aller weiteren machtanmaßenden Autoritäten zum Mainstream der nächsten Jahrzehnte – und das alles mit vollmundiger medialer Unterstützung – bis auf den heutigen Tag.

Von hier an geriet die Bewertung der Familie in eine Schieflage, von der sie sich nicht mehr erholte. Da eine vorrangige Eigenschaft der Frau in ihrer Beeinflussungs- und Anpassungsbereitschaft be-

steht, ließ sich bereits damals nicht erwarten, dass sich nach Einführung der Anti-Baby-Pille die Talfahrt der Geburten aufhalten lassen würde. Was nicht anerkannt ist, das machen wir Frauen nicht gern – und schon ganz und gar nicht als Dauerlebensform! Da es zu den starken seelischen Bedürfnissen der meisten Frauen gehört, aufmerksam modebewusst zu sein, ließ sich diese Befindlichkeit deshalb von nun ab als Vehikel zur Bevorzugung der erwerbstätigen Frau verwenden. Mutterschaft – womöglich in einer Großfamilie mit sehr vielen Kindern – das löste in der so viel klügeren erwerbstätigen Frauengeneration bald nur noch herablassendes Kopfschütteln aus. Und so ist mittlerweile die Großfamilie auch bereits seufzerlos zugrunde gegangen. Nicht einmal eine Million großformatiger Zukunftsbereiter dieser Art gibt es z.B. heute nur noch in der BRD! Und nur unter manchen nachbarschaftlichen Schmähungen halten jetzt kinderreiche Eltern noch stand. Aber nicht einmal der schöne Kompromiss einer kurzzeitigen Familienpause, solange die Kinder klein sind und mit einer Halbtags-Erwerbstätigkeit danach, solange Kinder elterlich zu betreuen sind, schlägt so weit durch, dass dadurch mehr Kinder geboren würden. Die Mühsal der Familienarbeit wird eher als töricht und damit für junge Menschen als unattraktiv erlebt.
Und wo bleibt eine alarmierte Reaktion des Staates auf die fortschleichende existentielle Bedrohung? Wie entwürdigend ist für die Familie das jahrelange Gezänk z.B. der deutschen Regierung um eine Subventionierung von 150 Euro als sogenanntes Betreuungsgeld? Was ist unserer Regierung die Familie wert? „Alle Frauen werden arbeiten“, tönte Ursula von der Leyen in ihrer Phase als Familienministerin.
Berufsausbildung der Frau war zwar seit der Emanzipation bereits vor dem Ersten Weltkrieg berechtigterweise erwirkt worden – war bis dahin aber für die Familie-bildende Frau eher als Absicherung und Lebenserweiterung nach der Kinderpause in der Familie in

Anspruch genommen worden. Ab 1969 aber wurde Erwerbstätigkeit nun auch für die junge Familienmutter zu einer vorrangigen gesellschaftlichen Unabdingbarkeit.

Die Folgen traten rasch ein. Mit einer die Familie abstützenden Politik ließ sich keine Wahl mehr gewinnen. Ein verantwortungsbewusstes familienpolitisches Denken wurde im gesellschaftlichen Getriebe über weitere Jahrzehnte hinweg zu einem der Realität entrückten Ideal.

Für eine hohe Mehrzahl von Menschen ist das Leben in einer Familie dennoch die eigentlich erwünschte Lebensform, und dies erstaunlicherweise umso nachhaltiger – trotz des permanent seit Jahrzehnten boomenden Scheidungslevels, trotz der Zunahme von Singles, Alleinerziehenden und nun auch von groß propagierten Gruppen von LSBTTIQ in all der nun auch schulisch schmackhaft gemachten „Vielfältigkeit"!

Seit 1995 ist zudem in der EU mit wohl-ausgestatteten Instituten Gender Mainstreaming installiert worden. Als ein pädagogisches Programm soll hier den Kindern bereits im Vorschulalter jeder Geschmack auf Familie aus dem Kopf gebracht werden. Sogar das Wort „Familie" wird dort aus den Kinderbüchern gestrichen! Sie sollen auch daran gehindert werden, in diesem Alter ihre geschlechtliche Identität zu festigen, wie es normalerweise geschieht. Stattdessen soll diese offen gehalten werden, um nicht jenseits der Geschlechtsreife eine einseitige Mann-Frau-Anziehung zu bevorzugen, die natürlicherweise auf Familienbildung traditioneller Art abzielt. Dem soll eben durch andere, angepriesen bessere, modernere, eben „vielfältige" Lebensformen entgegengewirkt werden. Obgleich die Anlage als Mann oder als Frau – so weiß die Forschung heute – bereits im Fötus hormonell festgelegt wird, setzt man sich über diese hieb-und stichfesten Forschungsergebnisse einfach hinweg.

Die Abwertung der Familie wird auf dem Boden solcher Trends weitere gravierende negative Folgen haben. Diese ungute Fehleinschätzung ist jetzt bereits schuld daran, dass sich in der jungen Generation eine immer mehr um sich greifende Heiratsscheu ausgebreitet hat: Junge Frauen und junge Männer bleiben Singles, meist mit der Begründung, den passenden Partner nicht gefunden zu haben. Bei den Männern ergibt die Befragung, dass sie unter ihren so selbstbewussten Kolleginnen keine entdeckt hätten, mit der sie sich Familiengründung vorstellen könnten: Von der Ehefrau beherrscht zu werden, das liege ihnen nicht, heißt es dann lakonisch. Eine Entwertung der Familie bedeutet es auch, dass die kinderlosen Paare sowie nun auch die Schwulen-Ehe mit der traditionellen Familie gesetzlich und steuerlich gleichgestellt worden sind. Ja, mittlerweile sind wir so weit, dass in den Medien jegliche Form, die von der traditionellen Familiengestaltung abweicht, als das interessantere, als das modernere Lebensmodell hochgelobt wird. Das ist das Nonplusultra der Erweiterung des Familienbegriffs durch den Bundeskanzler Schröder als Großtat seiner Regierungszeit mit seiner neuen Definition: „Familie ist da, wo Kinder sind." Schon in der Schule sollen nun die Kinder auf die Langweiligkeit der „Stereotype traditionelle Familie" hingelenkt werden.

Doch neuerdings hat sich gegen die Abwertung der Familie vielseitiger Widerstand entwickelt, in den Nachbarländern mehr noch als in Deutschland. Es scheint so, als forderten die negativen Erfahrungen mit den neuen Modellen dazu ebenso heraus, wie die übertreibenden Absurditäten im Hauptstrom der Presse und ihrer digitalen Begeisterung für neue Auswüchse.

Schafft sich die Wahrheit unter der Betondecke zerstörerischer Übertreibungen wieder Raum? Denn die Familie ist ja nicht etwa eine veraltete, bourgeoise Einrichtung eines vergangenen 19. Jahrhunderts – wie weiter nachhaltig behauptet wird. Es gibt sie vielmehr vom Beginn der Menschheit an. Sie hat sich zwischen Dornen und Disteln bewährt durch ihren Zusammenhalt, besonders auch durch die Ausweitung zu einem Clan. Sie erweist sich aber auch bis heute durch das Gedeihen derjenigen Kinder als unaufgebbar, die von liebevollen leiblichen Eltern abstammen; denn diese haben nun einmal, wenn sie seelisch gesund sind, das intensive Bedürfnis, ihre Kinder zu umlieben, sie zu beschützen und verantwortungsbewusst aufzuziehen. Das hat sich in der Geschichte als ein mächtiger kultivierender, die Gesellschaft erhaltener Faktor erwiesen.

Die Familie ist darüber hinaus eine besonders gute Basis für einen Weg, der zur Lebenserfüllung führt. Gesund herangewachsene Kinder zu haben, erzeugt ein tiefes Empfinden der Befriedigung. Familie in verantwortungsbewusster Haltung zu verwirklichen, ist eine Chance, an der Fortführung der Menschheit mitzuwirken, ja mehr noch: etwas vom Schöpfer unvergänglich Gewolltes zu erfüllen: durch freiwillige Mitarbeit an der Schöpfung mitzuwirken. Schon in der Gegebenheit, dass durch die liebende Vereinigung eines Mannes und einer Frau das Kind entsteht, dokumentiert sich dieser Ansatz: Auf die Liebe kommt es an, freilich nicht auf jene „Liebe", die triebhaft und egozentrisch auf den Genuss ohne Reue aus ist, sondern die bereit ist, sich selbst zurückzustellen um eines Größeren, Wichtigeren, Liebevolleren willen.

Liebe dieser Art kann zu einem noch ungeborenen Kind Ja sagen und es opferbereit und liebend annehmen, selbst wenn es zunächst unerwünscht ist und den eigenen egozentrischen Intentionen zuwiderläuft. Diese Liebe von Eltern ist der Liebe Gottes zu den noch nicht direkt ansprechbaren kleinen Kindern sehr vergleichbar, ja, sie fließt aus dieser Quelle, lässt den Eltern aber die Freiheit, diesen Anruf anzunehmen oder abzulehnen. Das liebende Angenommensein des Kindes durch seine Familie stellt ein existentiell notwendiges Startkapital zur Bewältigung des Lebens dar: Die Chance, dass aus geliebten Kindern liebesfähige Erwachsene werden, ist jedenfalls sehr groß.

Da diese Einsichten manchen jungen Paaren noch nicht deutlich sind, gibt es für sie zunächst eine Reihe vorgegebener Hilfen, um ihr neugeborenes Kind liebevoll zu betreuen: Junge Mütter werden über die Hormone bereits in den ersten Tagen nach der Geburt auf ihr Kind hin geprägt; ihr Brutpflegetrieb erwacht mit großer

Stärke und lässt sie die Anstrengungen der Säuglingspflege meist erstaunlich kraftvoll bestehen. In den Vätern erwacht das Bedürfnis, Mutter und Kind zu beschützen, damit die so wichtige erste enge Bindung zwischen Mutter und Säugling sich verwirklichen kann. Psychologische Erfahrung hat weltweit bestätigt: Gemeinschaftsfähigkeit, Ehefähigkeit haben ihre Voraussetzung in der ersten so engen Ich-Du-Beziehung. Sie zu verwirklichen ist aber kaum ohne den Hintergrund einer Familie möglich, oft nicht einmal allein durch den die Idylle beschützenden Vater, sondern zusätzlich durch Großeltern, Tanten, andere Verwandte und ältere Geschwister.

So sollte das erste Lebensjahr des Kindes Erfahrung der Geborgenheit, forderungsloser Sättigung und des vertrauensvollen Schutzes sein. Psychologen und neuerdings, wie gesagt, zusätzlich die Hirnforscher können heute an den Krankengeschichten seelisch Leidender nachweisen, dass das Fehlen solcher Erfahrung durch eine geduldige und bemühte Familie es diesen Menschen später sehr schwer, ja manchmal ganz unmöglich macht, Vertrauen zu haben zu anderen, zum Leben und zu Gott.

Kinder ohne Familie entwickeln daher oft weniger Gefühle dieser Art in sich, sie haben es dann auch viel schwerer, eine Steuerung aufzubauen, die ihnen hilft, schädigende Handlungen (aus Liebe und Dankbarkeit) zu unterlassen. Es ist für sie wesentlich mühsamer, soziale Anpassungsfähigkeit zu entfalten. Sie werden nicht selten einsame Außenseiter oder gar Menschenfeinde.

Der Weg zum Glücklichsein, zur Lebenserfüllung durch Liebe und Arbeit ist ohne die Bereitschaft der Eltern für ihre Kinder nicht denkbar. Das Opfer der Eltern ist die Voraussetzung zur Opferbereitschaft der Kinder, und mit ihrer Hilfe kann der Mensch geistig höhere Entwicklungsstufen erreichen; denn wer nicht aus Liebe verzichten kann, freiwillig, um des geliebten anderen willen, hat keine Chance zur Sozialisierung und Überwindung egozentrischer Bedürfnisse. Eine Mutter, die während des ersten Lebensjahres ihres Kindes nicht ständig bei ihm ist, ein Vater, der diese Beziehung

nicht unterstützt und durch die Schaffung des Lebensunterhaltes gewährleistet, haben wenig Aussicht auf Dankbarkeit und Menschlichkeit, ja auf eine seelisch gesunde Entwicklung ihrer Kinder.
Von den nun demonstrativ laut werdenden Stimmen des Widerstands im Kampf für die Familie genährt, keimt deshalb nun doch auch neue Hoffnung auf, dass die traditionelle Familie in später Stunde von Staat und Gesellschaft wieder so viel Beachtung erfährt, dass ihre zukunftsgefährdende Entwertung schwindet. Realisierbare Vorschläge sind hier längst bereits (z.B. von unserem Verein Verantwortung für die Familie e. V.) erstellt worden:
Subventioniert werden sollten vor allem jene Mütter, die sich sonst eine ausschließliche Familienphase aus finanziellen Gründen nicht leisten könnten.
Eine eigene Rente für Mütter müsste bereitgehalten werden, um ihrem hohen Arbeitseinsatz bei der Erziehung der Kinder Rechnung zu tragen und ihn so angemessen zu werten.
Familienmüttern sollten nach der Familienpause Fortbildungskurse angeboten werden, um den Anschluss zum Erwerbsleben wieder zu finden.
Das Gelingen der Familienarbeit sollte durch vorbereitende Erziehungskurse der werdenden Eltern unterstützt werden; denn die positiven Erfahrungen am Lebensanfang schaffen schließlich eine enorme Erleichterung zu der Fähigkeit, später zwischenmenschliche Beziehungen eingehen und erhalten zu können und zu Gott zu finden; denn die Verbindung zwischen Gott und Mensch wird gleichnishaft und vorbereitend in der Familie eingeübt.

Daraus wird deutlich: In der Familie manifestiert sich ein Auftrag Gottes. Psychologische Forschung und christliches Menschenbild haben sich in jüngster Zeit geradezu als deckungsgleich erwiesen. Nach christlicher Vorstellung ist der Mensch auf eine personale Liebesbeziehung zu seinem Gott, seinem Vater, hin angelegt. Über Jesus Christus hat er die Möglichkeit bekommen, diese Beziehung zu verwirklichen. Er kann sich durch dessen Leben, seine Lehre

und sein Sterben als ein von seinem Vater geliebtes Kind erleben, das auf dem Boden dieser Erkenntnis mit bewusster Gegenliebe antwortet. Dadurch wird eine innige und krafterfüllte Liebesbeziehung möglich, die den Menschen befähigt, diese Liebe an seine Mitmenschen weiterzugeben.
Die Kraft, die durch diese Liebesbeziehung gewonnen wird, macht es ihm möglich, seinen „natürlichen" Menschen – den vitalen Egoismus – in zunehmendem Maße zu überwinden und von innen her im Geist Christi zu einer unverkrampften Opfer- und Vergebungsbereitschaft zu kommen. Auf diese Weise wird der Mensch durch den Geist der Liebe aus materialistischer Gefangenschaft befreit, so dass er seinen Egoismus immer häufiger besiegen kann.

Die besten Voraussetzungen, um zu einer solchen Lebenserfüllung zu gelangen, bietet die Familie.

Wissenschaftliche Beiträge

Markus Walser

Worauf ist noch Verlass?

Ein peinlicher Vorfall oder die Probe aufs Exempel

Man könnte die kritischen Bemerkungen zur Übersetzung liturgischer Bücher und Texte am Beispiel von Mt 21,31 und zur Novellierung von CIC can. 838 mit den von Papst Franziskus vorgenommenen Erklärungen auch mit der Frage einleiten: Der zweite oder der erste?

Am Sonntag 1. Oktober 2017 (26. Sonntag im Jahreskreis Lesejahr A) hatte der Verfasser dieser Zeilen im Rahmen seiner pastoralen Aufgaben mehrere heilige Messen zu feiern, in deutscher und in italienischer Sprache. Dabei dachte er sich in seiner Einfalt, für die deutschsprachigen Eucharistiefeiern inhaltlich die gleiche Predigt verwenden zu können wie für die italienischsprachige heilige Messe (und umgekehrt). Es ist ja die gleiche heilige Messe, wenn auch in anderer Sprache, könnte man meinen. Doch bei den Predigtvorbereitungen kam er ins Zweifeln: Nachdem er den Evangelientext im „Schott" gelesen hatte, war für ihn klar, dass der zweite Sohn richtig handelte und nicht der erste: Der erste Sohn sagte zum Vater, dass er zur Arbeit in den Weinberg gehen wird, ging aber nicht (vgl. Mt 21,28-29 Einheitsübersetzung [1980]). Der zweite Sohn sagte dem Vater: „Ich will nicht. Später aber reute es ihn, und er ging doch" (Mt 21,30 Einheitsübersetzung [1980]). Und die Antwort der Hohenpriester und der Ältesten des Volkes auf die Frage Jesu, wer von den beiden Söhnen den Willen des Vaters erfüllt hat, ist stimmig: „der zweite" (Mt 21,31 Einheitsübersetzung [1980]). Damit war die Grundaussage der Predigt geklärt: Es kommt darauf an, den Willen Gottes tatsächlich zu erfüllen, nicht nur schöne Wort von sich zu geben.

Um in der Predigtvorbereitung weitere Ideen oder Anregungen zu finden, sah sich der gleiche Geistliche verschiedene Predigtvorschläge in italienischer Sprache an, die im Internet zu finden sind.[1] Im ersten italienischsprachigen Predigtvorschlag, den er durchlas, war es nun aber zu seinem Erstaunen der erste Sohn, der richtig gehandelt haben soll. Hier hat sich der Verfasser der „Internetpredigt" wohl geirrt, dachte der Priester und „verbesserte" die Predigt. Am Sonntag vor der Italienermesse las er zur Vorbereitung das Evangelium in italienischer Sprache durch und wurde dann nochmals stutzig: Es ist hier eine andere Reihenfolge der beiden Söhne gewählt als im aktuellen deutschsprachigen Evangeliar. Die ursprüngliche Predigtvorlage aus dem Internet war also doch richtig: Der erste Sohn hat richtig gehandelt, nicht der zweite – wenigstens für die Italiener.

Zu Hause ging der Geistliche dann der Sache genauer nach und schaute in seinem schon älteren „Nestle-Aland"[2], den er an Ostern 1982 von seinem Jugendpfarrer als Geschenk erhielt, nach, wie die Evangelienstelle im griechischen und im lateinischen Text lautet. Und in der Tat gab es bei den Söhnen eine unterschiedliche Reihenfolge. Während der lateinische Text zuerst den Sohn nennt, der Nein sagt und Ja macht, und danach den, der Ja sagt und Nein macht, findet sich im erwähnten griechischen Text die umgekehrte Reihenfolge.[3] Im lateinischen Text ist es der erste Sohn, der den Willen Gottes erfüllt, im griechischen hingegen der zweite Sohn. Offensichtlich folgte nun die deutsche Einheitsübersetzung (1980) der Reihenfolge des Codex Vaticanus, auf den sich wohl auch die

---

1 Z.B. auf www.lachiesa.it bzw. damit verbunden www.qumran2.net.

2 Novum Testamentum Graece et Latine, 22. Auflage 1963/1969 (Der griechische Teil entspricht der 25. Auflage 1963 der griechischen Ausgabe), S. 58.

3 Die gleiche Textvariante in Mt 21,31 („ὁ ἔσχατος") findet sich übrigens auch bei katholischen Autoren der gleichen Zeit: Vgl. Augustinus Merk S.J., Novum Testamentum graece et latine, Rom 1935, S. 73.

erwähnte Ausgabe des „Nestle-Aland“ hauptsächlich stützt, während die 2008 abgeschlossene Übersetzung der Heiligen Schrift für die Liturgie in italienischer Sprache die Reihenfolge des Codex Sinaiticus verwendet. Anzufügen ist, dass sich spätere Ausgaben des „Nestle-Aland“[4] bei der gegenständlichen Stelle in griechischer Sprache auf den Codex Sinaiticus stützen und somit die gleiche Reihenfolge der Söhne kennen wie die Vulgata[5] oder die Nova Vulgata[6]. Der griechische und der lateinische Text sind also in diesem Punkt jetzt im Einklang. Es scheint, wie ein kurzer Vergleich der auf bibleserver.com (abgerufen am 30.01.2018) angebotenen Bibelübersetzungen ergab, dass sich diese Reihenfolge allgemein durchgesetzt hat, welcher die Vulgata bzw. Nova Vulgata folgt.
Die Konfusion bei den beiden Söhnen hätte sich wohl auch nicht ergeben, wenn schon bei der Erstellung der deutschsprachigen Bibelübersetzung für den liturgischen Gebrauch (Einheitsübersetzung 1980) die Grundsätze angewandt worden wären, welche die Instruktion „Liturgiam authenticam“ in Nr. 24 im Jahre 2001 formulierte: „Außerdem ist es grundsätzlich nicht gestattet, Übersetzungen aus bereits vorhandenen Übersetzungen in andere Sprachen zu erstellen. Denn diese muss man unmittelbar aus den Originaltexten nehmen: liturgische Texte der kirchlichen Tradition aus dem Latein, Texte der Heiligen Schrift je nachdem aus dem Hebräischen, dem Aramäischen oder dem Griechischen. (24 Vgl. Hl. Ritenkongr., Instr. Inter Oecumenici, Nr. 40 a: AAS 56 [1964] 885.) Ebenso soll man bei der Erarbeitung von Übersetzungen der Heiligen Schrift für den liturgischen Gebrauch normalerweise den

---

4 Vgl. Nestle-Aland, Novum Testamentum Graece et Latine, Stuttgart ³1994, S. 60, bzw. die 28. Auflage des Novum Testamentum Graece, vgl. http://www.nestle-aland.com/de/na28-online-lesen/text/bibeltext/lesen/stelle/50/210001/219999/ (abgerufen am 30.01.2018).

5 Vgl. Albertus Colunga, Laurentius Turrado (Hrsg.), Biblia Sacra iuxta Vulgatam Clementinam nova editio, Madrid ⁶1982, S. 982.

6 Vgl. Nova Vulgata Bibliorum Sacrorum editio Sacros. Oecum. Concilii Vaticani II ratione habita iussu Pauli PP. VI recognita auctoritate Ioannis Pauli PP. II. promulgata, Vatikanstadt 1979, S. 1810.

Text der vom Apostolischen Stuhl promulgierten Nova Vulgata als Hilfe heranziehen, um die exegetische Tradition zu wahren, vor allem hinsichtlich der lateinischen Liturgie, wie an anderer Stelle dieser Instruktion dargelegt ist."[7] Bei der Reihenfolge der beiden Söhne wäre gemäß dieser Regel die Nova Vulgata der Referenztext für Bibelübersetzungen, die zum liturgischen Gebrauch erstellt werden.

Gewissermaßen zur „Ehrenrettung" der Einheitsübersetzung (1980) kann man anfügen, dass die frühere italienische Bibelübersetzung für den liturgischen Gebrauch (CEI 1974)[8] auch die Reihenfolge der Söhne kannte, der die in der deutschsprachigen Liturgie bis zum ersten Advent 2018 noch geltende Einheitsübersetzung (1980) folgt. Das war offensichtlich in der Zeit nach dem Zweiten Vatikanum eine Textvariante, die „in Mode" war.

Bei einer Fortbildung für die Geistlichen des Erzbistums Vaduz zur neuen Einheitsübersetzung (2017) der Heiligen Schrift, die vom Advent 2018 an in der deutschsprachigen Liturgie verwendet werden soll, hat der Verfasser dieser Zeilen dann aus Neugier in der von ihm im April 2017 erworbenen „neuen" Einheitsübersetzung nachgeschaut, wie denn dort die erwähnte Sonntagsperikope widergegeben wird. Zu seinem Erstaunen ergab sich folgendes Ergebnis in seiner Bibelausgabe: Der erste Sohn sagt Nein und macht Ja, der zweite Sohn sagt Ja und macht Nein. Und auf die Frage, welcher der beiden Söhne nun richtig gehandelt hat, ist die überraschende Antwort: „der zweite"[9]. Das ist ein offensichtlicher Fehler, der den Sinn ins Gegenteil verkehrt und den man inhaltlich so

---

7 http://www.vatican.va/roman_curia/congregations/ccdds/documents/rc_con_ccdds_doc_20010507_liturgiam-authenticam_ge.html (abgerufen am 30.01.2018).

8 Vgl. http://www.cattoliciooggi.it/bibbia-cei-1974-testo-integralepdf.pdf (abgerufen am 30.01.2018).

9 Die Bibel. Einheitsübersetzung der Heiligen Schrift. Gesamtausgabe, Stuttgart 2016 (Katholische Bibelanstalt, 1. Auflage), S. 1149.

auch nicht in den alten Manuskripten oder Codices des Neuen Testaments findet bzw. finden kann! Nachfragen und Nachforschungen auch bei den Instanzen, die den Text der Einheitsübersetzung (2017) approbiert haben, ergaben, dass der betreffende abgedruckte Text nicht dem von den zuständigen Bischofskonferenzen und (Erz-)Bischöfen approbierten Text entspricht. Der approbierte Text war inhaltlich korrekt mit gegenüber der Einheitsübersetzung (1980) geänderter Reihenfolge der Söhne, also entsprechend der Nova Vulgata. Das ist ein im Informatikzeitalter äußerst bedenklicher Befund – eigentlich noch schlimmer, als wenn sich der Fehler zuvor eingeschlichen hätte. Denn offensichtlich wurde die dem approbierten Text zugrundeliegende Datei nachträglich von dazu nicht befugter Stelle geändert. Dass sich der ASCII-Code der Buchstaben in einer Spontanmutation vom „ersten" zum „zweiten" änderte, kann nach menschlichem Ermessen ausgeschlossen werden. Es bleibt ein fahler Nachgeschmack, der zur Frage berechtigt: Wie viele weitere Stellen wurden in ähnlicher Weise „manipuliert"? Mehrere Wochen nachdem sich der Verfasser per e-mail an die Approbationsinstanzen der Einheitsübersetzung (2017) gewandt hatte, meldete sich dann das Sekretariat der Deutschen Bischofskonferenz (DBK) telefonisch bei ihm mit folgenden Hinweisen: Der Fehler sei erstmals im Dezember 2016 entdeckt worden. Es sei unklar, wie er in die Druckausgaben des Katholischen Bibelwerks gelangen konnte. Mittlerweile gäbe es Kleber, mit der man die fehlerhafte Stelle korrigieren könnte. Für den Druck der Lektionare sei der Fehler bereits korrigiert worden. Auf den Einwand, dass man dann wenigstens einen Hinweis auf der Homepage des Katholischen Bibelwerks erwarten würde und nicht nur die (faktisch wenigstens im erwähnten Beispiel nicht zutreffende) Werbung, der neue Text der Einheitsübersetzung sei eine getreuere Übersetzung[10], konnte der freundliche Mitarbeiter der

10 Nach wie vor wird mit der Aussage geworben, die Einheitsübersetzung (2017) bringe „Fortschritte an Genauigkeit, an Texttreue und an zeitgemäßer Verständlichkeit"

DBK, der den undankbaren Auftrag hatte, den Sachverhalt zu erläutern, keine Antwort geben.[11]
Am 3. Dezember 2017 war der Autor dieses Beitrags mit einer Wallfahrtsgruppe auf dem Weg nach Altötting in der Gebetsstätte „Wigratzbad" zum Mittagessen. Im Wallfahrtsladen neben der Gaststätte wurde etwa ein Dutzend unterschiedlicher Ausgaben der neuen Einheitsübersetzung angeboten. Gut die Hälfte von ihnen enthielt den fehlerhaften, sinnverdrehenden Text in Mt 21,31 ohne irgendeinen Korrekturhinweis[12], etwa in Form eines Einlegeblattes „corrigenda" oder eines Aufklebers. Etwa die Hälfte der angebotenen Bibeln hatte den korrekten Text. Ein Jahr nachdem angeblich der Fehler entdeckt wurde, waren also immer noch zahlreiche fehlerhafte Exemplare ohne einen Korrekturhinweis im Handel. Nach wie vor findet sich kein entsprechender Hinweis auf der Homepage der Katholischen Bibelwerks, obwohl immer noch fehlerhafte Exemplare vertrieben werden. Man muss auf Wikipedia gehen, um einen entsprechenden Hinweis zu finden, den man auf der Homepage des Bibelwerks immer noch vermisst: „Die in Rom approbierte, revidierte Textfassung von 2016 enthielt einen sinnentstellenden Fehler in Matthäus 21,28-32, der in allen seit September 2017 ausgelieferten Bibeln sowie der Online-Version korrigiert worden ist. Für die Besitzer der Erstauflage bietet das Bibelwerk einen passenden Aufkleber an, mit dem der Text korrigiert werden kann."[13] Offensichtlich wurden von Dezember 2016, als der Fehler erkannt wurde, bis September 2017 noch Bibeln mit dem Fehler und ohne Korrekturhinweis ausgeliefert.

(https://www.bibelwerk.de/Bibel.12790.html/Neue+Einheitsübersetzung.122295.html, abgerufen am 30.01.2018).

11 Vgl. Homepage des Katholischen Bibelwerks (abgerufen am 30.01.2018).

12 Es waren ausschließlich Drucke des katholischen Bibelwerks. Die zum Verkauf angebotenen Ausgaben des Verlags Herder enthielten den korrekten (approbierten) Text.

13 https://de.wikipedia.org/wiki/Einheitsübersetzung (abgerufen am 30.01.2018).

Würde ein Automobilhersteller ein Jahr nach Erkenntnis eines schwerwiegenden Mangels das entsprechende Modell ohne Nachbesserung oder Änderung verkaufen, hätte er wohl ein ernsthaftes juristisches Problem. Eine völlig falsche Bibelstelle ist zwar nicht unmittelbar lebensgefährlich, wie es ein fehlerhafter Personenkraftwagen sein kann, aber eine sinnentstellende Aussage über den, der den Willen Gottes erfüllt, kann letztlich heilsgefährdend sein. Und das ist eigentlich noch schlimmer, weil es nicht nur diese Welt betrifft, sondern die Ewigkeit. Nur ist der Wert der Ewigkeit nicht in gleicher Weise justiziabel wie der Wert eines irdischen Lebens. Es ist irgendwie erschütternd festzustellen, wie in unserer Kirche mit solchen Fehlern umgegangen wird. Es ist das alte fatale Muster: totschweigen. Damit keine Missverständnisse entstehen: Fehler geschehen, auch wenn im konkreten Fall keine Erklärung ersichtlich ist, wie der Fehler ohne bewusste Manipulation am approbierten Text entstehen konnte. Doch Fehler müsste ein Christ auch korrigieren, soweit er dazu imstande ist. Haben die Verantwortlichen des „Katholischen" Bibelwerks das in ihrer Macht stehende getan, um den Fehler zu korrigieren?

Dieser Befund, dass verschiedenen Bibelausgaben für die katholische Sonntagsmesse verschiedene Texte zugrunde liegen, ist auch insofern nicht befriedigend, als mehrsprachige Gottesdienste, die in einer globalisierten Welt wohl eher zu- als abnehmen dürften, durch unterschiedliche Evangelienvarianten – wie oben dargestellt – schwieriger oder missverständlicher werden. Wenn nun – wie es bisweilen in der Schweiz auch praktiziert wird – bei einem zweisprachigen Gottesdienst der Zelebrant das Evangelium in deutscher Sprache vorträgt und die italienischsprachigen Gläubigen das „gleiche" Evangelium auf ihren „foglietti" (Liturgieblättern) mitlesen, so ist es nicht der gleiche Text. Und in einer zweisprachigen Predigt müsste der Prediger nun den Zuhörern in zwei Sprachen erklären, warum es unterschiedliche Evangelientexte gibt und warum deshalb für die deutschsprachigen Messbesucher der zweite Sohn richtig gehandelt hat, für die „fedeli di lingua italiana" (die

Gläubigen italienischer Sprache) jedoch der erste Sohn. Oder wenn ein Geistlicher früher am Samstag seine Haushälterin bat: „Bring mir ein neues Hemd und eine alte Predigt", um letztere wohl nicht in ökologischer, so doch in arbeitsökonomischer Hinsicht zu rezyklieren, so könnte er am 4. Oktober 2020 (26. Sonntag im Jahreskreis A) in die Falle tappen, weil seine Predigt nicht mehr zur Reihenfolge der Söhne im Sonntagsevangelium gemäß der Einheitsübersetzung (2017) passt.

Die dargestellten Unterschiede in Bibeltexten unterschiedlicher Liturgiesprachen erfahren ihre Fortsetzung in Unterschieden im Messkanon selbst. So befinden sich beispielsweise in den Hochgebeten zwei und drei die Einschübe für besondere Feiern (z.B. Weihnachtsoktav, Osteroktav) im deutschsprachigen Messbuch und im italienischsprachigen Missale an ganz unterschiedlichen Stellen. Während sie im deutschen Messbuch ziemlich am Anfang des Hochgebets eingefügt werden, kommen sie im italienischsprachigen Messbuch erst nach der Wandlung. Noch größer sind die Unterschiede in anderen liturgischen Texten, etwa bei der Trauung oder beim Bestattungsritus. Auch das sind Feiern, die wenigstens in der Schweiz nicht selten mehrsprachig vorgenommen werden. Da gilt es dann sehr genau aufzupassen, dass die Texte zueinander passen. Ist das ein befriedigender Zustand in einer globalisierten bzw. katholischen Welt?

Im Sinne der Qualitätssicherung des Inhalts und der Form ihrer Verkündigung und des liturgischen Vollzugs könnte es auch im dritten Jahrtausend durchaus sinnvoll sein, in einer globalisierten Welt auch globalen Standards entsprechende liturgische Texte zu verwenden, damit der Inhalt der Verkündigung der katholischen Kirche katholisch[14] bleibt, entsprechend wahrgenommen wird und nicht nationalkirchlich verbogen wird.

[14] Katholisch = wörtlich „allumfassend".

Auf dem dargestellten Hintergrund erhält die von Papst Franziskus vorgenommene Novellierung von CIC can. 838 durchaus eine gewisse Brisanz. Es geht bei der Kritik an den Änderungen nicht um formalistische Kleinlichkeit oder darum, den nationalen Bischofskonferenzen Macht zu rauben. Es geht um die Qualitätssicherung in der Verkündigung der katholischen Kirche und in ihren liturgischen Vollzügen, also um eine sinnvolle und notwendige Rückbindung an ihre Quellen, damit ihr Tun nicht zur Beliebigkeit verkommt, sondern in ihrem Tun die von Gott legitimierte Verkündigung und Sakramentenspendung überall erkennbar ist bzw. bleibt. Früher war es Aufgabe des Apostolischen Stuhls (konkret der Gottesdienstkongregation), die von den Bischofskonferenzen erstellten Übersetzungen der liturgischen Bücher zu überprüfen („recognoscere")[15]. Neu besteht die Aufgabe des Heiligen Stuhls gemäß CIC can. 838 § 3 in der „confirmatio"[16] (Bestätigung)[17] der von den Bischofskonferenzen approbierten liturgischen Texte.

Es fällt dabei auf, dass auf der Homepage des Heiligen Stuhls (vatican.va) in der deutschen Übersetzung des Kodex des Kanonischen Rechts die Novellierung noch nicht vorgenommen wurde,[18] im lateinischen Text dagegen schon.

Dazu kommen, wie bei Erlassen und Äußerungen des derzeitigen Heiligen Vaters schon fast üblich, nicht zu übersehende Differenzen in der Interpretation. Einer dem Präfekt der Kongregation für

---

15 CIC can. 838 § 2 [alt] „recognoscere", CIC can. 838 § 3 [alt] „praevia recognitione Sanctae Sedis".

16 CIC can. 838 § 3 [neu], http://www.vatican.va/archive/cod-iuris-canonici/latin/documents/cic_liberIV_lt.html#PARS_I, abgerufen am 30.01.2018.

17 Papst Franziskus, MP „Magnum principium" vom 3. September 2017 (Rechtskraft ab 1. Oktober 2017), in deutscher Übersetzung: http://w2.vatican.va/content/francesco/de/motu_proprio/documents/papa-francesco-motu-proprio_20170903_magnum-principium.html (abgerufen am 30.01.2018).

18 Vgl. http://www.vatican.va/archive/DEU0036/__P2S.HTM, abgerufen am 30.01.2018.

den Gottesdienst und die Sakramentendisziplin zugeschriebenen, auf Internetwebseiten veröffentlichten restriktiven Interpretation der neuen Norm erteilte der Heilige Vater in einem vom Heiligen Stuhl veröffentlichten Brief[19] vom 15. Oktober 2017 an diesen eine Absage. Insbesondere verweist der Papst darauf, dass die vom hl. Johannes Paul II. approbierte Instruktion Liturgiam authenticam in Teilbereichen nicht mehr in Geltung ist, ohne wiederum genau anzugeben, welche Nummern noch in Geltung sind und welche nicht.[20] Es werden Beispiele von nicht mehr geltenden Nummern angeführt. Damit dürfte wohl auch schon die Diskussion eröffnet sein, welche Teile von Liturgiam authenticam künftig nun noch gelten und welche nicht mehr. Das ist keine kohärente und zuverlässige Gesetzgebungstechnik des höchsten kirchlichen Gesetzgebers. Auch wird im erwähnten Schreiben des Papstes vom 15. Oktober 2017 der Begriff der treuen Übersetzung („fideliter") neu und eigentlich im Hinblick auf die ihm vorher zugeschriebene Bedeutung letztlich sinnentstellend umdefiniert. Während es früher Aufgabe der Kongregation gewesen sei, darüber zu wachen, dass eine Übersetzung „fideliter" erfolgt, hätte jetzt die zuständige Bischofskonferenz im Dialog mit dem Heiligen Stuhl die Vollmacht („facoltà") über die Güte und Kohärenz der einen oder anderen Übersetzung zu befinden. Im Lichte seines Motu Proprio impliziere der Begriff „fideliter" eine dreifache Treue, zum ursprünglichen Text an erster Stelle, zur jeweiligen Sprache, in die übersetzt wird, und schließlich zur Verständlichkeit des Textes durch die Empfänger. In semantischer Hinsicht ist dies eine nicht zulässige Umdeutung des Begriffs „fideliter" (treu). Die rechtstechnische

---

19 Der Brief ist als facsimile abrufbar unter: http://lanuovabq.it/storage/docs/lettera-papa.pdf (abgerufen am 30.01.2018).

20 Wörtlich heißt es im erwähnten Schreiben von Papst Franziskus: „Risulta quindi chiaro che alcuni numeri di LA sono stati abrogati o sono decaduti nei termini in cui sono stati ri-formulati dal nuovo canone del MP (ad es. il n. 76 e anche il n. 80)."

Qualität der Novellierung von CIC can. 838 mit den erwähnten verunklärenden Präzisierungen vermag in logischer Hinsicht nicht zu überzeugen.

Nach diesem Befund wünscht sich wohl mancher für die in der Liturgie zu verwendenden Bibeltexte das Konzept des Missale Romanum 1962 zurück, das für alle Sprachen einen für die Liturgie verbindlichen Lesungs- und Evangelientext vorgibt, der im Messbuch in lateinischer Sprache abgedruckt ist und (wenigstens nach den neueren liturgischen Regeln) auch alleine in volkssprachlicher Übersetzung vorgetragen werden kann. Dann ist aber auch klar, was der Referenztext für die in der Liturgie zu verwendenden Bibelübersetzungen ist und somit wäre dann für die Italiener und Deutschen klar, wer der zweite und wer der erste ist, bzw. welcher Sohn richtig gehandelt hat. Diese Klarheit gehört zur Liturgie in Anlehnung an das Herrenwort, das auch für die Verkündigung gilt: Eure Rede sei: „Ja ja, nein nein; was darüber hinausgeht, …" (Mt 5,37 Einheitsübersetzung [2017]).

Gewissermaßen als Anhang oder als Fortsetzung der Frage nach der Verlässlichkeit der neueren Übersetzungen liturgischer Texte ist die jüngsten Diskussionen um die Übersetzung der Vaterunser-Bitte „ne nos inducas in tentationem" anzufügen. Dabei wurde von höchster (irdischer) Stelle in der katholischen Kirche mit einer Aussage in einem Fernsehinterview in die Debatte eingegriffen, ob die Bitte im Vaterunser, „und führe uns nicht in Versuchung", anders übersetzt werden müsse als bisher. „Ich bin es, der fällt, aber es ist nicht er, der mich in Versuchung geraten lässt", ist das vorgebrachte Argument. Ein Vater mache so etwas nicht.

Nun widerspricht der sprachliche Befund den vorgebrachten Änderungswünschen an der Übersetzung des Vaterunser: Der älteste erhaltene Text des Vaterunser ist in griechischer Sprache abgefasst und verwendet an der entscheidenden Stelle sowohl im Matthäus- wie im Lukasevangelium das gleiche Verb, das in deutscher Sprache mit „hineintragen, hineinbringen" zu übersetzen ist. Die lateinische und die deutsche Übersetzung sind also sprachlich korrekt.

Ähnlich verhält es sich mit dem Text, den die aramäisch-sprachigen Christen an dieser Stelle derzeit im Vaterunser verwenden. Es geht also um die Sprache, die der Herr für dieses Gebet wohl ursprünglich verwendet hat. Dürfen diese Worte sinnverändernd übersetzt werden, nur weil deren Verständnis bisweilen nicht ganz einfach ist? Immerhin sind es keine x-beliebigen Worte, sondern Worte, die unser Herr Jesus Christus selbst gesprochen hat. Wäre nicht eher danach zu suchen, ob die Herrenworte nicht auch stimmig erklären werden können, ohne den von Gott geoffenbarten Wortlaut in der Übersetzung zu verändern? Oder ganz provokant gefragt: Dürfen Bischöfe – und seien sie auch in Bischofskonferenzen per Mehrheitsbeschluss zusammengenommen oder seien sie der Bischof von Rom – Hand anlegen an der Formulierung des Herrengebets, also an den Text eines von Gott geoffenbarten Gebets?
Die erste Versuchung, von der in der Bibel die Rede ist, kann entscheidende Hinweise für das Verständnis geben: „Gott, der HERR, nahm den Menschen und gab ihm seinen Wohnsitz im Garten von Eden, damit er ihn bearbeite und hüte. Dann gebot Gott, der HERR, dem Menschen: Von allen Bäumen des Gartens darfst du essen, doch vom Baum der Erkenntnis von Gut und Böse darfst du nicht essen" (Gen 2,15-17 Einheitsübersetzung [2017]). Gott selber hat also die Möglichkeit der Versuchung geschaffen und somit – bildlich gesprochen – den Menschen auch in die Situation der Versuchung „hineingetragen", ihn in Versuchung geführt. Das heisst ja noch lange nicht, dass der Mensch der Versuchung nachgeben müsste, wie es Eva und Adam getan haben. Denn der Mensch bleibt in der Versuchung frei, ihr zu widerstehen. Und andererseits ist auch zu bedenken: Gäbe es keine Versuchung, wie würde es dann mit der Freiheit des Menschen stehen? Doch gerade die Freiheit ist Ausdruck der Gottebenbildlichkeit des Menschen. Der Geist (Gottes) hat Jesus in die Wüste getrieben, wo

er nach vierzigtägigem Fasten vom Teufel versucht wurde.[21] Jesus selbst wurde also vom Geist in die Situation der Versuchung geführt.

Es gibt durchaus Wege, die uns von Gott selbst geoffenbarte Bitte im Vaterunser, „und führe uns nicht in Versuchung" stimmig zu erklären, wie es oben ansatzweise aufgezeigt wurde. Braucht es dann Veränderungen am Text des Vaterunser? Oder ist es schon an der Zeit zu beten: … und versuche uns nicht durch die (kirchliche) Führung …?

---

21 Vgl. Mt 4,1-11; Mk 1,12-13; Lk 4,1-13

Hanna-Barbara Gerl-Falkovitz

Heimatlosigkeit und Heimat bei Ida Friederike Görres (1901-1971)

Eine Skizze

„Ein Abgrund ruft den andern,
die Heimatlosigkeit des Menschen
die Heimkehr Gottes in die Welt."[1]

Historische Ursache von Heimatlosigkeit: geistige Fehlentscheidungen

Kurz nach dem Zweiten Weltkrieg verfaßte Ida Friederike Görres[2] eine längst verschollene Kleinschrift: *Von der Heimatlosigkeit.* Diese Schrift, wie die meisten Arbeiten dieser neu zu entdeckenden geistvollen Frau, enthält drei großentworfene Deutungen des Elends der Zeit. Görres sieht in den alles überflutenden Flüchtlingsströmen des Nachkriegs eine schon seit Menschenaltern angelegte Entwurzelung am Werk. „Das Unsichtbare kommt zuerst, aus ihm ersteht die Sichtbarkeit."[3] Was war das Unsichtbare, gegen das sich

1 Ida Friederike Görres, Von der Heimatlosigkeit, Freiburg 1946, 23.

2 Geboren am 2. Dezember 1901 als Friederike Maria Anna Reichsgräfin von Coudenhove, sechstes von sieben Kindern des Reichsgrafen und österreichischen Diplomaten Heinrich von Coudenhove (1856 Salzburg – 1906 Ronsperg) und der Japanerin Mitsuko (Maria Thekla) Aoyama (1871 Tokio – 1941 Mödling/Wien), auf Schloß Ronsperg im Böhmerwald, Fürsorgerin und Mädchenführerin im Quickborn, tätig in der Mädchenpastoral im Bistum Dresden-Meißen 1931-1935; Heirat mit Carl-Joseph Görres 1935; einflußreiche katholische Schriftstellerin, vor allem in der Erneuerung der Hagiographie; gestorben am 15. Mai 1971 nach einer Sitzung der Würzburger Synode in Frankfurt/Main.

3 Görres, Von der Heimatlosigkeit, 15.

Generationen verfehlten, bis die Verfehlung leibhafte Gestalt gewann?
In Europa, und nicht nur dort, wurden nach Görres drei geistige Weichenstellungen vollzogen, zwar nicht auf einmal, aber schleichend; sie mündeten in die beispiellose Wurzellosigkeit von Menschen weltweit. „Evakuierte, Verlagerte, Ausgebombte, Dienstverpflichtete, Umgesiedelte, Rückgeführte … ach, wieviel neue Worte hat unsere Sprache gebildet, Worte, die noch vor zehn Jahren kein Mensch verstanden hätte, um das eine auszudrücken, daß Menschen keine Heimat mehr haben: Gefangene, Verschollene, Verschleppte."[4] Das maßlose Ausgerissensein aus der Heimat ist keineswegs nur Zufall, sondern Folge benennbarer Ursachen und gedanklicher Urheber. Görres nennt an erster Stelle, als innersten anthropologischen Kern, die bitter-lakonische Aussage im Johannesprolog von der verweigerten Aufnahme des Gottessohnes durch die Finsternis der Welt. Was alle Menschengeschichte grundlegt, wird von der Menschengeschichte verworfen. Die Selbstsetzung des Menschen wurde Gott selbst zum Schicksal.
Zu gegebener Zeit aber ereilt die grundlegende Fehlentscheidung zwingend den Menschen. „Wir sind ja viel enger mit Gott verbunden, ob wir es wissen und wollen oder nicht, als das noch ungeborene Kind mit seiner Mutter. (…) Was Wunder also, daß es furchtbare und deutliche Rückschläge auf das menschliche Dasein geben muß, wenn dieser ursprünglichste Bezug vernachlässigt, verletzt, versehrt wird?"[5] Seit der Passion Jesu, die mit seiner armen Geburt, der Flucht und der Verbannung begann und in einem „geliehenen Grab" endete, wird sichtbar, wie sehr sich die welteigene Finsternis gegen das göttliche Licht sträubt, wie zwar die Füchse ihre Höhlen, der Menschensohn aber nichts hat, wohin er sein Haupt legen könnte. Die archetypische Verlorenheit Gottes in der Welt, sogar

4 Ebd., 11.
5 Ebd., 4.

unter den Seinen, die ihn nicht aufnehmen, ist bei Görres dramatischer Einsatz einer offenbar gewordenen Heimatlosigkeit Gottes selbst bei den Menschen.
Aber dieser unerhörte Ausschluß, der im Leben Jesu aufscheint und die Welt ihrer konstitutiven Ungerechtigkeit überführt, wird doch immer neu und anders akzentuiert auf der Farbpalette der Geistesgeschichte. So sieht Görres das Unrecht ihrer und der Väter-Generation konkret: in der modisch ausgerufenen Verachtung des Jenseits. Statt die „Wohnungen im Hause des Vaters" als Ziel des endlichen Daseins zu ersehnen, wurden sie als lächerlicher Verrat an der Erde gebrandmarkt. Ohne Nietzsche zu nennen, stehen er und andere Religionskritiker Pate für diese Verfemung des letzten Zieles. „Die irdische Heimat wurde zum Gegenbild der ewigen, zur Burg der Verneinung, in die man sich gegen den Anspruch des Ewigen verschanzte; selbst die Hingabe an sie – edle Mitgift menschlicher Natur – bekam das Vorzeichen des Widerspruchs, der Absage, der Lossage."[6]
Der Weg von der Häme über das „leere Jenseits" führte zwangsläufig zu einer lügenhaften Überwertigkeit des Irdischen – und in der nächsten Verkehrung dann in die braune Ideologisierung von Blut und Boden. „Mit Bedacht wurden die irdischen Wurzeln: Volk, Scholle, Vaterland, unter die Götzen erhoben, Zerrbild der heidnischen Frömmigkeit von einst, welche den echten Abglanz, nicht Eigenglanz des Göttlichen an ihnen abgelesen, nicht ihnen aufgeschminkt hatte."[7] Aber diese Heimattümelei mündete ihrerseits in ein nie dagewesenes Auslöschen des tragenden Grundes. „Elternhäuser, Heimatstädte, ganze Landschaften versanken in Flammen und Trümmer. Besitz und Erinnerungen von Generationen verwehten spurlos, Bomben zerwühlten die vertraute Erde, bis kein Mensch mehr sagen konnte: Hier stand einst mein Heim."[8]

6 Ebd., 12f.
7 Ebd.
8 Ebd.

Eine dritte tiefblickende Analyse nimmt Görres vor, wenn selbst die edel klingende Menschheitsliebe als dünkelhafte Auflehnung gegen die gebotene Bruder- und Gottesliebe gelten kann – aufklärerische Humanität wurde zum Ersatz, um dem wirksamen Lieben auszuweichen. „Wie die Liebe zur Heimat, so bekam die Liebe zur Menschheit das Mal des Widerspruchs und der Absage aufgedrückt. Wir haben eine Liebe zueinander erfunden, eine Liebe zur Menschheit, zum Menschen, zu den Volks- oder Klassengenossen, welche bewußt Ersatz und Verdrängung christlicher Liebe zu Gott und den Brüdern sein sollte, bewußt und ausdrücklich solche Liebe überflüssig machen, gleichsam aufsaugen wollte, gegen sie zeugen, ohne sie sättigen. Liebe als Protest gegen Liebe (…), Liebe zu Menschen, die einem tiefen, verborgenen Haß gegen Gott entsprang! (…) Alle Liebe des Blutes wie Liebe des Willens und des Kopfes sollte ausdrücklich von Gott abgezogen und auf den Menschen gelenkt werden, ohne Seinen Segen, außer Seiner Ordnung blühen und Frucht tragen, Ihm zum Trotz und Gegenzeugnis."[9]

Daher stehen in Görres' Augen die Nachkriegsjahre nicht so sehr unter der Freiwilligkeit, als vielmehr unter dem Gebot der erneuten Anstrengung, zum göttlichen Ursprung heimzufinden, bei noch unabschätzbar tiefen, nicht verheilten Wunden. Görres sieht darin ihre eigenste Aufgabe als Schriftstellerin: gedanklich für die zeitgenössische Kultur die „Konversion" vorzubereiten. Denn die eigentliche Konversion heißt Befreiung, heißt Heimkehr ins Eigene. „Auch wir traten damals aus der geheimnisvollen, der unsichtbaren Arche – wie oft haben wir sie so genannt! –, die uns sechs und auch zwölf Jahre im Schwall der steigenden Todesfluten geborgen hatte, in die Trümmer einer Welt, die nicht im Wasser, sondern in Feuer

---

9 Ebd., 16f. Vgl. Ida F. Görres, „Wirklich die neue Phönixgestalt?" Über Kirche und Konzil: Unbekannte Briefe 1962-1971 an P. Paulus Gordan OSB, Heiligenkreuz 2015, 409: „Humanismus sagt mir einfach *nichts*. Der Mensch ist mir, seit ich zum Gebrauch der Vernunft gekommen bin, NUR als capax Dei und in seiner Gott-Relation interessant und spannend – DANN freilich im *höchsten* Grad."

und Blut und Tränen untergegangen ist, in einem Strafgericht, das jener sühnenden Flut aus der Menschheitsfrühe wohl an die Seite gestellt werden darf. Auch wir stehen noch in einer Welt voll Schlamm und Leichen, voll Aas und Grauen im Sichtbaren und im Unsichtbaren, unter dem emsig schmarotzenden Gewimmel all des Dunklen, das sich von Zersetzung nährt und an der Zerstörung gedeiht. Und über uns wölbt sich der gleiche Himmel, der über den letzten und zugleich ersten Menschen einer neuen Schöpfung blaute, und auch ob unsern Häuptern leuchtet der Bogen der Verheißungen Gottes in den Wolken. (…) Wir wissen nur eins: da wir übriggeblieben, will Gott noch etwas mit uns. Daß wir noch leben, bedeutet Berufung. (…) Uns ist das Kommende anvertraut. Wir haben den Weg zu bereiten, auf dem Gott unserm Volke wieder nahen will. (…) Wir müßten wieder durchstoßen zu den Wurzeln und Grundlagen unsres Daseins, zum anvertrauten und unverfälschten Erbe unsres Glaubens.“[10]

Persönliche Heimatlosigkeit: „der Kindheit steinernes Gewicht“

Die Scharfsicht von Ida Görres hat einen individuellen dunklen Grund. Ihr Vater Heinrich von Coudenhove starb, dem Kind kaum erinnerlich, bereits 1906 mit 50 Jahren; über ihre Mutter heißt es herb: Sie „mochte von ihren sieben Kindern nur die beiden Ältesten, die noch in Japan geboren waren, und ließ uns andere nie im Zweifel darüber (…) Wenn ich Hiesige wegen ‚mangelnder Nestwärme' klagen höre, muß ich fast lachen. Wir ahnten nicht einmal, daß man sowas vermissen kann.“[11]

Die Mutter, die in ihrer fremdartigen Schönheit und Zierlichkeit bis zum Tode des Vaters vor allem gesellschaftlich repräsentiert hatte, kehrte nach 1906 unerwartet die Seite des Befehlens und der

---

10 Ida Friederike Görres, Was wir wollen, in: dies., (Hg.), Kristall. Bild und Ebenbild. Werkheft für Mädchen, Frankfurt Juni 1947, 4-7, hier: 4ff.

11 Brief an Annemarie Langens, in: Frau im Leben, 1971.

Herrschaft über die Familie hervor. Ihren drei Töchtern Elsa[12], Olga[13] und Ida stand sie zurückhaltend gegenüber – einer der häufig ausgesprochenen Gründe war deren angeblich mangelnde „Schönheit“ wegen der europäisch-japanischen Mischung. Im Wesentlichen waren es Kinderfrauen, die die Geschwister erzogen. „Erinnerst du dich, wie die Welt von der Schloßperspektive aussah? So ungefähr wie eine ägyptische Stufenpyramide. Ganz oben wohnte ‚man' einsam auf weiter Höh'. (...) Unsere Gouvernanten und Erzieherinnen waren demütige schattenhafte Geschöpfe, die um unser Leben flatterten, ohne daß wir sie recht merkten. Eigentlich standen sie den Dienstboten viel näher als uns – und du weißt ja, die wohnten auf einem anderen Stern.“[14]
Mindestens bis zur Ehe 1935 mit Carl-Joseph Görres läuft der verschattete Hintergrund dieser liebeleeren Kindheit mit. So steht am Anfang Verlorenheit: keine unbefragte Zugehörigkeit, ein Aufgehobensein nur im brüchigen Willen und in der nachlässigen Sorge anderer. Ein Dasein, eng im eigenen Radius für sich selbst kämpfend, auf sich geworfen, spricht sich aus:

„Sieh meiner Zweifel quälendes Genage,
sieh meiner Kindheit steinernes Gewicht.

Gib mir, mein Gott, daß ich zu g l a u b e n wage,
denn meiner Seele Beben trägt es nicht.
O namenlose Angst: auf dünnem Eise
mit zagen Sohlen gehen – und das leise
zitternde Knistern läuft mit jedem Schritt

---

12 Die drei Jahre ältere Elsa (1898 Ronsperg – 1936 Paris), die Lieblingsschwester Idas, starb in jungen Jahren vermutlich an einem Gehirnschlag.

13 Von Olga Maria Marietta (1900 Ronsperg – 1976 Altenstadt/Iller) stammen *Erinnerungen an Mama* (o. Ort/Jahr), die das seelische Verwaistsein der Mutter in Europa bezeugen.

14 Zit. nach Annalies Stiglocher, Das Porträt: Ida F. Görres-Coudenhove. Typoskript WDR vom 8. 2. 1965, 6.

ganz heimlich mit …

Nimm mir die Angst vernarbter Werdejahre,
zu langen Hungers zitternd scheue Gier
zerschellter Träume würgendes Erfahren (…)“[15]

Doch als Anfang der 40er Jahre mit dem geliebten Mann Schloß Ronsperg und das naheliegende Kloster Stockau, wo die jüngeren Kinder nach dem Tod des Vaters aufwuchsen, wieder besucht werden, taucht nochmals Kindheit auf, und das zitternde Erwarten wird spürbar, ob Heimat sei – und siehe da, sie ist es, in Gestalt der alten Linde im Klosterhof:

„Rechts, links der Felder tiefmetallne Bänder,
grün, violett und gelb, ganz steil und schmal;
und hinter uns verströmt der Weg ins Tal
breitblau im Dunst.

Doch vor uns wachsen Ränder
von unbeweglichem, getürmtem Wald,
ausladend breit an blauer Kuppe Flanken,
wartend, uralt.

O Schweigen im verglasten Mittagslicht.

O weher Flug aufscheuchender Gedanken:
ob ferner Kindheit Bild noch drüben wohne,
ob langen Pilgerweg Enttäuschung lohne,
ich weiß es nicht –
Zag stocken Herz und Schritt.

---

15 Ida Friederike Görres, Bitte, in: dies., Gedichte, hg. v. H.-B. Gerl-Falkovitz, Dresden ³2011, 134.

Da hebt sich mächtig überm Hügelschnitt
der ersten Linde hochgewölbte Krone
und grüßt mich mit vertrautestem Gesicht."[16]

Auszug und Unrast

Heimatlosigkeit kann aber auch Ruf und Auftrag werden, der aus dem Gewohnten absondert: Zur Heimat wird das Unterwegs, die „Fahrt", die *aventure.* Ein Stachel der Unruhe wirkt in der jungen Frau, die 18 Monate 1924 bis 1925 bei den Englischen Fräulein in St. Pölten als Novizin zubringt, das Kloster aber verläßt, weil sie zu sehr „eine buddhistische Nonne" gewesen sei. Von da an bleibt die Suche:

„Ich weiß noch immer nicht, wer du mir bist,
nach dem ich fahre, Berg in blauer Ferne,
nach dem ich endlos wandern lerne,
und der an keinem Abend näher ist. (…)

Was kann ich wissen, wer du heimlich bist –
nur meine eigene Stimme widerhallt
aus deinem tiefen, deinem fremden Wald,
den nicht mein Ruf und nicht mein Schritt ermißt.

Ich habe lange Zelt und Dach verbrannt,
und hinter mir sind Gärten leer und tot,
und wandern muß ich, wandern über Land –
und kann nicht wissen, wer du wirklich bist –

doch über deinen rätselhaften Rand
steigt jeden Tag mein neues Morgenrot
und ruft und loht,

---

16 Ebd., 34; Titel: Alte Heimat. 1. Klosterweg.

und wandern muß ich, von dem Glanz gebannt,
zu dir, der keinen Abend näher ist."[17]

Pilgerschaft bleibt die lebenslange Intonation. Darin wirkt und treibt auch der Stachel der Reflexion: Ida Görres ist ein Mensch des Geistes. Ihre Sendung wird das Wort, die Klärung, die Unterscheidung der Geister. Wie sie in einem Brief bemerkte, war ihr nichts fremder als „reine" Philosophie; wohl aber kannte sie den philosophischen Logos, „die einzige strenge, rein geistige Leidenschaft, das kalte Feuer, das trotzdem glüht wie ein Morgenhimmel oder ein weißer Stern"[18]. Aber diese Sendung bedeutet „Wandern", kein Ausruhen, kein Zuhause – es sei denn im letzten, noch verborgenen Ankommen. Aber der „mächtige Flügelschlag" des Geistes macht heimatlos im Vorletzten.

„(...) und weiß,
weiß auf einmal wieder, daß meine Füße wund,
meine Schuh zerrissen, verdurstend mein Mund,
daß mein Weg zu lang allein gegangen
in der Flocken wirrem Einerlei
und mein Herz ward stumm vor Rastverlangen –
muß ich vorbei?

Was ist meines Wanderns verlorener Sinn?
war wirklich Einer, der rief?"[19]

Heimat: der Wald

Trotz aller frühen Entbehrungen gab es „das Wirkliche", tiefe Nahrung auch dieser Kindheit: „Der Duft der Dinge, die Güte der

---

17 Ebd., 19. – *Pilger* heißt Görres' erster schmaler Gedichtband, Stuttgart 1941.

18 Brief vom 23. März 1962 an Alfons Rosenberg (Archiv Gerl-Falkovitz).

19 Gedichte, 118.

Dinge, ich spiele schon lange damit, dieses Element als die ‚einspringende Gnade' in meiner Kindheit auszusprechen – das, was bis zu einem gewissen Maß die Öde und Kälte unsrer so merkwürdig gnaden-, geist- und liebeleeren Erziehung aufgewogen hat. Die ‚Stimmung' – das heißt aber: die Essenz, die Wesenheit von Haus und Zimmer und Wald und Jahreszeit, die sich stumm und mächtig ausströmend offenbarte und die Seele berührte – die einzigen ‚numinosen' Erfahrungen meiner Kindheit."[20] Vor allem der zeitlebens geliebte Wald verlieh das untilgbare Gefühl der Heimat. „Welcher Wald hat noch dieses unendliche Schweigen der Einsamkeit, mit sich selbst allein, vollkommen mit sich allein (...) die Lichtung mit braunen wehenden Polstern Zittergras, rotem Weiderich, Heidelbeeren, Himbeergebüsch und flachen heißen Felsbrocken und Sonne –."[21] Auf dieses Grunderlebnis des Kindes weist noch die späte Bemerkung von 1969 zurück: „Was der Wald mich gelehrt hat, das ist eingegangen bis ins Mark meines Selbst, das hat mein Gottesbild gefärbt, mein Selbstbegreifen und mein Menschenverständnis."[22]

Bangnis und bebende Erwartung lassen sich spüren bei dem erwähnten Besuch um 1940 in Ronsperg – und sie werden gestillt:

„Heller Keil in blauer Wälder Rand:
meiner Träume Spiegel war getreu,
deine Züge wurden fremd und neu,
staunend such ich, was ich einst gekannt.
(...)
Unsre Felsen, steil und märchenkühn –!
Junge Wälder, brausend aufgereckt,
haben sie verschlungen und versteckt,

---

20 Zwischen den Zeiten. Aus meinen Tagebüchern 1951-1959, Freiburg/Olten 1960, 360.

21 Nocturnen. Tagebuch und Aufzeichnungen, Frankfurt 1949, 23f.

22 Verlieben Sie sich in Freiburg, in: Unphilosophische Brocken 5, Freiburg 1969, 4.

alte Schiffe, tief im Wellengrün.

Höhle barg sich wieder im Geklüfte,
Zwergentor zu roter Füchse Bau –

Gleichgeblieben sind sich nur die Düfte,
Harz und Moos und ferne hoch der Lüfte
nie vergeßnes, nie versiegtes Blau.“[23]

Die nach vielen Umzügen über Chemnitz, Leipzig und Berlin in Stuttgart gelandete junge Frau schrieb 1943 unter dem Titel „Albfahrt“[24] im Blick auf die Ur-Heimat, in die sie nach 1945 nicht mehr zurückkehren durfte:

„Felsen und Wiesen blieben
und der geliebteste Wald,
doch mir zu eigen geschrieben
ewig in jeder Gestalt: //
und wo die schenkende Stunde
herrlich den Dreiklang beschert,
bin ich zum zeugenden Grunde
herzklopfend heimgekehrt.“

Berückende Landschaften, aufblühend selbst im Frostfenster, Bäume (immer wieder die vor Schönheit starren Kirschen, die Pracht der Buchen, der violette Wald), Täler mit „eines Baches langgestrecktem Glanz“ flammen auf. Herrlichkeit wird sichtbar, kaum zu bändigen in der vielverwendeten Strenge des Sonetts.

Unterwegs daheim

Das Bisherige kann als Signatur der Dichtung von Görres gelten, gegründet auf ihrer Lebenserfahrung: zu wenig Bergung in der

---

23 Gedichte, 35; Titel: Alte Heimat. 2. Lissaberg.

24 Ebd., 86f.

Herkunft, unruhige Lösung aus dem seelischen, sprachlichen und geographischen Raum der ersten Weltzuwendung, vor allem aus den familiären Beziehungen, Gang in die offene Frage nach dem Wohin – nach dem Sinn, dem Ziel, der Ausrichtung. Vor dieser Frage verblaßt das wenig tragende Woher. Die Bewegung nimmt beunruhigend überhand, die Sinnfrage bricht das Bisherige. Um so mehr, als gerade diese Beunruhigung die Frage nach Gott enthält und damit in die Ferne, ins Anderswo schickt. Sehnsucht, Verzagen, Hoffen, Ertragen des Umsonst, plötzliches Aufbrechen aller Knospen, das „wilde Gold" der Freude – alles zielt auf die geheime und offene Liebe, das Liebenwollen des Unbekannten, dessen Name quer durch die eigene Biographie geht und der sich doch nur scheu berühren läßt. Damit gravitiert das Dasein nicht mehr in sich selbst, in die eigene „Unfruchtbarkeit", wie sie jahrelang quält und eines besonderen „Rufs" bedurfte.

„Sieh, meine Netze hängen schlaff und tot,
drin wimmelt schlammig nur Gewürm und Tang –
ein ganzes Jahr, o Herr! so lang, so lang
lag ich wartend, wartend im Boot.

Die Wellen spülten mir gleißende Beute her,
dein Wind hat mir selig die blanken Segel gedehnt –
und ich hab Tag um Tag in die blaueste Ferne versehnt –
und mein Netz blieb leer.
(…)
Nun wandert Dein Schritt über weißen, wehenden Sand.

„Fahr ab vom Land,
fahr in die Tiefe, weit vom Strande fort,
fahr weit vom Land, wirf aus Dein Netz zum Zug."

Leg Deine Hand
noch einmal her

auf meines Schiffes ruhelosen Bug,
dann will ich still ins tiefste Wasser lenken.

Ein ganzes Jahr – und n i c h t s gefangen, Herr!
doch auf Dein Wort
will ich noch einmal meine Netze senken."[25]

In Unruhe gerät, wer mit Gott wirklich zu tun hat, wer „aus dem hellen Begreifen / leise ins lastende Dunkel göttlichen Rufes entglitt … "[26]
Wie Görres in ihren meisterhaften Hagiographien herausarbeitet, ist der durchgängige Charakter des Christus verpflichteten Lebens eine Wanderung, auch im Sinne von Wandlung, ein geradezu wundervoll paradoxes Unterwegs-Sein. Unruhe begleitet nachdrücklich die Sendung – beispielhaft bei Maria Ward[27]. Allerdings meint dies nicht spirituelle Nervosität, sondern ein Ausgerichtetsein auf „mehr als sich selbst", auf die gewaltige Finalität eines Lebens, dessen Erfüllung oder „Ruhe" im Sinne von Ankunft in der Heimat nicht zirkulär in sich selbst münden kann. Ruhe ist, in Zusammenfassung aller Sakramente, selbst ein Sakrament – aber erst nach nomadischer Weltreise.
Und so wandert man keineswegs nur zurück. Vielmehr ins Neue, Ungeahnte.

„Dein Gesicht – meine Heimat"

Dieser Titelsatz, Therese von Lisieux zugeschrieben, könnte auch von Görres gesagt sein. Denn wenn alles weggebrochen ist, was „sachlich" Heimat ausmacht, dann bleiben Personen, bleibt Lieben

---

25 Gedichte, 155f; Titel: Sonntag vom reichen Fischfang.

26 Ebd., 32.

27 Ida Friederike Coudenhove, Maria Ward. Eine Heldenlegende, Salzburg 1933; später u. d. T: Görres, Das große Spiel der Maria Ward, Frankfurt 1952.

und Geliebtwerden – und die Glut der geistigen Beziehung lodert in Görres' Ehe, in ihren Freundschaften hoch auf.

„Längst ist die Wurzel gerissen,
nirgends hält mich ein Land:
Heimat und Scholle und Kissen
ward eine einzige Hand."[28]

Unbekannte Ferne wird durch Liebe zur vertrautesten Heimat:
„Hörst du das Rauschen
unsrer Wälder zum erstenmal?
In deinen Armen
sang dir nicht längst schon mein Herzschlag,
Liebster, das uralte Lied?" (4.11.1944)[29]

Umgekehrt gibt es ein „Nicht-Gehaltensein", einen Fall ins Leere, wenn die Befreundungen brechen. Und noch eine Bitterkeit gibt es: in der Heimat sein, aber unerkannt bleiben. In der Erzählung „Die Braut des Alexis"[30] schildert Görres die Legende des heiligen Knechtes, der, um alte Schuld zu sühnen, unerkannt auf dem eigenen Gut dienend „unter der Treppe" wohnte und schlief. Alexis bleibt in „strahlender Anonymität" – aber ist es noch Heimat, wenn man nicht erkannt, nicht anerkannt ist, wenn jemand in „sein Eigentum kommt, aber die Seinen nehmen ihn nicht auf"?
In dieser Einsamkeit trägt Kirche – nicht als Bau, sondern als beglückende, wenn auch zeitweise verhüllte Gemeinschaft bekannter, unbekannter, werdender, zur Heiligkeit reifender Menschen, durchstrahlt im Inneren selbst vom Antlitz des Herrn. Die Heiligen: Vertraute Namen, ernst oder legendenhaft überwölbt, werden in den meisterhaften hagiographischen Arbeiten von Görres neu freigelegt – sie holt ungesehene, unbegriffene Wahrheit, Glück und

28 Gedichte, 86.
29 Ebd., 181; Titel: Wald der Kindheit.
30 Die Braut des Alexis und andere Mädchengeschichten, Freiburg 1949.

Schmerz aus dem längst Gewußten heraus. Nach dem großen Therese-Buch[31], das ihr wegen des psychologischen und milieutheoretischen Blicks nicht nur Freunde einbrachte, widmete sie sich dem Studium John Henry Newmans. Die Frucht dieser jahrelangen Arbeit zwischen 1944 und 1949 zeigt wie in einem Blitzlicht ihre kongeniale Fähigkeit zur Erfassung des Wesentlichen: Görres liest ihn als *âme détruite*, als „zerstörte Seele“[32]. Einmal erscheint die eigene, nicht betonte, aber lautlos auftauchende Verwandtschaft zwischen Newman und ihr selbst – sie erfährt die unvermuteten Wehen einer „Heimkehr“; Newman war dabei über 45, sie war 50 Jahre alt:
„Keine Mutter als die Kirche – ich bin eine Tochter der Kirche. Und ich habe sie alle (= die Theologen) geliebt und bin ihnen angehangen nicht nur wie eine Tochter und Schwester, sondern wie eine japanische Tochter und Schwester: mit dem ganzen japanischen Pathos der bedingungslosen Pietät und Unterworfenheit. (…) Was ich jetzt erlebe, ist echte ‚Konversion'. Wie Konvertiten sich trennen oder doch distanzieren müssen vom Elternhaus ihrer Kirche, von Glaubensbrüdern, vom ‚Glauben der Väter' und seinen süßen vertrauten Gewohnheiten und Denkweisen: so wandere ich jetzt, in gewissem Sinn, aus dem Katholizismus zur Kirche, von den Katholiken zum katholischen Christsein, von der kleinen gewohnten Sicht in die weiten, erschreckenden, unfamiliären Horizonte. So werde ich mit fünfzig Jahren endlich, allmählich katholisch.“[33]
So zeichnet sich erst in diesen „weiten Horizonten“ Heimat ab – und das Wort hat jeden allzu bequemen und gemütlichen Ton eingebüßt. Denn immer noch meint Heimat keine Nähe, keine empfundene Wärme, kein unmittelbares Geborgensein – aber die Zuversicht endgültigen Ankommens. „Uns muß das Wissen genügen,

---

31 Das verborgene Antlitz. Eine Studie über Therese von Lisieux, Freiburg ²1946.

32 Der Geopferte. Ein anderer Blick auf John Henry Newman, hg. v. H.-B. Gerl-Falkovitz, Vallendar ³2011.

33 Nocturnen. Tagebuch und Aufzeichnungen, Frankfurt/Main 1949, 192.

daß die Stadt auf dem Berge noch steht hinter dem Nebel, der sie vielen unsichtbar macht, und daß die Feinde oft nur Kulissen und Scheinbilder zerschlagen können. Wir müssen Schneeschmelze und Hochwasser abwarten können und selbst sternenlose Nacht, wissend, daß Gestirne beständiger sind als Wolken. An uns ist die unaufhörliche Bitte um Unterscheidung und Liebe, um Gerechtigkeit und Geduld – und um die unerschütterliche *Liebe* zur Kirche."[34]

Nach all dem Gesagten ist es weder sentimental noch oberflächlich, wenn endlich gilt: Kirche ist Heimat im Heimatlosen. Gerade diese konventionelle Aussage, die das heranwachsende Mädchen bis zu einer Lektüre über Franz von Assisi auch als konventionelle Phrase erlebte, stellt sich lebenslang als unerschöpfliches Geheimnis heraus. In Haus und Arche der Heiligen, im Schiff der Kirche findet Görres unerschöpflich und überströmend endlich ein Heimischwerden im Geheimnis der Kirche.

„Man tut immer, als sei das Segnen und Weihen auch einer der überflüssig-dekorativen Schnörkel am Saum der Kirche. In Wirklichkeit ist es eine ihrer Hauptfunktionen (...) Dazu gehört jedes Heilen und Heiligen, jedes Beschützen und Heimholen, jedes Bergen in den Raum Gottes hinein."[35] Denn alles Einbegriffen-Sein zielt auf die geheime und offene Liebe, das Liebenwollen des Unbekannten, des großen Lockenden, dessen Ruf quer durch die eigene Biographie geht und dem sich mit wunden Füßen, mit steilem Willen, folgen läßt.

„Was ist meines Wanderns verlorener Sinn?
war wirklich Einer, der rief?
Ich trag doch einen versiegelten Brief –
und Du weißt es, wohin."[36]

---

34 Im Winter wächst das Brot. Sechs Versuche über die Kirche, Freiburg 1970,130.

35 Zwischen den Zeiten, 190.

36 Gedichte, 118.

Michael Hesemann

16.10.1943 – Die Stunde des Papstes

Deutscher General bricht sein Schweigen:
Wie Pius XII. die Juden Roms rettete

In den frühen Morgenstunden des 16. Oktober 1943 verhaftete die SS 1.259 der 8.000 Juden Roms. Dann endeten die Deportationen plötzlich. Was war geschehen? Diese Frage wurde lange von Historikern kontrovers diskutiert. Jetzt verschafft die Aussage eines deutschen Wehrmacht-Generals Klarheit.

Vor ziemlich genau 75 Jahren, am 2. Juni 1943, sprach Papst Pius XII. vor dem Kardinalskollegium über die Schrecken der Schoah, der von den Nazis angeordneten „Endlösung der Judenfrage“, die mit größter Brutalität in den von der Wehrmacht besetzten Gebieten Osteuropas vonstatten ging. Ihn erreichten täglich „... die zahlreichen Bitten derjenigen, die sich mit angsterfüllten Herzen flehend an uns wenden. Es sind diejenigen, *die wegen ihrer Nationalität oder wegen ihrer Rasse von größerem Unheil und schwereren Schmerzen gequält werden und die manchmal sogar, ohne eigenes Verschulden, zur Ausrottung bestimmt sind*“, erklärte der Papst. Dennoch verzichtete er auf einen offenen Protest, da er fürchtete, dass dieser Hitlers rasende Wut nur noch mehr entfachen, das Tempo des Mordens beschleunigen könnte: „Jedes Wort, das darüber von Uns an die zuständigen Behörden gerichtet wird, jede öffentliche Anspielung, muss mit allergrößtem Ernst erwogen werden, im eigenen Interesse derjenigen, die leiden, damit ihre Lage nicht noch schwerer und unverträglicher gemacht wird als vorher, auch nicht durch Unachtsamkeit, ohne es zu wollen.“ Stattdessen versuchte er alles Menschenmögliche, Juden vor den Deportationen zu retten, während er im Geheimen mit den Kräften kollaborierte, die Hitlers Sturz planten. Vor eine Bewährungsprobe wurde die päpstliche Politik gestellt, als die Nazis im September 1943 Rom besetzten – und

einen Monat später auch dort mit der Deportation der Juden begannen.
Mindestens seit dem 2. Jh. v. Chr. leben Juden in Rom, ihre Gemeinde gilt als die Älteste auf dem europäischen Kontinent. Doch nie in ihrer bewegten 2000jährigen Geschichte schwebten sie in so großer Gefahr wie in den neun Monaten der deutschen Besatzung, zwischen September 1943 und Juni 1944. Dabei wogen sie sich zunächst in trügerischer Sicherheit.
Am 16. September 1943, eine Woche nach der Einnahme Roms durch deutsche Truppen, hatte der Reichsführer der SS, Heinrich Himmler, die Deportation der geschätzt 56.000 italienischen Juden befohlen, von denen ca. 8.000 in Rom lebten. Wahrscheinlich durch einen Kontaktmann in der deutschen Abwehr erfuhr auch der Vatikan von den Plänen, wie aus der Note des Staatssekretariats vom 17. September, „Befürchtete Maßnahmen gegen die Juden Italiens", hervorgeht. Pius XII. ordnete an, schnell zu handeln. Gleich am nächsten Tag stellte das Staatssekretariat fest: „Die Juden Roms sind alarmiert". Jenen, die gerade aus Frankreich nach Rom geflüchtet waren, wurde dringendst empfohlen, die Stadt zu verlassen. Die jüdischen Römer aber fühlten sich sicher. Sie hielten es für praktisch ausgeschlossen, dass die Nazis in der Stadt des Papstes zuschlagen würden. So bat, wie die Akten des vatikanischen Staatssekretariates zeigen, gerade einmal eine einzige jüdische Familie am 1. Oktober 1943 um Unterschlupf in einem Nonnenkloster an der Via Garibaldi, ein Gesuch, dem Papst Pius XII. persönlich stattgab.
Diese falsche Sicherheit verstärkte sich, als der SS-Kommandant in Rom, Obersturmbannführer Herbert Kappler, am 26. September die beiden Vorsitzenden der jüdischen Gemeinde, Ugo Foá und Dante Almansi, in seine Residenz in der Villa Wolkonsky bestellte. Dort teilte er ihnen mit, dass Deportationen geplant seien, bot ihnen aber die Möglichkeit an, sich freizukaufen. Würde es ihnen in den nächsten 24 Stunden gelingen, 50 Kilogramm Gold bei ihm abzuliefern, würden sie unbehelligt bleiben. Doch trotz

größter Anstrengungen schafften sie es zunächst nur, 35 kg zu sammeln. Also wandte sich der Oberrabbiner von Rom, Israel Zolli, hilfesuchend an den Papst. Sofort sagte Pius XII. zu, den Juden das Gold zu leihen und gab Anweisung, das Nötige in den Weg zu leiten. Kurz darauf vermerkte Comm. Ing. Bernadino Nogara, Chef des Vatikanischen Schatzamtes, Rabbi Zolli habe ihm mitgeteilt, die päpstliche Hilfeleistung würde nun doch nicht gebraucht; die fehlenden 15 Kilo seien bereits „von katholischen Gemeinden“ zur Verfügung gestellt worden. Als Kappler das Gold entgegennahm, versicherte er den Juden, sie seien jetzt sicher. So blieben sie untätig. Sie schöpften weder Verdacht, als der SS-Kommandant nur einen Tag nach der Goldübergabe die jüdischen Gemeinderäume durchsuchen und die Adresskartei ihrer Mitglieder beschlagnahmen ließ, noch als am 6. Oktober eine Eliteeinheit aus 365 Männern der Waffen-SS unter Kommando des SS-Hauptsturmführers Theodor Dannecker in Rom eintraf. Er war als Adolf Eichmanns „Mann fürs Grobe“ bekannt und bereits in Paris dafür eingesetzt worden, die französischen Juden nach Auschwitz zu deportieren. Das SS-Kommando bezog Quartier in einem Hotel an der Piazza Bernini, um die römische „Judenaktion“ minutiös vorzubereiten. Das entging nicht der Deutschen Botschaft in Rom, die längst zum Sammelbecken für regimekritische Diplomaten geworden war. Als der deutsche Kon-

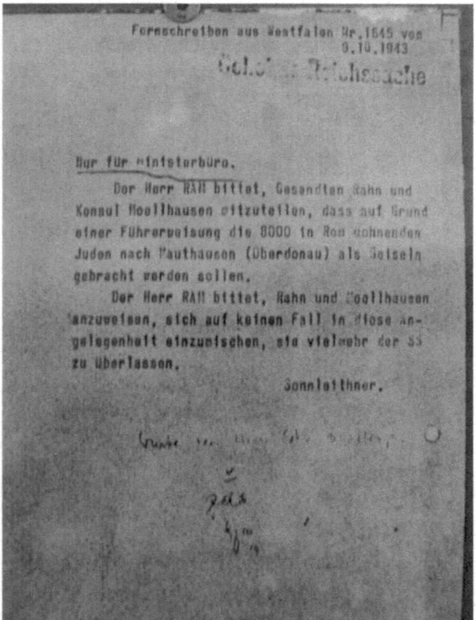

Fernschreiben aus Westfalen Nr. 1645 vom 9.10.1943

Nur für Ministerbüro.

Der Herr RAM bittet, Gesandten Rahn und Konsul Moellhausen mitzuteilen, dass auf Grund einer Führerweisung die 8000 in Rom wohnenden Juden nach Mauthausen (Oberdonau) als Geiseln gebracht werden sollen.

Der Herr RAM bittet, Rahn und Moellhausen anzuweisen, sich auf keinen Fall in diese Angelegenheit einzumischen, sie vielmehr der SS zu überlassen.

Sonnleithner.

sul Eitel Friedrich Möllhausen beim Reichsaußenministerium in Berlin um Aufklärung bat und Bedenken anmeldete, bestätigte Franz von Sonnleithner in einem Fernschreiben vom 9. Oktober im Auftrag von Reichsaußenminister von Ribbentrop, „dass aufgrund einer Führerweisung die 8000 in Rom lebenden Juden" deportiert werden sollten und „nach Mauthausen (Oberdonau) als Geiseln gebracht" würden. Diese Angelegenheit aber sei „der SS zu überlassen."

Der verhängnisvolle 16. Oktober

Als der Morgen des 16. Oktobers 1943 dämmerte, schlug die SS zu. Es war ein Samstag, ein regnerischer Herbsttag, und er sollte als Blut-Schabbat in die Geschichte der jüdischen Gemeinde Roms eingehen. Exakt um 5.30 Uhr drangen die 365 mit Maschinengewehren bewaffneten SS-Männer in die Häuser des Viertels um die römische Synagoge, des ehemaligen jüdischen Ghettos, ein. Mit Hilfe der vorbereiteten Listen durchkämmten sie der Reihe nach die Wohnungen und trieben alle Bewohner, die sie finden konnten, auf die Straße. Die Opfer der Razzia, genau 1.259 Personen, wurden zunächst in das Collegio Militare auf dem gegenüberliegenden Lungotevere gebracht.

Noch während der Aktion, gegen 6.30 Uhr, informierte eine Freundin die römische Prinzessin Enza Pignatelli-Aragona über die Verhaftungen, die wiederum sofort den Papst unterrichten wollte. Das erwies sich als schwierig, denn in Rom war noch Sperrstunde. Schließlich bat sie einen jungen Mitarbeiter der deutschen Botschaft, Karl Gustav Wollenweber, sie in seinem Dienstwagen in den Vatikan zu fahren. Dort wurde sie sofort zu Pius XII. vorgelassen, der gerade in seiner Privatkapelle die Morgenmesse beendet hatte. Bewegt lauschte er den Schilderungen der Prinzessin, wobei er immer wieder betonte, die SS habe doch versprochen, die Juden Roms zu verschonen. Dann handelte er, „sehr erregt und mit Tränen in den Augen", wie sie sich später erinnerte. In ihrer

Gegenwart rief er Kardinalstaatssekretär Maglione an, verlangte, den deutschen Vatikanbotschafter Ernst von Weizsäcker sofort in den Vatikan zu bestellen. Der Inhalt der folgenden Unterredung ist dokumentiert, da Maglione gleich danach ein schriftliches Protokoll anfertigte. Es widerlegt eindrucksvoll die nach dem Krieg von Weizsäcker verbreitete Version, er habe vergeblich versucht, den Papst zu einem Protest zu bewegen. Tatsächlich nämlich drohte Maglione im Namen des Papstes ein öffentliches „Wort des Missfallens" an, „wenn die Dinge weitergehen sollten". Von Weizsäcker dagegen warnte vor den „Konsequenzen, die ein Schritt des Heiligen Stuhls provozieren könnte. Die Direktiven kommen von höchster Stelle." Was er damit meinte, war auch im Vatikan Dank eines Kontaktes zur deutschen Abwehr längst bekannt: Adolf Hitler hatte dem Obersten SS-Kommandanten in Italien, General Karl Wolff, gerade persönlich den Befehl erteilt, den Vatikan zu besetzen und Pius XII. „zu seiner Sicherheit" nach Deutschland oder Liechtenstein zu bringen.

„Sollte sich der Heilige Stuhl dennoch (zu einem Protest) gezwungen sehen, würde er sich, was die Konsequenzen anbelangt, der göttlichen Vorsehung anvertrauen", schmetterte Kardinal Maglione die subtile Drohung ab. Von Weizsäcker versprach, alles ihm Mögliche zu tun, um die Deportation zu stoppen. In einem weiteren Gespräch bekniete er auch den Papstvertrauten und Unterstaatssekretär Giovanni Battista Montini (den späteren Papst Paul VI.), auf keinen Fall öffentlich zu protestieren. Eine Äußerung des Papstes würde „nur bewirken, dass die Abtransporte erst recht durchgeführt werden." Er kenne die Reaktion der eigenen Leute nur zu gut, versicherte der deutsche Botschafter.

Pius XII. wusste nur zu gut, wie zutreffend diese Warnung war. Als der Erzbischof von Utrecht, de Jong, gegen die Deportation der holländischen Juden protestierte, folgte die Vergeltung der Nazis umgehend: Jetzt wurden auch Katholiken jüdischer Abstammung in die Todeslager verfrachtet, sogar die Klöster durchsucht. Edith Stein war das prominenteste Opfer dieser Racheaktion, die

auch den Papst damals überzeugte, dass ein öffentlicher Protest kein Weg war, um das Morden der Nazis zu stoppen.
Doch an diesem 16. Oktober verließ sich Pius XII. nicht auf die vatikanische Diplomatie. Wahrscheinlich ahnte er, dass von Weizsäcker nur nach Berlin berichtete, was man dort hören wollte. Sein Widerstand, dessen er sich später rühmte, war so subtil, dass er wenig bewirkte und kaum Spuren hinterließ; allenfalls beschwichtigte er die Nazis, um eine Eskalation zu vermeiden. So schickte der Papst seinen Neffen, Prinz Carlo Pacelli, zu dem österreichischen Bischof Alois Hudal, dem Rektor der deutschen Nationalstiftung Santa Maria dell'Anima. Hudal hatte sich schon früh um einen Dialog zwischen der Kirche und dem Nationalsozialismus bemüht und war deshalb im Vatikan zur persona non grata geworden. Doch jetzt nutzte man seine guten Kontakte zu den deutschen Besatzern, speziell zum Römischen Stadtkommandanten, Generalmajor Rainer Stahel. Im Beisein Pacellis diktierte Hudal einen Brief an Stahel, in dem er ausdrücklich vor einem Protest des Papstes warnte. Bei meinen Recherchen im Archiv der Anima gelang es mir im September 2011, eine mit der Inventarnummer 373 katalogisierte Aktennotiz des Bischofs ausfindig zu machen, die sowohl den Text dieses Briefes wie die Antwort des Generals enthielt. Ich veröffentliche sie an dieser Stelle zum ersten Mal im Original-Wortlaut:
„Herrn Generalmajor Stahel
Deutsches Kommando Rom:
Ich darf hier eine sehr dringende Mitteilung anschließen. Eben berichtet mir eine hohe Vatikanische Stelle aus der unmittelbaren Umgebung des Heiligen Vaters, dass heute morgens die Verhaftungen von Juden italienischer Staatsangehörigkeit begonnen haben. Im Interesse des friedlichen Einvernehmens zwischen Vatikan und deutschem Militärkommando, bitte ich vielmals eine Ordre zu geben, dass in Rom und Umgebung diese Verhaftungen sofort eingestellt werden. Das deutsche Ansehen im Ausland fordert eine solche Massnahme und auch die Gefahr, dass der Papst

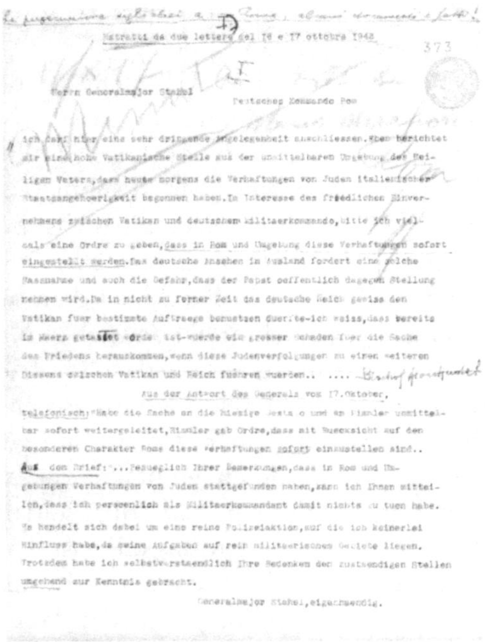

Estratti da due lettere del 16 e 17 ottobre 1943

373

Herrn Generalmajor Stahel

Deutsches Kommando Rom

Ich darf hier eine sehr dringende Angelegenheit anschliessen. Eben berichtet mir eine hohe Vatikanische Stelle aus der unmittelbaren Umgebung des Heiligen Vaters, dass heute morgens die Verhaftungen von Juden italienischer Staatsangehoerigkeit begonnen haben. Im Interesse des friedlichen Einvernehmens zwischen Vatikan und deutschem Militaerkommando, bitte ich vielmals eine Ordre zu geben, dass in Rom und Umgebung diese Verhaftungen sofort eingestellt werden. Das deutsche Ansehen im Ausland fordert eine solche Massnahme und auch die Gefahr, dass der Papst oeffentlich dagegen Stellung nehmen wird. Da in nicht zu ferner Zeit das deutsche Reich gewiss den Vatikan fuer bestimmte Auftraege benuetzen duerfte-ich weiss, dass bereits im Maerz getastet worden ist-wuerde ein grosser Schaden fuer die Sache des Friedens herauskommen, wenn diese Judenverfolgungen zu einem weiteren Dissens zwischen Vatikan und Reich fuehren wuerden.. ....

Aus der Antwort des Generals vom 17. Oktober,

telefonisch: "Habe die Sache an die hiesige Gestapo und an Himmler unmittelbar sofort weitergeleitet, Himmler gab Ordre, dass mit Rueksicht auf den besonderen Charakter Roms diese Verhaftungen sofort einzustellen sind..

Aus dem Brief: "...Bezueglich Ihrer Bemerkungen, dass in Rom und Umgebungen Verhaftungen von Juden stattgefunden haben, kann ich Ihnen mitteilen, dass ich persoenlich als Militaerkommandant damit nichts zu tuen habe. Es handelt sich dabei um eine reine Polizeiaktion, auf die ich keinerlei Einfluss habe, da meine Aufgaben auf rein militaerischem Gebiete liegen. Trotzdem habe ich selbstverstaendlich Ihre Bedenken den zustaendigen Stellen umgehend zur Kenntnis gebracht.

Generalmajor Stahel, eigenhaendig.

öffentlich dagegen Stellung nehmen wird… (weshalb) diese Judenverfolgungen zu einem weiteren Dissens zwischen Vatikan und Reich führen würden."

Diesen Brief überbrachte Prinz Pacelli gemeinsam mit einem weiteren engen Vertrauten des Papstes, der mit dem General bereits persönlich bekannt war: Pater Pankratius Pfeiffer, der Generalobere der Salvatorianer. Pater Pfeiffer, der bei den Verfolgten des NS-Regimes nur als der „Engel von Rom" bekannt war, versuchte schließlich noch in einem persönlichen Gespräch, Stahel davon zu überzeugen, dass die Deportationen gestoppt werden müssten.

Und tatsächlich: Noch am selben Tag um genau 14.00 Uhr gab SS-Reichsführer Heinrich Himmler Befehl, die Verhaftungen der Juden „mit Rücksicht auf den besonderen Charakter Roms sofort einzustellen".

Doch was war geschehen? Hatte tatsächlich die päpstliche Intervention Erfolg gehabt, wie es die Verteidiger Pius XII. seitdem behaupten? Oder haben Pius-Gegner wie John Cornwell oder der deutsche Sozialpädagoge Klaus Kühlwein recht, wenn sie behaupten, die Razzia sei ohnehin bereits abgeschlossen gewesen, die SS habe aufgegeben, als sie statt der zuvor ermittelten 8.000 nur 1.259 Juden aufspüren konnte (auch wenn die SS nicht gerade für ihre Nachlässigkeit bekannt war).

Einen ersten Hinweis gab Lt. Dr. Nikolaus Kunkel , der damals als junger Ordonnanzoffizier bei Generalmajor Stahel diente, im November 2000 in einem Interview mit der KNA. Danach schickte General Stahel seinen Adjutanten zunächst mit einem versiegelten Brief zu Ernst von Weizsäcker; wahrscheinlich dem Hudal-Brief, der nachweisbar noch am selben Tag an das Außenamt in der Berliner Wilhelmstrasse telegrafiert wurde; Ribbentrop leitete ihn am 23. Oktober an den Organisator der „Endlösung", Adolf Eichmann, im Reichssicherheitshauptamt weiter. In seinem Begleitbrief, so Kunkel, bat Stahel den Botschafter, sich in Berlin für einen Stopp der „Judenaktion" einzusetzen. Von Weizsäcker ließ Kunkel in seinem Vorzimmer warten. Als er zurückkehrte, hatte er den Brief wieder in der Hand. „Bitte geben Sie ihn dem General zurück", erklärte er dem Adjutanten, „ich bedaure, dass ich in dieser Angelegenheit leider nicht nützlich sein kann." Als Kunkel davon berichtete, verlangte der Generalmajor von seinem Vorzimmer im Hotel Flora an der Via Veneto eine Direktverbindung mit Heinrich Himmler. Der Inhalt des Gespräches mit dem Reichsführer blieb lange ein Geheimnis. Nur eines war sicher: es schadete Stahels Karriere. Nur zwei Wochen später wurde er trotz gesundheitlicher Probleme am 30. Oktober mit sofortiger Wirkung an die Ostfront versetzt. Bei der Verteidigung Warschaus geriet er in russische Gefangenschaft. Nach russischen Quellen verstarb er 1952 in einem Gefängnis in Vladimir östlich von Moskau, nach anderen Berichten 1955 im Kriegsgefangenenlager von Woikowo.
Doch dann löste ein Historiker des Vatikans das Rätsel. Pater Peter Gumpel, S.J., der Geschichte an der Päpstlichen Universität Gregoriana lehrte, leitete jahrzehntelang als Relator (Untersuchungsrichter) den Seligsprechungsprozess Pius XII., dessen „Heroischer Tugendgrad" im Dezember 2009 von Papst Benedikt XVI. bestätigt wurde. Im Verlauf seiner Ermittlungen gelang es ihm, einen Kronzeugen für diese Episode ausfindig zu machen.
Dietrich Beelitz, später zum Generalmajor befördert, diente damals als Oberst im Generalstab von Generalfeldmarschall Albert

Kesselring, dem Oberbefehlshaber der Wehrmacht in Italien. Als solcher war er Zeuge, als sich Stahel nach Erhalt seines Versetzungsbefehls verabschiedete. Beelitz lebte nach dem Krieg ziemlich zurückgezogen, dachte nie daran, seine Erinnerungen aufzuschreiben und lehnte Interviews von Historikern und Journalisten prinzipiell ab. Doch als Pater Gumpel ihn kontaktierte, war er zu einem vertraulichen Gespräch am Telefon bereit. Dabei erinnerte sich Beelitz noch sehr genau an den letzten Besuch Stahels im Hauptquartier Kesselrings. Er war ziemlich erstaunt gewesen über die plötzliche Versetzung des römischen Stadtkommandanten und fragte ihn damals nach dem Grund. „Das war eine Rachemaßnahme von Heinrich Himmler", erwiderte Stahel. Der Reichsführer SS fühlte sich von ihm hinters Licht geführt.

„In scharfen Worten", so Stahel, habe er Himmler auf die Gefahren hingewiesen, die durch die Deportation der Juden drohte. Schließlich sei er für die Versorgung der Truppen verantwortlich, die im Süden Italiens gegen die anrückenden Alliierten kämpften. Bei Tag seien Lebensmitteltransporte fast unmöglich, weil die angloamerikanische Luftwaffe regelmäßig seine Lastwagen angriff, bei Nacht störten die Partisanen den Nachschub. Noch wären das wenige; doch wenn die Verfolgung der Juden fortgesetzt würde, wenn wohlmöglich der Papst protestierte, könne es schnell in Rom zu einem Aufstand gegen die Deutschen kommen, würden die Partisanen unkontrollierten Zulauf bekommen. Die Versorgung der Truppen wäre dann unmöglich, die Südfront verloren. Wenn er, Himmler, dafür die militärische Verantwortung übernehmen wolle, dann solle er das nur tun, drohte Stahel dem Reichsführer. Himmler, der von militärischen Fragen sehr wenig verstand, ließ sich davon beeindrucken und gab sofort den Befehl an die SS, die Judenaktion von Rom abzubrechen. Erst als er erfuhr, dass in Rom alles andere als ein Aufstand drohte und dass der General nur auf eine direkte Intervention des Papstes reagiert hatte, rächte er sich an Stahel und bewirkte dessen Versetzung an die Ostfront.

Da Generalmajor Beelitz keine Öffentlichkeit wünschte, versprach ihm Pater Gumpel, seine Aussage zeitlebens vertraulich zu behandeln. Erst nach seinem Tod 2002 stand einer Veröffentlichung nichts mehr im Wege. So fand das Interview Eingang in die 2004 gedruckte Positio; doch erst im September 2010 erlaubte Pater Gumpel mir die Publikation. Das ein Jahr später im Archiv der Anima entdeckte Hudal-Memorandum bestätigt Beelitz' Aussage. In ihm nämlich zitiert der Bischof „aus der Antwort des Generals vom 17. Oktober, telefonisch: ‚Habe die Sache an die hiesige Gestapo und an Himmler unmittelbar sofort weitergeleitet. Himmler gab Ordre, dass mit Rücksicht auf den besonderen Charakter Roms diese Verhaftungen sofort einzustellen sind.“ Zudem erwähnt er einen „eigenhändigen“ Brief Generalmajor Stahels vom gleichen Tag mit dem Wortlaut: „Bezüglich Ihrer Bemerkungen, dass in Rom und Umgebung Verhaftungen von Juden stattgefunden haben, kann ich Ihnen mitteilen, dass ich persönlich als Militärkommandant damit nichts zu tun habe. Es handelt sich dabei um eine reine Polizeiaktion, auf die ich keinerlei Einfluss habe, da meine Aufgaben auf rein militärischem Gebiet liegen. Trotzdem habe ich selbstverständlich Ihre Bedenken den zuständigen Stellen umgehend zur Kenntnis gebracht.“

Tatsächlich endeten also die Verhaftungen der römischen Juden auf Befehl Himmlers. Zudem wurden 252 der bereits Festgenommenen aus den unterschiedlichsten Gründen wieder freigelassen. Doch für 1.007 Juden kam jede Hilfe zu spät. Sie wurden nicht, wie es ursprünglich hieß (und man auch im Vatikan glaubte) in das Arbeitslager Mauthausen gebracht, sondern nach Auschwitz. Auch das war eine Vergeltungsmaßnahme – dieses Mal von Adolf Eichmann. So heißt es in den Akten seines Prozesses in Jerusalem in der Anklageschrift: „Als der Papst persönlich zugunsten der Juden Roms intervenierte … und Eichmann gebeten wurde, sie in italienische Arbeitslager zu bringen, statt sie zu deportieren, wurde diese Bitte abgeschlagen – die Juden wurden nach Auschwitz geschickt.“

STATE OF ISRAEL
MINISTRY OF JUSTICE

THE TRIAL
OF
ADOLF EICHMANN

Record of Proceedings in the District Court of Jerusalem

in his work. When the Pope himself interceded for the Jews of Rome, who were arrested "practically underneath the Vatican windows" (in the words of the German Foreign Ministry), and Eichmann was asked to leave them in Italian labour camps instead of deporting them, the request was turned down – the Jews were sent to Auschwitz.

Wie wenig man das im Vatikan erahnen konnte, beweist die umfangreiche Korrespondenz der folgenden Wochen, die bereits von dem Jesuitenpater und Historiker Pierre Blet et al. 1975 (im 9. Band der „Actes et Documents du Saint Siege relatifs a la Seconde Guerre Mondiale, S. 512 ff.) veröffentlicht wurde. Zunächst bemühte sich das vatikanische Staatssekretariat, so viele der bereits Festgenommenen wie möglich freizubekommen, dann, ihnen zumindest Hilfsgüter und Kleidung für den Winter zukommen zu lassen. So hielt Msgr. Montini, der spätere Papst Paul VI., damals der zweite Mann des vatikanischen Staatssekretariats, „Ex Aud SS.mi", also nach seiner Audienz bei Pius XII. am 18. Oktober, die Worte des Papstes fest: „Tun Sie alles, was Sie können!" Noch einmal versucht er sein Glück durch eine „Demarche zugunsten der arrestierten Juden", wie das nächste Dokument in der Sammlung belegt. Erst jetzt erfuhr er, dass der Zug mit den Deportierten bereits die Ewige Stadt verlassen hatte. Am 23. Oktober wurde Botschafter von Weizsäcker erneut in den Vatikan bestellt und dieses

Mal von Pius XII. persönlich empfangen. Auf die Bitte des Papstes, sich für die römischen Juden einzusetzen, erwiderte dieser zynisch: „wenn Sie etwas wegen der Deportation dieser Juden machen wollen, dann machen Sie es bald.“ Noch am 3. November und am 29. Dezember 1943 forderte Kardinal Orsenigo den deutschen Botschafter dringend auf, „Informationen über die deportierten Juden“ zu beschaffen, die man wohl noch immer für „Geiseln in Mauthausen“ hielt, leider beide Male ohne Erfolg. Am 20. Januar 1940 versucht Msgr. Montini schließlich, das Gerücht (!) zu überprüfen, die römischen Juden seien „in ein Konzentrationslager in Polen“ gebracht worden. Am 8. Februar 1940 bittet das vatikanische Staatssekretariat dann die Mission Catholique Suisse, Ermittlungen über ihr Schicksal anzustellen. Zu diesem Zeitpunkt waren die meisten von ihnen längst in Auschwitz ermordet worden.

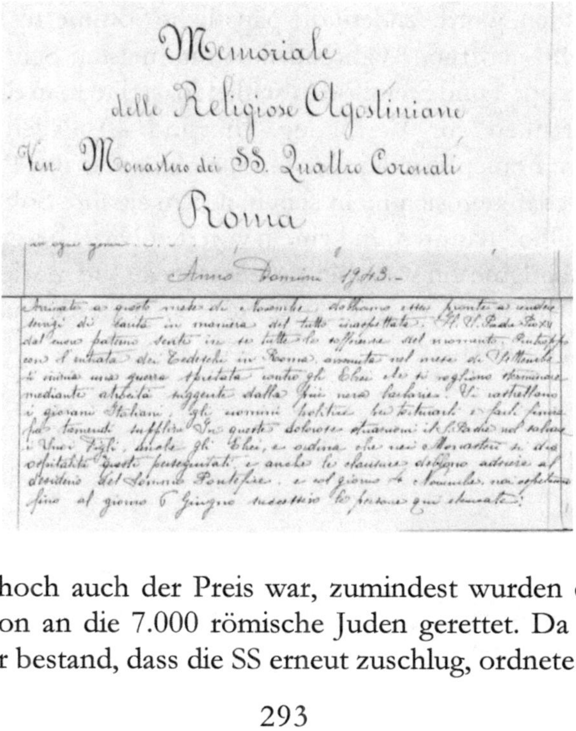
Memoriale
delle Religiose Agostiniane
Ven. Monastero dei SS. Quattro Coronati
Roma

Anno Domini 1943.-

Arrivati a questo mese di Novembre, dobbiamo essere pronte ad usare
prodigi di carità in maniera del tutto inaspettata. Il S. Padre Pio XII
dal suo paterno [illegible] in se tutte le sofferenze del momento. Purtroppo
con l'entrata dei Tedeschi in Roma, avvenuta nel mese di Settembre
si inizia una guerra spietata contro gli Ebrei che si vogliono sterminare
mediante atrocità suggerite dalla più nera barbarie. Si rastrellano
i giovani Italiani, gli uomini politici [illegible] e [illegible]
[illegible] soffrire. In queste dolorose situazioni il S. Padre vuol salvare
i Suoi Figli, anche gli Ebrei, e ordina che nei Monasteri si dia
ospitalità a questi perseguitati, e anche le clausure debbono aderire al
desiderio del Sommo Pontefice, e dal giorno 4 Novembre noi ospitiamo
fino al giorno 6 Giugno [illegible] le persone qui elencate:

Doch so hoch auch der Preis war, zumindest wurden durch die Intervention an die 7.000 römische Juden gerettet. Da trotzdem die Gefahr bestand, dass die SS erneut zuschlug, ordnete Pius XII.

an, sie in römischen Klöstern, päpstlichen Universitäten, religiösen Instituten und auf dem Vatikangelände zu verstecken. So berichtete Israel Zolli, der Oberrabbiner von Rom: „Der Heilige Vater sandte ein Handschreiben an die Äbte und Bischöfe, in dem er sie anwies, die Klausur in den Klöstern und Konventen aufzugeben, damit sie Zufluchtstätten für die Juden werden konnten." Das bestätigt ein handschriftlicher Eintrag in der Chronik des Augustinerinnenklosters SS. Quattri Coronati in Rom vom 1. November 1943: „In dieser schlimmen Situation wünschte der Heilige Vater, seine Söhne, auch die Juden, zu retten und wies an, dass die Konvente den Verfolgten Zuflucht und Gastfreundschaft gewähren, und auch die Klausurklöster sollten diesem Wunsch des Papstes folgen." Laut dem Zeitzeugen und israelischen Holocaust-Forscher Michael Tagliacozzo (1975) erhielten 4.238 Juden in 155 römischen Klöstern Asyl, während 477 von ihnen auf vatikanischem Territorium versteckt wurden. Für rund 3.000 Flüchtlinge, darunter viele Juden, wurde zudem die päpstliche Sommerresidenz Castel Gandolfo geöffnet. Während dort die meisten Schutzsuchenden auf Treppen und Steinböden schliefen, stellte man die wenigen Betten Kranken zur Verfügung. In rund 40 Fällen brachten schwangere Frauen ihre Kinder im Schlafzimmer des Papstes zur Welt; sie bedankten sich nicht selten, indem sie ihre Söhne „Eugenio" oder „Pio" nannten. In keinem von den Nazis besetzten Land Europas überlebte ein so hoher Prozentsatz an Juden wie in Italien, in keiner Stadt waren es so viele wie in Rom – Dank Pius XII. und seiner klugen Initiative.

Johannes Nebel

Das Herz Jesu als „Sinnbild“ (Pius XII.)

Seine siebenfältige Ausformung als Schlüssel zur Erkenntnis Jesu Christi

Das Sinnbildliche im theologischen Bezugsrahmen

In seiner Herz-Jesu-Enzyklika *Haurietis Aquas* von 1956 betonte Papst Pius XII., dass das Herz Jesu „nicht nur das Sinnbild, sondern auch die Zusammenfassung des ganzen Geheimnisses unserer Erlösung“[1] ist. Dies ist eine bedeutende Aussage, und zwar weil sie drei Dimensionen des Herzens Jesu innerlich verbindet: die des Sinnbildes, die der Zusammenfassung und die des ganzen Erlösungsgeheimnisses.

Das Sinnbildliche zielt darauf ab, dass es sich beim Herzen Jesu um ein Symbol handelt – ein Symbol, das daher immer auch nach bildlicher Darstellung rief und sie vielfältig inspiriert hat. Im Zentrum steht dabei seit jeher die symbolische Nachbildung eines menschlichen Herzens. Der Bezug zum Symbolischen ist für die ganze Herz-Jesu-Theologie und Herz-Jesu-Verehrung von grundlegender Bedeutung. Schon die ersten päpstlichen Gutheißungen der Herz-Jesu-Verehrung stellen die Sinnbildlichkeit ins Zentrum.

Diese Abhandlung ist die Ausarbeitung eines Vortrags, der am 26.1.2013 in Wien beim Studientag der *Unio Cor Jesu* gehalten wurde.

[1] Papst Pius XII., Enzyklika *Haurietis aquas*, Kap. 3: „Cor igitur Servatoris nostri imaginem quodammodo refert divinae personae Verbi, itemque duplicis naturae, humanae nempe divinaeque; atque in eo considerare possumus non modo symbolum sed etiam veluti summam totius mysterii nostrae Redemptionis“ (AAS 48 [1956], 336); deutsch zit. n.: *Rundschreiben „Haurietis Aquas“ über die Verehrung des heiligsten Herzens Jesu*, Leutesdorf [2]1964, 34 (Randnr. 42).

Zur Approbation einer Herz-Jesu-Messe und eines Herz-Jesu-Offiziums für die römische Herz-Jesu-Erzbruderschaft heißt es nämlich in einem päpstlichen Dekret vom 6.2.1765, durch die Herz-Jesu-Verehrung werde „s y m b o l i s c h das Gedächtnis jener göttlichen Liebe erneuert, die den eingeborenen Sohn Gottes erfüllte, da er die menschliche Natur annahm, gehorsam wurde bis zum Tode und sich als Muster der Nachfolge für die Menschheit aufstellte, weil er sanft sei und demütig von Herzen“.[2] Und 1781 verteidigte Papst Pius VI. die Eigenart der Herz-Jesu-Verehrung, die darin bestehe, „dass wir ... die maßlose Liebe und Hingabe unseres Erlösers in seinem Herzen a l s i h r e m S y m b o l betrachten und verehren“.[3] Das Besondere der Herz-Jesu-Verehrung ist nicht der Bezug zur Liebe des Erlösers für sich genommen, sondern gerade ihre symbolische Konkretion, also der gläubige Blick auf das Herz.

Doch gemäß Papst Pius XII. ist das Herz Jesu nicht nur Sinnbild, sondern auch Z u s a m m e n f a s s u n g. Das besagt eine Realität, und folglich wird damit das Herz Jesu selbst als Realität ausgesagt. Es handelt sich somit nicht nur um ein äußeres Zeichen, das bedingt wäre durch eine bestimmte Epoche oder Kultur und daher beliebig austauschbar wäre durch andere Zeichen, die ebenfalls geeignet wären, die Überfülle der göttlichen Barmherzigkeit auszudrücken. Wäre dies der Fall, dann würde die Herz-Jesu-Verehrung förmlich ersetzt beispielsweise von dem „Jesus der Barmherzigkeit“ der hl. Sr. Faustýna Kowałska, dessen Bild ja lediglich den Ort des Herzens andeutet, ansonsten aber auf die davon ausgehenden Gnadenströme abzielt. Unbeschadet der Bedeutung von Sr. Faustýna für das heutige Leben der Kirche gilt es demgegenüber daran festzuhalten, dass nicht nur das Realität ist, was vom Herzen

---

2 Zit. n.: Fr. Hattler SJ, *Die bildliche Darstellung des göttlichen Herzens und der Herz-Jesu-Idee*, Innsbruck ^{2}1894, 19 (Hervorhebung von J.N.).

3 Papst Pius VI. an Bischof Scipio Ricci am 30. 5. 1781; zit. n. Hattler (wie Anm. 2), ebd. (Hervorhebung von J.N.).

Jesu ausgeht, sondern dass dem Herzen Jesu selbst eine echte Realität zukommen muss.[4] Anders könnte man darin keine „Zusammenfassung des ganzen Geheimnisses unserer Erlösung" erkennen. Das Herz Jesu ist also nicht nur eine bildhafte Annäherung, eine menschlich-subjektive Veranschaulichung der Barmherzigkeit Gottes, sondern es ist anzusehen als eine objektive Realität ‚an' Jesus, an seiner gottmenschlichen und leibseelischen Konstitution. Wir können uns dies klar machen im Blick auf ein menschliches Herz. Wenn wir dies nicht rein biologisch auffassen, sondern umfassend, so können wir darin mit Kardinal Leo Scheffczyk (1920-2005) „das Zentrum des menschlichen Fühlens, Wollens und Denkens" erkennen, „als reales Symbol der Liebe, die der Mensch auch heute noch … mit dem Herzen verbindet, weil es die zentrale Lebenskraft darstellt."[5] So gesehen, ist das menschliche Herz der innerste Einheitspunkt, wo unser Denken, Fühlen, Wollen, aber auch unsere nervlich-leibliche und psychische Konstitution, zu einer letzten Einheit zusammenfinden. Dies ist zwar nicht platt identisch mit dem biologischen Herzmuskel, aber es ist genauso wenig vom Herzmuskel völlig zu trennen. Denn unser biologisches Herz schlägt nicht nur, um unseren Leib mit Blut zu versorgen, sondern es schlägt immer auch ‚für' etwas, ‚für' einen Menschen, ‚für' ein Ziel, das wir vor Augen haben, ‚für' Gott. Das unterscheidet den Menschen beispielsweise von den Engeln: Ein Engel ist zwar ein personales Wesen, hat aber keinen Herzschlag. Ihm fehlt die für

---

4 Dieser zweifachen Dimension des Herzens Jesu, der realen und der sinnbildlichen, verschafft Pius XII. in der Enzyklika *Haurietis aquas* nochmals anders Ausdruck: „Nichts also steht im Wege, das heiligste Herz Jesu Christi anzubeten, da es ja teilhaft [*particeps*] und ein natürliches, tief bezeichnendes Sinnbild [*naturale ac significantissimum symbolum*] jener unerschöpflichen Liebe ist, von der unser göttlicher Erlöser immer noch zu allen Menschen brennt" (zit. n. Ausg. Leutesdorf [wie Anm. 1], 34 [Randnr. 41]; lat. vgl. AAS 48 [1956], 336).

5 L. Scheffczyk, *Das Herz Jesu – Kernsymbol des Einswerdens mit dem Werk des Gottmenschen* (unpublizierter Vortrag im Kloster Thalbach in Bregenz am 17. 7. 1985), Privatdruck S. 11.

Menschen typische Einheit von Leib und Seele. Die Zuneigung der Engel zu den Menschen, aber auch ihre Hingabe an Gott, verwirklicht sich anders als dass ihnen ein Herz gegeben wäre, das dafür schlagen würde. Das Herz, im umfassenden Sinne, ist also eine ur-*menschliche* Realität. Ja, eine echte Realität: denn hätten wir Menschen nicht wirklich einen solchen Einheitspunkt von Denken, Fühlen, Wollen und leiblichem Befinden, dann wären wir nicht wirklich eine Einheit von Leib und Seele; wir wären dann aus materieller und geistiger Komponente nur äußerlich zusammengesetzt. ‚Herz' bürgt also in letzter Instanz für die Einheit der menschlichen Natur. Das Menschenherz ist zwar einerseits nicht fassbar, aber andererseits auch nicht abstrakt. Es ist nicht der pure Herzmuskel, aber andererseits auch nicht eine bloße Idee. Es ist jene innerste Realität in unserem Wesen, die unsere menschliche Natur zum Geheimnis macht, in ihrer Personwürde unverfügbar sein lässt.

So konkret und zugleich geheimnisvoll ist daher auch das Herz Jesu: Es ist eine echte leibseelische Realität an Jesus, der innerste seelisch-leibliche „Einheitspunkt" seiner Person, „der Ort der intensivsten Durchdringung von Göttlichem und Menschlichem in Christus",[6] und als solcher weder zu trennen von dem biologischen Herzschlag noch von den innersten Motivationen der Liebe, die Jesus als unser Erlöser in sich trug und trägt. Denn weil es der geheimnisvolle und doch konkrete Einheitspunkt seiner menschlichen Natur ist, ist es zugleich der Anknüpfungspunkt für die Einheit dieser menschlichen mit der göttlichen Natur. Vielleicht kann man die Realität des Herzens Jesu modern so ausdrücken: Das Herz Jesu ist Psychosomatik des Menschen Jesus von Nazareth, die mit der göttlichen Natur untrennbar vereint und von dieser völlig beherrscht und beseelt und in Dienst genommen wird.

---

6 Ebd., 12.

Papst Pius XII. drückte diese Realität in seinem eingangs erwähnten knappen Zitat nun aber aus mit dem Begriff der ‚Zusammenfassung', also einer wirklichen Zusammenfassung, und zwar, wie er sagte, „des ganzen Geheimnisses unserer Erlösung." Das Geheimnis unserer Erlösung ist aber ein geschichtlicher Vorgang, der sich vor 2000 Jahren im heutigen Palästina ereignet hat; es ist der Höhepunkt der gesamten Heilsgeschichte Gottes mit den Menschen. Im Herzen Jesu erfährt es seine Bündelung, so dass das Herz Jesu angesehen werden kann als der letztinnerliche reale Einheitspunkt der gesamten großen Geschichte des Heils, die von der Schöpfung bis zum Ende aller Zeiten dauert: Das Herz Jesu ist, so gesehen, ‚Herz' der gesamten Heilsgeschichte.
Überblicken wir diese drei Aspekte, die wir der Aussage Pius' XII. entnehmen konnten, so können wir erkennen: Das Herz Jesu ist (1) zutiefst symbolisch, (2) zutiefst konkret real, (3) zutiefst heilsgeschichtlich. In den nun folgenden Ausführungen soll die erstgenannte Dimension, die symbolische, näher in den Blick genommen werden.

Die Herz-Jesu-Symbolik im Überblick

Die Herz-Jesu-Symbolik hat im Zuge der Visionen der hl. Margareta Maria Alacoque (1647-1690) ihre gereifte und bis heute gültige Prägung erhalten. Im Zentrum dieser Symbolik steht die Nachbildung eines menschlichen Herzens. Dazu trat nun aber sofort – oder im Laufe der nachfolgenden Kunstgeschichte – eine weitere symbolische Ausgestaltung. Wir können zunächst fünf Elemente ausmachen:

- die Symbolik des Herzens selbst;
- die Herzwunde, also der auf diesem Herzen erscheinende Einstich der Lanze, der das Herz in Verbindung bringt mit der geöffneten Seitenwunde des Gekreuzigten;
- die Umrundung des Herzens mit der Dornenkrone;
- die aus dem Herzen schlagenden Flammen;

- das sich über dem Herzen erhebende Kreuz, das Zentralsymbol des Christentums.

Herz-Jesu-Bild in der Sankt-Antonius-Kirche in Bregenz (unbekannter Meister, mutmaßlich zwischen 1890 und 1920)

Zu alldem treten – als eine etwas nach außen gewendete Sphäre – noch zwei weitere symbolische Elemente, die auch als hauptsächlich erachtet werden können:

- ein Strahlenglanz, der das gesamte Herz-Symbol umgibt, also eine nach allen Seiten hin sich verbreitende lichthafte Ausstrahlung;
- die Verbindung zur gesamtbildlichen Darstellung Jesu (z.B. Finger oder Hand Jesu).

Nicht bei jeder Herz-Jesu-Darstellung sind alle diese sieben Merkmale anzutreffen; es gibt aber nicht wenige, bei denen dies der Fall ist. Diese siebenfaltige Symbolik wollen wir nun der Reihe nach geistlich-theologisch betrachten. Vorweg darf hier aber der Redlichkeit halber noch eine begriffliche Klärung erfolgen. In der Vergangenheit unterschied man nämlich gerne zwischen der Herz-

Darstellung als dem eigentlichen *Symbol* und den übrigen Kennzeichnungen – wie Lanzeneinstich, Dornenkrone, Kreuz, Flammen – als den mit dem Herz-Symbol verbundenen *Emblemen*.[7] Diese Unterscheidung ist zwar insofern sinnvoll, als dadurch die Symbolfrage auf das Zentrum konzentriert bleibt: auf die Darstellung des Herzens. Andererseits aber ist die Frage, ob man das Übrige unter dem Sammelbegriff ‚Emblem' treffend vereinigen kann: Mag man die Dornenkrone und das Kreuz in ihrer fixierten Gegenständlichkeit noch als Embleme, also Hoheitszeichen, ansehen, so passt dies für die Abbildung einer Wunde oder auch für Flammen weniger. Die Merkmale der klassischen Herz-Jesu-Darstellung sind zu unterschiedlich, um diesen Sammelbegriff zu rechtfertigen. Gemeinsam aber ist allen der innerliche Bezug zu der symbolischen Gesamtaussage, welche die Grundlage der Verehrung darstellt. Daher ist es geschmeidiger, von einer siebenfältigen Gesamtsymbolik zu sprechen – unter Einbezug des Herz-Symbols selbst als deren Kern und Mitte.

Dies hat außerdem den Vorteil, dass der Begriff der Herz-Jesu-Symbolik auf sein Zentrum konzentriert bleibt. Die exklusive Reservierung des Symbolbegriffs für das Herz-Symbol führte in der Vergangenheit nämlich dazu, die Symbolwelt im Gegenzug auszuweiten auf eine Fülle theologischer Assoziationen, die der Herz-Jesu-Verehrung zwar geistigen Reichtum einbringen, dafür aber einen je eigenständigen Gehalt haben, der von sich aus die Herz-Jesu-Symbolik nicht zum Zentrum hat und somit nicht als Teil einer umfassenden symbolischen Organik erscheint. Franz Hattler zählt solche symbolischen Assoziationen auf, wenn er das Herz Jesu in Verbindung bringt mit der Arche Noach, dem inneren Heiligtum des Tempels oder dem Brandopferaltar, der Bundeslade, dem Gefäß für das Manna, einem Pelikan, oder einer Wasserquelle – um nur einige zu nennen.[8]

---

7 Vgl. z.B. Hattler (wie Anm. 2), 28.

8 Vgl. ebd., 63.

Bleiben wir hier demgegenüber auf den Kern der Herz-Jesu-Symbolik konzentriert, um die ihm eigene symbolische Organik als siebenfältige Struktur genauer zu erfassen.

Das Herzsymbol

Das grundlegende Element der Symbolik ist das des Herzens selbst. Wir haben bereits einiges darüber erwogen, als von der Realität des Menschenherzens und des Herzens des Gottmenschen die Rede war: Das Herz Jesu, so sagten wir, ist die von der dreifaltigen Liebe Gottes völlig beherrschte und beseelte konkrete Psychosomatik des Menschen Jesus von Nazareth. Dies eröffnet uns den Blick auf das gesamte Innenleben Jesu: auf sein gottmenschliches Wissen und Gewissen, auf seine Motivationen als Erlöser, auf seine unendliche Hingabe an Gott.

Deshalb ist die Herz-Symbolik eigentlich unverzichtbar. Auch die hl. Margareta Maria Alacoque hält im Bericht über ihre zweite Herz-Jesu-Vision fest: „Dieses [das Herz Gottes; J.N.] wünschte er [Jesus; J.N.] unter der Gestalt eines menschlichen Herzens verehrt zu sehen. Das Bild solle man aufstellen und bei sich auf dem Herzen tragen, damit dem Menschenherzen die göttliche Liebe eingeprägt und es mit allen Gnaden erfüllt werde, und damit es die Zerstörung aller seiner ungeordneten Neigungen bewirke."[9] Der gläubige Blick auf das Herz Jesu als Nachbildung eines menschlichen Herzens steht somit unter der Verheißung rettender Gnadenkraft, geht also über ein rein anthropologisch-subjektives Hilfsangebot zur Andacht hinaus.

Im 19. Jahrhundert entstand in Frankreich die Idee, bei den Herz-Jesu-Darstellungen das Herz-Symbol ganz wegfallen zu lassen und am Leibe Jesu lediglich die Seitenwunde zu zeigen – entweder in markanter Größe, oder durch Gewandöffnung bzw. Fingerzeig

---

9 Margareta Maria Alacoque, Zweite große Offenbarung (1674); zit. n. *Die heilige Margareta Maria Alacoque. Leben und Offenbarungen*, Freiburg/Schweiz 1950, 77f., hier 78 (Hervorhebungen wurden entfernt; J.N.).

Jesu besonders herausgestrichen. Dies machte Schule, bis heute. Gewiss: Diese Darstellungsweise ist eng bezogen auf die Herz-Jesu-Frömmigkeit. Sie hat ihren biblischen Ursprung in dem Wort des Propheten Sacharia, welches der Evangelist Johannes nach der Schilderung Lanzenstiches aufgreift: „Sie werden auf den blicken, den sie durchbohrt haben“ (Sach 12,10; Joh 19,37).

Aber die Seitenwunde, für sich genommen, ist noch nicht das Herz. Mittelalterliches Denken brachte bereits die Seitenwunde und das Herz in eine Beziehung, wenn es beispielsweise hieß: „Die Eröffnung der *Seite* Christi offenbart den Reichtum seiner Liebe, der Liebe seines *Herzens* zu uns.“[10] Ähnlich drückte es der heilige Bernhard von Clairvaux aus: „Das *Geheimnis des Herzens* steht durch die *Durchbohrung des Leibes* offen, offenbar ist jenes große Sakrament des Erbarmens, offenbar ist der innerste Lebenskern der Barmherzigkeit.“[11] Die Seitenwunde wird hier also als Seitenöffnung gedeutet, und durch diese Öffnung hindurch wird der Blick auf das Herz Jesu erschlossen. Die geöffnete Seite Jesu ist somit Offenbarung des Herzens Jesu. Daher ist die Fülle der Herz-Jesu-Symbolik in der Darstellung der bloßen Seitenwunde noch nicht erreicht.

Dies bestätigt sich im Blick auf die altkirchlichen Wurzeln der Herz-Jesu-Geistigkeit. Es war Hugo Rahner, der das diesbezügliche Erbe der Alten Kirche mit einer griffigen Unterscheidung zusammenfasste.[12] Er differenzierte zwischen einer ephesinischen

---

10 Ps.-Anselm, Med. 10 (PL 158,762A).

11 Eigene Übersetzung; vgl. lat. Original: „Patet arcanum cordis per foramina corporis, patet magnum illud pietatis sacramentum, patent viscera misericordiae“ (In Cant. Sermo 61,2,4 [PL 183, 1072]; vgl. J. Stierli, *Die Herz-Jesu-Verehrung vom Ausgang der Väterzeit bis zur hl. Margareta M. Alacoque*, in: Ders. [Hrsg.], Cor Salvatoris. Wege zur Herz-Jesu-Verehrung, Freiburg i. Br. 1954, 73-136, hier 79). Thomas v. Aquin (*Summa Theologica* III, qu. 54, art. 4, ad 1) erkennt in den verklärten Wundmalen des Auferstandenen „quaedam virtutis insignia“ („gewisse Zeichen der Tugend“; Deutsche Thomas-Ausgabe Bd. 28, Heidelberg u.a. 1956, 225).

12 Vgl. zum Folgenden H. Rahner, *Die Anfänge der Herz-Jesu-Verehrung in der Väterzeit*, in: Cor Salvatoris (wie Anm. 11), 46-72, v.a. 51ff.

und einer alexandrinischen Tradition, die jeweils ihren Ausgang nahmen an dem Wort Jesu aus dem Johannesevangelium: „Am letzten Tag des Festes, dem großen Tag, stellte sich Jesus hin und rief: Wer Durst hat, komme zu mir, und es trinke, wer an mich glaubt. Wie die Schrift sagt: Aus seinem Inneren werden Ströme von lebendigem Wasser fließen" (Joh 7,37). So gelesen, ist die geöffnete Seite Jesu die Quelle der Ströme lebendigen Wassers, und davon ausgehend hat sich die gesamte sakramentale Herz-Jesu-Theologie entwickelt. Noch heute heißt es daher in der Herz-Jesu-Präfation: „Aus seiner geöffneten Seite strömen Blut und Wasser, aus seinem durchbohrten Herzen entspringen die Sakramente der Kirche."

Der besagte Vers des Johannesevangeliums wurde aber in einigen Handschriften – vor allem solchen, die in Alexandrien benutzt wurden – mit einer anderen Kommasetzung versehen, die zu einer Verschiebung des Inhalts führte. Demgemäß lautet der Vers nun so: „Wenn jemand dürstet, komme er zu mir und trinke." Nun wurde ein Punkt gesetzt und neu begonnen: „Wer an mich glaubt, wie die Schrift sagt, Ströme lebendigen Wassers werden fließen aus seinem Leibe." So gelesen, ist nun das Herz des Glaubenden der Ort, aus dem die Wasser fließen. Daran schloss sich der Blick auf den Lieblingsjünger an, der im Abendmahlssaal an Jesu Seite ruhte und im Lauschen auf das, was sein Herr und Meister in sich trug, die Geheimnisse des Herzens, des inneren Fühlens, der Motivationen, des Wissens Jesu erfahren konnte.

Selbstverständlich sind beide Schwerpunktsetzungen, die ephesinische und die alexandrinische, miteinander vereinbar. Aber sie machen unterschiedliche Perspektiven deutlich: einerseits sakramental, andererseits spirituell. Der rein sakramentale Herz-Jesu-Bezug würde mit einer Darstellung der Seitenwunde auskommen. Wird das sakramentale Denken aber ergänzt durch das Anliegen einer geistlichen Nähe zum Herzen des Erlösers, legte und legt es sich nahe, dass zum Blick auf die Seitenwunde der Blick auf das Herzsymbol hinzutritt. So gesehen, eröffnet uns die Seitenwunde nicht nur die sakramentalen Gnadenströme, sondern auch den Zugang zu der Weisheit Jesu, der „verborgenen Weisheit" (1 Kor 2,7) des Kreuzes und der Liebe, die ihr Symbol im Herzen des Herrn findet.

Wir sahen bereits: das ‚Herz' ist zunächst – so schwer fassbar es auch ist – dennoch eine konkrete Realität des Wesens Mensch. Unsere *Vorstellung* vom Herzen, vor allem vom Herzen Jesu, erzeugt zunächst einmal ein Sinnbild dieses Herzens in unserem Geist. Letztlich ist die Herz-Jesu-Verehrung nicht zu trennen vom Bezug auf dieses wenigstens geistige Sinnbild des Herzens. Ganz natürlich und folgerichtig führt dies dann freilich dazu, das geistige Sinnbild auch künstlerisch darzustellen, in Form des Herz-Symbols, dessen Bedeutung seit den Visionen der hl. Margareta Maria Alacoque übernatürlich bestätigt und dann auch kirchlich anerkannt wurde.

Erstaunlich ist, welchen Wert die kirchliche Autorität bei der Herz-Jesu-Verehrung auf das Herz-Symbol legte. Vom 12.1.1878 datiert ein päpstlich approbierter Beschluss der Ritenkongregation, womit die Vorstellung von einer Herz-Jesu-Verehrung ohne sichtbares Herz-Symbol abgelehnt wird. Die zugrunde liegende Stellungnahme des zuständigen Konsultors ist eindeutig: „Was es immer mit den vorgeblichen Gesetzen der Kunst für eine Bewandtnis haben mag, so ist ein sonst noch so erbauliches Bild des Erlösers, auf welchem sein heiliges Herz nicht von außen sichtbar ist, kein Bild des Herzens Jesu und kann auch kein solches genannt werden."[13]

Bemerkenswert ist zu alldem auch ein Blick in die Geschichte der Herz-Jesu-Bilder: Seit der zweiten Hälfte des 15. Jahrhunderts, ja sogar seit den allerersten Anfängen im 12. Jahrhundert, bis in die zweite Hälfte des 18. Jahrhunderts, also über mehr als ein halbes Jahrtausend, wurde immer nur ein Herz dargestellt, ohne Jesus-Figur. Die Integrierung des Herz-Symbols in die figürliche Darstellung Jesu kam erst Ende des 18. Jahrhunderts auf und gewann im

13 Zit. n. Hattler (wie Anm. 2), 26.

Laufe des 19. Jahrhunderts die Oberhand, ohne die andere Art je ganz zu verdrängen.[14] Die manchmal zu hörende Meinung, die kirchliche Autorität habe die Verehrung von Herz-Jesu-Bildern verboten, die nur das Herz, also ohne Jesus-Figur, zeigen, beruht auf einem Missverständnis.[15] Das Herz-Symbol ist also sowohl theologisch und lehramtlich als auch kunsthistorisch unverzichtbare Mitte der Herz-Jesu-Verehrung und Herz-Jesu-Theologie.

Die Herzwunde

Nun wird aber bei der Mehrheit der Herz-Jesu-Darstellungen der Einstich der Lanze in die Herz-Symbolik selbst integriert, ja dies gehört zur klassischen Ausprägung sogar dazu: „Seine verehrungswürdige Wunde war deutlich zu erkennen",[16] bezeugt die hl. Margareta Maria Alacoque über ihre zweite große Vision des Erlöserherzens. Damit wird Wichtiges zum Ausdruck gebracht:

Nicht bloß die Durchbohrung der Seite des Leibes Jesu darf als Öffnung gedeutet werden, sondern der Lanzeneinstich in das Herz ist seinerseits nochmals eine Öffnung. Es gibt alte süddeutsche Franziskanerpredigten, die die Bedeutung dessen wunderbar zum Ausdruck gebracht haben. Dort heißt es beispielsweise: „Der Herr

---

14 Vgl. Hattler (wie Anm. 2), 5f.; 10f.. Die allererste Darstellung des Herz-Symbols zusammen mit der Figur Jesu ist überliefert in dem Herz-Jesu-Buch des Jesuiten Joseph de Gallifet aus dem Jahre 1726; vgl. Hattler, 13. Aber auf der Brust der Jesus-Figur findet sich das Herz-Symbol erstmals in Andachtsbüchern um 1750; vgl. Hattler, ebd.

15 Vgl. dazu Hattler (wie Anm. 2), 22: Der Beschluss der Ritenkongregation vom 12. 9. 1857 besagt nur, dass Bilder, die das göttliche Herz ohne Jesus-Figur zeigen, nicht ohne Erlaubnis des Bischofs aufgestellt werden dürfen. Damit ist nichts Neues beschlossen, sondern es wurden nur „die früheren Vorschriften eingeschärft". Anhand bischöflicher und päpstlicher Praxis kann aufgewiesen werden, „dass das Bild des Herzens Jesu allein ohne die Figur des Heilandes nicht bloß für den andächtigen Privatgebrauch gestattet sondern mit päpstlicher Erlaubnis auch in öffentlichen Kirchen zur Verehrung aufgestellt war" (ebd., 23).

16 Margareta Maria Alacoque (wie Anm. 9), 77.

ließ sein reines Herz öffnen mit einem scharfen Speer, das Herz, das voll aller Weisheit und aller Barmherzigkeit und aller Reinheit ist. Das tat er, damit wir sähen, wie er uns liebte vom Grund seines Herzens und aus all seiner Kraft. Er ließ auch darum sein Herz öffnen, damit wir es offen fänden, wenn wir zu ihm kämen, und auch damit wir ihm das unsre öffneten. Darum vergoss er den Strom aus seinem Herzen, damit wir sähen, dass seine Liebe vollkommen und rein war ohne Falsch."[17] Die Öffnung des Herzens durch die Lanze lässt uns also eintreten in ein inneres Heiligtum der Weisheit Jesu. Genau darin bestand ein entscheidender Impuls, den die Herz-Jesu-Verehrung der hl. Margareta Maria Alacoque zu verdanken hat: In das Herz-Symbol, das sie 1685 den Novizinnen ihres Ordens zur Verehrung vorstellte, ließ sie in die übergroße Herzwunde das Wort „*Charitas*" – „Liebe" eintragen.[18]

Sogar noch differenzierender formuliert Pius XII. in der Herz-Jesu-Enzyklika *Haurietis aquas:*

„'Aus der Seite Christi floß das Wasser zur Waschung, das Blut aber zur Erlösung. …' Was hier über die von dem Soldaten verwundete und geöffnete Seite Christi geschrieben wird, gilt ebenso vom Herzen, das die Lanze in ihrem Stoß berührte, da der Soldat sie ja geführt hatte, damit der Tod Jesu Christi des Gekreuzigten mit Sicherheit feststände. Darum ist die Wunde des heiligsten Herzens Jesu, auch nach seinem Tode, durch die Jahrhunderte ein lebendiges Bild jener freien Tat der Liebe, mit der Gott seinen eingeborenen Sohn zur Erlösung der Menschen und mit Christus uns

---

17 Zit. n. Stierli (wie Anm. 11), 89f.

18 Vgl. Hattler (wie Anm. 2), 12. – In gleiche Richtung äußert sich Bonaventura: „Darum ist es (Dein Herz) verwundet, damit wir durch die sichtbare Wunde die unsichtbare Wunde der Liebe sehen" – „Propterea vulneratum est (Cor tuum), ut per vulnus visibile vulnus amoris invisibile videamus" (Opusculum X: Vitis mystica, c. III, n. 5, in: Opera Omnia, Ad Claras Aquas 1898, Bd. 8, 164; hier sowohl deutsch als auch lateinisch zitiert aus: Pius XII., Enzyklika Haurietis aquas, Kap. 3: Ausgabe Leutesdorf [wie Anm. 1], 35 [Randnr. 44]; AAS 48 [1956], 337).

alle so sehr geliebt hat, daß er sich für uns auf Kalvaria zum blutigen Opfer hingab: ‚Christus hat uns geliebt und sich für uns Gott als Opfergabe hingegeben zum lieblichen Wohlgeruch.' [Eph 5,2]"[19]

Sakramental gedacht, sind Blut und Wasser, die aus dem durchbohrten Leib des Gekreuzigten flossen, nun nicht einfach Sinnbilder dafür, dass die Sakramente der Kirche ihren Ursprung im Kreuzesopfer haben. Indem der Lanzenstich auf dem Herzsymbol selbst nochmals abgebildet wird, wird vielmehr der Ursprung der Sakramente noch viel konkreter und sinnfälliger in der Erlöser*liebe* verwurzelt. Der bildhafte Ausdruck kündet geradezu ein Ineinandergreifen der eben angesprochenen ephesinischen und alexandrinischen Schwerpunktsetzung. Nicht das objektive Geschehen des Kreuzesopfers allein, sondern die innere Motivation dazu rückt somit als Quelle der Sakramente – und damit des gesamten Lebens der Kirche – in den Vordergrund. Die Kirche mit ihren Sakramenten verdankt sich, so gesehen, einer großen göttlichen, gottmenschlichen, Motivation der Liebe, ja die sakramentale Kirche ist nichts anderes als Gabe der Liebe. Sie steht somit im Strom eines umfassenden göttlichen Heilsratschlusses: Der Ursprung der Kirche im Herzen Jesu macht aus allen Sakramenten und Dogmen

---

19 Pius XII., Enzyklika *Haurietis aquas*, Kap. 3: „'Ex latere Christi fluxit aqua ad abluendum, sanguis autem ad redimendum. …' Quod heic de latere Christi scribitur, a milite vulnerato et aperto, idem de Corde eius dicendum est quod profecto lancea suo ictu attigit, quandoquidem miles ea de causa eam vibraverat, ut de Iesu Christi cruci fixi morte certo modo constaret. Quamobrem Sacratissimi Cordis Iesu vulnus, iam mortali hac vita functi, per saeculorum decursum vivida imago est illius caritatis sponte editae, qua Deus Unigenam suum hominibus redimendis dedit, et qua Christus nos omnes tam vehementer adamavit ut semet ipsum pro nobis in Calvariae loco cruentam hostiam immolaret : 'Christus dilexit nos, et tradidit semetipsum pro nobis oblationem et hostiam Deo in odorem suavitatis' [Eph. 5, 2]" (AAS 48 [1956], 333f.; das deutsche Zitat gemäß der Ausgabe Leutesdorf [wie Anm. 1], 32f. [Randnr. 38]; Quelle der am Beginn des Zitats zitierten Stelle: Thomas von Aquin, *Summa Theologica* III, qu. 66, art. 3, ad 3).

einen Ruf Jesu in die Herzen der Menschen, einen Ruf der Liebe, der beantwortet werden will und emporziehen will zu Gott, der die Liebe ist.[20]

Außerdem hat die geistliche Tradition des Christentums in dem Lanzenstich seit jeher auch ein Sinnbild für die Sünden der ganzen Menschheit erkannt; daher dürfen wir uns in unserer eigenen Sündigkeit erkennen, wenn wir auf diesen Einstich in das Herz Jesu gläubig blicken. Das Herz-Symbol, das den Einstich der Lanze zeigt, offenbart uns das Herz Jesu, so gesehen, in seiner sühnenden Motivation. Es ist jenes Herz, das sich im Innersten seines Empfindens von unseren Sünden treffen und verwunden ließ, um uns dadurch von der Macht der Sünde zu erlösen. Gerade in einer Zeit, in der Medienkampagnen verschiedener Art gegen die Kirche anbranden, wird es umso bedeutsamer, die Kirche mit ihrer Lehre, ihren Dogmen, ihren Sakramenten und ihrer Hierarchie, ganz vom Blick auf den Lanzenstich her zu sehen, auf jenen Lanzenstich, der, durch Jesu Leib hindurch, sein Herz selbst getroffen hat.

Ein letzter Aspekt der Herzwunde besteht darin, in ihr zugleich eine Herzöffnung zu erkennen. Das Herz Jesu erscheint in diesem

20 Grundlegend ist das seitens der Kirche objektiv Vorgegebene auf den Dienst am persönlichen Gottesverhältnis zu beziehen. So stellt z.B. im Blick auf die kirchliche Glaubenslehre Leo Scheffczyk klar: „Gott sagt sich immer selbst zu, auch wenn diese Zusage im Medium inhaltlicher Sätze und lehrhafter Aussagen erfolgt. Die personale Wirklichkeit Gottes inkarniert sich auch in der menschlichen Aussage, so dass diese vom Leben Gottes nicht zu trennen ist. … Deshalb liegt in der sachhaften Aussage immer die Aufforderung zum personalen Bekenntnis und damit zur Aufnahme der direkten Lebensverbindung mit Gott" (*Grundlagen des Dogmas. Einleitung in die Dogmatik* [Katholische Dogmatik Bd. 1], Aachen 1997, 260). Somit misst Scheffczyk der sachhaften Glaubensformel einen sakramentalen Zeichencharakter zu, der auf die personale Gottesbeziehung verweist und zu ihr aufruft. Jedes Stehenbleiben beim Sachhaften ist folglich schuldhaft (und nicht auf Gottes Wort bzw. die inhaltliche kirchliche Formel zurückzuführen), sei es aus „Trägheit des Herzens, sei es auch aus Scheu vor den lebensmäßigen Forderungen und Konsequenzen" (ebd.).

Sinne als ein bergender Raum, eine Heimat für alle ehrlich suchenden Menschen. Insofern als göttliche Vorsehung und Erlösung nicht voneinander getrennt werden dürfen, ist jene Realität, in der die ‚Zusammenfassung' des Geheimnisses der Erlösung erkannt werden kann, auch Markstein des Getragen-Seins von Gottes Vorsehung. Die bildhafte Umschreibung des Herzens Jesu als durch die Lanze eröffnete ‚Heimat' oder ‚Zufluchtsort' hat das Zusammengehen von Vorsehung und Erlösung als theologische Grundlage. Das Herz Jesu ist das gänzlich der Vorsehung Gottes ausgelieferte und von ihr getragene und der Erlösung der Welt hingegebene Herz. Eröffnet es sich dem gläubigen Menschen, so erschließt es ihm genau diese Realitäten.

Die Dornenkrone

Maßgeblich grundgelegt in den Herz-Jesu-Visionen der hl. Maria Margarethe Alacoque, erkennen wir bei sehr vielen Herz-Jesu-Darstellungen, dass das Herz-Symbol „mit einer Dornenkrone umwunden" ist, „welche die Verwundungen versinnbilden sollte, die unsere Sünden ihn zufügten".[21] In früherer Zeit wurde die Dornenkrone vertikal und mit gewissem Abstand um das Herz-Symbol gezeichnet; aber bereits das Herz-Jesu-Buch von P. Joseph de Gallifet SJ zeigt 1726 die Dornenkrone das Herz horizontal und eng einfassend.[22] So wurde es für die Folgezeit maßgebend. Der Symbolik des Lanzeneinstichs wird hierdurch zweierlei hinzugefügt.
In der Passion Jesu war die Dornenkrone das zentrale Instrument der Verhöhnung Jesu. Die schmerzhaften Wunden, die durch den Einstich der Dornen verursacht wurden, sind in keiner Weise gering zu veranschlagen: Dennoch liegt der Hauptakzent auf dem Spott und der Verachtung, die Jesus als dem mit Dornen gekrönten König zuteil wurden. So gesehen, ist die Dornenkrone ein Hinweis

---

21 Margareta Maria Alacoque (wie Anm. 9), 77f.
22 Vgl. Hattler (wie Anm. 2), 12.

auf den Hochmut des Menschen.[23] Die Herz-Jesu-Symbolik setzt nun freilich dieses Zeichen menschlichen Hochmutes nicht in Beziehung zu Jesu Haupt, sondern zu Jesu Herz. So gesehen, hat unser Erlöser allen Hochmut der Menschheit ganz an sein Herz, an sein Innerstes, herangelassen. Dadurch wird das, was eben zum Lanzeneinstich auf dem Herzen im Blick auf die Sühne ausgesagt wurde, noch einmal spezifiziert: Nicht nur die Sündigkeit allgemein ist es, die Jesu Herz verwundet hat, sondern speziell nochmals eine ihrer tiefsten Ursachen, der Hochmut.
Doch der Bezug der Dornenkrone zum Herzen Jesu bringt noch einen Aspekt ein, der an dem mit Dornen gekrönten Haupt des Herrn noch nicht so deutlich hervortritt: Das Haupt ist – wenigstens optisch – immer nur ein Teil des gesamten Leibes. Wird nun aber das Herz aus dem Leib hervorgehoben und mit der Dornenkrone umrundet, so ergibt sich der Eindruck des Gefangen-Seins im Leid von allen Seiten, des Bedrängt-Seins aus jeder Richtung, des Eingeschlossen-Seins ohne Ausweg. Bezogen auf das Herz im ganzheitlichen Sinne, besagt dies aber zugleich eine Herzenshaltung, die Jesus dem Leid gegenüber freiwillig auf sich genommen hat. Es war der selige Kardinal John Henry Newman, der dies in einer Predigt über die geistigen Leiden Jesu während seiner Passion sehr tiefgehend erfasst hat. Was Jesus von allen anderen leidenden Menschen unterschied, ist gemäß Newman die totale Freiwilligkeit und Souveränität, mit der er aus eigener Initiative auf das Leiden zuging und somit den vollen Einfluss des Leidens auf seine Seele

23 Vgl. z.B. Augustinus, *In Joh. Tract.* 116, 1: „So wurde erfüllt, was Christus von sich vorhergesagt hatte; so wurden die Märtyrer zur Ertragung alles dessen unterwiesen, was den Verfolgern zu tun beliebte; so wurde unter zeitweiliger Verbergung seiner erschrecklichen Macht zuerst seine nachahmenswerte Geduld vor Augen gestellt; so besiegte das Reich, welches nicht von dieser Welt war, die stolze Welt nicht durch wilde Kampfwut, sondern durch demütiges Dulden" (zit. n. Bibliothek der Kirchenväter Bd. 16, 324; lat. vgl. CCL Bd. 36, 647).

bewusst wollte. Newman setzt an beim Phänomen des menschlichen Schmerzempfindens, wenn er sagt:
„Wir werden gegen unseren Willen der Züchtigung durch den Schmerz unterworfen, wir leiden darunter mehr oder weniger stark je nach den zufälligen Umständen; unsere Geduld wird durch das Leid je nach unserer Herzensverfassung mehr oder weniger auf die Probe gestellt, und wir suchen so gut wie möglich, uns Erleichterungen oder Heilmittel dagegen zu verschaffen. … Anders war es bei unserem Herrn. Seine göttliche Person war dem Einfluss seiner eigenen menschlichen Gefühle und Empfindungen nicht unterworfen und konnte ihnen nicht ausgesetzt sein, es sei denn, sofern er es in Freiheit wollte. … Als er sich daher entschloss, die Qual seines stellvertretenden Leidens auf sich zu nehmen, tat er alles, was er tat, … aus voller Kraft; er tat es nicht nur halb; er kehrte sich nicht im Geiste vom Leiden ab, wie wir es tun".[24] – „Erinnert ihr euch, wie man ihm Wein mit Galle vermischt darreichte, als der Augenblick der Kreuzigung kam? Er wollte nicht davon trinken; warum? Weil ein solcher Trank seinen Geist betäubt hätte, während er doch entschlossen war, den Schmerz in all seiner Bitterkeit auszukosten. … Wenn er schon leiden sollte, dann gab er sich auch dem Leiden hin; er war nicht gekommen, um so wenig als möglich zu leiden; er wandte sein Angesicht nicht vom Leiden ab; er stellte sich ihm; er bot ihm sozusagen die Brust, damit jeder einzelne Teil davon seinen vollen Eindruck auf ihn ausüben könne. Und … so … fühlte unser Herr den körperlichen Schmerz mit einer Wachheit und Bewusstheit, und deshalb mit einer Schärfe und Intensität, mit einer solchen Geschlossenheit des Empfindens, die keiner von uns zu ergründen oder zu fassen vermag, denn seine Seele stand so absolut unter der Herrschaft seiner Willenskraft, war so schlechthin frei von dem Einfluss von Ablenkungen, war so völlig dem Schmerz zugewandt, so vollkommen ergeben, und so schlechthin

---

24 J. H. Card. Newman, *Die Seelenqualen unseres Herrn in seiner Passion*, 16. Vortrag in: Ders., Predigten Bd. 11, Stuttgart 1964, 365-385, hier 372f.

dem Leiden ausgeliefert. Und so kann man in Wahrheit sagen: Er hat das ganze Gewicht seines Leidens in jedem Augenblick seiner Passion erduldet."[25]

Jeder andere Mensch kann also das Leid nur ertragen, gewiss gläubig, in Liebe, in Gottverbundenheit. Aber doch bleibt es natürlich, auch als Ausdruck geschöpflicher Selbsterhaltung, den schmerzhaften Einfluss des Leidens nicht direkt zu wollen, sondern ihn vielmehr, soweit möglich, zu lindern. Genau hier ging gemäß Newman die Souveränität Jesu im Umgang mit dem Leid über alle leidenden Menschen wesentlich hinaus. Erst auf Jesus trifft daher das Wort aus Psalm 88 im absoluten Vollsinn zu: „Schrecken umfluten mich allzeit wie Wasser und dringen auf mich ein von allen Seiten" (Ps 88,17f.). Dieses „Von allen Seiten" als das Besondere der Leiden Jesu wird wohl nirgends so veranschaulicht wie gerade dadurch, dass die Dornenkrone sein Herz von allen Seiten umschließt.

Die aus Jesu Herz emporlohenden Feuerflammen

Dies führt uns zum vierten Aspekt der Herz-Jesu-Symbolik, den aus dem Ansatz der Herzschlagader des Herzens emporlohenden Flammen. Das totale Eingeschlossen-Sein vom Leid, symbolisiert in der Dornenkrone, findet darin seine positive Umwendung. Die Flammen stehen für das, was die Herz-Jesu-Litanei zum Ausdruck bringt, wenn sie Jesu Herz anruft als „*fornax ardens caritatis*", als „brennenden Herd der Liebe". Den Einfluss des Leidens total auf sich zuzulassen, ist bei Jesus eben kein Masochismus, sondern bewegt von göttlicher Liebesfülle: Je mehr und je enger das Leid Jesu Herz umzingelt, umso mehr schlagen die Flammen der Liebe aus ihm empor. Aber damit muss man zugleich vorsichtig sein: Denn es ist nicht so, dass die gottmenschliche Liebe für ihre Fülle und Kraft des Leides bedürfe. Gerade im Sinne Kardinal Newmans,

---

[25] Ebd., 371f.

wie wir es eben erwogen haben, ist das freiwillig übernommene Leid die konkrete Verwirklichung der Liebe. Die aus dem Herz-Jesu-Symbol nach oben emporschlagenden Flammen wollen dies ausdrücken.

Die in den Flammen versinnbildlichte Liebe ist so mächtig, dass sie nicht im Binnenbereich des Herzens verbleibt: Sie bricht daraus empor, geradezu mit ‚vulkanischer' Kraft, freilich nicht um zu zerstören, sondern um die Welt und die Menschheit mit Gottes Liebe zu durchdringen. Dies deutet auf die Unbedingtheit der Liebe hin, die zum wahren Wesen jeder Liebe gehört: „Sie erträgt alles, glaubt alles, hofft alles, hält allem stand" (1 Kor 13,7). Mit der Unbedingtheit der Liebe ist aber auch ihr Ungebändigt-Sein verbunden – eine Eigenschaft, die nur auf pure Liebe bezogen positiv zu werten ist. Paulus berührt dies, wenn er an der besagten Stelle fortfährt: „Die Liebe hört niemals auf" (1 Kor 13,8). In absolutem Sinne ist dies auf menschlicher Ebene nur im gottmenschlichen Herzen des Erlösers verwirklicht. Die Unbedingtheit und das Ungebändigt-Sein der Liebe offenbaren die umgestaltende Kraft, die dieser Liebe eigen ist, die Kraft zur Neuschöpfung. Leidvoll vorausgeahnt ist dies in einer eindrucksvollen Stelle des Propheten Jeremia, wenn dieser nämlich von sich bekennt: „Es war mir, als brenne in meinem Herzen ein Feuer, eingeschlossen in meinem Innern. Ich quälte mich, es auszuhalten, und konnte nicht" (Jer 20,9).

Daher kann das Herz Jesu auf unserem Herzensgrund eine neue Realität förmlich ‚setzen'. Die Herz-Jesu-Mystik hat diese Umgestaltung der Seele durch das Herz Jesu mit dem Bild des Herzenstausches in Verbindung gebracht. Die hl. Luitgard von Saint-Trond wurde in einer mystischen Erfahrung von Christus gefragt: „Was willst du denn?" Sie antwortete: „Ich möchte dein Herz." Und Jesus darauf: „Und ich will noch mehr das deine!" Darauf sagte die hl. Luitgard: „Ja, o Herr, aber nur so, dass du die Liebe deines Herzens nach dem meinigen mäßigest und ich in deinem Herzen das

meine unter deinem sichern Schutz besitze."[26] Und es geschah darauf der mystische Tausch der Herzen. Diese mystische Erfahrung, dass das eigene Herz mit dem Herzen Jesu getauscht wird, blieb über das ganze Mittelalter hin lebendig.
Hier nun kann man hinzunehmen, wie die Symbolik der Flammen in der zweiten Vision der hl. Margareta Maria Alacoque eingefangen wird, wenn dort die Rede ist von Jesu „brennende[m] Verlangen, von den Menschen geliebt zu werden und sie vom Weg des Verderbens zurückzureißen".[27] Daher ergeht von den aus dem Herzsymbol emporschlagenden Feuerflammen an den betenden Betrachter auch der Ruf zur Gegenliebe.

Das Kreuz

Inmitten der Liebesflammen erhebt sich in der klassischen Herz-Jesu-Symbolik das Kreuz. Dies verdient, wiederum in zweierlei Hinsicht erwogen zu werden. Indem das Kreuz seinen bildlichen Ort über dem Herzen erhält, wird das Herz dem Kreuz unterstellt. Insofern es aber in enger Verbindung mit den aus dem Herzen emporschlagenden Liebesflammen erscheint, wird das Kreuz vom Herzen gewissermaßen erhöht, hochgehalten, als das erlösende Sieges- und Triumphzeichen.
Zunächst zur erstgenannten Hinsicht. Jesus hat sich, so gesehen, mit seinem Herzen dem Kreuz unterstellt, sich klein gemacht vor dem Willen des Vaters. Damit erhält die Demut des Herzens Jesu ihren wichtigsten symbolischen Ausdruck. In dem, was über die Dornenkrone betrachtet wurde, ist dies zwar ebenfalls berührt, hiermit nun aber zum Kerngehalt erhoben. Die hl. Margareta Maria Alacoque erkennt gemäß ihrer zweiten Herz-Jesu-Offenbarung

26 Zit. n. Stierli (wie Anm. 11), 84; vgl. auch F. Holböck, *Aufblick zum Durchbohrten. Große Herz-Jesu-Verehrer aus allen Jahrhunderten*, Stein a. Rh. – Salzburg 1990, 87.

27 Margareta Maria Alacoque (wie Anm. 9), 78.

in dem „[d]arüber“ (– über dem gottmenschlichen Herzen –) erscheinenden „Kreuz“ das „Zeichen, daß seit dem ersten Augenblick seiner Inkarnation das Kreuz in seinem Herzen aufgerichtet war. Von diesem ersten Augenblick an schon fühlte es alle Qualen, die seine heilige Menschheit durch Verdemütigungen, Armut, Schmerzen und Verachtung während seines irdischen Lebens und seiner heiligen Passion erdulden sollte.“[28] Theologisch wird hier die Gestalt des Gottesknechtes und somit eine Verbindung zur archaischen Christologie des ganz frühen Christentums greifbar. Es gehörte zu den allerersten Prädikationen Jesu Christi, ihn als Knecht Gottes zu bezeichnen. Der sogenannte Philipperbriefhymnus gibt hierfür ein beredtes Zeugnis: „Christus Jesus, obwohl göttlichen Wesens, erachtete seine Gottheit nicht als Beute, sondern Er entäußerte sich und wurde wie ein Sklave und den Menschen gleich. Sein Leben war das eines Menschen; Er erniedrigte sich und war gehorsam bis zum Tod, bis zum Tod am Kreuz“ (Phil 2,5-8).
„Darum hat Ihn Gott über alle erhöht“ (Phil 2,9) – dies führt uns zur zweiten Hinsicht unserer Erwägung. Das Kreuz, über dem Herzen erhoben, triumphiert zugleich als Zeichen der Erlösung, der Liebe, des Sieges über alles Böse. Wir müssen dies aber ebenfalls ganz vom Herzen her aufzufassen versuchen. Und dies besagt: Es gehört zur innersten Herzenshaltung Jesu, das Geheimnis des erlösenden Kreuzes hochzuhalten. Die Angleichung an Jesus in der Nachfolge Christi muss daher dieser Herzenshaltung folgen. Größter biblischer Zeuge hierfür ist nochmals Paulus, der bezeugt, dass das Kreuz Christi für den, der es trägt, einerseits Demütigung bedeutet, andererseits aber gerade apostolisches Selbstbewusstsein, ja Ruhm und Ehre: „Nicht mit gewandten und klugen Worten“ will Paulus verkündigen – daraus spricht seine Demut – „damit das Kreuz Christi nicht um seine Kraft gebracht wird“ (1 Kor 1,17) – das ist im gleichen Atemzug der damit verbundene Ruhm,

28 Ebd.

die Ehrensache. Genau die Unzertrennlichkeit dieser beiden Aspekte können wir auch auf die Eigenart des Herzens Jesu beziehen, wie es in bildlicher Darstellung mit dem Kreuzsymbol verbunden wird.

Der Strahlenkranz

Die gesamte Herz-Jesu-Symbolik, wie wir sie bisher erwogen haben, wird in den meisten klassischen Darstellungen umgeben von einer Lichtgloriole, einem Strahlenkranz. Auch dies entspricht der zweiten großen Offenbarung der hl. Margareta Maria Alacoque, der gemäß ihr „[d]as göttliche Herz ... strahlender als die Sonne"[29] erschien. Die Ausstrahlung des Herzens Jesu darf nicht missverstanden werden als eine symbolische Verdoppelung der aus dem Herzen emporschlagenden Flammen. Stand dort nämlich die Unbedingtheit der Liebe im Zentrum, so hier nun die Heiligkeit in ihrer Strahlkraft. Gleich drei Anrufungen der Herz-Jesu-Litanei lassen sich darauf beziehen: „Herz Jesu, von unendlicher Majestät", „Herz Jesu, heiliger Tempel Gottes", sowie „Herz Jesu, Quell des Lebens und der Heiligkeit". Hervorragend hat einmal Kardinal Leo Scheffczyk das Wesen der Heiligkeit Gottes veranschaulicht: „Es ist identisch mit dem Wert des absolut Vollkommenen, des überwältigend Strahlenden, des unbedingt Guten, das es nicht nötig hat, die Sünde ... zu strafen oder zu rächen, sondern das sie von vornherein abweisen, in Distanz halten und als das Unwertige demaskieren muss, an dem die Sünde abprallen muss wie ein Teil irdischer Materie gegenüber dem Strahlungsdruck der Sonne."[30] Wie also Sündiges und Böses von sich aus von Gottes Heiligkeit abgewiesen bleibt, so wird entsprechend alles Gute von ihr zutiefst beseligt und beglückt.

---

29 Ebd., 77.

30 L. Kard. Scheffczyk, *Die spezifische Heilswirkung des Bußsakraments*, in: Die Anregung 30 (1978), 531-540.578-591, hier 534.

Eine der erhabensten Darstellungen dessen ist nicht einmal ein Herz-Jesu-Bild; vielmehr kann man hier an das berühmte Alabasterfenster in der Apsis der Petersbasilika in Rom denken, das den Heiligen Geist in Gestalt einer Taube darstellt. Rund herum frohlockt eine Menge seliger Engel. Aber diese dringen nicht in das Innere des Fensters vor, sondern säumen seinen Rand. Daran wird deutlich: Wahre Heiligkeit, und erst recht göttlich-absolute Heiligkeit, hat etwas zutiefst Unvereinnahmbares – und in diesem Sinne auch etwas bleibend Unnahbares, aber genau deshalb zugleich und zutiefst etwas Anziehendes, ja Faszinierendes!

Das darf nicht missverstanden werden: In keiner Weise steht dies der Vereinigung Gottes mit seinen Geschöpfen entgegen. Aber selbst in der höchsten Einswerdung mit Gott im Himmel wird es doch so sein und in Ewigkeit bleiben, dass Gott Gott ist und das Geschöpf Geschöpf.[31] Die vor allem von den östlichen Kirchenvätern betonte „theosis", die „Vergöttlichung" der Kreatur, hebt dennoch nie den Unterschied zwischen Geschöpf und Gott auf. Deshalb kann es in Präfationen über die Engel heißen: „Durch Ihn loben die Engel deine Herrlichkeit, beten dich an die Mächte, e r b e b e n die Gewalten."[32]

---

[31] Hier kommt die Wahrheit von „Unbegreiflichkeit Gottes" zum Zuge. Sie „besagt eine wesensgemäße, radikale Unterschiedenheit des göttlichen Wesens vom menschlichen Sein und Denken, wie sie zwischen dem Schöpfer und dem Geschöpf, zwischen dem Unendlichen und dem Endlichen besteht, so daß dieses den Unendlichen von sich aus niemals erfassen und einem Begreifen unterwerfen kann. … Die Unterscheidung ist so grundsätzlich und unaufhebbar, daß sie selbst in der seligen Gottschau beibehalten werden wird. Die Seligen, die Gott schauen, begreifen nach Inhalt und Umfang doch nicht das Wesen Gottes [vgl. Thomas v. Aquin, *Summa contra Gentiles* III,55]" (L. Scheffczyk, *Der Gott der Offenbarung. Gotteslehre* [Katholische Dogmatik Bd. 2], Aachen 1996, 45).

[32] Vgl. hierzu im Deutschen Messbuch die Präfationen zu Kreuzerhöhung, zum hl. Josef, zu Maria (I), an Wochentagen (III). Daher geht es, wie A. Ziegenaus (*Die Zukunft der Schöpfung in Gott – Eschatologie* [Katholische Dog-

Dem hier erwogenen Aspekt der Herz-Jesu-Symbolik zufolge geht dies alles nun auch vom Herzen Jesu aus. Aber besteht hier nicht die Gefahr einer subtilen Entfremdung des gottmenschlichen Herzens von der konkreten menschlichen Realität? Steht dies nicht gerade dem Anliegen der Herz-Jesu-Verehrung entgegen? Das Gegenteil ist der Fall. Die Strahlkraft, um die es hier geht, ist ja nicht eine anonyme Energie oder heilige Abschirmung, sondern will wiederum einzig und allein Ausdruck der Herzenshaltung Jesu sein. Zunächst gilt dabei: Es gibt in der Tat eine Ehrfurcht vor der unauslotbaren Größe des Herzens Jesu, vor seiner „unendlichen Majestät". Die sentimentale Verniedlichung im Zuge des 19. Jahrhunderts hat dem eigentlichen Anliegen der Herz-Jesu-Verehrung ungeheuer geschadet. Insofern bürgt gerade das Symbol des Strahlenkranzes für den Ernst, die Würde und Größe des Herzens Jesu.
Aber Jesu Herzenshaltung ist zugleich nicht nur göttlich, sondern auch menschlich, gottmenschlich. In höchstem Maße will Jesu Herz mit seiner Herzenshaltung uns daher auch zeigen, zu welch einer Strahlkraft ein menschliches Herz fähig ist, wenn es nur bereit ist, sich ganz Gott zu überlassen – unbeschadet freilich der Tatsache, dass wir Menschen die absolute Höhe des Herzens Jesu nicht erreichen. Daraus ergibt sich endlich: Der das Herz Jesu umgebende Strahlenkranz der Heiligkeit will einladen, will missionarisch anstecken, für Gott begeistern, uns „gleich seinem Herzen" machen, in der Sprache heutiger Anliegen formuliert: Er will neuevangelisieren! Es geht um den Funken, der unausgesprochen von Herz zu Herz überspringen soll.
Wenn man dies nun zu einer einzigen Aussage integrieren will, so kann man in dem das Herz Jesu umgebenden Strahlenkranz ein *Fascinosum* erkennen, das den betenden Betrachter zu einem Aufbruch in das Größersein und Anderssein Gottes einlädt. Das Herz Jesu drückt ja nur aus, wofür die Erscheinung Jesu insgesamt steht:

---

matik Bd. 8], Aachen 1996, 288) feststellt, nicht nur um ein passives „Hingerissensein" von Gottes Größe, sondern um die „höchste ergriffene Aktivität" der Anbetung.

letztendlicher und lebendiger Hinweis auf Gott zu sein. Das schlechthinnige Vitalitätsgeheimnis des Christentums, dass nämlich Gott im Zentrum stehen muss, wird herzenskonkret.

Die Körpergeste Jesu

In vielen Herz-Jesu-Bildern zeigt Jesus mit einem Finger auf sein Herz. Dies verbreitete sich, seit es erstmals in Herz-Jesu-Andachtsbüchern um 1750 aufgetaucht war.[33] Der künstlerische Ausdruck der Geste Jesu variiert freilich: Es gibt Darstellungen, wo Jesus sein Gewand öffnet, so dass ein Herz-Symbol auf seinem Leib sichtbar wird, und andere, in der er mit seiner Hand sein Herz dem Betrachter darreicht. Und es gibt noch eine weitere anders geartete Ausrichtung, die Jesus, mit dem Herz-Symbol auf seiner Brust, mit weit ausgebreiteten Armen zeigt. In allen Fällen ist Jesu Körperhaltung als Hinweis auf seine Herzenshaltung zu deuten. Alles, auch das Letztgenannte, will Hinweis auf die Heilsbedeutung des Herzens Jesu sein.

Dadurch wird das Herz-Jesu-Symbol optisch integriert in den Blick auf Jesus als Person. Auch wenn das Herz-Symbol für sich genommen grundlegend bleibt, so ist die Integrierung dessen in die Gesamtfigur des Erlösers insgesamt eine glückliche Entwicklung. Und dies lehrt uns: Es geht in der ganzen Symbolik schlussendlich um Jesu Person, um unser persönliches Verhältnis zu ihm, der „der Weg, die Wahrheit und das Leben" (Joh 14,6) ist. Man könnte sagen: Es geht bei der Herz-Jesu-Verehrung um Christusfreundschaft, die aber in der Herz-Symbolik zu einer tiefen Grundlegung findet.

Der göttliche Heilsplan fügte es, dass – um nun Pius XII. wieder aufzugreifen – das gesamte göttliche Heilswerk in größtmöglicher Konzentration gebündelt wird in einer Realität, die uns Menschen denkbar nahe steht: in der einfachen und doch so geheimnisvollen Realität des Herzens. Genau darauf weist uns Jesus gemäß den

---

33 Vgl. Hattler (wie Anm. 2), 13.

bildlichen Darstellungen mit seiner Körpergeste hin; hier will das Christentum in seinem innersten Kern und Lebensprinzip geistlich erkannt und erspürt werden.

Die der siebenfachen Symbolik innewohnende Organik

Die Erschließung der siebenfachen Symbolwelt des Herzens Jesu zeigt nicht nur eine Reihe einzelner Aspekte auf, sondern lässt alles auch als ein in sich rundes Sinngefüge erkennen, welches selbst nochmals aussagekräftig ist. Es lehrt uns nämlich, Jesus zu betrachten (1) in der Einheit seines gottmenschlichen Wesens, die sich in seinem Herzen bündelt (Herzsymbol), (2) in seiner Verletzbarkeit (Herzwunde), (3) in seiner Leidenskraft (Dornenkrone), (4) in seiner Liebeskraft (Flammen), (5) in seiner in unergründlicher Demut wurzelnden Erlösungskraft (Kreuz), (6) in seiner Ehrfurcht gebietenden und zugleich missionarisch-einladenden Strahlkraft (Strahlenkranz), (7) in der hinweisenden Kraft seines Rufes, ihm nachzufolgen (Fingerzeig bzw. andere Körperhaltung). Ein Aspekt wurzelt hierbei in dem/n vorangehenden und mündet zugleich in den nächsten: Insofern lässt die siebenfache Symbolik eine personale Dynamik erkennen, in welcher das Geheimnis Jesu Christi sich dem Beter erschließt und in welche es ihn einbezieht. Lassen wir uns davon neu berühren und führen!

Peter Egger

Die menschliche Person – das christliche Menschenbild

Einführung

Im Laufe der Jahrhunderte haben verschiedenste Philosophen das Wesen des Menschen beschrieben. Sie haben dabei recht unterschiedliche Theorien über den Menschen entwickelt:
Die griechischen Klassiker beschreiben den Menschen als ein intelligentes Lebewesen, als ein Wesen mit Leib und Seele; sie sehen im Menschen aber auch ein soziales und ein metaphysisches Wesen. Die Denker der Neuzeit betrachten den Menschen als ein Vernunft- und Tatwesen. Die Realisten und Pessimisten erblicken im Menschen einen Wolf und ein Monstrum. Die Nihilisten sind der Ansicht, der Mensch sei ein Nichts ohne Sinn und Ziel. Die Darwinisten behaupten, der Mensch sei ein höherer Affe und ein Herdentier. Für die Technokraten ist der Mensch ein Rädchen und eine Nummer, für die Ökonomen ist er ein Kostenfaktor und ein Konsument, für die Mediziner eine komplizierte Maschine. Für die Esoteriker ist er ein Wesen mit einem göttlichen Kern. Schließlich betrachten viele Denker den Menschen als ein unlösbares Mysterium …
Es gibt also verschiedenste Aussagen über den Menschen. Alle diese Aussagen erfassen gewisse Aspekte des Menschen. Aber erfassen sie das eigentliche Wesen des Menschen?

I Das Wesen der menschlichen Person

Wir wollen nun versuchen, die christliche Auffassung des Menschen kennen zu lernen. Die christliche Philosophie bezeichnet den Menschen als eine „Person“. Was ist nun eine „Person“?

1) Das individuelle Subjekt

Mit einer Person ist zunächst ein „individuelles Subjekt" gemeint. Der Mensch ist also ein eigenständiges Wesen, das für sich (per se) existiert. Was ermöglicht nun dem Menschen, ein „individuelles Subjekt", ein eigenständiges Wesen zu sein?

2) Das Selbstbewußtsein des Menschen

Die Voraussetzung für das „individuelle Subjekt" ist der Geist des Menschen. Der Geist ermöglicht es dem Menschen, sich selbst zu erkennen. Der Geist ermöglicht es dem Menschen, um sich selbst zu wissen. Auf diese Weise kommt es also durch den Geist zum Selbstbewußtsein des Menschen.

3) Die Eigenständigkeit des Menschen

Das Selbst-Bewußtsein ermöglicht es dem Menschen, über sich selbst zu verfügen und über seine Entfaltung zu bestimmen. Auf diese Weise wird der Mensch zu einem eigenständigen Wesen. Der Mensch wird zum Träger seiner selbst und damit zum individuellen Subjekt. Der Mensch wird zu einem eigenständigen und individuellen „Ich".

4) Das Einheitsprinzip des Menschen

Die Person ist dann auch das einheitsstiftende Prinzip des Menschen. Wenn ein Mensch z.B. trotz der verschiedenen Funktionen des Sehens, Hörens und Riechens einen einheitlichen Gegenstand erkennen kann, so geht das auf die Person zurück, die die Einheit der verschiedenen Tätigkeiten stiftet. Die Person ist also das Einheitsprinzip, das alle verschiedenen Erkenntnisse, Gefühle, Beziehungen usw. zu einer Einheit zusammenfasst.

5) Das veränderliche und bleibende Prinzip des Menschen

Die Person ist schließlich das veränderliche und bleibende Prinzip des Menschen. Die Person des Menschen kann sich einerseits entfalten und entwickeln, die Person des Menschen bleibt aber andererseits trotz aller Veränderungen immer dieselbe. In der Person des Menschen verbinden sich also Veränderliches und Bleibendes. Der Mensch ist auf Grund seines Personseins gleichzeitig ein dynamisches und ein konstantes Wesen.

6) Das Wesen der menschlichen Person

Nach diesen Überlegungen lässt sich nun die Frage nach dem Wesen der menschlichen Person folgendermaßen beantworten:
a) Die menschliche Person ist das eigenständige Subjekt, das mit Hilfe des Geistes sich selbst erkennt und sich selbst bestimmt. Die menschliche Person ist also ein geistiges Subjekt, das sich selbst bestimmt.
b) Die menschliche Person ist aber auch das Einheitsprinzip des Menschen, das alle Akte zu einer Einheit zusammenfasst.
c) Die menschliche Person ist schließlich das dynamische und konstante Prinzip des Menschen, das es ermöglicht, dass der Mensch sich als Person dynamisch entfalten kann und trotzdem immer die gleiche Person bleibt.

II Der Beginn der menschlichen Person

Die nächste Frage, die sich uns stellt, betrifft den Beginn der menschlichen Person: Ab wann ist der Mensch eine Person?

1) Die personale Konstitution des Menschen

Die christliche Philosophie erklärt, dass der Mensch von Anfang an ein personales Wesen ist. Sie begründet ihren Standpunkt damit, dass der Mensch bereits von seiner Konstitution her ein Wesen ist, das die Prinzipien von Geist und Körper aufweist. Der Mensch ist also von seiner Konstitution her von Anfang an mit Geist und Körper ausgestattet. Wenn nun im menschlichen Wesen die Prinzipien von Geist und Körper immer schon vorhanden sind, ist auch das Person-Sein immer schon gegeben. Der Mensch ist damit von Anfang an Person.

2) Eine Person von der Zeugung bis zum Tod

Manche Philosophen vertreten die Ansicht, dass der Mensch erst dann eine Person ist, wenn er imstande ist, durch seinen Geist sich selbst zu erkennen und zu bestimmen. Das würde aber bedeuten, dass der Mensch erst ab dem Gebrauch der Vernunft zu einer Person wird. Das hätte auch zur Folge, dass der Mensch vor dem Gebrauch der Vernunft kein Subjekt wäre und keine Rechte hätte. Das hätte zur Folge, dass ein ungeborenes Kind noch keine Person ist und daher abgetrieben werden darf, dass ein behinderter oder seniler Mensch keine Person mehr ist und daher beseitigt werden kann. Um dieser tödlichen „Entpersönlichung" des Menschen vorzubeugen, ist die Lehre, dass der Mensch von der Zeugung bis zum Tod eine Person ist, von größter Bedeutung für den Schutz des ungeborenen, behinderten und alten Menschen.

III Die Grundzüge der menschlichen Person

Die nächste Frage beschäftigt sich mit den Grundzügen der menschlichen Person. Was sind die charakteristischen Merkmale der menschlichen Person?

1) Die Eigenständigkeit

Das erste Merkmal der menschlichen Person ist ihre Eigenständigkeit. Die menschliche Person existiert für sich. Das bedeutet, dass die Person nicht ein Teil von einem Ganzen ist, sondern dass sie selbst ein eigenständiges Ganzes ist. Das bedeutet aber nicht, dass die eigenständige menschliche Person isoliert existiert. Die menschliche Person ist trotz ihrer Eigenständigkeit immer auf andere Personen ausgerichtet und Mitglied einer Gemeinschaft.

2) Die Einmaligkeit

Das zweite Merkmal der menschlichen Person ist ihre Einmaligkeit. Die Eigenständigkeit der menschlichen Personen ist die grundsätzliche Voraussetzung für ihre Verschiedenheit und damit für ihre Einmaligkeit. Hätten die Menschen keine Eigenständigkeit, so wären die Menschen alle gleich und könnten so nie ihre eigene Persönlichkeit entwickeln. Die Verschiedenheit und die Einmaligkeit der menschlichen Personen hebt aber die menschliche Wesensgleichheit und die menschliche Gleichberechtigung nicht auf.

3) Die Freiheit

Das dritte Merkmal der menschlichen Person ist ihre Freiheit. Die Eigenständigkeit ermöglicht die Selbstbestimmung des Menschen und damit die Freiheit. Die menschliche Person wird im Normalfall nicht von außen gezwungen und von innen getrieben. Die menschliche Person kann über sich selbst verfügen und selbst Entscheidungen treffen. Die menschliche Freiheit bedeutet aber nicht, dass der Mensch ein autonomes Wesen ist. Der Mensch ist an gewisse Normen und Werte gebunden, die zu seinem Wesen und zu seiner Natur gehören.

4) Die Kommunikation

Das vierte Merkmal der menschlichen Person ist die Fähigkeit zur Kommunikation. Die Geistnatur des Menschen ermöglicht es, mit anderen geistigen Wesen einen „inneren" Kontakt aufzunehmen. Durch die Sprache hat die menschliche Person die Möglichkeit, ihre inneren Gedanken und Gefühle anderen Menschen mitzuteilen. Sie kann also ihre innere Welt anderen Menschen offenbaren und an der inneren Welt anderer Menschen teilhaben

5) Die Transzendenz

Das fünfte Merkmal der menschlichen Person ist ihre Transzendenz. Die Geistnatur ermöglicht es, dass die menschliche Person die Materie, den Raum und die Zeit übersteigen kann. Die menschliche Person übersteigt mit Hilfe des Geistes die physikalische Welt und gelangt so in die metaphysische Welt. Die menschliche Person hat damit einen Zugang zur geistigen, kulturellen und religiösen Welt.

Zusammenfassend können wir sagen, dass die menschliche Person folgende Grundzüge aufweist: Die menschliche Person ist ein eigenständiges, einmaliges, freies, kommunikatives und transzendentes Wesen.

IV Die Entfaltung der menschlichen Person

Die nächste Frage betrifft die Entfaltung der menschlichen Person. Der Mensch ist zwar von seinem Wesen immer schon eine Person, aber er muss gleichzeitig seine Person erst entfalten.

1) Das Denken

Die erste Form der Entfaltung der menschlichen Person ist die Entfaltung des Denkens. Der Geist des Menschen kann nur dann die eigene Person und die Welt begreifen, wenn er durch das Denken sich selbst und die Welt versteht. Daher erfordert die Entfaltung der menschlichen Person ein ständiges Denken und Nachdenken.

2) Die Sprache

Die zweite Form der Entfaltung der menschlichen Person ist die Entfaltung der Sprache. Der Geist des Menschen kann sich nur dann entfalten, wenn er durch die Sprache geistige Begriffe und Mittel hat, um geistige Informationen zu erhalten und geistige Informationen zu vermitteln. Die geistige Sprache ist aber auch die unersetzliche Voraussetzung für die Kommunikation mit anderen menschlichen Personen, die eine ganz entscheidende Voraussetzung für die Entfaltung der menschlichen Person ist.

3) Die Gefühle

Die dritte Form für die Entfaltung der menschlichen Person ist die Entfaltung der Gefühle. Der Geist des Menschen kann sich nur dann entfalten, wenn auch seine Gefühle durchgeistigt sind und mit ihm in Einklang stehen. Die Durchgeistigung der Gefühle sind eine entscheidende Voraussetzung für die personale Begegnung mit anderen Menschen und für das personale Handeln des Menschen.

4) Die Kommunikation

Die vierte Form für die Entfaltung der menschlichen Person ist die Entfaltung durch die Kommunikation. Der Geist des Menschen kann sich nur dann entfalten, wenn er mit anderen Menschen kommuniziert. Die Kommunikation besteht im inneren Austausch zwischen Personen. Die Kommunikation besteht im Austausch von Gedanken, die dem anderen Einblick in das Innere des Partners gewähren. Dabei geht es um einen Einblick in die Welt der Gedanken, aber auch um einen Einblick in das Herz des Partners. Dabei kommt es zur Teilhabe am Menschsein des anderen und dadurch zur gegenseitigen menschlichen Bereicherung.

5) Die Werte

Die fünfte Form für die Entfaltung der menschlichen Person ist die Entfaltung durch die Werte. Die menschliche Person kann sich nur dann entfalten, wenn sie nach Werten strebt, die ihrem Wesen entsprechen. Es geht dabei um geistige, kulturelle, ethische, soziale und religiöse Werte. Diese Werte ermöglichen es der menschlichen Person, sich in allen diesen Bereichen zu entwickeln und zu verwirklichen.

6) Die Harmonie

Die sechste Form für die Entfaltung der menschlichen Person ist die Entfaltung der inneren Einheit. Die menschliche Person kann sich nur dann entfalten, wenn sie in ihrem Inneren eine Einheit zwischen Geist, Seele und Gefühlen anstrebt. Dazu ist es erforderlich, dass es zu einem vernünftigen Gleichgewicht zwischen den verschiedenen inneren Kräften des Menschen kommt. Dazu braucht es aber ein ständiges Ringen um die innere und äußere Ordnung sowie ein ständiges Bemühen um die Einheit mit den Mitmenschen und Gott.

7) Der Glaube

Die siebte Form der Entfaltung der menschlichen Person ist die Entfaltung durch den Glauben. Die menschliche Person kann sich nur dann voll entfalten, wenn sie nach den Weisungen des Glaubens lebt. Der christliche Glaube vermittelt der menschlichen Person eine klare Orientierung, die Zehn Gebote vermitteln die Grundwerte, die Seligpreisungen zeigen den Weg zum Glück, die Sakramente schenken die Kraft und die Gnade, die die Person zu ihrer vollen Entfaltung braucht.

8) Das Absolute

Die achte Form der Entfaltung der menschlichen Person ist das Streben nach dem Absoluten. Die menschliche Person kann sich nur dann voll entfalten, wenn sie nach einem absoluten Ziel strebt. Der Geist des Menschen transzendiert die endliche und zeitliche Welt und strebt nach dem Unendlichen und Ewigen. Die Entfaltung der menschlichen Person findet erst im Absoluten, in Gott, ihre Vollendung.

Zusammenfassend können wir sagen, dass die Entfaltung der Person die Entfaltung des Denkens, der Sprache, der Gefühle, der Kommunikation, der Werte, der Harmonie, des Glaubens und der Beziehung zum Absoluten voraussetzt.

V Die Kommunikation der menschlichen Person

Die nächste Frage betrifft die Kommunikation der menschlichen Person. Dabei geht es um die Voraussetzungen und Bedingungen, die gegeben sein müssen, damit es zu einer wirklichen Kommunikation zwischen Personen kommen kann.

1) Das Wesen der Kommunikation

Die Kommunikation zwischen Personen ist mehr als ein gegenseitiger Austausch von Informationen. Die Kommunikation ist ein innerer Austausch von Mensch zu Mensch. Da geht es um die Offenbarung der inneren Welt, da geht es um den Einblick in das innere Denken und Fühlen. Kommunikation zwischen Personen ist eine Teilnahme und Teilhabe am Menschsein des Anderen.

2) Geist und Sprache

Die Kommunikation zwischen Personen setzt zunächst den Geist und die Sprache voraus. Der Geist ermöglicht das Wissen um die eigene Person und erlaubt das Übersteigen der eigenen Person in Richtung der anderen Person. Die Sprache ermöglicht das begriffliche Erfassen der eigenen Gedanken und Gefühle und ermöglicht die Vermittlung derselben an andere Personen. Geist und Sprache ermöglichen aber auch das Empfangen und Verstehen der Botschaften der anderen Person.

3) Vertrauen und Öffnung

Die Kommunikation zwischen Personen setzt weiter das gegenseitige Vertrauen und die gegenseitige Öffnung voraus. Nur durch das gegenseitige Vertrauen ist es möglich, dass Personen ihr Inneres öffnen und sich gegenseitig einen Blick in ihr Inneres gewähren. Nur durch das gegenseitige Vertrauen ist es möglich, dem Anderen Eintritt in das eigene Geheimnis und in das innere Heiligtum zu gestatten.

4) Zuhören und Einfühlung

Die Kommunikation zwischen Personen setzt dann auch die Kunst des Zuhörens und der Einfühlung voraus. Das Zuhören ist imstande, das Persönliche aus den Worten des Anderen herauszuhören. Die Einfühlung ist imstande, die begleitenden Gefühle zu erspüren. Auf diese Weise erfasst die Kommunikation auch das verborgene Geheimnis der Person und das Nichtgesagte zwischen den Worten.

5) Verstehen und Liebe

Die Kommunikation zwischen Personen setzt vor allem das Verstehen und die Liebe voraus. Das personale Verstehen bedeutet, dass man nicht nur die Logik der Gedanken begreift, sondern auch die persönlichen Beweggründe und Umstände versteht, die zu diesen Gedanken geführt haben. Die personale Liebe bedeutet, dass man den anderen nicht nur liebt, weil man an ihm persönlich Gefallen findet, sondern weil man ihn um seiner Person willen liebt. Durch das personale Verstehen und durch die personale Liebe ist es der Kommunikation möglich, den Anderen von innen her zu verstehen und von innen her zu lieben.

6) Einswerdung von Ich und Du

Die Kommunikation zwischen Personen hat das Ziel der Einswerdung. Die Kommunikation wird zur geistigen Brücke zwischen den Personen und ermöglicht den Besuch in der Seele des Anderen. Durch die Kommunikation kommt es zunächst zur geistigen Gastfreundschaft und schließlich zur geistigen Heimholung in die Seele des Anderen. Die Kommunikation führt also zur Exstase, d.h. zum Heraustritt aus der eigenen Person, und gelangt schließlich zur Instase, d.h. zum Eintritt in die Person des Anderen. Auf diese Weise kommt es zur geistigen Einswerdung von Ich und Du im gemeinsamen Wir. Aus der Kommunikation wird Kommunion.

7) Transzendenz und Mystik

Die Kommunikation zwischen Personen erreicht ihre Vollendung in der Transzendenz. Die Einswerdung führt dazu, dass die Personen keine Sprache mehr brauchen und somit die Sprache übersteigen. An die Stelle der Sprache tritt nunmehr das Schweigen und die Stille. Die Einswerdung führt aber auch dazu, dass die Personen so verinnerlicht sind, dass sie keine Außenwelt mehr wahrnehmen und jenseits von Raum und Zeit im Unendlichen und Ewigen schweben. Die Kommunikation zwischen Personen findet so ihren Höhepunkt in der mystischen Vereinigung im Bereich der inneren Unendlichkeit und Ewigkeit. Auf diese Weise findet die Kommunikation zwischen Personen in der Transzendenz und in der mystischen Vereinigung ihre Vollendung.

Zusammenfassend können wir sagen, dass die Kommunikation der menschlichen Person gewaltige Möglichkeiten hat. Die Kommunikation beginnt mit dem personalen Sprechen und führt dann über das Vertrauen, das Sich-öffnen, das Zuhören, das Einfühlen, das Verstehen und Lieben bis zur Einswerdung und zur transzendenten mystischen Vereinigung.

VI Die Sozialität der menschlichen Person

Die nächste Frage betrifft die Sozialität der menschlichen Person. Dabei geht es um die Beziehung der einzelnen Person zur Gemeinschaft und zur Gesellschaft.

1) Die Eigenständigkeit und Offenständigkeit der Person

Wir haben gehört, dass die Person ein eigenständiges Wesen ist. Die Person ist auf Grund ihres Selbstbewußtseins ein eigenständiges Subjekt. Die Person ist aber nicht nur ein eigenständiges Subjekt, sondern auch ein offenständiges Subjekt. Das bedeutet, dass die Person für sich steht und gleichzeitig auch für andere Personen offensteht.

2) Die Person als Einzel- und Gemeinschaftswesen

Die Eigenständigkeit und Offenständigkeit der Person führt dazu, dass der Mensch gleichzeitig ein Einzel- und ein Gemeinschaftswesen ist. Der Mensch gehört also gleichzeitig sich selbst und der Gemeinschaft an. Er ist also gleichzeitig ein Einzelwesen und ein Gemeinschaftswesen. Die menschliche Person hat also eine Doppelnatur: sie hat gleichzeitig eine individuelle und eine soziale Dimension.

3) Die Eigenständigkeit in der Gemeinschaft

Die Eigenständigkeit der menschlichen Person führt dazu, dass der Mensch auch in der Gemeinschaft eine eigenständige Person bleibt. Der Mensch bleibt also auch in der Gemeinschaft ein eigenständiges Wesen, das seinen eigenen Standpunkt vertritt und eigenständige Rechte hat. Aus der Eigenständigkeit der menschlichen Person ergibt sich, dass der einzelne Mensch bestimmte unantastbare Rechte hat, die von der Gemeinschaft respektiert und geschützt werden müssen. Zu diesen Rechten gehört das Recht auf Leben, das Recht auf Freiheit, das Recht auf privates Eigentum, das Recht auf Arbeit usw.

4) Die Offenständigkeit gegenüber der Gemeinschaft

Die Offenständigkeit der menschlichen Person führt dazu, dass der Mensch sich gegenüber der Gemeinschaft öffnen kann. Der Mensch hat Zugang zur Gemeinschaft und wird Mitglied der Gemeinschaft. Aus der Offenständigkeit der menschlichen Person ergibt sich, dass der Mensch bestimmte soziale Pflichten hat und zum Allgemeinwohl beitragen muss. Zu diesen sozialen Pflichten gehört die Gerechtigkeit in der Wirtschaft, der Einsatz für die Alten, Armen und Kranken, die Verteidigung des Gemeinwesens, die Bezahlung der Steuern usw.

5) Die Person als Maß der Gesellschaft

Die menschliche Person ist mit ihrer eigenständigen und sozialen Dimension der Ausgangspunkt und der Mittelpunkt der Gesellschaft. Die menschliche Person ist aber auch das Maß und das Ziel der Gesellschaft. Eine Gesellschaft ist nur dann menschlich, wenn sie sich an der Würde, an den Rechten und Bedürfnissen der menschlichen Person orientiert. Sie ist nur dann menschlich, wenn sie den Menschen von der Zeugung bis zum Tod als Person achtet.

6) Die Person als Maß der Wirtschaft

Die menschliche Person ist dann auch das Maß der Wirtschaft. Der Mensch ist der Träger, das Maß und das Ziel der Wirtschaft. Die

Wirtschaft ist für den Menschen da, und nicht der Mensch für die Wirtschaft. Die Wirtschaft muss dafür sorgen, dass der Mensch ein menschenwürdiges Leben führen kann. Der Mensch muss seinerseits durch eine gediegene Leistung, durch Disziplin und Loyalität dafür sorgen, dass die Wirtschaft gedeihen kann.

7) Die Person als Maß der Politik

Die menschliche Person ist dann auch das Maß der Politik. Der Mensch ist der Träger, das Maß und das Ziel der Politik. Der Mensch kommt daher vor dem Staat und vor den politischen Interessen. Deshalb muss in der Politik stets darauf geachtet werden, dass der Staat nicht den Menschen entmündigt. Der Mensch ist aber seinerseits verpflichtet, dem Allgemeinwohl zu dienen, er muss sich für sein Volk einsetzen und sich loyal zum Staat verhalten.

8) Die Person als Voraussetzung der Solidarität

Die menschliche Person führt schließlich zur inneren Verbundenheit des Einzelnen mit der Gemeinschaft. Durch die geistige Verbundenheit zwischen den Personen kommt es zu einer soliden Verbundenheit, die schließlich zur Solidarität führt. Durch die Solidarität begegnen sich Bürger als Menschen und werden Bürger zu einer echten Gemeinschaft. In der Solidarität kommt die tiefste personale Verbundenheit in der Gesellschaft zum Ausdruck.

Zusammenfassend können wir sagen, dass die menschliche Person eine eigenständige und eine soziale Dimension hat. Die Eigenständigkeit führt dazu, dass der Mensch auch in der Gemeinschaft eine eigenständige Person bleibt und unantastbare Rechte hat; die Offenständigkeit führt dazu, dass die menschliche Person gegenüber der Gemeinschaft öffnen kann und so zum Mitglied der Gemeinschaft wird. Die menschliche Person ist aber auch der Mittelpunkt der menschlichen Gesellschaft und steht im Mittelpunkt der Wirtschaft und der Politik.

VII Die Transzendenz der menschlichen Person

Die nächste Frage betrifft die Transzendenz der menschlichen Person. Dabei geht es um die Beziehung der menschlichen Person zur metaphysischen Welt und zu Gott.

1) Die Person entdeckt die geistige Welt

Die menschliche Person kann auf Grund ihrer Geistnatur die materielle Welt übersteigen. Sie kann sich geistig über Raum und Zeit erheben und sich an andere Orte und in andere Zeiten versetzen. Die menschliche Person erkennt mit ihrem Geist die universalen Prinzipien und Gesetze, die die materielle Welt bestimmen. Sie erfasst den intelligenten Plan, der den ganzen Kosmos durchläuft. Sie entdeckt die geistigen Werte, die der Moral und der Ästhetik zugrundeliegen. Die menschliche Person kann sich also über die physische Welt erheben und in eine metaphysische Welt eindringen.

2) Die Person erkennt den Schöpfer

Die menschliche Person kann auf Grund ihrer Geistnatur auch den Schöpfer erkennen. Sie erkennt an Hand der geistigen Gesetze in der Natur eine geistige Ursache hinter der Natur; sie erkennt an Hand der Ordnung des Kosmos ein ordnendes Prinzip hinter dem Kosmos. Die menschliche Person kann in der Natur aber auch eine sinnvolle Zweckmäßigkeit und eine überragende Schönheit entdecken, die auf einen planenden Geist und phantasievollen Designer hinweisen. Die menschliche Person kann also den Schöpfer der Welt und des Alls erkennen.

3) Die Person hört die Stimme des Vaters

Die menschliche Person kann auf Grund ihrer Geistnatur auch Gott den Vater erkennen. Sie erlebt in ihrem Gewissen den Anruf

Gottes. Die „Stimme“ Gottes drängt den Menschen zum Guten, sie warnt ihn vor dem Bösen, sie lobt ihn und tadelt ihn, sie bestätigt und tröstet ihn. Im Gewissen erlebt die menschliche Person die Führung durch einen liebenden Vater, der ihr Bestes will und an ihrem Wohl und an ihrem Heil interessiert ist.

4) Die Person strebt nach dem Absoluten

Die menschliche Person kann auf Grund ihrer Geistnatur auch bis zum absoluten Geist Gottes vorstoßen. Auf diese Weise hat also die menschliche Person die Möglichkeit, als endliches Wesen mit dem unendlichen Wesen Gottes in Verbindung zu treten. Die personale Geistseele des Menschen ist in ihrem Innersten auf den absoluten Geist Gottes ausgerichtet und strebt bewusst oder unbewusst nach der Verbindung und Vereinigung mit Gott.

5) Die Person ist ein Abbild Gottes

Die menschliche Person ist auf Grund ihrer Geistnatur ein Abbild des göttlichen Geistes. Der Mensch hat ein geistiges Wesen, wie auch Gott ein geistiges Wesen ist. Der Mensch ist ein eigenständiges geistiges Wesen, wie auch Gott ein eigenständiges geistiges Wesen ist. Der Mensch ist eine Person, wie auch Gott eine Person ist. Der menschliche Geist ist zwar relativ und endlich, ist aber doch ein Spiegelbild des absoluten und unendlichen göttlichen Geistes.

6) Die endgültige Bestimmung der Person

Die menschliche Person ist als Abbild Gottes dazu berufen, nach dem Urbild Gottes zu streben. Die menschliche Person kann nur dann ihre wahre Entfaltung erreichen, wenn sie nach den Gesetzen und nach der Ordnung ihres Schöpfers lebt. Die menschliche Person kann nur dann ihre letzte Erfüllung finden, wenn sie nach der Einheit mit dem absoluten Gott strebt. Die letzte Bestimmung der menschlichen Person ist die Vereinigung mit dem absoluten Gott.

7) Die endgültige Erfüllung der Person

Die menschliche Person ist als Abbild Gottes zur Gemeinschaft mit Gott berufen. Die endliche menschliche Person kann aber nicht aus eigener Kraft zum unendlichen Gott aufsteigen. Aus diesem Grund muss der unendliche Gott zum Menschen herabsteigen und ihn zu sich emporheben. Er muss den Menschen mit seiner Gnade beleben und stärken, er muss ihn läutern und heiligen. Der Mensch aber muss sich Gott öffnen, er muss umkehren, er muss zu Gott beten und sich von Gott erlösen lassen. Auf diese Weise wird der Mensch schließlich mit der Hilfe Gottes die Reife und Heiligkeit erlangen, um zur ewigen Gemeinschaft mit Gott zu gelangen.

Zusammenfassend können wir sagen, dass die menschliche Person eine transzendente Dimension aufweist. Die menschliche Person kann auf Grund ihrer Geistnatur die materielle Welt übersteigen und die geistige Welt erkennen. Sie ist imstande, hinter der materiellen Welt den Schöpfer der Welt zu erkennen und kann in ihrem Gewissen das Wirken Gottes erfahren. Die menschliche Person kann auf Grund ihrer Geistnatur mit dem Geist Gottes in Verbindung treten. Sie ist in ihrem Innersten auf das Absolute ausgerichtet und kann nur im Absoluten ihren letzten Sinn und ihre endgültige Bestimmung und Erfüllung finden.

VIII Die Würde der menschlichen Person

Die nächste Frage betrifft die Würde der menschlichen Person. Die besonderen Merkmale und Eigenschaften der menschlichen Person führen dazu, dass die menschliche Person eine besondere Würde aufweist.

1) Die Geistnatur des Menschen

Die Würde der menschlichen Person beruht zunächst auf der Geistnatur des Menschen. Die Geistnatur ermöglicht dem Menschen das Bewusstsein seiner selbst und macht ihn zum Herren seiner selbst. Die Geistnatur ermöglicht es dem Menschen aber auch, die materielle Welt zu übersteigen. Durch seinen Geist überragt also der Mensch die physische Welt und wird damit zu einem metaphysischen Wesen.

2) Die Einmaligkeit des Menschen

Die Würde der menschlichen Person beruht auch auf ihrer Einmaligkeit. Jede menschliche Person ist ein einmaliges Wesen, die es in dieser Gestalt noch nie gegeben hat und auch nie mehr geben wird. Jede menschliche Person hat ihre unverwechselbare Eigenheit und ihren ganz spezifischen Charakter. Jede menschliche Person hat auch ein einmaliges Schicksal und eine einmalige Bestimmung. Jeder Mensch hat eine einmalige Gestalt und ein einmaliges Gesicht Jeder Mensch ist ein einmaliges Original.

3) Die Krone der Schöpfung

Die Würde der menschlichen Person beruht auch auf ihrer Erhöhung über die Natur. Die Geistnatur ermöglicht es dem Menschen, die Natur zu erkennen und zu gestalten. Sie erhöht ihn damit über die Natur und macht ihn zur Krone der Schöpfung. Der Mensch wird zum Mitarbeiter Gottes und erhält von Gott den Auftrag, die Schöpfung in seinem Sinn zu gestalten und zu nützen.

4) Die Teilhabe am Absoluten

Die Würde der menschlichen Person hat ihren Grund auch in der Teilhabe des Menschen am Absoluten. Der Mensch ist durch seine

Geistnatur imstande, mit dem absoluten Geist Gottes in Verbindung zu treten. Die menschliche Person hat auf diese Weise die Möglichkeit, Anteil am Absoluten zu haben und zur Gemeinschaft mit dem Absoluten zu gelangen. Diese Teilhabe am Absoluten verleiht der menschlichen Person eine Würde, die alles Irdische übersteigt.

5) Das Abbild Gottes

Die Würde der menschlichen Person hat ihren Grund auch in der Ähnlichkeit des Menschen mit Gott. Der Mensch ist ein eigenständiges geistiges Wesen, wie auch Gott ein eigenständiges geistiges Wesen ist. Der menschliche Geist ist zwar relativ und endlich, ist aber doch ein Spiegelbild des absoluten und unendlichen göttlichen Geistes. Diese Ähnlichkeit mit Gott macht den Menschen zu einem Abbild Gottes und verleiht ihm eine unendliche Würde.

6) Der Vertraute Gottes

Die Würde der menschlichen Person hat ihren Grund auch in der Freundschaft des Menschen mit Gott. Der Mensch darf zu Gott „Vater“ sagen und wird dadurch zum Kind, zum Sohn und zur Tochter Gottes. Er darf zu Gott „Du“ sagen und kann damit eine personale Beziehung zu Gott aufbauen. Er wird von Gott als Person angesprochen und bei seinem persönlichen Namen gerufen. Er darf mit Gott einen personalen Umgang pflegen und darf sich mit allen seinen persönlichen Anliegen an Gott wenden. Dieses persönliche Verhältnis macht den Menschen zum Vertrauten Gottes und verleiht ihm eine unsagbare Würde.

7) Die ewige Bestimmung des Menschen

Die Würde der menschlichen Person hat ihren Grund auch in der Unsterblichkeit der Geistseele. Der Geist des Menschen lässt sich nicht von der Materie ableiten und ist daher ein eigenständiges

Prinzip, das von der Materie unabhängig ist. Der Geist des Menschen ist ein einheitliches Prinzip und kann daher nicht in Teile zerfallen wie die Materie. Der Geist des Menschen ist auf das Absolute ausgerichtet und kann daher nicht in dieser Welt seine letzte Bestimmung finden. Die Geistseele hat also ein unsterbliches Wesen und ist auf das Absolute ausgerichtet. Auf diese Weise ist auch die Unsterblichkeit und die letzte Bestimmung der Geistseele ein Grund für ihre unendliche Würde.

Zusammenfassend können wir sagen, dass die Würde des Menschen mehrere Gründe hat. Die Würde des Menschen gründet in Geistnatur des Menschen, die ihn zu einem eigenständigen und freien Wesen macht; sie gründet in der Einmaligkeit des Menschen, die ihn zu einer unwiederholbaren Gestalt werden lässt; sie gründet in der Erkenntnis der Natur, die ihn zur Krone der Schöpfung erhebt; sie gründet in der Ähnlichkeit mit Gott, die ihn zur Gemeinschaft mit Gott befähigt; sie gründet in der Gotteskindschaft mit Gott, die ihn zum Vertrauen Gottes macht, und sie gründet schließlich in der Unsterblichkeit und in der ewigen Bestimmung des Menschen, die ihn zur Teilhabe am Absoluten befähigt.

IX Die Gefährdung der menschlichen Person

Die nächste Frage betrifft die Gefährdungen der menschlichen Person. Es lassen sich heute mehrere weltanschauliche, aber auch persönliche Gefährdungen der Person feststellen.

Die weltanschaulichen Gefährdungen

Es gibt heute mehrere Weltanschauungen, die wesentliche Aspekte der menschlichen Person in Frage stellen und damit eine große Gefährdung für die menschliche Person darstellen.

1) Das materialistische Menschenbild

Der Materialismus leugnet die Geistnatur des Menschen und leugnet damit die geistige Selbstbestimmung und Freiheit des Menschen. Der Mensch ist nur mehr ein Wesen, das von physikalischen, biologischen, psychischen und soziologischen Kräften bestimmt wird. Auf diese Weise führt der Materialismus zur Leugnung der menschlichen Person als einem geistigen und freien Wesen.

2) Das liberale Menschenbild

Der Liberalismus sieht im Menschen nur das individuelle und eigenständige Wesen und übersieht die soziale Dimension des Menschen. Er betont nur die Freiheit und die Rechte des Einzelnen und vernachlässigt dabei die Pflichten gegenüber der Gemeinschaft. Auf diese Weise missachtet der Liberalismus die soziale Dimension der menschlichen Person.

3) Das kapitalistische Menschenbild

Der Kapitalismus betrachtet den Menschen nur als arbeitendes Wesen, als Kostenfaktor und als Konsumenten. Nach kapitalistischem Verständnis dient die Wirtschaft nicht dem Menschen, sondern dem Kapital. Für den Kapitalismus hat das Kapital den Vorrang vor dem Menschen. Der Mensch ist nur eine Funktion des Kapitals. Auf diese Weise missachtet der Kapitalismus die Rechte und die Würde der menschlichen Person.

4) Das nationalistische Menschenbild

Der Nationalismus betrachtet den Menschen nur als einen Teil des Volkes. Der Mensch ist nicht mehr ein eigenständiges Wesen innerhalb des Volkes. Der Mensch ist nur mehr ein Glied des Volkes und muss dem eigenen Volk mit allen seinen Kräften dienen. Der

Mensch ist den Führern des Volkes zu absolutem Gehorsam verpflichtet. Wenn der Mensch nicht dem Gemeinwillen des Volkes entspricht, hat das Volk das Recht, diesen Menschen zu eliminieren. Auf diese Weise missachtet der Nationalismus die Eigenständigkeit und die Freiheit der menschlichen Person.

5) Das sozialistische Menschenbild

Der Sozialismus sieht im Menschen nur das kollektive Wesen und übersieht die Eigenständigkeit des Menschen. Er betont nur die Pflichten gegenüber dem Kollektiv und vernachlässigt die Rechte des Einzelnen. Er betont nur die Gleichheit und übersieht dabei die Verschiedenheit der Menschen. Der Sozialismus überträgt dem Staat sämtliche Befugnisse und entmündigt damit die Person; er behandelt die Bürger zu sehr nach dem Gleichheitsprinzip und führt damit zur Uniformierung und zur Vermassung. Auf diese Weise missachtet der Sozialismus die Eigenständigkeit, die Freiheit und die Verschiedenheit der menschlichen Personen.

6) Das wissenschaftliche Menschenbild

Die Wissenschaft beschreibt bestimmte Phänomene des Menschen, die sich mit naturwissenschaftlichen Methoden erfassen lassen. Die Naturwissenschaft beschreibt nur die materiellen, körperlichen und psychischen Teilaspekte des Menschen. Auf diese Weise kann die Naturwissenschaft aber nicht das geistige Wesen und die Person des Menschen erfassen.

7) Das technische Menschenbild

Die Technik betrachtet den Menschen als Element und Funktion von technischen Strukturen und Systemen. Der Mensch ist ein Bestandteil, eine Datei, eine Nummer, ein Chip. Auf diese Weise eliminiert die Technik gerade das Persönliche des Menschen.

8) Das esoterische Menschenbild

Die Esoterik betrachtet den Menschen als ein Wesen mit einem unpersönlichen göttlichen Kern („höheres Selbst"), das von einem Körper zum nächsten wandert. Das Wesen des einzelnen Menschen ist die Summe einer unendlichen Wanderung und wird vom Karma (= der Erbschuld) seiner Vorfahren bestimmt. Die Person ist nur eine Manifestation des Karmas. Auf diese Weise stellt die Esoterik die Eigenständigkeit der menschlichen Person in Frage.

Zusammenfassend können wir sagen, dass das materialistische, das liberale, das kapitalistische, das nationalistische, das sozialistische, das wissenschaftliche, technische und esoterische Menschenbild verschiedene Aspekte des personalen Menschenbildes in Frage stellen.

Die persönlichen Gefährdungen

Es gibt heute auch mehrere persönliche Gefährdungen der menschlichen Person. Diese Gefährdungen sind oft noch weit schlimmer als die weltanschaulichen Attacken auf die Person.

1) Die Egozentrik

Viele Menschen verfallen heute einer zunehmenden Egozentrik. Bei diesen Menschen kreist alles um das eigene Ich. Sie denken fast ausschließlich an sich und reden fast nur von sich. Diese Menschen pflegen nur ihr Ich, vernachlässigen aber ihre Person. Diese Egozentrik führt dazu, dass die Kommunikation mit anderen Personen gestört wird. Es kommt zu keinen echten Freundschaften, zu keinem persönlichen Austausch, zu keiner gegenseitigen Bereicherung. Die Person kann sich nicht entfalten und bleibt in vieler Hinsicht unterentwickelt.

2) Die mangelnde Achtung

Viele Menschen haben heute eine mangelnde Achtung vor ihren Mitmenschen. Diese Menschen nehmen ihre Mitmenschen nicht ernst und betrachten sie als unfähig, dumm und naiv. Sie betrachten sie als Werkzeuge für ihre Pläne, als Objekte für ihre Ausbeutung und als „nützliche Idioten". Es ist völlig klar, dass eine solche Einstellung gegenüber den Mitmenschen nie zu einem persönlichen Kontakt führen kann.

3) Die Kritiksucht

Viele Menschen zeichnen sich heute durch eine erschreckende Kritiksucht aus. Diese Menschen kritisieren jedes Detail an ihren Mitmenschen. Sie sind in ihrem Urteil oft ungerecht und gnadenlos. Diese destruktive Kritiksucht führt dazu, dass die Person des Anderen regelrecht demontiert wird. Diese Demontage führt aber auch dazu, dass der andere zur „Unperson" wird, zu der man keine personale Beziehung mehr aufbauen kann. Die Folge davon ist, dass wiederum viele persönliche Beziehungen zerstört werden.

4) Die Sinnlichkeit

Viele Menschen sind heute von einer argen Sinnlichkeit bestimmt. Diese Menschen sehen oft nur das Sinnliche am anderen Menschen. Sie achten nur auf das Äußere und sind von seinen sinnlichen Reizen gefesselt. Sie nehmen nur den Körper wahr und haben kein Auge für die Seele des Menschen. Es ist offensichtlich, dass diese Sinnlichkeit jede tiefere persönliche Beziehung von vornherein ausschließt.

5) Die inneren Verwundungen

Viele Menschen leiden unter persönlichen Verwundungen, die sie oft vor vielen Jahren erlitten haben. Sie wurden lieblos und ungerecht behandelt, sie wurden verlacht und verspottet, sie wurden misshandelt und ausgebeutet. In diesen Menschen ging das Urvertrauen zu den Menschen verloren. Sie getrauen sich nicht mehr, mit anderen Personen in Kontakt zu treten. Sie haben Angst, wieder verletzt zu werden. Und doch sehnen sie sich nach persönlicher Zuwendung, nach persönlicher Anerkennung und Liebe.

6) Die Bitterkeit

Viele Menschen leiden unter einer persönlichen Bitterkeit. Sie denken ständig an gewisse Menschen, die ihnen Unrecht getan haben. Sie sind gekränkt und gelähmt, sie weinen und klagen. Sie sind nicht imstande, das Gefängnis ihrer Bitterkeit zu verlassen. Sie werden selbst bitter und ungenießbar. Sie werden zunehmend unfähig, auf andere Menschen zuzugehen. Sie verschließen sich und verkümmern als Menschen und als Personen.

7) Die Unversöhnlichkeit

Viele Menschen sind heute von einer leidenschaftlichen Unversöhnlichkeit. Sie sind nicht willens, anderen Menschen zu verzeihen, die ihnen Böses angetan hat. Dadurch ist es aber nicht möglich, die zerbrochenen Beziehungen zu sanieren und in Ordnung zu bringen. Dadurch kann das Böse nicht überwunden werden und bleibt weiterhin bestehen. Wiederum bleiben viele Personen auf der Strecke und werden zu lebenden Leichen.

8) Der Unglaube

Viele Menschen haben heute ihren Glauben an Gott aufgegeben. Diese Menschen sind nicht mehr auf Gott ausgerichtet und fragen nicht nach seinem Willen und seinem Auftrag. Sie folgen nicht mehr Gottes Geboten und sind nicht bereit zur Umkehr. Sie nützen nicht mehr die Sakramente der Stärkung und Heilung. Sie suchen nicht mehr nach ihrer letzten Bestimmung und finden so keinen letzten Sinn und keine letzte Erfüllung. Bei solchen Menschen bleiben viele Möglichkeiten der persönlichen Entfaltung und der persönlichen Heilung ungenützt.

Zusammenfassend können wir sagen, dass es heute auch viele innere Gefährdungen der Person gibt: Die Egozentrik, die mangelnde Achtung, die Kritiksucht, die Sinnlichkeit, die inneren Verwundungen, die Bitterkeit, die Unversöhnlichkeit und der Unglaube sind die Ursachen von entsetzlichen Verkümmerungen und Verstümmelungen der menschlichen Person.

X Die Bewahrung der menschlichen Person

Die nächste Frage betrifft die Bewahrung der menschlichen Person in unserer Zeit. Wie kann es gelingen, die menschliche Person trotz vielfacher Gefährdungen zu bewahren?

1) Die Besinnung auf die eigene Person

Die Bewahrung der menschlichen Person beginnt mit der Besinnung auf die eigene Person. Der moderne Mensch muss immer wieder innehalten und die Zeit nehmen, um über seine eigene Person nachzudenken. Wer bin ich? Welchen persönlichen Auftrag habe ich? Wie kann ich meine persönlichen Fähigkeiten entfalten? Wie kann ich mit meinen persönlichen Fähigkeiten der Gemeinschaft dienen? Welche persönliche Berufung habe ich von Gott? Auf diese Weise verliert der moderne Mensch die eigene Person nicht aus dem Blickfeld.

2) Das persönliche Nachdenken

Die Bewahrung der menschlichen Person ist auch an das persönliche Nachdenken gebunden. Der moderne Mensch muss sich persönlich mit den Grundfragen des Lebens auseinandersetzen. Er muss sich eine persönliche Meinung bilden und muss eine persönliche Überzeugung anstreben. Nur durch das persönliche Nachdenken denkt er nicht wie alle anderen, nur durch das persönliche Nachdenken kann er nicht manipuliert werden. Auf diese Weise ist auch das persönliche Nachdenken eine entscheidende Voraussetzung für die Bewahrung der Person.

3) Die persönliche Entscheidung

Die Bewahrung der menschlichen Person erfordert auch den Mut zur persönlichen Entscheidung. Der moderne Mensch kann nur dann seine persönliche Eigenständigkeit und Freiheit bewahren, wenn er persönliche Entscheidungen trifft. Er darf sich also nicht die Entscheidungen aus der Hand nehmen lassen. Wenn er die anderen entscheiden lässt, dann ist es um seine persönliche Freiheit geschehen. Auf diese Weise ist auch der Mut zu eigenen Entscheidungen eine wichtige Bedingung für die Bewahrung der Person.

4) Die persönlichen Freundschaften

Die Bewahrung der menschlichen Person ist auch an die Pflege von persönlichen Freundschaften gebunden. Der moderne Mensch kann nur dann seine persönliche Menschlichkeit bewahren, wenn er einen persönlichen Austausch mit Freunden pflegt. Nur durch das persönliche Gespräch und die persönliche Beziehung ist es möglich, die persönlichen Bereiche zu aktivieren. Auf diese Weise kommt es nicht zum Verlust der eigenen menschlichen Person.

5) Das persönliche Arbeitsklima

Die Bewahrung der menschlichen Person setzt auch das Bemühen um ein persönliches Arbeitsklima voraus. Bei etwas gutem Willen ist es sicher möglich, im kleinen Bereich ein persönliches Arbeitsklima zu schaffen. So sollte es möglich sein, dass man sich in einem Büro auch auf persönlicher Ebene begegnet. Ebenso sollte man sich in einer Werkstatt gegenseitig als Personen behandeln. Auch in einem Amt kann man Menschen als Personen ansprechen. Auf diese Weise wäre es auch im Bereich der Wirtschaft und der Verwaltung möglich, ein persönliches Klima zu schaffen und die menschliche Person zu retten.

6) Die persönliche Umkehr

Die Bewahrung der menschlichen Person erfordert heute auch die persönliche Umkehr. Nur die persönliche Umkehr ist imstande, die vielen Fehlhaltungen zu beseitigen, die den persönlichen Umgang zwischen Menschen verhindern. Nur die persönliche Umkehr kann die Egozentrik, die mangelnde Achtung, die Kritiksucht, die Sinnlichkeit, die Bitterkeit, die Unversöhnlichkeit usw. überwinden. Gleichzeitig braucht es aber auch die seelische Heilung von den inneren Verwundungen und Bitternissen. Nur ein innerlich geheilter Mensch ist imstande, anderen Menschen trotz mancher Ungerechtigkeiten als Person zu begegnen.

7) Der persönliche Glaube

Die Bewahrung der menschlichen Person braucht schließlich den persönlichen Glauben. Wenn sich der Mensch im Gebet immer wieder mit Gott in Verbindung setzt, dann erfährt er in seinem Gewissen, wie es um den innersten Kern seiner Person steht. Gott ist das zeitlose Maß, an dem sich die menschliche Person orientieren kann. Wenn der Mensch sich darum bemüht, Gott treu zu bleiben, dann kann er sicher sein, dass er sich nicht verliert. Er kann dann gewiss sein, dass er das Innerste seiner Person bewahrt.

Zusammenfassend können wir sagen, dass der Mensch auch in unserer Zeit mehrere Möglichkeiten hat, seine Person zu bewahren. Zu diesen Möglichkeiten gehören die Besinnung auf die eigene Person, das persönliche Nachdenken, die persönlichen Entscheidungen, die persönlichen Freundschaften, das persönliche Arbeitsklima, die persönliche Bekehrung und der persönliche Glaube.

Schlusswort

Am Ende unserer Überlegungen wollen wir noch einmal versuchen, die grundlegenden Aussagen über die menschliche Person in unserer Zeit zusammenzufassen:
1) Die menschliche Person ist ein individuelles geistiges Subjekt, das sich selbst erkennt und um sich selbst weiß; sie hat die Möglichkeit, über sich selbst zu verfügen und ihr eigenes Wesen frei zu gestalten.
2) Die menschliche Person ist bereits mit der Zeugung des Menschen gegeben: da der Mensch von seiner Konstitution her ein leibseelisches Wesen ist, ist damit auch das Prinzip der Person von Anfang an gegeben.
3) Die menschliche Person hat die Aufgabe, im weitesten Sinn für ihre Entfaltung zu sorgen. Sie muss sich darum bemühen, durch das Denken, die Sprache, die Gefühle, die Werte und den Glauben zur Vollendung ihres Personseins zu gelangen.
4) Die menschliche Person ist auch zur Kommunikation mit anderen Personen berufen. Diese personale Kommunikation geschieht durch die Sprache, das Vertrauen, die Öffnung, das Zuhören, die Einfühlung, das Verstehen und die Liebe.

5) Die menschliche Person ist auch zur Sozialität berufen. Durch ihre Eigenständigkeit und Offenheit ist sie gleichzeitig eine selbstständige Person und ein Mitglied der Gemeinschaft. Die Person ist das Maß der Gesellschaft, der Wirtschaft und der Politik.
6) Die menschliche Person ist schließlich zur Transzendenz berufen. Durch ihre Geistnatur kann sie die materielle Welt übersteigen und in die geistige Welt vordringen. Dort kann sie bis zum Absoluten aufsteigen und an der Gemeinschaft mit Gott teilhaben. In der Gemeinschaft mit Gott findet die Geistseele ihren letzten Sinn und ihre höchste Erfüllung.
7) Die menschliche Person ist heute vielen Gefährdungen ausgesetzt. Mehrere Weltanschauungen stellen wesentliche Aspekte der Person in Frage. Es gibt aber auch verschiedene persönliche Gefährdungen für die menschliche Person.
8) Die menschliche Person muss sich deshalb heute mehr denn je um ihre Bewahrung bemühen. Es gibt heute mehrere Möglichkeiten, sich für die Bewahrung der Person einzusetzen: die Besinnung auf die eigene Person, das persönliche Nachdenken, die persönliche Entscheidung, die persönlichen Freundschaften und den persönliche Glauben an Gott.
Die menschliche Person ist heute das zentrale Problem unserer Gesellschaft. Sie ist aber auch der Schlüssel für die Erneuerung von sämtlichen Bereichen unserer Gesellschaft.

Zusammenfassung:
Die menschliche Person
Einführung
I Das Wesen der menschlichen Person
1) Das individuelle Subjekt
2) Das Selbstbewusstsein des Menschen
3) Die Eigenständigkeit des Menschen
4) Das Einheitsprinzip des Menschen
5) Das veränderliche und bleibende Prinzip des Menschen
6) Das Wesen der menschlichen Person

II Der Beginn der menschlichen Person
1) Die personale Konstitution des Menschen
2) Eine Person von der Zeugung bis zum Tod

III Die Grundzüge der menschlichen Person
1) Die Eigenständigkeit
2) Die Einmaligkeit
3) Die Freiheit
4) Die Kommunikation
5) Die Transzendenz

IV Die Entfaltung der menschlichen Person
1) Das Denken
2) Die Sprache
3) Die Gefühle
4) Die Kommunikation
5) Die Werte
6) Die Harmonie
7) Der Glaube
8) Das Absolute

V Die Kommunikation der menschlichen Person
1) Das Wesen der Kommunikation
2) Geist und Sprache
3) Vertrauen und Öffnung
4) Zuhören und Einfühlung
5) Verstehen und Liebe
6) Einswerdung von Ich und Du
7) Transzendenz und Mystik

VI Die Sozialität der menschlichen Person
1) Die Eigenständigkeit und Offenständigkeit der Person
2) Die Person als Einzel- und Gemeinschaftswesen
3) Die Eigenständigkeit in der Gemeinschaft

4) Die Offenständigkeit gegenüber der Gemeinschaft
5) Die Person als Maß der Gesellschaft
6) Die Person als Maß der Wirtschaft
7) Die Person als Maß der Politik
8) Die Person als Voraussetzung der Solidarität

VII Die Transzendenz der menschlichen Person
1) Die Person entdeckt die geistige Welt
2) Die Person erkennt den Schöpfer
3) Die Person hört die Stimme des Vaters
4) Die Person strebt nach dem Absoluten
5) Die Person ist ein Abbild Gottes
6) Die endgültige Bestimmung der Person
7) Die endgültige Erfüllung der Person

VIII Die Würde der menschlichen Person
1) Die Geistnatur des Menschen
2) Die Einmaligkeit des Menschen
3) Die Krone der Schöpfung
4) Die Teilhabe am Absoluten
5) Das Abbild Gottes
6) Der Vertraute Gottes
7) Die ewige Bestimmung des Menschen

IX Die Gefährdung der menschlichen Person
Die weltanschaulichen Gefährdungen
1) Das materialistische Menschenbild
2) Das liberale Menschenbild
3) Das kapitalistische Menschenbild
4) Das nationalistische Menschenbild
5) Das sozialistische Menschenbild
6) Das wissenschaftliche Menschenbild
7) Das technische Menschenbild
8) Das esoterische Menschenbild

Andreas Wollbold

Argumente und Wege in der Pastoral mit wiederverheirateten Geschiedenen

Zwei Brücken – die Spannung der Pastoral

Paris gilt als die Stadt der Liebe, und so finden wir seit 2008 an einigen Brücken über die Seine einen sprechenden Ausdruck der Popkultur: Verliebte bringen ein Sicherheitsschloss mit ihren Namen an der Brücke an und werfen den Schlüssel in den Fluss – auf Nimmerwiedersehen. Besonders sprechend ist die am „Pont de l'Archevêché" nach *Notre Dame* hin. In meinem Buch „Pastoral mit wiederverheirateten Geschiedenen" habe ich darin den Ausdruck der Sehnsucht nach der ewigen, unverbrüchlichen Liebe gesehen. Inzwischen habe ich aber ein interessantes Detail erfahren. Einige Brücken flussabwärts, am „Pont Neuf" unweit des Justizpalastes, fischen Taucher bei ihrer allmorgendlichen Reinigung des Flusses häufig Eheringe aus dem Wasser. Im Justizpalast wurde eine Scheidung ausgesprochen, und zum Ausdruck dessen, jetzt wieder frei zu sein, werfen einzelne Eheleute nun das Zeichen ihrer Treue ebenfalls in den Strom.[1] Zwei Brücken, zwei Gesten: Der Traum vom „Für immer" und der Traum von der Freiheit für die neue Chance, der eine ausgedrückt an der Brücke zu *Notre Dame,* also zur Kirche, und der andere an der „neuen Brücke" nahe der weltlichen Behörde des Staates, die ihren Bürgern bescheinigt: „Ihr seid nun wieder frei." Damit haben wir schon die ganze Spannung, in

1 *Cathy Newman,* Love and Loss on the Seine, in: National Geographic 225 Nr. 5 (May 2014) 116-133, hier 118. Vgl. zum Ganzen ausführlicher *Andreas Wollbold,* Pastoral mit wiederverheirateten Geschiedenen. Gordischer Knoten oder ungeahnte Möglichkeiten?, Regensburg 2015. – Dieser Beitrag geht auf einen Vortrag zurück, der am Vorabend der zweiten Familiensynode von 2015 gehalten wurde. Die weitere Entwicklung wurde jedoch eingearbeitet.

der sich die Pastoral der Kirche mit wiederverheirateten Geschiedenen zu entfalten hat:

- Ein Verständnis von Partnerschaft und Ehe auf der einen Seite, das privat, selbstbestimmt und glücksorientiert ist und das darum wie selbstverständlich das Recht reklamiert, bei einem nicht zufriedenstellenden Verlauf des Miteinanders dieses aufzuheben und eine neue Beziehung einzugehen;
- die Zumutung Jesu auf der anderen Seite, dass die Ehe wahrhaftig im Himmel geschlossen ist: Gott selbst verbindet das Paar, und dieses Band ist heilig; es kann vom keinem Menschen getrennt werden: „Was Gott verbunden hat, das darf der Mensch nicht trennen" (Mk 10,9; Mt 19,6).

„Ehe und Familie zwischen Himmel und Erde" also, wie der Paderborner Moraltheologe Peter Schallenberg diese Spannung treffend ausdrückt.[2] Sie wird nun häufig allerdings als die zwischen Ideal und Wirklichkeit angegeben. So haben es Teile der Römischen Bischofssynode 2014 verstanden, und so ist es auch in das Arbeitspapier zur Bischofssynode vom 4. bis 25. Oktober 2015 unter dem Thema „Die Berufung und Mission der Familie in der Kirche in der modernen Welt"[3] sowie in den Abschlussbericht dieser Synode[4] eingegangen. Noch sehr viel dezidierter haben dies die

---

2 *Peter Schallenberg,* Ehe und Familie zwischen Himmel und Erde. Überlegungen aus Anlass der Römischen Synode (= Kirche und Gesellschaft 421), Köln 2015.

3 *Bischofssynode: XIV. Ordentliche Generalversammlung,* „Berufung und Sendung der Familie in Kirche und Welt von heute". Instrumentum Laboris, Vatikanstadt 2015 (= „Synoden-Arbeitspapier" 2015). Vgl. „Relatio Synodi" della III Assemblea generale straordinaria del Sinodo dei Vescovi: „Le sfide pastorali sulla famiglia nel contesto dell'evangelizzazione" (5-19 ottobre 2014) (18.10.2014) (http://press.vatican.va/content/salastampa/it/bollettino/pubblico/2014/10/18/0770/03044.html [22.10.2014]). [= Familiensynode 2014].

4 Relatio Synodi. XIV. Ordentliche Generalversammlung der Bischofssynode. Die Berufung und Sendung der Familie in Kirche und Welt von

Überlegungen der Deutschen Bischofskonferenz für angemessene Wege zur Begleitung wiederverheirateter Geschiedener getan.[5] Das am 1. Februar 2017 veröffentliche Schreiben der Deutschen Bischöfe „Die Freude der Liebe, die in den Familien gelebt wird, ist auch die Freude der Kirche" setzt diese Linie in m.E. verkürzender Interpretation von „Amoris laetitia" fort.[6] Das Nachsynodale Apostolische Schreiben selbst und seine umstrittene Auslegung soll bei den folgenden Überlegungen jedoch nicht im Mittelpunkt stehen; der Autor hat sich an anderer Stelle dazu eingehend geäußert.[7] Denn für die konkrete Pastoral in deutschsprachigen Ländern sind diese bischöflichen Rezeptionen entscheidend, und sie

---

heute". Abschlussbericht der Bischofssynode an Papst Franziskus. Arbeitsübersetzung des Sekretariats der Deutschen Bischofskonferenz (http://www.dbk.de/fileadmin/redaktion/diverse_downloads/presse_2015/Relatio-Abschlussbericht-Synode-2015.pdf, abgerufen am 22.9.2017). [= Relatio Synodi 2015].

5 Theologisch verantwortbare und pastoral angemessene Wege zur Begleitung wiederverheirateter Geschiedener. Überlegungen der Deutschen Bischofskonferenz zur Vorbereitung der Bischofssynode, in: Die pastoralen Herausforderungen der Familie im Kontext der Evangelisierung. Texte zur Bischofssynode und Dokumente der Deutschen Bischofskonferenz. Hg. vom Sekretariat der Deutschen Bischofskonferenz (= Arbeitshilfen 273), Bonn 2014, 42-76. [= Ü].

6 „Die Freude der Liebe, die in den Familien gelebt wird, ist auch die Freude der Kirche." Einladung zu einer erneuerten Ehe- und Familienpastoral im Licht von *Amoris laetitia*, in: Pressemitteilungen der Deutschen Bischofskonferenz 15a (http://www.dbk.de/fileadmin/redaktion/diverse_downloads/presse_2017/2017-015a-Wortlaut-Wort-der-Bischoefe-Amoris-laetitia.pdf, abgerufen: 1.2.2017). [= „Freude der Liebe"]. Die darin vertretene Linie war offensichtlich bereits vor Beginn der Familiensynode 2014 von der Mehrheit in der Deutschen Bischofskonferenz angezielt worden, vgl. *Andreas Wollbold*, Theologisch verantwortbar und pastoral angemessen?, in: MThZ 66 (2015) 360-375.

7 *Papst Franziskus,* Nachsynodales Apostolisches Schreiben *Amoris Laetitia* des Heiligen Vaters Papst Franziskus an die Bischöfe, an die Priester und Diakone, an die Personen geweihten Lebens, an die christlichen Eheleute

stehen in auffälliger Kontinuität zu dem, was bereits vor „Amoris laetitia" (AL) als Mehrheitsmeinung vertreten wurde. Darin wird zwar grundsätzlich an der Unauflöslichkeit der Ehe festgehalten, jedoch mit Blick auf eben diese gewandelten Realitäten ein weitgehendes Entgegenkommen gegenüber dem Wunsch nach Anerkennung und Kommunionempfang wiederverheirateter Geschiedener gefordert – in unverkennbarer Spannung zur Lehre der letzten Päpste, des „Katechismus der katholischen Kirche" und der Ordnung des „Codex Iuris Canonici". Das Argument dafür ist einfach: Die von Johannes Paul II. vorgeschlagenen Wege seien „kein realistischer Ausweg"[8], darum müsse es Alternativen geben. Daraufhin werden theologische Konstrukte entwickelt, die diese Alternativen als gangbar erweisen sollen – die freilich m.E. ebenso unverkennbar im Gegensatz stehen etwa zur klärenden Stellungnahme der Glaubenskongregation von 1994.[9]

Was steht also bei der Frage der angemessenen Pastoral mit wiederverheirateten Geschiedenen auf dem Spiel? Zweierlei: zum einen die Treue zur Lehre des Herrn und zum anderen die Herausforderung, auf ihrer Grundlage zu einer realitätsnahen Pastoral zu kommen. Was die Treue zur Lehre angeht, so hat Joseph Ratzinger es als junger Präfekt der Glaubenskongregation in anderem Zusammenhang bereits einmal schön ausgedrückt:

---

und an alle christgläubigen Laien über die Liebe in der Familie (= Verlautbarungen des Apostolischen Stuhls 204), Bonn 2016; *Papst Franziskus,* Amoris laetitia. Freude der Liebe. Mit einer Hinführung von Christoph Kardinal Schönborn, Freiburg i.Br. 2016. [= AL]. – Zur kontroversen Auslegung vgl. vor allem *Andreas Wollbold,* „Amoris laetitia" – Auf der Suche nach einem angemessenen Verständnis, in: MThZ 68 (2017) 17-40.

8 Ü 66.

9 *Congregazione per la Dottrina della Fede,* Sulla pastorale dei divorziati risposati (= Documenti e studi 17), Rom 1998 (dt.: *Rudolf Voderholzer* [Hg.], Zur Seelsorge wiederverheirateter Geschiedener. Dokumente, Kommentare und Studien der Glaubenskongregation. Mit einer Einleitung von Joseph Ratzinger / Benedikt XVI. Übersetzung und Redaktion Karl Pichler [= Römische Texte und Studien 6], Würzburg 2014).

„[Freilich] gibt es hier eine Gefährdung, die bis tief in die Kirche hereinreicht. Auch in der Kirche sind wir mutlos geworden. Wir fassen es als Anmaßung oder als Triumphalismus auf, anzunehmen, daß der christliche Glaube uns die Wahrheit sagt. Wir haben irgendwie dunkel gehört, daß ja alle Religionen geschichtlich geworden sind, die eine so und die andere anders und daß jeder eben so sein muß, wie es sich ihm gerade zugetragen hat durch seine Geburt. Damit aber wird Religion aus Wahrheit zur Gewohnheit; sie wird zu einem leeren Spiel der Überlieferungen, die nichts mehr bedeuten. Aber auf solche Weise streichen wir auch aus dem christlichen Glauben einen entscheidenden Satz, daß nämlich Christus zu uns sagt: ‚Ich bin die Wahrheit' – und deswegen Weg und deswegen Leben. […] Wenn es Wahrheit nicht gibt, dann ist alles andere Beliebigkeit. Dann wird soziale Ordnung sehr schnell zum Zwang und Teilhabe zur Vergewaltigung. Die wirkliche Befreiungstat der Kirche, die sie nie aufschieben kann und die gerade heute von höchster Dringlichkeit ist, besteht eben darin, daß sie die Wahrheit in die Welt hereinhält, daß es Gott gibt, daß Gott uns kennt, daß Gott so ist, wie Jesus Christus ist, und daß er in ihm uns den Weg gibt. Nur wenn dies ist, gibt auch das Gewissen, die Wahrheitsfähigkeit des Menschen, durch die jeder unmittelbar zu Gott ist und jeder größer ist als alle denkbaren Systeme der Welt."[10] Diese Anfrage, formuliert 1984, ist aktueller denn je: Ist die Kirche mutlos geworden, weil sie aus Wahrheit Gewohnheit gemacht hat? Das gilt keineswegs nur für das christliche Credo, sondern nicht weniger auch für die christliche Ethik. Sind deren Grundsätze nichts als historisch gewordene Gewohnheiten, sozial bedingte Normen, Stationen auf der Selbstfindungsreise der Menschheit? Und ist dann das „Gewissen, die Wahrheitsfähigkeit des Menschen", nichts anderes als die Fähigkeit, soziale Ansprüche und das eigene Glücksverlangen in Balance zu bringen? Nirgendwo wird

---

10 *Joseph Ratzinger,* Schauen auf den Durchbohrten. Versuche zu einer spirituellen Christologie, Einsiedeln 1984, 105f.

dies derzeit so deutlich erkennbar wie in Fragen der Ehe- und Familienethik. Die Bewegung, ja Erregung und Irritation ist groß: Gibt die katholische Kirche Positionen auf, die sie stets gehalten hat? Hat sie den Mut verloren angesichts der Umfragewerte, die der katholischen Sexualmoral eine weitgehende Ablehnung bescheinigen? In der Tat kann man ja hierzulande seit Jahrzehnten kaum mehr davon sprechen, dass überhaupt eine ernsthafte Anstrengung unternommen wird, jungen Leuten, ja nicht einmal Kirchgängern, die Grundlagen dieser Sexualmoral zu vermitteln.
Im Folgenden wollen wir nicht die grundsätzlichen theologischen Fragen der Pastoral mit wiederverheirateten Geschiedenen erörtern, sondern uns den vorgetragenen Lösungen zuwenden. Wir konzentrieren uns auf Vorschläge der ersten Familiensynode (2014), das Arbeitspapier der Synode von 2015 (vgl. Anm. 3) und das besagte Schreiben „Die Freude der Liebe" der Deutschen Bischofskonferenz nebst ihrer ausführlicheren Vorbereitung in den „Überlegungen" von 2014. Die Prüfung fällt allerdings recht kritisch aus. Umso notwendiger wird es sein, abschließend einige eigene Vorschläge wenigstens anzudeuten.

Mögliche Lösungen?

Bei den Lösungsvorschlägen müssen wir zunächst einige prinzipielle Vorschläge von den eigentlich konkreten Lösungen unterscheiden.

Einige prinzipielle Vorschläge

1. Da ist zunächst die vielbeschworene **Realität.** Ich glaube nicht, dass die Mehrzahl der derzeitig diskutierten Reformvorschläge sehr realitätsnahe sind. Sie geben eher einem Druck nach, als tatsächlich eine wegweisende, an einer Evangelisierung der Familie orientierte Ehepastoral zu entwerfen. Realismus heißt für sie Anerkennung einer weithin säkularisierten Auffassung von Part-

nerschaft und Ehe. Auch die Verläufe von Trennung und Scheidung haben sich wenigstens in der westlichen Welt normalisiert. Sie sind Teil des selbstbiographischen Managements bei kritischen Lebensereignissen, das manchmal schwerwiegende Entscheidungen zu treffen hat, sich dabei aber wesentlich an den individuellen Kosten und Nutzen („rational choice“) orientiert. Insofern stellen solche Entwicklungen keineswegs „immer eine Niederlage für alle“ dar (Synoden-Arbeitspapier 2015, Nr. 108). Vielfach werden sie im Gegenteil als Aufbruch und Befreiung erlebt. Auch die Forderung nach dem Empfang der Kommunion lässt sich auf diesem Hintergrund häufig auch als Anerkennung dieser Normalisierung verstehen; sie bedeutet faktisch häufig ein Zeichen der sozialen Inklusion, während ihre übernatürliche Bedeutung dabei aus dem Blick gerät. Zum Realismus gehört die Anerkennung des Bruchs von Evangelium und Kultur (Paul VI.). Es gehört auch dazu anzuerkennen, dass eine evangelisierende Ehevorbereitung und -pastoral bei uns noch weitgehend in den Kinderschuhen steckt. Hier werden unsere eigenen Vorschläge am Ende dieses Beitrags anknüpfen.

2. Da ist zum zweiten trotz weitreichender Liberalisierung die **BEHAUPTUNG, AN DER UNAUFLÖSLICHKEIT DER EHE FESTZUHALTEN.** So bescheinigt sich die Relatio Synodi 2015, Nr. 84, zur verwendeten „Logik der Integration“: „Für die christliche Gemeinschaft bedeutet es keine Schwächung ihres Glaubens und ihres Zeugnisses im Hinblick auf die Unauflöslichkeit der Ehe, sich um diese Menschen zu kümmern.“ Ähnlich versucht die Relatio Synodi 2015, Nr. 85, sich an „Familiaris Consortio“ Nr. 84 festzumachen, führt daraus aber bezeichnenderweise nur die Forderung an, die Situationen zu unterscheiden, nicht aber die authentisch vorgetragene Lösung (Sakramentenempfang nur bei ernsthafter Bereitschaft zum Verzicht auf das Zusammenleben „more uxorio“). Auch die deutschen Bischöfe setzen einfach thetisch beides neben-

einander, wobei das Realitätsargument offenkundig zur Relativierung der bisherigen Ordnung insbesondere im Sakramentenrecht herhalten muss: „Die Unauflöslichkeit der Ehe gehört zum unverzichtbaren Glaubensgut der Kirche. „Amoris laetitia“ lässt daran ebenso wenig Zweifel wie an der Notwendigkeit eines differenzierenden Blickes auf die jeweiligen Lebenssituationen der Menschen“ („Freude der Liebe“ 5). Eigenartigerweise wird nämlich nirgendwo der Versuch gemacht darzulegen, wie die eigene Position mit den doch äußerst klaren und dezidierten Äußerungen des jüngsten Lehramtes seit dem II. Vatikanum zu vereinbaren sei – die Ausführungen von AL selbst dazu sollen hier, wie gesagt, nicht erläutert werden. In „Freude der Liebe“ der Deutschen Bischofskonferenz dagegen wird diese Lehre einfach nicht mehr erwähnt. Aber eine Lösung durch Vergessen ist keine Lösung! An dieser Stelle sei eine persönliche Bemerkung gestattet im anerkennenden Blick auf den mit dieser Festschrift geehrten Christoph Casetti. Jeder Theologe, der derzeit in unseren Ländern ganz schlicht die Lehre der letzten Päpste in dieser Frage vertritt, muss nicht nur mit Anfragen und Gegenargumenten rechnen – das wäre vollkommen legitim. Nein, er wird entweder schlicht nicht wahrgenommen oder man meint, seinen Anfragen an die Reformer mit einer Mischung aus Herablassung und Häme begegnen zu können. Mit der gerne behaupteten Gesprächsfähigkeit hat das nichts zu tun, ebensowenig mit der beliebten Vielfalt. „Man darf niemandem das Katholischsein absprechen“, gilt als neues Dogma – es sei denn, jemand wagt es, den neuen Scheinkonsens in Frage zu stellen.

3. Ehrlicher dürfte es darum sein, bei den Reformvorschlägen tatsächlich auch von einer **Änderung der kirchlichen Lehre** zu sprechen, die dann etwas euphemistisch aber bloß als organische Lehrentwicklung und -vertiefung bezeichnet wird. Wird darin aber wirklich das Bisherige nur ausgefaltet, nicht aber bereits verlassen? Gleichzeitig müssen die Prinzipien dieser Änderung selbst einer theologischen Nachprüfung standhalten. Dies gilt in unserem

Fall für die biblische Barmherzigkeit, die „Logik der Integration", für den Begriff des Gewissens und den des „Unterscheidens", für das Verständnis der Versöhnung und für das der Eucharistie und die Voraussetzungen ihres Empfangs. Dabei zeigt sich aber, dass sie deutlich umgewertet werden und sich oft weit von Schrift und Tradition entfernt haben.

4. Eine besondere Argumentationsfigur ist die Berufung auf den **GLAUBENSSINN DER GLÄUBIGEN.** So sagen etwa die deutschen Bischöfe: „Gerade in den Fragen von Sexualität, Ehe und Familie ist der Glaubenssinn der Gläubigen zu hören und zu beachten. Wenn praktizierende und kirchlich engagierte Gläubige den gegenwärtigen pastoralen Umgang mit wiederverheiratet Geschiedenen als Ärgernis empfinden, müssen wir ernsthaft fragen, ob Schrift und Tradition wirklich keinen anderen Weg aufzeigen" (Ü 60). Den Gläubigen (besser gesagt einem sehr artikulierten und organisierten Teil von ihnen) wird damit aufgrund ihres übernatürlichen Glaubenssinns zugesprochen, eine substanzielle Änderung von Lehre und Ordnung der Kirche anzustoßen. Das trifft jedoch weder die Vorstellung des II. Vatikanums vom Glaubenssinn noch entspricht es den religionssoziologischen Ursachen für diesen Dissens. Der übernatürliche Glaubenssinn der Gläubigen nach *Lumen gentium* 12 bezeichnet die „allgemeine Übereinstimmung in Sachen des Glaubens und der Sitten". Durch ihn „hält das Gottesvolk unter der Leitung des heiligen Lehramtes, in dessen treuer Gefolgschaft es nicht mehr das Wort von Menschen, sondern wirklich das Wort Gottes empfängt (vgl. 1 Tim 2,13), den einmal den Heiligen gegebenen Glauben (vgl. Jud 3) unverlierbar fest. Durch ihn dringt es mit rechtem Urteil immer tiefer in den Glauben ein und wendet ihn im Leben voller an." Nach dieser Schlüsselstelle besitzt der Glaubenssinn einige Wesensmerkmale, welche die theologische Durchdringung des Begriffs zu berücksichtigen hat:

- Er ist übernatürlich, d.h. keinesfalls mit empirisch feststellbaren Auffassungen der Gläubigen zu verwechseln;

- er entsteht aus dem Glaubensgehorsam, in dem das Wort Gottes in der Lehre der Kirche in Ehrfurcht und Vertrauen aufgenommen wird;
- er äußert sich in der Übereinstimmung mit dem Glauben aller Zeiten und an allen Orten („consensus fidelium"), d.h. im genannten unverlierbaren Festhalten am einmal gegebenen Glauben, und nicht als dessen kritisches Gegengewicht; sein Subjekt ist die Kirche in ihrer Gesamtheit, nicht der Laie, einzelne Gläubige oder auch Gruppierungen oder Mehrheiten;
- er vertieft und realisiert diese Lehre, verändert sie aber nicht.

Ohne die Berücksichtigung dieser Charakteristika führt jeder Versuch, aus diesem Glaubenssinn eine Art Korrektiv der geltenden Lehre zu machen, an der Auffassung des II. Vatikanums vorbei.

Konkrete Einzelvorschläge

1. „Königsweg" unter den u.a. von Kardinal Kasper vorgetragenen Vorschlägen ist die **ZULASSUNG ZUR KOMMUNION IM EINZELFALL,** d.h. in „unwiderruflichen, an Verpflichtungen gegenüber Kindern gebundenen Fällen" im Blick auf ansonsten bestehende „ungerechte Leiden (sofferenze ingiuste)" sie zu fordern (= Familiensynode 2014, Nr. 52). Die Relatio Synodi 2015 hat dagegen bekanntlich darauf verzichtet, explizit den Kommunionempfang im Einzelfall nach einem Prozess der Unterscheidung anzuführen, wohl hauptsächlich aufgrund des starken Widerstandes vieler Synodenväter. „Freude der Liebe" 6 sagt es noch umfassender: „Nicht alle Gläubigen, deren Ehe zerbrochen ist und die zivil geschieden und wiederverheiratet sind, können ohne Unterscheidung die Sakramente empfangen. Erforderlich sind vielmehr differenzierte Lösungen, die dem Einzelfall gerecht werden und dann zum Tragen kommen, wenn die Ehe nicht annulliert werden kann." Die deutschen Bischöfe machten sich jedoch bereits vor allen Beratungen in Rom während zwei Synoden und lange vor „Amoris laetitia"

diese Generallinie mit einer Aussage von Kardinal Walter Kasper zu eigen:
„Es wäre sicher falsch, unterschiedslos alle Gläubigen, deren Ehe zerbrochen ist und die zivil geschieden und wiederverheiratet sind, zu den Sakramenten zuzulassen. Erforderlich sind vielmehr differenzierte Lösungen, die dem Einzelfall gerecht werden und dann zum Tragen kommen, wenn die Ehe nicht annulliert werden kann. Deshalb möchten wir aufgrund unserer pastoralen Erfahrungen nachdrücklich die Frage unterstreichen, die Kardinal Kasper in seiner Rede vor dem Konsistorium am 21. Februar 2014 gestellt hat: ‚Aber wenn ein geschiedener Wiederverheirateter bereut, dass er in der ersten Ehe versagt hat, wenn die Verbindlichkeiten aus der ersten Ehe geklärt sind, wenn ein Zurück definitiv ausgeschlossen ist, wenn er die in der zweiten zivilen Ehe eingegangenen Verbindlichkeiten nicht ohne neue Schuld lösen kann, wenn er sich aber nach besten Kräften darum bemüht, die zweite zivile Ehe aus dem Glauben zu leben und seine Kinder im Glauben zu erziehen, wenn er Verlangen nach den Sakramenten als Quelle der Kraft in seiner Situation hat – müssen und können wir ihm dann nach einer Zeit der Neuorientierung das Sakrament der Buße und die Kommunion verweigern?'" (Ü 76)
Dass solche Verpflichtungen etwa gegenüber Kindern ein weiteres Zusammenleben erlauben, ja gebieten können, ist ausdrückliche kirchliche Lehre. Doch um für Kinder dazusein, müssen die Eltern nicht kommunizieren. Dafür sind sie zur „cohabitatio fraterna (geschwisterliches Zusammenleben)" eingeladen, um dem Willen Gottes zu entsprechen. Worin also soll das „ungerechte Leiden" bestehen? Etwa darin, dass man von den Eltern keine Enthaltsamkeit verlangen darf, wenn sie zum Tisch des Herrn hintreten wollen? Die DBK wiederholt mehrfach, dies sei unrealistisch – in „Freude der Liebe" wird dieser „Königsweg" nach Johannes Paul II. überhaupt nicht mehr angeführt:
„Der kirchliche Rat eines ehelichen Zusammenlebens ohne Geschlechtsgemeinschaft erscheint vielen Betroffenen moralisch fragwürdig, weil er das Sexuelle isoliert und die sexuelle Dimension des Lebens aus dem liebevollen Miteinander von Mann und Frau desintegriert. Er überfordert die Betroffenen in der

Regel und gleicht der Wahl einer zölibatären Lebensform, zu der sie aber nicht berufen sind." (Ü 58)
Bei diesem moraltheologischen Argument muss auf ein folgenschweres Missverständnis hingewiesen werden. Das Zitat verwechselt die Berufung als Lebensentscheidung mit dem erforderlichen sittlichen Verhalten infolge einer Lebensentscheidung. Enthaltsam hat der junge Mensch vor dem Eingehen einer Ehe zu leben, ebenso der aus welchen Gründen auch immer nicht Ehefähige oder Ehewillige, auch der Mensch mit einer nicht heterosexuellen Orientierung oder der Verwitwete. Doch auch innerhalb der Ehe kann Enthaltsamkeit aus Gründen der Rücksichtnahme auf den Partner, des Verzichtes auf Nachkommenschaft, bei zeitweisem oder dauerhaftem Getrenntleben oder bei entsprechender Krankheit jederzeit notwendig werden! Das Erlernen und die Wertschätzung der Fähigkeit zur Enthaltsamkeit ist darum sogar eine notwendige Bedingung ehelicher Treue! Man kann dies leicht im Blick auf Soldaten in einem längeren Auslandseinsatz nachvollziehen, für die diese Forderung unbedingt und ohne jede Rücksicht auf den Einzelfall gilt. Natürlich wird eine dauerhafte Enthaltsamkeit bei der Mehrzahl der Menschen nicht die eigentliche Lebenswahl sein. Dennoch kann jeder von Gott in Situationen geführt werden, in denen die Enthaltsamkeit zumindest als Opfer gefordert ist. Sie ist dann notwendig und keine bloße Option. Wer sich ihr verweigert, gerät in Untreue zum eigenen Taufversprechen. Dieses schließt die Bereitschaft ein, nötigenfalls lieber sein Leben hinzugeben als in einer schwerwiegenden Sache von Christi Gebot abzuweichen – die vielen Märtyrer der Keuschheit legen dafür ein eindrucksvolles Zeugnis ab.

2. Ähnliche Vorbehalte muss man gegenüber der Berufung auf das **GEWISSEN** in Verbindung mit dem Leitwort „Unterscheidung" haben, das, von Papst Franziskus in AL in den Mittelpunkt gestellt, seitdem vielerorts die bischöflichen Regelungen bestimmt. Auch

dies ist ein Ansatz, den die deutschen Bischöfe schon früh favorisierten. Dabei fällt jedoch eine folgenschwere Verlagerung der Schuldfrage auf. Die Überlegungen der DBK fragen nämlich nur nach Schuld beim Zerbrechen der ersten Ehe und zitieren zustimmend die Auffassung vieler Betroffener:

„*Während die Trennung vom Ehepartner in den meisten Fällen als ein auch schuldbehafteter Vorgang empfunden wird, wird das Eingehen einer neuen Lebensgemeinschaft und ggf. eine zivile Wiederheirat auch von praktizierenden Katholiken in der Regel nicht als Schuld gegenüber dem ersten Ehepartner bewertet. Im Gegenteil sehen viele Gläubige nach dem Scheitern der ersten Ehe in der zweiten Ehe eine oft unerwartete Chance, einen Neubeginn zu wagen, die Fehler und Versäumnisse der ersten Ehe zu vermeiden und die gegenseitige Hingabe und Liebe zu erfahren, die sie in der ersten (sakramentalen) Ehe schmerzhaft vermisst haben.*" (Ü 70)

Ebenso meint „Freude der Liebe" 5 Amoris laetitia zu verstehen, wenn es heißt: „Amoris laetitia übersieht weder die schwere Schuld, die viele Menschen in solchen Situationen des Zerbrechens und Scheiterns ehelicher Beziehungen auf sich laden, noch die Problematik, dass eine zivilrechtliche Wiederheirat dem sichtbaren Zeichen des Ehesakraments widerspricht, selbst wenn die betroffene Person schuldlos verlassen wurde." Diese Auffassung ignoriert jedoch den bleibenden Widerspruch zum sakramentalen Eheband. Dies aber und nicht die Frage nach der Verantwortung für die Trennung und auch nicht die Verpflichtungen der neuen Verbindung ist der entscheidende Punkt. Warum wird dieser Widerspruch nicht wenigstens diskutiert? Die Antwort ist einfach: Wer ihn ernst nimmt, wird kaum zu Folgerungen kommen, wie sie die Bischöfe offensichtlich anstreben. In diesem Zusammenhang auch ein Wort zum vielfach beschworenen Einzelfall, von dem es heißt: „Die konkrete Situation, in der der Einzelne handeln muss, beinhaltet immer einen Überschuss gegenüber dem Allgemeinen. Sittliches Handeln erfordert daher eine Bewertung dieser konkreten Situation, in die die allgemeingültigen Normen übersetzt werden müssen" (Ü 73). Die Konkretheit der Situation hindert es nicht, dass jeder Mensch immer und überall an die Zehn Gebote gebunden ist. Der katholische Gewissensbegriff – übrigens auch von „Gaudium et Spes" 16 – besteht darum in der Anwendung der Norm auf die eigene Person. Unverständlich bleibt dagegen, wogegen die Bischöfe sich mit den folgenden Worten verwahren: „Jeder Mensch hat eine eigene Beziehung zu Gott, die auch die Kirche respektieren muss und die jede Form des Gewissensdrucks oder gar des Gewissenszwangs verbietet" (Ü 74). Doch sicherlich nicht gegen die Erfordernisse des kirchlichen Sakramentenrechtes!

3. Eine wichtige pastorale Einladung an wiederverheiratete Geschiedene, die **GEISTLICHE KOMMUNION**, wird vielfach einfach übergangen. Beim Abschluss der Synode von 2014 war davon noch die Rede: „Einige Väter waren der Meinung, dass wiederverheiratete Geschiedene oder Zusammenlebende fruchtbar die geistliche Kommunion empfangen können. Andere Väter haben sich gefragt, warum sie dann nicht auch zur sakramentalen Kommunion hinzutreten können. Aus diesem Grund wird eine Vertiefung dieses Themas angeregt, die in der Lage ist, die Besonderheit der beiden Formen und ihren Zusammenhang mit der Theologie der Ehe herauszustellen" (Familiensynode 2014, Nr. 53). Die geistliche bzw. geistige Kommunion besteht in der innerlich im Gebet ausgedrückten Sehnsucht nach der Vereinigung mit dem eucharistischen Herrn und bringt dieselben Früchte wie die sakramentale Kommunion hervor. Das Arbeitspapier von 2015 wendet freilich zurecht ein: „Was die geistliche Kommunion angeht, muss darauf hingewiesen werden, dass sie die Umkehr und den Stand der Gnade voraussetzt und mit der sakramentalen Kommunion in Zusammenhang steht" (Nr. 125). Das trifft sicher zu. Es gibt aber doch auch ein weiteres Verständnis der geistlichen Kommunion als Ausdruck der Sehnsucht nach dem Herrn, die jedem möglich ist. Christoph Casetti hat diese andere Art der geistigen Kommunion vorgestellt. Darin kann ein Gläubiger trotz eines Hindernisses

in seiner Lebensweise, die Kommunion sakramental zu empfangen, dennoch „seine Sehnsucht aus[drücken] nach der vollständigen Kommunion [...], nach dem sichtbaren Zeichen und seiner Frucht. So bittet er Jesus um Hilfe auf seinem Weg der Bekehrung."[11] In diesem Sinn kann sie den Betroffenen tatsächlich helfen, sie trösten und ihnen Mut machen, sich ganz dem Willen den Herrn zu unterstellen.

4. Auch auf der Familiensynode 2014 wurden Stimmen laut, nach denen „die Möglichkeit zu erwägen ist, der **ROLLE DES GLAUBENS** der Brautleute eine Bedeutung im Blick auf die Gültigkeit des Ehesakramentes zuzumessen, wobei freilich festzuhalten ist, dass alle gültigen Ehen unter Getauften ein Sakrament darstellen" (Familiensynode 2014, Nr. 48). Diese zunehmend wichtige Frage, wie alle pastoral Tätigen bestätigen können, ist leider zuletzt in der Diskussion um AL in den Hintergrund getreten. Zu ihr sind ein Grundsatz und ein Vorbehalt festzuhalten. Zunächst der Grundsatz: In der Taufe tritt ein Mensch in den Herrschaftsraum Christi ein und unterstellt sich den Gesetzen seines Reiches. Alles, was er ist und tut, geht in diese Bestimmung für Christus ein, besonders seine Ehe. Sie wird *eo ipso* zum sakramentalen Zeichen für den Bund Christi mit der Kirche. Dabei kann er das Wirken Gottes an ihm in der Taufe niemals einklammern oder gar ungeschehen machen. Insofern ist „der Rolle des Glaubens der Brautleute" im Prinzip *keine* „Bedeutung im Blick auf die Gültigkeit des Ehesakramentes zuzumessen". Nun aber auch der Vorbehalt: Was im Prinzip gilt, ändert sich in einer soziokulturellen Umgebung, wo der Ehekonsens selbst nicht mehr selbstverständlich die Bereitschaft zu lebenslanger Treue einschließt. Dies geht in voll modernisierten Gesellschaften in der Regel so weit, dass man den Willen zu einer „auf Dauer angelegte[n] Gemeinschaft (consortium permanens)" (c.

---

11 *Christoph Casetti,* Kurze Anmerkung zur „Geistigen Kommunion", in: *Emma Schumacher / Waltraud Sennewald* (Hg.), Von der Trauer zur Freude. Die Wahrheit wird euch frei machen, o.O. 2015, 60f., hier 60.

1096 § 2) beim Vermählungswort nicht mehr einfach voraussetzen kann. An dieser Stelle wird nun auf einmal die persönliche Gläubigkeit doch für die Gültigkeit der Ehe wichtig – die eigenen Vorschläge am Ende dieses Aufsatzes werden daran anknüpfen. Ohne den Glauben an die *Kraft des Kreuzes Christi* (vgl. 1 Kor 1,17) nämlich schleicht sich in das Versprechen der Treue „in guten und in schlechten Tagen, in Gesundheit und Krankheit" beinahe zwangsläufig der Keim des Kalküls ein: „Wie viele schlechte Tage werde ich ertragen, bis ich sage: Jetzt reicht's?" Wie gesagt, dem kann man gegensteuern, und man muss es auch, wenn man eine christliche Ehe eingehen will. Aber es ist ein Schwimmen gegen den Strom, und woher soll es die Kraft dazu nehmen? Zwar kann sie nicht nur der Gläubige haben, sondern jeder Mensch guten Willens. Doch niemand hat ein so festes Fundament für die unbedingte Treue wie derjenige, der an den glaubt, der für seine Braut, die Kirche, bis zur Hingabe ans Kreuz gegangen ist.

5. Schon bei Beginn der Diskussion wurde von Vertretern einer Liberalisierung der Disziplin der Verzicht auf generelle Regeln, dafür aber die Begleitung durch einen Priester in einem Unterscheidungsprozess angeregt. Schaut man genauer hin, so enthält der Vorschlag jedoch zwei deutlich unterschiedene Alternativen, nämlich als Teil der Bußdisziplin im *forum externum* einer öffentlichen Zulassung zu den Sakramenten oder als persönliche Ermutigung dazu im *forum internum* durch einen Priester als Seelsorger. Zum einen fordert Walter Kardinal Kasper bei seiner Intervention im Konsistorium – offensichtlich indem er den Vorstoß der oberrheinischen Bischöfe von 1993 aufgreift – eine solche Berücksichtigung des Einzelfalls, bei dem die Kirche von ihrer **BINDE- UND LÖSEGEWALT GEBRAUCH MACHEN** könne, und sieht dies offensichtlich als eine Frage der Bußdisziplin an: „Aber wenn ein geschiedener Wiederverheirateter bereut, dass er in der ersten Ehe versagt hat, wenn die Verbindlichkeiten aus der ersten Ehe geklärt sind, wenn ein Zurück definitiv ausgeschlossen ist, wenn er die in

der zweiten zivilen Ehe eingegangenen Verbindlichkeiten nicht ohne neue Schuld lösen kann, wenn er sich aber nach besten Kräften darum bemüht, die zweite Ehe aus dem Glauben zu leben und seine Kinder im Glauben zu erziehen, wenn er Verlangen nach den Sakramenten als Quelle der Kraft in seiner Situation hat – müssen und können wir ihm dann nach einer Zeit der Neuorientierung das Sakrament der Buße und die Kommunion verweigern?"[12] Ähnliches gilt wohl von denjenigen Synodenvätern, die eine Zulassung wiederverheirateter Geschiedener zum Tisch des Herrn auch ohne *cohabitatio fraterna* ggf. für möglich erachten, dabei jedoch verlangen: „Dem Hinzutreten zu den Sakramenten in diesem Fall müsste ein Weg der Buße unter der Verantwortung des Diözesanbischofs vorausgehen" (Familiensynode 2014, Nr. 52). Daran knüpft auch noch das Synoden-Arbeitspapier 2015, Nr. 123, an, das die Meinung einer Gruppe im Episkopat mit diesen Worten wiedergibt: „Andere verstehen unter einem Bußweg einen von einem dazu beauftragten Priester begleiteten Prozess der Klärung und der Neuausrichtung nach dem erlebten Scheitern. Dieser Prozess sollte die Betroffen zu einem ehrlichen Urteil über die eigene Situation führen. Dabei kann auch der Priester selbst seine Einschätzung reifen lassen, um situationsgerecht die Vollmacht zum Binden und zum Lösen zu gebrauchen." Zutreffend an diesen Überlegungen ist zwar, dass eine Zulassung zu den Sakramenten nie nur im *forum internum* geschehen kann, sondern nach CIC c. 915 bei öffentlichem Widerspruch zur göttlichen Ordnung wie durch eine zivile Ehe nach Scheidung wesentlich das *forum externum* betrifft. D.h. selbst wenn jemand im Gewissen dabei frei von Schuld wäre, ist seine Lebensweise doch ein objektiver Widerspruch zu dieser Ordnung. Dieser Tatbestand steht darum einem Kommunionempfang im Wege. In AL kommt dieses Problem jedoch kaum in den Blick, in „Freude der Liebe" wird es gänzlich ignoriert. Das mag auch der

12 *Walter Kasper*, Das Evangelium der Familie. Die Rede vor dem Konsistorium, Freiburg i.Br. 2014, 65.

Relatio Synodi 2015, Nr. 86, geschuldet sein, die von vornherein nur das Gespräch mit einem Priester – nicht einmal notwendig dem Pfarrer oder einem vom Bischof eingesetzten Priester – im *forum internum* kennt: „Das Gespräch mit dem Priester im Forum internum trägt zur Bildung einer rechten Beurteilung dessen bei, was die Möglichkeit einer volleren Teilnahme am Leben der Kirche behindert, und kann helfen, Wege zu finden, diese zu begünstigen und wachsen zu lassen." „Freude der Liebe" 6 geht noch einen Schritt weiter: Dieser Priester nimmt nicht selbst den Akt des Unterscheidens wahr, sondern er ist bloß Wegbegleiter bei einem Gespräch, an dessen Ende Betroffene beim Sakramentenempfang autonom entscheiden können: „Die individuelle Entscheidung, unter den jeweiligen Gegebenheiten nicht oder noch nicht in der Lage zu sein, die Sakramente zu empfangen, verdient Respekt und Achtung. Aber auch eine Entscheidung für den Sakramentenempfang gilt es zu respektieren." Das ist wohl weitab von der katholischen Sakramentenordnung, nach der die Kirche zulässt oder nicht. Man stelle sich etwa vor, die Bischöfe würden eine analoge Disziplin wie in „Freude der Liebe" bei der Zulassung zum Sakrament der Weihe gutheißen! Dennoch muss man jedoch auch gegen die *forum externum*-Lösung im Anschluss an Walter Kasper Bedenken erheben, die sich auf die bereits eben erwähnte Verschiebung der Schuldfrage beziehen. Es liegt im Fall von Trennung und Scheidung nämlich keineswegs bei beiden Ehegatten stets eine zu bereuende Schuld vor, wohl aber bestehen die „Verbindlichkeiten aus der ersten Ehe" neben manchen materiellen und personalen Pflichten zuerst und vor allem in der Verbindlichkeit des einmal gegebenen Jawortes vor Gott. Eigenartigerweise diskutiert Kasper diesen Punkt des weiter bestehenden Ehebandes nicht, ja er scheint ihn nicht einmal wahrzunehmen. Hier muss klar erwidert werden: Die Binde- und Lösegewalt steht selbstverständlich unter der Weisung des Herrn. Keine nur denkbare Situation kann es darum erlauben, ein gültiges Eheband selbst oder seine Rechtsfolgen zu lösen!

Ebensowenig können die Betroffenen selbst aufgrund ihres eigenen Urteils das Eheband und seine Folgen relativieren („Wir haben in Frieden damit abgeschlossen!").

6. Verwandt damit ist die Forderung, die kirchlichen Eheverfahren **ENTRECHTLICHEN**, verkürzen und verschlanken zu wollen, wie sie auf der Familiensynode von einigen Vätern vorgebracht, von anderen dagegen zurückgewiesen wurde: „Unter den Vorschlägen wurden folgende angeführt: die Aufgabe der Notwendigkeit des übereinstimmenden Urteils in zwei Instanzen; die Möglichkeit, unter der Verantwortung des Diözesanbischofs einen administrativen Weg festzulegen; ein summarischer Prozess in Fällen notorischer Nichtigkeit. Einige Väter sprachen sich jedoch gegen solche Vorschläge aus, weil sie kein verlässliches Urteil garantierten" (Familiensynode 2014, Nr. 48, vgl. „Instrumentum laboris" 2015, Nr. 114-117). Seit dem 8. September 2015 ist dieser Punkt aus dem Stadium eines Vorschlags mit dem Motoproprio „Mitis Iudex Dominus Iesus" in geltendes Recht umgewandelt worden.[13] Wie gefordert, hat Papst Franziskus die Eheverfahren deutlich vereinfacht und zeitlich gestrafft. Vor allem drei recht einschneidende Neuerungen enthält es:

- Das Diözesangericht kann aus nur einem Kleriker als Vorsitzendem und zwei Laien bestehen, Letztere können ggf. auch bloß sogenannte Assessoren sein oder auch ganz wegfallen (c. 1673).
- Die automatische Überprüfung „ex officio" jedes Urteils in der zweiten Instanz (cc. 1679-1680) ist gestrichen worden. Hat dies

13 Apostolisches Schreiben in Form eines „Motu Proprio" des Heiligen Vaters Franziskus *Mitis Iudex Dominus Iesus – Der Milde Richter Herr Jesus* über die Reform des kanonischen Verfahrens für Ehenichtigkeitserklärungen im Codex des Kanonischen Rechtes (15. August 2015) (https://w2.vatican.va/content/francesco/de/motu_proprio/documents/papa-francesco-motu-proprio_20150815_mitis-iudex-dominus-iesus.html, abgerufen am 22.9.2017).

nur aufschiebende Wirkung, kann das Kollegium der ersten Instanz allerdings sein Urteil auch bestätigen. Dadurch rechnet man mit einer maximalen Prozessdauer von einem Jahr.

- Die Einführung eines „Schnellprozesses (processus brevior)" innerhalb von 30 Tagen (c. 1683-1684) bei evidenter Ungültigkeit der Ehe, etwa wenn beide Gatten sie bestätigen und Zeugen oder Dokumente sie klar belegen. In diesem Prozess ist der Bischof der einzige Richter; hat er die moralische Gewissheit der Ungültigkeit erlangt, spricht er das entsprechende Urteil.

Was ist von diesen Neuerungen bzw. den dahinter stehenden Forderungen zu halten? Selbstverständlich können und sollen die Prozeduren und die manchmal allzu langen Fristen im Rahmen des Möglichen vereinfacht und verkürzt werden. An die Substanz dieser Verfahren rühren oder sie gar durch außergerichtliche Instanzen ersetzen sollte man jedoch nicht. Ob dies durch die neuen vatikanischen Richtlinien zur Vereinfachung der Eheprozessordnung gegeben ist, muss den Fachleuten überlassen werden; dem Laien bleiben freilich Bedenken. Durch den Wegfall der automatischen Überprüfung in zweiter Instanz ist die Aufgabe des Ehebandverteidigers deutlich erschwert. Die Möglichkeit eines Ein-Mann-Gerichtes dürfte dem Ansehen des kirchlichen Eheverfahrens kaum dienen. Insbesondere dürfte der „processus brevior" faktisch die Einführung der Annullierung auf dem Verfahrensweg darstellen, und die Umsetzung des neuen Rechtes wird erst zeigen, wie zuverlässig er ist. Was etwa sind evidente Beweise der Nichtigkeit? Man darf fürs Erste Zweifel an der Umsetzbarkeit der neuen Ordnung haben, und die Gefahr einer „Scheidung auf katholisch" liegt auf der Hand. Das unabhängige, ohne Ansehen der Person vorgehende und von niemandem im Ausgang zu beeinflussende Ehegericht und das Vorgehen in zwei Instanzen war ein Zeugnis dafür, dass die Kirche sich gegen jede Gefahr wappnet, das heilige Recht des Ehesakramentes in irgendeiner Weise zu relativieren, und sei es durch Mitleid mit einzelnen Betroffenen. Darin weiß sich die

Kirche gefährdet, die unantastbaren Vorgaben der göttlichen Ordnung der Sakramente, also des Herzstücks der Kirche selbst, durch menschliche Fehlbarkeit zu untergraben. Andernfalls riskiert die Kirche Fehlurteile in einem äußerst sensiblen Bereich, nämlich im sakramentalen Kern, d.h. dass nun auch gehäuft gültige Ehen für nichtig erklärt würden – ob einfach durch Nachlässigkeit und scheinbaren *goodwill* oder gar bewusst und gezielt als Form einer scheinbar legalen kirchlichen Legitimation von Scheidung.

Vier eigene Lösungsansätze

In meinem Buch zur Pastoral mit wiederverheirateten Geschiedenen zur Frage habe ich vier eigene Lösungen vorgeschlagen, die allesamt keine Änderung der Lehre oder der Disziplin der Kirche voraussetzen, sondern das auf deren Grundlage Denkbare und Machbare konsequent ausformulieren.[14] Ich bin überzeugt, dass mit solchen oder ähnlichen Überlegungen tragfähigere Wege in die Zukunft eröffnet werden können. Zum einen, so haben wir gesehen, führt jede auch nur implizite Einklammerung der kirchlichen Lehre und Ordnung in unserer Frage unweigerlich in Sackgassen. Zum anderen dienen die vorgetragenen Lösungen auch nicht wirklich einer realitätsnahen Pastoral. Sie weichen vielmehr dem Druck der säkularisierten Auffassung von Partnerschaft und Ehe. Gerade bei Partnerschaft und Ehe ist es zu einem gewaltigen Bruch zwischen Evangelium und Kultur gekommen. Dadurch beherrschen heute Einstellungen und Werte diesen Lebensbereich, die teilweise durchaus respektabel, aber eben noch nicht wirklich christlich sind. Hier knüpfen meine Vorschläge an:

1. **ERNEUERUNG DER SEELSORGE** in Vorbereitung und Begleitung von Ehen: Leider kann derzeit von einer wirklichen Vorbereitung und Begleitung der Ehen kaum die Rede sein. Man

---

14 *Wollbold*, Pastoral 214-248.

vertraut vielmehr darauf, dass die Eheleute schon am besten wissen, wie sie miteinander umgehen sollen. Doch die Vielzahl von Anforderungen und Gefährdungen des Zusammenlebens und die Notwendigkeit einer geistlichen Vertiefung des Ehesakramentes und der Ehe verlangen danach, dass die Ehepastoral ins Zentrum der seelsorglichen Aufmerksamkeit rücken muss.

2. Anerkennung **SOZIOKULTURELLER GRÜNDE** der Ehenichtigkeit: Das Instrument des Eheverfahrens darf nicht vernachlässigt oder auch nur mit einem „Geschmäckle" behaftet sein. Gerade weil die Kirche beim Eheversprechen viel verlangt, darf sie dessen Folgen nicht auch dort einfordern, wo dieses Versprechen im Vollsinn gar nicht gegeben wurde. Wir machen uns etwa kaum eine Vorstellung davon, wie sich die Vorstellungen von Treue und Ausschließlichkeit der Liebe in Zeiten von Cyberbeziehungen und häufig schon langen früheren intimen Beziehungen zu einem anderen Partner gewandelt haben. Ich spreche hier von einer soziokulturellen Prägung, die zwar häufig vom Wunsch nach lebenslangen Beziehungen ausgeht, gleichzeitig aber auch die grundsätzliche Kündbarkeit dieser Treue voraussetzt. Das macht die Gültigkeit des Ehekonsenses in manchen Fällen fraglich, auch wenn die persönliche psychische Reife oder Ernsthaftigkeit nicht in Frage steht. Diesem Umstand sollte das kirchliche Recht in der Rechtsfigur von soziokulturellen Gründen der Ehenichtigkeit Rechnung tragen. Natürlich wird es dabei auf eine tragfähige Rechtsformulierung ankommen, damit nicht der Eindruck entsteht, eigentlich wären dann ja die meisten Ehen ungültig.

3. **EHEKATECHUMENAT:** Unsere Zeit schätzt zwar Partnerschaft, Ehe und Familie so hoch wie nichts anderes. Aber die Konsumgesellschaft drückt ihnen ihren Stempel auf. Plakativ gesprochen, sieht sie die Verbindung als einen Weg zum Glück an, nicht als eine Schule der Hingabe in Treue. Wenn aber Herkunftsfamilie, Erziehung, *peers*, Gesellschaft und Umfeld diese Schule

nicht darstellen können, dann wird eine eigene Glaubensschule für angehende Eheleute umso unverzichtbarer – schon Johannes Paul II. hatte eine Erneuerung der Ehevorbereitung gefordert und dabei nicht bloß an einzelne Gespräche gedacht, sondern an einen jahrelangen Weg der Reifung. Es wäre eine der wegweisendsten Früchte der beiden Familiensynoden und von „Amoris laetitia", wenn sie einen solchen Ehekatechumenat weltweit anregen würde. Gewiss würde man ihn erst nach und nach auch verbindlich einführen und ausbauen können; der Weg in die richtige Richtung wäre es allemal.

4. Anerkennung einer **„Freundschaftsehe"**: Besonders bei zwei Gruppen von wiederverheirateten geschiedenen Gläubigen wird die derzeitige Praxis als schmerzlich erlebt: bei älteren Menschen, die ihren neuen Partner im Alter zu unterstützen oder auch zu pflegen haben – Seelsorger begegnen ihnen etwa anlässlich der Frage nach der Krankenkommunion –, und Gläubige mit einem lebendigen, tiefen Glauben, etwa auch als Mitglieder einer geistlichen Bewegung. Gerade für diese Gruppen ist – natürlich im Rahmen längerer und von Vertrauen und Offenheit getragener seelsorglicher Gespräche – die Forderung der Kirche nach dem „geschwisterlichen Zusammenleben (cohabitatio fraterna)" oft durchaus ein „realistischer Ausweg" (anders Ü 66). Dass dieses Bemühen wie alles Ringen um die Erfüllung einer anspruchsvollen moralischen Weisung Zeit braucht, ist selbstverständlich. Bisher konnte die Kirche solchen Paaren nur im *forum internum* und darum auch nur „remoto scandalo (ohne Anstoß zu erregen)" den Kommunionempfang ermöglichen, also nicht etwa in der eigenen Gemeinde oder der geistlichen Bewegung. Dabei könnte die Kirche m.E. durchaus auch im *forum externum* solche Zivilehen als Verbindungen einer anderen Art anerkennen, in der Mann und Frau sich gegenseitig unterstützen und beistehen, dabei aber auf die der Ehe eigenen Akte verzichten. Eine solche Anerkennung hätte dann

auch zur Folge, dass solche Paare auch dort, wo ihre Zivilehe bekannt ist, uneingeschränkt am sakramentalen Leben einer Gemeinde teilnehmen könnten.

Summa summarum: Wer sich um volle Kontinuität zur kirchlichen Lehre von zwei Jahrtausenden und näherhin zum Lehramt der letzten Jahrzehnte bekennt, steht keineswegs ratlos vor den Herausforderungen der Gegenwart. Im Gegenteil, sie öffnet ihm die Augen für die eigentliche Herausforderung unserer Zeit: die Evangelisierung der Familie und durch sie der ganzen Kirche.

Werner Neuer

Der sakramentale Charakter der Ehe in evangelischer Sicht

Christoph Casetti hat in seinem langjährigen Wirken als römisch-katholischer Theologe und mit Überzeugung zölibatär lebender Priester den Themen Ehe und Familie immer starke Aufmerksamkeit entgegengebracht. Sein diesbezügliches Engagement wurzelte in einer besonderen Wertschätzung von Ehe und Familie als Stiftungen und Berufungen des dreieinigen Gottes. Dies geschah stets in einer dem Lehramt der eigenen Kirche verpflichteten, zugleich aber ökumenisch offenen Grundhaltung, die auch für Christen anderer Kirchen offen war und sich – gerade in ethischer Hinsicht – um das *gemeinsame* Christuszeugnis in einer säkularen Gesellschaft bemühte. Dies war auch die Grundlage für unsere ungewöhnliche theologische Gemeinsamkeit über Kirchengrenzen hinweg und für seine freundschaftliche Verbundenheit mit unserer großen Familie (vier Söhne, einer davon Patensohn, und drei Töchter), die einige Jahre lang das Privileg hatte, in seinem Pfarrhaus in Lichtenstein einen Sommerurlaub zu genießen, der für uns als kinderreiche Familie nicht bezahlbar gewesen wäre. Jahrelang hat Christoph Casetti sein Pfarrhaus für Familien aus unterschiedlichen Kirchen geöffnet – ein schönes Sinnbild für die Wertschätzung, Ergänzungsbedürftigkeit und bereichernde Komplementarität der ehelich-familiären und der zölibatären Berufung. Die Überlegungen des folgenden Beitrages sind ein kleiner Dank für den langjährigen gemeinsamen Weg (vor allem in den Fragen des Lebensrechtes und des Engagements für die Wahrheit von HUMANAE VITAE) und zugleich ein Zeichen für die uns geschenkte theologische Nähe.

***

Zu den kontroverstheologischen Themen, welche evangelische und katholische Theologie seit der Reformationszeit erörtert, gehört der Sakramentsbegriff im allgemeinen und das Verständnis der Ehe im Besonderen. Theologisch umstritten ist, ob die Ehe als **Sakrament** bezeichnet werden kann. Martin Luther und die übrigen Reformatoren haben die geltende römisch-katholische Auffassung von der Ehe als **„Sakrament"** bekanntlich bestritten und die Bedeutung der Ehe als Schöpfungsordnung herausgestellt (vgl. Luthers vielzitiertes Wort von der Ehe als „weltlich Ding").[1] Dies war eine klare Ablehnung der von der römischen Kirche im Jahre 1274 auf dem *Konzil von Lyon* beschlossenen Dogmatisierung der Ehe als siebtes Sakrament (vgl. DH 860). In Gegenreaktion auf die reformatorischen Bedenken hat das *Tridentinum* verbindlich bekräftigt, dass die Ehe als Sakrament (wie die anderen Sakramente) „Gnade" vermittle und dass die Bestreitung dieser Auffassung kirchentrennend sei (DH 1801).

Auf den ersten Blick scheinen die beiden Positionen in der Tat einen sich ausschließenden Gegensatz zu markieren. Tatsächlich wird bis heute in populären, aber auch in wissenschaftlichen Darstellungen immer wieder behauptet, dass in der Frage der Sakramentalität der Ehe ein wesentlicher Gegensatz zwischen den Kirchen bestünde.[2] Der vorliegende Beitrag soll demgegenüber zeigen, dass die beiden Positionen zwar einen begrifflichen, *nicht aber sachlichen Gegensatz* markieren, so dass in dieser Frage im Grunde

---

1 Dieses häufig zitierte, aber oft mißverstandene Wort Luthers wird tiefschürfend interpretiert von P. BRUNNER, Theologie der Ehe als ökumenische Aufgabe, 232f. in: P. BRUNNER, Bemühungen um die einigende Wahrheit. Aufsätze, Göttingen 1977, 216-244. Zum Eheverständnis der Reformatoren vgl. den Überblick bei M.E. SCHILD, Art. „Ehe/Eherecht/Ehescheidung. VII. Reformationszeit", 337-343, in: TRE 9 (1982) 336-346.

2 Vgl. den Art. „Ehe, Ehescheidung" im EKL[3], Bd. 1, 955–986, in dem zwar die reformatorische Verneinung der Ehe als Sakrament genannt wird (ebd. 967), ohne aber auch nur anzudeuten, dass das dadurch entstandene kontroverstheologische Problem inzwischen beseitigt ist.

schon in der Reformationszeit, in jedem Fall aber in heutiger Sicht ein **ökumenischer Konsens** besteht! Es ist m.E. beklagenswert, dass dieser Konsens bislang weder allgemein im Kirchenvolk noch speziell unter Theologen hinreichend rezipiert worden ist und dass seine pastoralen Konsequenzen vielfach nicht bedacht, geschweige denn praktiziert werden. Verhindert hat dies womöglich die im gegenwärtigen Protestantismus leider zu beobachtende neuprotestantische Liberalisierung theologischer (v.a. ethischer) Positionen, die auf eine Selbstzerstörung des Protestantismus hinausläuft, da sie der noch immer geltenden Bekenntnisbasis der evangelischen Kirchen widerspricht.

Entscheidend für die Legitimität des Begriffs Sakrament in Bezug auf die Ehe ist der *Sakramentsbegriff* und das *theologische Verständnis der Ehe.* Der **Sakramentsbegriff** (und damit auch die Frage der Zahl der Sakramente) wurde im Laufe der Kirchengeschichte unterschiedlich aufgefasst und in der westlichen Christenheit erst im schon erwähnten Konzilsbeschluss auf sieben Sakramente (unter Einschluss der Ehe) festgelegt.[3] Die Anzahl der „Sakramente" hängt natürlich ganz vom Sakramentsbegriff ab, wie Wolfhart Pannenberg zu Recht betont hat: „Wieviele Sakramente man zählt, hängt nämlich weitgehend davon ab, wie weit oder wie eng der Sakramentsbegriff gefaßt wird …".[4] Die lutherischen Reformatoren haben die Bezeichnung „Sakrament" auf die Taufe und das Herrenmahl (bzw. anfangs auch auf das Bußsakrament) reduziert, also auf jene zwei (bzw. drei) von Christus eingesetzten, sinnlich wahrnehmbaren kirchlichen Handlungen, die im strikten Sinn die (Vergebung zueignende) *Erlösungsgnade* vermitteln. Bei dieser engen Fassung des Sakramentsbegriffs als Heilsmittel der Erlösungsordnung ist verständlich, dass nur Taufe und Eucharistie (oder auch noch das Bußsakrament), nicht aber die Ehe als Schöpfungsord-

---

3 Vgl. dazu W. PANNENBERG, Systematische Theologie, Bd. 3, Göttingen 1993, 370.

4 Ebd. 371.

nung „Sakrament" sein kann. Denn Schöpfung und Erlösung, Natur und Gnade sind theologisch bei aller positiven Zuordnung strikt zu unterscheiden, weil das, was Gott uns in seiner Schöpfergüte an kreatürlichen Gaben darreicht, unser geschöpfliches Leben zwar *erhält* und *bereichert*, aber in keiner Weise zu *erlösen* und *Anteil an Gottes ewigem Heil*, zu geben vermag.

Allerdings hat die katholische Theologie mit der Kennzeichnung der **Ehe als „Sakrament"** auch nicht behaupten wollen, dass die Ehe genau *dieselbe* Gnadenwirkung wie Taufe und Abendmahl (im Sinne der Zueignung von Vergebung und ewigem Leben) vermittelt! Es ist begriffsgeschichtlich eindeutig, dass die Bezeichnung der Ehe als „Sakrament" darauf zurück geht, dass das griechische Neue Testament die Ehe im fünften Kapitel des Epheserbriefs als *mysterion* bezeichnet und damit einen Begriff verwendet, der in der lateinischen Übersetzung der Vulgata mit *sacramentum* übersetzt wurde. Im Epheserbrief meint diese Kennzeichnung der Ehe als *mysterion* (5,32) mit Sicherheit nicht „Sakrament" im Sinne der Zueignung der Erlösung, sondern nach Auffassung evangelischer *und* katholischer Exegeten die in Gen 2,24 ausgesprochene typologische Hinordnung der ehelichen Gemeinschaft auf die untrennbare Bundesbeziehung zwischen dem auferstandenen Christus und seiner Kirche. Die Botschaft des Apostels Paulus an die Gemeindeglieder lautet daher in diesem Kontext: Die *christliche* Ehe von Mann und Frau ist nicht bloße Schöpfungsordnung, sondern hat ihr Urbild und Vorbild in der unverbrüchlichen Gemeinschaft von Christus und seiner Kirche. Soweit Mann und Frau in ihrem Liebesvollzug – auch wenn er noch so unvollkommen sein mag – der Liebe zwischen Christus und der Gemeinde entsprechen, haben sie durch den Heiligen Geist abbildhaften – und insofern realen! – Anteil am vorbildlichen Urbild von Christus und seiner Kirche. Da die Ehepartner dadurch Anteil am Christusgeheimnis gewinnen, hat ihre Ehe eine **reale Beziehung zum Gnadenbund zwischen Christus und seiner Kirche** (als seinem Leib).

Aus dieser Stelle ergibt sich die Konsequenz, dass jedenfalls die Ehe von Christen *nicht nur* eine Schöpfungsordnung, sondern *auch* ein **Gnadenbund** in Analogie zum Gnadenbund Christi und seiner Kirche ist. Der Begriff *sacramentum* als Übersetzung von *mysterion* in Eph 5,32 meint also nicht die irdische Ehe, sondern die geist-leibliche Gemeinschaft des erhöhten Christus mit der Kirche als seinem Leib, die aber als Urbild und Vorbild der Ehe von Mann und Frau mit dieser aus Engste verbunden ist und ihre tiefste Bestimmung darstellt! Deshalb ist – wie Heinrich Schlier in seinem Epheserbriefkommentar treffend herausgearbeitet hat – nicht der Begriff *saramentum* in Eph 5,32 Beleg für die Sakramentalität der Ehe, sondern der gesamte Inhalt der Verse 21–33, die den urbildlichen Bund Christi mit seiner Kirche vergleichen mit der abbildlichen Ehe von Mann und Frau.[5] Wenn die katholische Theologie von der Ehe als Sakrament spricht, meint sie diesen in Eph 5,21–33 beschriebenen Christus- und Kirchenbezug der Ehe getaufter Christen und *nicht* den viel enger gefassten Sakramentsbegriff als Gnadenmittel im Sinne einer Zueignung der Erlösung. Was die katholische Theologie mit der Sakramentalität der christlichen Ehe *inhaltlich* meint, ist daher durch Eph 5,21–33 neutestamentlich (und damit auch evangelisch) wohl begründet.

Dass dies in der Sache auch der **Theologie Luthers** entspricht, hat der lutherische Dogmatiker Peter Brunner in einer minutiösen Analyse aufgezeigt.[6] Der Reformator betont in seiner Auslegung von Eph 5, dass Christus und die Kirche „durch die Ehe wie in einer Realallegorie abgebildet werden konnte, ja abgebildet werden

---

5 „Nicht V. 5,32 ist die Belegstelle für das sakramentale Verständnis der Ehe, wohl aber … die gesamten Ausführungen der Verse 21–31 … In der irdischen Ehe wird das Verhältnis Christi zur Kirche wesentlich verwahrt.“ (H. SCHLIER, Der Brief an die Epheser. Ein Kommentar, Düsseldorf ³1962, 263). Vgl. ähnlich J. GNILKA, Der Epheserbrief, Freiburg/Basel/Wien 2002, 288f.

6 Vgl. P. BRUNNER, Theologie der Ehe als ökumenische Aufgabe, in: P. BRUNNER, Bemühungen um die einigende Wahrheit. Aufsätze, Göttingen 1977, 216-244.

mußte" und daß „die Ehe ein Typos Christi und der Kirche" sei.[7] Von diesem Hintergrund her konnte Luther die **christliche Ehe** als *gnadenhaften*, *auf Christus ausgerichteten Bund* von einer rein weltlichen Ehe strikt unterscheiden: Er unterschied zwischen der Ehe als einer „weltliche[n] und menschliche[n] oder vernunftige[n]" Schöpfungsordnung und der Ehe von getauften Christen als einer „christliche[n], göttliche[n] Ehe, davon die Heiden nicht wissen ..."[8]. In einer Traupredigt über Eph 5,22-33 konnte Luther sagen, daß das eheliche Leben nach christlichem Verständnis „von Gott gestiftet ist nach dem hohen, herrlichen Bilde Christi und der Christenheit". Im Ehestand schenkt uns Gott „das allergewisseste und lieblichste Zeichen der hohesten, freundlichsten Vereinigung zwischen ihm und der Christenheit und allen ihren Gliedern. Im Ehestand habe sich Gott „durch seinen einigen Sohn selbs darein geflochten und dadurch mit uns vereinigt …"[9] .

Angesichts solcher und ähnlicher Stellen legt sich die Folgerung nahe: Auch wenn Luther und die übrigen Reformatoren die Kennzeichnung der Ehe als Heil spendendes „Sakrament" mit guten biblischen Gründen verneinten, so leugneten sie damit keineswegs, dass die christliche Ehe, also die Ehe glaubender und getaufter Christen, nicht nur in *ethischer* Hinsicht (als Vorbild), sondern auch in *ontologischer* Hinsicht (als Abbild) aufs Engste mit dem Christusgeheimnis verbunden ist und damit eine *gnadenhafte* Dimension hat, die man ohne Weiteres *„sakramental"* nennen kann. Dieses Ergebnis wird durch die umfangreichen Studien von Peter Brunner[10] und Wolfhart Pannenberg[11] gestützt. Dem evangelischen Theologen Bernd Wannenwetsch ist daher vorbehaltlos zuzustimmen, wenn er im Artikel „Ehe" der gerade erst erschienenen zweiten Auflage

---

7 WA 6, 552, 14–16 und ebd. 553,9-11, zit. nach der deutschen Übersetzung von P. BRUNNER, aaO. 219f.

8 Ebd.

9 Zit. nach ebd. 222.

10 S.o. Anm. 6.

11 Vgl. W. PANNENBERG, aaO., 369–398.

des Evangelischen Lexikons für Theologie und Gemeinde feststellt: Ein „evangelischer Zugang zum ‚sakramentalen' Charakter der Ehe" eröffnet sich dort, wo die „Ehe als eine Lebensform erkannt wird, die zwar nicht das ewige Heil, wohl aber die Heiligung der Eheleute vermittelt, indem sie in ihrer Existenzbedingung (etwa der elementaren gegenseitigen Vergebungsbedürftigkeit ... auf die Befreiung durch das Evangelium verweist."[12]

Dass Wannenwetschs Hinweis auf den „sakramentalen" Charakter der Ehe dem neutestamentlichen Verständnis der Ehe entspricht, kann aus vielen Gründen nicht bestritten werden. Bereits die Tatsache, dass der Christ dazu berufen und befähigt ist, ein „Brief Christi" zu sein (2 Kor 3,3), qualifiziert das Miteinander von Christen in der Ehe dazu, dem Partner als „Repräsentant" Christi zu begegnen, das heißt ihm in der Gesinnung dessen begegnen (Phil 2,5), der die Wahrheit (Joh 14,6) und Liebe in Person ist (Joh 15,9.13). Jene selbstlose, sich verschenkende Agape, welche nach dem Neuen Testament die innerste Gemeinschaft des dreieinigen Gottes auszeichnet (1 Joh 4,8 u.ö.), darf und soll schon jetzt in analoger menschlicher Entsprechung die Liebe von Christen bestimmen, auch wenn diese in der auch den Christen eigenen menschlichen Begrenztheit und Liebesunfähigkeit stets beeinträchtigt und sogar immer wieder vom Scheitern bedroht ist. Die durch Christus im Heiligen Geist geschenkte Liebe hat jedenfalls grundsätzlich die Potenz, die Lieblosigkeit zu überwinden und alle erotische und „menschliche" Liebe im Sinne der selbstlosen göttlichen Agape zu reinigen und zu verwandeln.

Dieser kurze Blick auf den biblischen Befund bestätigt die römisch-katholische und reformatorische Sicht, dass die christliche Ehe aufgrund ihrer wesenhaften Beziehung zum Christusgeheimnis eine sakramentale Dimension hat, die die Ehegatten befähigt, ihre Ehe in lebenslanger Liebe und Treue nach dem Vorbild Christi

---

12 B. WANNENWETSCH, Art. Ehe (systematisch-theologisch) 1579, in: ELThG² Neuausgabe, Bd.1, Holzgerlingen 2017, 1579f.

in der Kraft des Heiligen Geistes zu leben. Um es mit Worten aus Christoph Casettis *Kleinem Familienkatechismus* zu formulieren: „In der gegenseitigen Liebe von Mann und Frau soll für den Menschen etwas erfahrbar werden von der Liebe Gottes zu den Menschen, von der Liebe von Jesus Christus zu seiner Kirche.“[13]
Die sakramentale Dimension der Ehe widerspricht keineswegs deren Charakter als Schöpfungsordnung, sondern vollendet diese aufgrund der von Christus vollbrachten Erlösung. Auch hier gilt das Thomas von Aquin zugeschriebene Axiom: „*Gratia non tollit naturam sed perficit.*“ Die reformatorische engere Fassung des Sakramentsbegriffs und das beiden Konfessionen gemeinsame Verständnis der sakramentalen Dimension der Ehe stehen in keinem sachlichen Gegensatz zueinander! Daher können heute evangelische und katholische Christen *gemeinsam* bekennen, dass die Ehe getaufter Christen nicht nur eine für alle Menschen wohltätige *Schöpfungs*ordnung Gottes ist, die das kreatürliche Leben der Menschen erhält und bereichert, sondern auch eine *Gnaden*ordnung,[14] die auf dem unlösbaren Liebesbund Christi mit der Kirche (vgl. Eph 5,21-33) bzw. der unverbrüchlichen Liebe des dreieinigen Gottes (1 Kor 11,3) als dem umgreifenden göttlichen Rahmen beruht und den Ehepartnern hilft, Zeugen Christi in der Welt und Repräsentanten jener unbedingten göttlichen Liebe zu sein, die das Leben der Dreieinigkeit von Ewigkeit zu Ewigkeit kennzeichnet.
Um es ganz schlicht zu sagen: Die Ehe hilft den Christen, ein zeugnishaftes Leben nach dem Willen des dreieinigen Gottes in der Kraft des Heiligen Geistes zu führen! Sie verhilft uns nicht nur zu einem schöpfungsgemäßen Leben, sondern auch dazu, uns im Glauben, in der Liebe und in der Hoffnung zu üben – und damit in jenen drei Gnadengaben, zu denen Gott die Christen in besonderer Weise berufen und befähigt hat (vgl. 1 Kor 13,13). Um es

---

13 C. CASETTI, Kleiner Familienkatechismus. Einfache Darstellung des katholischen Glaubens, Stein am Rhein 1996, 72.

14 Vgl. die Kennzeichnung der Ehe als ein mit der Ehelosigkeit um Christi willen vergleichbares *charisma* in 1 Kor 7,7.

noch einfacher zu formulieren: Christliche Ehepartner sollen einander nicht nur in den irdischen Dingen der Lebensgestaltung und Alltagsbewältigung beistehen, sondern auch einander helfen, in den Himmel zu kommen und damit das ewige Ziel des Glaubens zu erreichen. Wer wollte bestreiten, dass nicht nur das irdische Wohlergehen des Partners und der Kinder, sondern *auch* dies zu den Aufgaben christlicher Eheleute gehört?

Weil dies so ist, haben die Christen und die christlichen Gemeinden allen Grund, gerade in der gegenwärtigen weltweiten Grundlagenkrise der Ehe alle Mitchristen, aber auch alle Nichtglaubende dazu zu ermutigen, die Ehe ohne jede Romantisierung oder Idealisierung objektiv als einzigartige, von Gott selbst geschenkte *Chance* neu zu entdecken, und gangbare Wege aufzuzeigen, sie im Sinne Gottes zu leben. Dabei hilft dem Christen die Einsicht, dass die Ehe auch den Charakter einer *Gnadenordnung* gegenüber einer falschen Ethisierung, die den Menschen zu erdrücken droht und für Gescheiterte vollends unerträglich ist. Gerade weil die Ehe zutiefst eine *Gnaden*ordnung ist, ist sie nicht nur (und nicht einmal in erster Linie!) ein von uns Menschen zu verwirklichendes normatives Leitbild, sondern auch und vor allem Gottes *gnädiges Angebot* an uns Menschen, die uns anvertraute Geschlechtlichkeit in einem Lebensraum zu verwirklichen, der täglich neu eine optimale Entfaltung ermöglicht, weil wir von der täglichen Vergebung Gottes leben dürfen. Weil der dreieinige Gott als Stifter der ehelichen Ordnung seine Segensverheißung auf die Ehe gelegt hat (1 Mo 1,27), darf *jeder* Mensch, der sich ernsthaft auf die Ehe einläßt – auch der Nichtglaubende – mit der helfenden Zuwendung Gottes rechnen. Noch mehr gilt dies für den *Glaubenden*, der unter der hilfreichen Wegweisung des Wortes Gottes, der kirchlichen Sakramente, des Gebetes und der Gemeinschaft der Mitchristen optimale Voraussetzungen hat, den ganzen Reichtum der Ehe als Schöpfungs- und Gnadenordnung zu entdecken.

Peter Christoph Düren

Die Vaterschaft Gottes

*Historische und aktuelle Belastungen und Auswege in der heutigen Glaubensverkündigung**

Als Christen beten wir täglich: „Vater unser im Himmel" und bekennen Sonntag für Sonntag im Glaubensbekenntnis: „Credo in unum Deum, Patrem"[1] – „Ich glaube an Gott, den Vater".
Der Glaube an einen Gott, der Vater ist, gehört zum Zentrum unseres christlichen Bekenntnisses. Für das uns gestellte Thema – „Die Vaterschaft Gottes. Historische und aktuelle Belastungen und Auswege in der heutigen Glaubensverkündigung" – ergibt sich daraus ein Dreischritt:

---

* Das vorliegende Referat wurde im Rahmen der 27. Internationalen Theologischen Sommerakademie des Linzer Priesterkreises in Aigen i.M. (31. August bis 2. September 2015) – auch in Anwesenheit von Christoph Casetti – gehalten. Es ist dokumentiert im Tagungsband: Peter Christoph Düren, Die Vaterschaft Gottes in der heutigen Glaubensverkündigung: historische und aktuelle Belastungen und Auswege, in: Helmut Prader (Hrsg.), Gott – Vater. Referate der Internationalen Theologischen Sommerakademie 2015 des Linzer Priesterkreises, Kisslegg 2016, S. 177-196. ISBN 978-3-7171-1261-7.
Der Vortrag ist auch separat als Kleinschrift erhältlich: Peter Christoph Düren, Die Vaterschaft Gottes. Historische und aktuelle Belastungen und Auswege in der heutigen Glaubensverkündigung, Augsburg 2015. ISBN 978-3-940879-44-8.
Hörversion: http://www.radiomaria.at/player3.php?s=12512

1 Kompendium der Glaubensbekenntnisse und kirchlichen Lehrentscheidungen = Enchiridion symbolorum definitionum et declarationum de rebus fidei et morum / Heinrich Denzinger. Verb., erw., ins Dt. übertr. und unter Mitarb. von Helmut Hoping hrsg. von Peter Hünermann, Freiburg 2014, Nr. 30 („Apostolicum"); Nr. 150 („Nicaeno-Constantinopolitanum"), im Folgenden zitiert als „DzH".

Erstens versuche ich kurz zu klären, was unter der „Vaterschaft" Gottes zu verstehen ist, inwiefern wir also sagen können, dass Gott *Vater* ist, was seine Vaterschaft ausmacht und weswegen wir Gott nicht „Mutter" nennen.
Zweitens müssen wir fragen, inwiefern es schwierig sein kann, Gott *Vater* zu nennen, da Vaterschaft nicht unter allen Umständen als etwas Positives betrachtet wird und ein Mensch, der negative Vatererfahrungen gemacht hat, kaum einen positiven Zugang zu einem Vatergott bekommen kann.
Drittens geht es darum, das oft verlorene und unter Belastungen leidende Verständnis von der Vaterschaft im Allgemeinen und der Vaterschaft Gottes im Besonderen von Verunklarungen zu reinigen und neu aufstrahlen zu lassen.

1. Warum wir Gott als *Vater* bekennen

Zunächst einmal ist die Vorstellung, dass Gott *Vater* ist, keine genuin jüdisch-christliche Tradition; sie begegnet uns sowohl in den Volksreligionen Afrikas als auch in den großen Religionen des Orients und Ägyptens sowie im griechisch-römischen Bereich. Dem griechischen Hauptgott „Zeus" bzw. dem römischen Hauptgott „Jupiter" wird ebenfalls „Vaterschaft" zugesprochen. Diese hat hier eine unmittelbare biologische und genealogische Bedeutung. Der Göttervater Zeus war verheiratet mit Hera, mit der er mehrere Kinder zeugte: Hebe, Ilithyia, Arge, Hephaistos und Ares. Mit drei Dutzend weiteren Frauen hatte er ebenfalls Liebschaften und an die fünf Dutzend weitere Kinder. Doch der Göttervater ist nicht ursprungslos, sondern selbst ebenfalls gezeugt. Jupiter bzw. Zeus steht nicht am Anfang, sondern er ist Sohn des Saturnus bzw. Kronos. Letzterer wiederum war Sohn der Gaia (der personifizierten Erde) und des Uranos (dem personifizierten Himmelsgewölbe). Der griechische und römische Göttervater ist also nicht Ursprung allen Seins, sondern auch nur ein Glied einer großen Götterfamilie mit Vorfahren und zahlreichen Nachkommen. Zudem gilt Zeus nicht nur als Vater von Göttern, sondern auch als Vater für die Menschen.[2]

Nach christlichem Glauben ist die Vaterschaft Gottes grundlegend anders zu verstehen: Gottvater ist kein sexuelles Wesen. Er zeugt mit Frauen weder göttliche noch menschliche Kinder. Er ist auch nicht selbst der Nachfahre anderer Götter, sondern vielmehr von Ewigkeit her und ursprunglos. Wie ist also die Vaterschaft Gottes zu verstehen? Wie schon das Alte Testament Gott in Bezug auf Israel und seinen König *Vater* nennt, so hält besonders das Neue Testament daran fest, dass Gott *Vater* ist. An 261 Stellen im NT wird Gott als Vater bezeichnet. Vaterschaft hat bei Gott mit „Relation", mit Beziehung, zu tun. Vaterschaft ist also ein Verhältnisbegriff und hat bei Gott eine zweifache Dimension.[3] Zum einen ist Gott Vater seines eingeborenen, d.h. einzigen Sohnes, der auf geistige Weise von Gottvater ohne das Zutun eines weiblichen Parts „gezeugt" wurde. Dieser ist „aus der Substanz des Vaters" hervorgegangen, wie das Konzil von Nizäa 325 lehrt[4], und wurde „vor den Zeiten aus dem Vater gezeugt" und ist daher „wesensgleich" (ὁμοῦσιος, homoûsios) mit dem Vater, wie das Konzil von Chalkedon 451 lehrt[5].
Zum anderen ist Gott Vater der Menschen. Aber diese Vaterschaft ist keine „wesensgleiche" Vaterschaft, weil Gott den Menschen nicht „zeugt", sondern er sich als Schöpfer einer ihm wesensverschiedenen Natur betätigt und der Mensch nicht die Natur seines Schöpfers erbt, sondern seine geschöpfliche, menschliche Natur behält.

---

2 Vgl. Jacques Schlosser, [Art.] Vaterschaft Gottes I. Religionsgeschichtlich, in: LThK³, Bd. 10, Freiburg 2009, Sp. 544f.

3 Vgl. Jacques Schlosser, [Art.] Vaterschaft Gottes II. Biblisch-theologisch. 3. Neues Testament, in: LThK³, Bd. 10, Freiburg 2009, Sp. 546f.

4 DzH 125.

5 DzH 301.

Diese Vaterschaft Gottes in Bezug auf die Menschen ist wiederum eine zweifache: Erstens kann man den Begriff schöpfungstheologisch verstehen. Demnach ist Gott der Vater aller Menschen: Kindschaft entsteht durch Schöpfung. Denn alle Menschen haben in Gott ihren Ursprung. Zweitens hat der Begriff der göttlichen Vaterschaft eine charitologische (d.h. die Gnadenlehre betreffende) Dimension: Gott ist Vater all derer, die ihn als Vater angenommen und die er als seine Kinder adoptiert hat: Kindschaft durch Gnade aufgrund von Glaube und Taufe. Diese doppelte Bedeutung der Vaterschaft ist bereits im Alten Testament angedeutet, wenn es dort heißt: „Dann sprach Gott: Lasst uns Menschen machen als unser Abbild, uns ähnlich“ (Gen 1,26). Die beiden hier verwendeten Begriffe צלם (z^{ä}l^{ä}m) „Abbild“ und דמת (d^{e}mut) „Ähnlichkeit“ wurden von den Kirchenvätern auf diese doppelte Vaterschaft Gottes bezogen. Wir sind Abbild Gottes, insofern wir von Gott geschaffen sind. Diese „Abbildhaftigkeit“ (εἰκών, imago) ist also allen Menschen gemeinsam und begründet unsere natürliche Gottebenbildlichkeit; auf der Schöpfungsebene ist Gott der Vater aller Menschen. Die „Ähnlichkeit“ (ὁμοίωσις, similitudo) verstanden die Kirchenväter als übernatürliche Gottebenbildlichkeit aufgrund der gnadenhaften Teilhabe des Menschen am göttlichen Leben durch die Sakramente und den Glauben; in der Gnadenordnung ist Gott der Vater aller Getauften.[6]

Was bedeutet es nun, dass wir Gott als *Vater* bezeichnen? Jeder Mensch hat eine bestimmte Vorstellung, wenn er den Begriff „Vater“ vor Augen hat. Einerseits handelt es sich hierbei um überzeitliche, andererseits sicher auch um biographisch gefärbte positive oder negative Vorstellungen von Vaterschaft. Im biblischen Sprachgebrauch ist der Vater zum einen der alles Bestimmende,

---

6 Vgl. Peter C. Düren, Die Gottebenbildlichkeit des Menschen, in: Gerhard Stumpf (Hrsg.), Die Schöpfung im Spiegel von Glaube und Vernunft. 15. Theologische Sommerakademie in Augsburg 2007, Landsberg 2007, S. 55-90, hier: S. 58f. 66. 70.

zum anderen aber auch der fürsorglich und treu Sorgende: „Als Vater ist Gott der Gebieter, dessen Wille maßgeblich ist u[nd] dessen Forderung unbedingten Gehorsam verlangt. Vor allem aber wird das Vaterbild Gottes mit Fürsorge, Treue u[nd] Barmherzigkeit assoziiert."[7]

Gewiss gibt es in der Heiligen Schrift auch Stellen, in denen das göttliche Wirken als „mütterlich" beschrieben wird. So heißt es etwa bei Jesaja: „Kann denn eine Frau ihr Kindlein vergessen, eine Mutter ihren leiblichen Sohn? Und selbst wenn sie ihn vergessen würde: ich vergesse dich nicht" (Jes 49,15). Und: „Wie eine Mutter ihren Sohn tröstet, so tröste ich euch; in Jerusalem findet ihr Trost" (Jes 66,13). Gott habe den Menschen geboren, heißt es in der Bibel (vgl. Dtn 32,18), und Gott wird verglichen mit einer Bärin, der man die Jungen geraubt hat (vgl. Hos 13,8).[8]
Auch das kirchliche Lehramt verwendet weibliche Begriffe, wenn es den Hervorgang des Sohnes aus dem Vater beschreibt. So heißt es im Glaubensbekenntnis der Zweiten Synode von Toledo (675), dass der Sohn „vom Schoß des Vaters" ausging, lateinisch: „de Patris utero"[9], also wörtlich: „aus der Gebärmutter des Vaters". Ein gewisses Paradoxon also, das noch einmal unterstreicht, dass Gottvater kein sexuelles Wesen ist und der Hervorgang des Sohnes aus dem Vater sowohl als männliche „Zeugung" als auch als weibliches „Gebären" bezeichnet werden kann, wobei weder das eine noch das andere im menschlich-biologischen Sinne zu verstehen ist und klar wird, dass Gottvater jenseits der Geschlechterdifferenz steht.
Bekanntlich hat ja auch Papst Johannes Paul I. Aufsehen erregt, als er in seiner berühmten Angelus-Ansprache vom 10. September

---

7 Jacques Schlosser, [Art.] Vaterschaft Gottes II. Biblisch-theologisch. 3. Neues Testament, in: LThK³, Bd. 10, Freiburg 2009, Sp. 546f, hier: Sp. 547.

8 Vgl. Verena Wodtke-Werner, [Art.] Mütterlichkeit Gottes, in: LThK³, Bd. 7, Freiburg 2009, Sp. 563.

9 DzH 526.

1978 über Gott sagte: „Er ist unser Vater; noch mehr, er ist uns auch Mutter“[10], wörtlich: „E papà; più ancora è madre“[11]. Der Papst machte aber in der darauf folgenden Ansprache bei der Mittwochsaudienz deutlich, dass er damit etwas über Gottes Fürsorge aussagen, nicht aber das „Wesen“ Gottes erfassen wollte, indem er ergänzte, „dass Gott eine so große Zärtlichkeit für uns hegt, die sogar noch über die Zärtlichkeit einer Mutter zu ihren Kindern hinausgeht, wie Jesaja sagt.“[12] Die väterliche Zuwendung Gottes („paterna Dei teneritudo“) lässt sich also auch durch das Bild der Mütterlichkeit („imago maternitatis“) ausdrücken, wie der Katechismus sagt und zugleich betont: „Niemand ist Vater so wie Gott Vater ist“ („nemo pater est, sicut Deus est Pater“).[13] Es ist also – mit dem Neuen Testament, dass Gott an 261 Stellen als „Vater“ bezeichnet – an der Vaterschaft Gottes festzuhalten.[14] Gott wird zwar an einigen wenigen Stellen mütterliches Verhalten zugeschrieben, doch niemals ist in der Bibel „Mutter“ eine Gottesprädikation, eine Anrede Gottes.

Andere Religionen kennen hingegen sehr wohl eine „Muttergottheit“[15]. Hierbei treffen wir aber auf das Verständnis weiblicher Fruchtbarkeitsgöttinnen, wobei oft Mutter Erde mit der Muttergöttin identifiziert wird, aus der das Leben hervorgeht. Das aus der Muttergöttin Hervorgehende ist dann mit dem Wesen der Muttergöttin identisch, was zu einem pantheistischen Gottesbild führt, bei der ganz nach dem Modell der Emanation das Geschöpf aus

---

10 Papst Johannes Paul I., Botschaft der Güte und Hoffnung. Die Ansprachen seines Pontifikates. Hrsg. von Elmar Bordfeld, Kevelaer 1978, S. 64.

11 L'Osservatore Romano 118. Jg., Nr. 209 (11./12.09. 1978).

12 Papst Johannes Paul I., Botschaft der Güte und Hoffnung, S. 67.

13 KKK 239.

14 Vgl. Angelika Strotmann, Die Vaterschaft Gottes in der Bibel, in: Auf dem Weg zum Heiligen Jahr 2000, Nr. 12: „Als Mann und Frau schuf Gott sie“. Arbeitshilfe. Hrsg. v. Beauftragten der Deutschen Bischofskonferenz, Bonn 1999, S. 23-35, hier: S. 24.

15 Vgl. Bernhard Maier, [Art.] Muttergottheiten, in: LThK[3], Bd. 7, Freiburg 2009, Sp. 562f.

dem Mutterschoß des Seins fließt, mit dem es eins ist. Ganz anders im Christentum, in dem der Vatergott die Menschen nicht zeugt, sondern wesensverschiedene Geschöpfe erschafft. Bisweilen ist das Verständnis einer weiblichen Gottheit auch mit sexuellen Konnotationen verbunden, z.B. bei Liebesgöttinnen wie der römischen Venus, der griechischen Aphrodite oder den mesopotamischen Ištar und Inanna. Auch die moderne feministische Vorstellung einer Muttergöttin hat diese Konnotation.[16] Das von einem Immanentismus geprägte Bild einer „Muttergöttin" ist stark unterschieden von der christlichen Vorstellung eines transzendenten Gott-Vaters.[17]

2. Warum der Verlust von väterlichen Wesensmerkmalen beim eigenen Vater es schwer macht, Gott als *Vater* zu betrachten

Wer eine gute Vatererfahrung gemacht hat, wird sich wahrscheinlich nicht so schwer tun, Gott in positiver Weise als Vater zu betrachten und zu erfahren. Wer seinen eigenen Vater als fürsorglich, treu und barmherzig erfahren hat, der kann dieses Vaterbild gewiss leichter auf Gott übertragen und sich dessen Fürsorge, Treue und Barmherzigkeit anvertrauen. Selbst eine gewisse Strenge des Vaters muss sich nicht negativ für das Gottesbild auswirken, wenn man als Jugendlicher mit der Zeit zur Erkenntnis kommt, dass die fordernde Strenge des Vaters nicht schaden, sondern fördern will, dass nicht körperlich vollzogene, sondern sich als partiellen Privilegienentzug darstellende konsequente Strafen gerecht sind und zur Umkehr von schlechten Angewohnheiten verhelfen sollen.

16 Vgl. Kirsten Armbruster, Gott die MUTTER. Eine Streitschrift wider den patriarchalen Monotheismus, Norderstedt 2013. http://www.kirsten-armbruster.de/gott_die_mutter.html

17 Vgl. Manfred Hauke, Gott oder Göttin? Feministische Theologie auf dem Prüfstand, Aachen 1993.

Doch es gibt vielfältige Gründe, sich mit dem Bild eines göttlichen Vaters schwer zu tun, wenn man negative Erfahrungen mit dem menschlichen Vater gemacht hat und partielle oder totale Ausfallerscheinungen des Vaters zu beklagen sind.
An anderer Stelle habe ich einmal der irdischen Vaterschaft sieben Wesensmerkmale zugeschrieben und ausführlich erläutert.[18] Ich will diese hier aufgreifen und versuchen aufzuzeigen, wie es sich negativ für das Verständnis eines Vatergottes auswirkt, wenn diese Wesensmerkmale des menschlichen Vaters teilweise oder ganz ausfallen.

a) Der Vater als Zeugender (procreator) – genetische und biologische Vaterschaft

Jeder Mensch verdankt seine Existenz dem Verschmelzen der väterlichen Samenzelle mit der mütterlichen Eizelle. Es sollte normal sein, dass sich dies im Rahmen einer liebenden Vereinigung von Ehemann und Ehefrau vollzieht und das Kind somit die Frucht der ehelichen Liebe ist.
Dies ist allerdings nicht immer der Fall. Viele Kinder werden außerehelich gezeugt, wissen oft nicht einmal, wer ihr Vater ist. Wenn die genetische Ursprungshaftigkeit (z.B. aufgrund von Vergewaltigung, Prostitution oder Promiskuität) ungewiss ist oder die biologische Begattung (z.B. wegen einer Samenspende und künstlicher Befruchtung) ausfällt, ist der biologische Ursprung der eigenen Existenz mit einem Defekt belastet. Fatal für die Identitätsfindung ist auch ein Inzest, bei dem z.B. der eigene Vater zugleich der Großvater ist.
Wie kann ein Mensch, bei dem der Ursprung der eigenen Existenz wegen der Störung der genetischen oder biologischen Vaterschaft

---

18 Vgl. Peter Christoph Düren, Die irdische Vaterschaft, die ihren Namen von Gottes Vaterschaft hat, in: Anton Ziegenaus (Hrsg.), Mein Vater – euer Vater. 7. Theologische Sommerakademie Dießen 1999, Buttenwiesen 2000, S. 209-278, hier: S. 248-273.

belastet ist, zu einem positiven Bild eines göttlichen Vaters kommen?

b) Der Vater als Daseiender (praesentarius) – Anwesenheit, Präsenz in der Familie

Wie jedes Kind seine Mutter braucht, so braucht es auch seinen Vater. Im Idealfall ist der Vater bereits während der Schwangerschaft an der Seite seiner Frau und bei der Geburt des Kindes dabei, doch in jedem Fall muss der Vater für seine Frau und seine Kinder in der Familie präsent sein.
Vielfach ist dies nicht mehr der Fall. Zum Teil sind es Gründe, die die Eltern nicht verantworten, z.B. wenn ein Vater, der noch minderjährige Kinder hat, stirbt. Doch vielfach wird die Entfernung des Vaters aus der Familie bewusst herbeigeführt, z.B. durch Trennung und Scheidung; in Deutschland allein sind 200.000 Scheidungen pro Jahr zu beklagen, in deren Folge 2,6 Millionen Kinder ohne Vater aufwachsen. Erschreckend ist auch, dass viele Väter die Beziehung zu ihren Kindern abbrechen, wenn die Verbindung mit der Kindsmutter in die Brüche geht: Die Hälfte aller Väter hat ein Jahr nach der Trennung keinen Kontakt mehr zu den eigenen Kindern. Nicht immer geht es um einen solchen Totalausfall des Vaters in der Familie. Manchmal sind Arbeit, Hobby, Fernsehen oder Internet daran schuld, dass Väter ihre Präsenz in der Familie vernachlässigen. So zwingt der Arbeitsmarkt Väter an fremde Arbeitsorte, weshalb sie dann von den Kindern nur als „Wochenend-Väter" erlebt werden. Als Alexander Mitscherlich vor über 50 Jahren von der „vaterlosen Gesellschaft" sprach, arbeiteten die Väter noch 48 Stunden pro Woche und machten jede Menge Überstunden. Theoretisch hätten die Väter heute jeden Tag zwei Stunden mehr Zeit für die Familie – nutzen tun dies wahrscheinlich die Wenigsten.

„Wie die Erfahrung lehrt, ruft die Abwesenheit des Vaters in der Familie seelische und moralische Störungen hervor“[19], schrieb schon Papst Johannes Paul II. in seinem Apostolischen Schreiben über die Familie. Doch darüber hinaus erschwert das Fehlen des Vaters auch die Entwicklung eines positiven Gottesbildes. Der Gottesname יהוה („Jahwe“) bedeutet: „Ich bin der, der für euch da ist“. Wie kann man glauben, dass ein göttlicher Vater für einen da ist, wenn nicht einmal der menschliche Vater präsent ist?

c) Der Vater als Beschützer (custos) – liebender Schutz der Familie

Fragt man ein kleines Kind, wofür der Vater wichtig ist, so wird es sagen: „Dass er mich beschützt und mich keiner mitnimmt.“ Ein Kind vertraut von Natur aus seinen Eltern grenzenlos. Kinder wollen nicht alleine zuhause gelassen werden, sie wollen mit den Eltern kuscheln und suchen körperliche Nähe. Speziell der Vater hat die Aufgabe, die Kinder vor allen möglichen Gefahren zu schützen. Das Kind erfährt dabei, dass der Vater Kaputtes wieder reparieren, Streit schlichten, Probleme lösen kann. Noch heute sagt meine inzwischen erwachsene Tochter: „Papa regelt“, weil sie davon überzeugt ist, dass ich alles so organisiere, dass es auch klappt – und meine beiden erwachsenen Söhne sehen das genauso. Durch solche Erfahrungen erhält bereits das kleine Kind eine Vorstellung von der „Allmacht“ des Vaters. Es fällt ihm dann leicht, diese Eigenschaft auf einen allmächtigen Vater im Himmel auszuweiten.
Wie gefährdet ist dieses Vaterbild, wenn der Vater „schwach“ ist und seiner Familie keinen Schutz bieten kann?! Nicht immer ist er dafür verantwortlich, z.B. wenn er körperlich oder seelisch krank ist oder aufgrund äußerer Lebensumstände (Armut, Kriegsgebiete). Aber er kann sich auch selbst schwächen, wenn er z.B. zum Alkohol greift. Wie schwer ist es für das Kind eines Alkoholikers,

---

19 Johannes Paul II., Familiaris consortio (22.11.1981), Nr. 25, in: VApS 33, S. 29.

eine positive Vatervorstellung zu entwickeln?! Wie pervertiert wird das Vaterbild überdies, wenn sich der menschliche Vater nicht als Beschützer, sondern als Gefahr erweist?! Wenn er Frau oder Kinder mit psychischer, physischer oder sexueller Gewalt bedroht? Denken Sie an Josef Fritzl, der seine Tochter 24 Jahre lang gefangen hielt und mit ihr sieben Kinder zeugte.

d) Der Vater als Ernährer (nutritor) – Lebensunterhalt

Papst Pius XII. zufolge ist das Verdienen des täglichen Brotes für Frau und Kinder „die dringlichste Pflicht eines Familienvaters“[20]. Es ist weithin auch heute noch so, dass der Vater der Hauptverdiener in der Familie ist und dadurch den Lebensunterhalt der Kinder sichert. Von einem menschlichen Vater, der sich um den Unterhalt kümmert, auf einen himmlischen Vater zu schließen, der für das zeitliche und ewige Wohl von mir sorgt, fällt nicht schwer. Im Matthäusevangelium finden wir dieses Gottesbild: „Macht euch keine Sorgen und fragt nicht: Was sollen wir essen? Was sollen wir trinken? Was sollen wir anziehen? … Euer himmlischer Vater weiß, dass ihr das alles braucht“ (Mt 6,31f).

Bei aller Gleichberechtigung und Emanzipation der Frau ist es auch heute noch so, dass die Mutter im Scheidungsfall dafür sorgt, dass die Kinder in ihrer eigenen Obhut bleiben und nicht nur der Vater, der die Familie aus egoistischen Motiven heraus verlassen hat, sondern auch der aus der Familie hinausgeworfene Vater[21]

---

20 Pius XII., Ansprache am 10.04.1940, in: Heinrich Rondet, Joseph von Nazareth, Freiburg 1956, S. 82-87, hier S. 85.

21 „Die Ehegatten haben die Pflicht und das Recht, das eheliche Zusammenleben zu wahren, außer ein rechtmäßiger Grund entschuldigt sie davon“ (c. 1151 CIC). Ein rechtmäßiger Grund wäre folgender: „Wenn einer der Gatten eine schwere Gefahr für Seele oder Leib des anderen Gatten oder der Kinder herbeiführt oder auf andere Weise das gemeinschaftliche Leben unerträglich macht, gibt er dem anderen einen rechtmäßigen Grund, sich zu trennen, und zwar auf Grund eines Dekrets des Ortsordinarius und, wenn Gefahr im Verzug ist, auch kraft eigener Entscheidung“ (c.

brav die Alimente zahlt. Und der Staat unterstützt in der Regel dieses Rollenklischee. Dass der Vater jedoch durch die Betreuung der Kinder seiner Unterhaltspflicht nachkommt und die Mutter den Barunterhalt leistet, lassen Mutter und Gericht nur in den seltensten Fällen zu. Im Übrigen sollte es im Trennungs- und Scheidungsfall zum Wohle der Kinder und der Eltern ohnehin möglichst so sein, dass Vater und Mutter die Betreuung und den Unterhalt der Kinder zu gleichen Teilen leisten (sogenanntes „Wechselmodell"). Wie aber, wenn der Vater seiner Pflicht zur Unterhaltsleistung nicht nachkommt? Wie kann ein Kind zur Erfahrung kommen, dass es einen himmlischen Vater gibt, der für sein Wohl sorgt, wenn es sieht, dass sich sein irdischer Vater vor der Sorge um den Lebensunterhalt drückt?

e) Der Vater als Erzieher (educator) – Erziehung und Wertetradierung

Ein Kind braucht die Eltern nicht nur als diejenigen, die für sein irdisches Wohl sorgen, sondern auch als diejenigen, die es für das Leben erziehen und ihm die Werte mit auf den Weg geben, ohne die ein glückliches Leben nicht gelingen kann. Eltern sind nicht gleichberechtigte Partner der Kinder, sondern sie haben das Recht und die schwerwiegende Pflicht, ihre Kinder zu erziehen. Die Kinder ihrerseits zollen den Eltern Liebe, Dankbarkeit, Gehorsam und Respekt. Kinder fordern von den Eltern Erziehung, indem sie ihnen Fragen stellen und deutlich machen, dass sie der elterlichen Wegweisung bedürfen. Dieser Aufgabe darf sich auch der Vater nicht entziehen. Er ist nach Rousseau der „wahre Lehrer" des Kindes, und nach Pestalozzi gründet das Gedeihen des Kindes auf

---

1153 § 3 CIC). Ein weiterer legitimer Grund für eine Trennung von Tisch und Bett wäre, wenn einer der Ehegatten zu der sicheren Überzeugung kommt, dass die Ehe nicht gültig geschlossen wurde; in diesem Fall kann er oder sie ein Ehenichtigkeitsverfahren anstrengen (vgl. cc. 1671-1691 CIC).

„Vatersinn". Der Vater hat das Kind zur Rede zu stellen, wenn es sich verfehlt, und er hat ihm in Wort und Beispiel den guten Weg zu weisen, indem er ihm die wahren Werte und die Unbedingtheit der Normen vor Augen führt und so sein Gewissen bleibend prägt. Diese Wertevermittlung geschieht sicher nicht durch Befehl und Gehorsam. Vielmehr muss der Vater selbst die Werte vorleben, er muss die Fortschritte, die das Kind in der Verinnerlichung der Werte macht, loben und den Sinn der Normen argumentativ erschließen. Auf diesem Hintergrund öffnet sich für das Kind auch das Wissen um Gott, der Gebote erlässt und Verbote aufstellt, der zum Guten ermuntert und vor dem Bösen warnt, der die gute Tat belohnt und die böse Handlung bestraft.
Wie beschädigt wird dieses Gottesbild des gerechten Vaters, wenn sich der irdische Vater nicht an Recht und Ordnung hält, wenn er das Kind nicht zum Guten anleitet und keine moralischen Werte vermittelt? Nicht nur der verurteilte Straftäter verunmöglicht dem Kind ein positives Vaterbild, in vielen Fällen fällt die väterliche Erziehung schlichtweg aus, weil sich die Väter nicht um die Erziehung ihrer Kinder kümmern. Beschädigt werden kann das Gottesbild auch dann, wenn der Vater sich durch zu große Strenge auszeichnet und die barmherzigen Züge zu kurz kommen.

f) Der Vater als Leiter (princeps) – Repräsentant der Familie

Es gibt sicher berechtigte Gründe, dass eine Frau trotz Eheschließung ihren Mädchennamen beibehält, z.B. weil sie bereits wissenschaftlich, schriftstellerisch oder künstlerisch unter ihrem Namen bekannt ist. Aber es ist doch ein schönes Zeichen einer neu entstehenden Ehe und Familie, der kleinsten Zelle der Gesellschaft, dass in der Regel der Mann seinen Familiennamen auf die Frau überträgt und auch die Kinder seinen Namen tragen. Der Name des Vaters repräsentiert die Einheit der Familie. – Auch im religiösen Bereich kennen wir die Bedeutung, die darin liegt, dass Gott seinen Namen auf uns legt: „ich werde auf ihn den Namen meines Gottes schreiben“ (Offb 3,12), heißt es in der Offenbarung, und weiter: „Das Lamm stand auf dem Berg Zion und bei ihm waren hundertvierundvierzigtausend; auf ihrer Stirn trugen sie seinen Namen und den Namen seines Vaters“ (Offb 14,1; vgl. 22,4). Als Christen tragen wir den Namen Christi und tragen ihn mit Stolz und Freude. Es gibt aber Namen, die von den Vätern so belastet sind, dass man sie nicht mehr tragen möchte. Im Fernsehen lief einmal eine Dokumentation mit dem Titel: „Meine Familie, die Nazis und ich“[22]. Hierin wird die Frage gestellt: „Was bedeutet es, von Massenmördern abzustammen?“ Zu Wort kommt Rainer Höß, Enkel des Auschwitz-Kommandanten Rudolf Höß, der seinem Namen nicht entkommt. Bettina Göring, die Großnichte des Luftwaffenchefs Hermann Göring, schildert, dass sie und ihr Bruder sich haben „mehr oder weniger bewusst“ sterilisieren lassen, „um keine weiteren Görings mehr zu produzieren“. Monika Göth, die 1945 geborene Tochter von Amon Göth, dem Kommandanten des KZ Płaszów bei Krakau, wurde von ihrer Mutter „wie eine Wahnsinnige“ geschlagen, wenn sie genauer wissen wollte, wieviele Juden ihr Vater denn nun getötet habe; die Wahrheit über dessen Mordlust habe sie erst im Kinofilm „Schindlers Liste“ erfahren. Die radikalste Abkehr von seinem Tätervater hat Niklas Frank vollzogen, der 1939 geborene Sohn von Hans Frank, dem Statthalter im Generalgouvernement Polen, auch bekannt als „Schlächter von Polen“ oder „Judenschlächter von Krakau“. Häufig liest sein Sohn in Schulen aus seinen Büchern „Der Vater – Eine Abrechnung“ und „Meine deutsche Mutter“. Es koste ihn zwar Überwindung, „Abend für Abend meine Eltern vor jungen Leuten hinzurichten, aber sie haben es verdient“, sagt er.[23]

---

22 ARD, 16.06.2012.

23 Thomas Gehringer, Kinder der Bösen. Die Nachfahren der Nazi-Verbrecher, in: Der Tagesspiegel v. 13.06.2012, online: http://www.tagesspiegel.de/medien/die-nachfahren-der-nazi-verbrecher-kinder-der-boesen/6740530.html

Wenn man sich des Namens seines Vaters schämen muss: Wie kann man dann lernen, im „Gebet des Herrn" zu sprechen: „Vater unser im Himmel, geheiligt werde Dein Name"?

g) Der Vater als religiöser Führer (gubernator) – Weitergabe des Glaubens

Es ist die Aufgabe des irdischen Vaters, nicht nur für das zeitliche Wohl der Kinder zu sorgen, also für Lebensunterhalt, Kleidung und Erziehung, sondern auch für das ewige Heil durch die Hinführung zur Taufe und zu den übrigen Sakramenten, durch die Anleitung zum Gebet, durch die Vermittlung und Weitergabe des Glaubens und die Anleitung zu einem christlichen Leben. Der irdische Vater hat als Stellvertreter des himmlischen Vaters in der Familie dafür zu sorgen, dass sich den Kindern die Perspektive der Transzendenz öffnet. Mit anderen Worten: Es geht nicht nur um das Diesseits nach dem Motto: „Lasst uns essen und trinken; denn morgen sind wir tot" (1 Kor 15,32). Vielmehr ist es Aufgabe des Vaters, den Kindern die Dimension des Jenseits zu erschließen. Viele Menschen sehen das Ziel des Lebens im eigenen Genuss, in der Freude, in der Entspannung, vielleicht sogar in einem ausgesprochenen Hedonismus. Ganz anders der religiöse Mensch. Er glaubt: „Gott hat uns ins Dasein gerufen, damit wir ihn erkennen, ihm dienen, ihn lieben und so ins Paradies gelangen."[24] Diese wesentliche Dimension des Menschseins müssen die Eltern ihren Kindern vermitteln.

Doch wie ein Forschungsbericht ergeben hat, wollten schon vor 15 Jahren nur noch 20 Prozent der Eltern ihren Kindern festen Glauben und religiöse Bildung vermitteln und nur zwölf Prozent Selbstlosigkeit. Als viel wichtigere Erziehungsziele betrachteten die Eltern Durchsetzungsfähigkeit (63 Prozent), Weltoffenheit (51 Prozent) und freie Entfaltung (50 Prozent).[25] Wenn aber die Eltern

---

24 KKK 1721.

25 Vgl. Peter Christoph Düren, Die irdische Vaterschaft, S. 269.

in der Weitergabe des Glaubens versagen und ihren Kindern nur Egoismus vorleben: Wie können junge Menschen dann zum Glauben an einen liebenden himmlischen Vater gelangen, dessen Herzenswunsch es ist, „dass alle Menschen gerettet werden und zur Erkenntnis der Wahrheit gelangen" (1 Tim 2,4)?

3. Warum wir Gott trotz allem als *Vater* erfahren können

Es hat sich gezeigt: Es ist heute vielleicht schwieriger denn je, Kindern und Jugendlichen den Glauben an einen guten himmlischen Vater zu vermitteln. Dies liegt teils am Versagen der Väter, teils an der Zerstörung der väterlichen Autorität durch einen feministischen und emanzipatorischen Wahn, teils an der von den Medien geförderten Propagierung des gendergerechten androgynen Menschen.

Doch auf den Vater kann nicht verzichtet werden, weder auf den irdischen noch auf den himmlischen, genauso wenig auf die menschliche Mutter und unsere himmlische Mutter, die Gottesmutter, Maria.

Das Fehlen oder das Versagen des irdischen Vaters erschwert den Glauben an einen himmlischen Vater. Und doch weiß jeder, auch das Kind eines schlechten Vaters, wie ein guter Vater zu sein hat. Es erfährt das nicht am positiven Vorbild, sondern es wird ihm schmerzlich bewusst durch den Ausfall des menschlichen Vaters. Wer einen guten Vater hat oder hatte, weiß, was ein guter Vater ist; wer einen schlechten Vater hat oder hatte, weiß, wie ein guter Vater nicht sein darf. In jedem Falle geht es darum, neu zu entdecken, was den guten menschlichen Vater ausmacht, um dann auf dem Weg über den Analogieschluss zu erahnen, wie der himmlische Vater ist. Denn natürlich ist mit der Ähnlichkeit zwischen irdischem Vater und himmlischem Vater eine noch größere Unähnlichkeit mitzudenken, gemäß der Lehre des Vierten Laterankonzils (1215): „Zwischen Schöpfer und Geschöpf gibt es keine Ähnlichkeit (similitudo), ohne dass diese von einer noch größeren Unähnlichkeit (dissimilitudo) begleitet wäre“[26]. Obwohl die Erfahrung eines positiven Vaterbildes sicherlich hilfreich ist, wenn es um das gläubige Erfassen des himmlischen Vaters geht, kann auch der allerbeste irdische Vater nur einen blassen Schimmer dessen wiedergeben, was den göttlichen Vater ausmacht. Und so kann es auch gelingen, ohne positives väterliches Vorbild zu einem positiven Gottesbild zu finden, indem man zum einen selbstverständlich auch den Großvater, andere Väter oder geistliche Väter (Priester oder Ordensmänner) als Abbild des göttlichen Vaters betrachten kann. Außerdem wird man über das Urbild des guten Vaters, das man entweder im Herzen trägt oder sich intellektuell erschließt, zu einem positiven Verhältnis zu Gottvater finden können.

Und das könnte in folgender Weise geschehen, womit ich zum Schluss kommen möchte:

a) Mein Vater ist gemeinsam mit meiner Mutter der Ursprung meiner biologischen Existenz und er hat mich gewollt. – Und selbst wenn ich nicht weiß, wer mein biologischer Vater ist, oder wenn ich ungewollt war, so weiß ich dennoch eines: ***Gott ist der Ursprung meiner Existenz; er ist mein himmlischer Vater und er hat mich gewollt.***

b) Mein Vater war immer da für mich, als ich noch ein Kind war. – Und selbst, wenn er nicht da war, als ich ihn gebraucht habe, so weiß ich dennoch eines: ***Gott ist mein himmlischer Vater; er ist immer für mich da und vergisst mich nicht.***

c) Mein Vater hat mich immer beschützt. – Und selbst, wenn er mich nicht vor Gefahren beschützt hat und mir vielleicht selbst

26 DzH 806.

Gefahr war, so weiß ich dennoch eines: ***Gott ist mein himmlischer Beschützer; in seinen Händen ist mein Leben geborgen.***

d) Mein Vater hat mich ernährt. – Und selbst, wenn er mich nicht ernährt hat, so weiß ich dennoch eines: ***Gott ist der, der mir Nahrung gibt zur rechten Zeit und der mich führt an die Quelle des Lebens.***

e) Mein Vater hat mich gut erzogen und mir die Werte des Lebens vermittelt. – Und selbst, wenn er vergessen hat, mich zu erziehen oder mich mit seinen falschen Vorstellungen in die Irre geführt hat, so weiß ich dennoch eines: ***Gott führt mich auf den rechten Pfad; er hilft mir, auf dem richtigen Weg zu gehen.***

f) Mein Vater hat mir einen guten Namen gegeben. – Und selbst, wenn der Name des Vaters für mich zum Horror geworden ist, so weiß ich dennoch eines: ***Gottes Name ist auf meine Stirn und in mein Herz geschrieben; und er wird mich einst rufen bei meinem Namen.***

Und zu guter Letzt:
g) Mein Vater hat mir nicht nur das irdische Leben erschlossen, sondern mir auch den Sinn für das übernatürliche Leben geschenkt. – Und selbst, wenn er im Diesseits verhaftet war und mich um den Glauben betrogen hat, so weiß ich dennoch eines: ***Gott existiert und er liebt mich; er hat mich erschaffen, damit ich ihn erkenne, ihm diene, ihn liebe und so in den Himmel gelange.***

Und dann ist es der Geist des Sohnes – den Gott in unser Herz gesandt hat, weil wir seine Söhne und Töchter sind –, der in uns ruft und uns vertrauensvoll zu beten lehrt: ***„Abba, lieber Vater“*** (Gal 4,6).*

* Der Vortrag ist online hörbar unter: http://www.radiomaria.at/player3.php?s=12512

Autoren

Rainer **Barmet**, geb. 1977, Pastoralassistent in der Pfarrei St. Jakob in Cham. Verheiratet mit Elisabeth Barmet. Sechs Kinder. Arbeitet zusammen mit seiner Frau im Vorstand des TeenSTAR-Verein Schweiz und gibt zusammen mit seiner Frau regelmässig TeenSTAR-Kurse für Jugendliche im Raum Zug.
lisarainer@teenstar.ch

Dr. phil. Lore **Bartholomäus**, geb. 1945, Dipl.-Päd. und Autorin (Zweitstudium katholische Theologie), lebt in Christes (Thüringen), wo sie in der frisch restaurierten alten Wallfahrtskirche (15. Jh.) *Unserer Lieben Frau zum Christus* Führungen macht und im *Pilgerhaus Bruder Klaus* Wanderer und Pilger, Junge und Alte, Kranke und Gesunde willkommen heisst.

Olivier **Berger**, geb. 1968, seit 1992 als Journalist tätig, zunächst bis 1994 beim damaligen Radio Gonzen in Buchs SG, seit 1994 bei der «Südostschweiz» und deren Vorgängerin «Bündner Zeitung». Wohnhaft in Chur.

P. Dr. med. Ioannes Chandon **Chattopadhyay** OSB, geb. 1968, Priestermönch des Benediktinerklosters Disentis, Facharzt für Pädiatrie und Tropenmedizin sowie International Health, Religionslehrer am Gymnasium des Klosters.
p.ioannes@kloster-disentis.ch

Dr. theol. Peter Christoph **Düren**, geb. 1964, Studium der Philosophie und Theologie an der Universität Bonn (1989: Dipl.-Theol.) und der Universität Augsburg (1996: Dr. theol.). 1989/90 Wissenschaftlicher Mitarbeiter an der Universität Augsburg; seit 1989 Theologischer Referent im „Referat Glaubenslehre und Gottesdienst sowie Hochschulen", jetzt umbenannt in „Hauptabteilung

VI Grundsatzfragen: Glaube und Lehre – Hochschulen – Gottesdienst und Liturgie"; seit 2007 außerdem nebenberuflich Verleger des Dominus-Verlages. Vater von drei erwachsenen Kindern und Großvater von drei Enkeln.
festschrift@peter-dueren.de • www.peter-dueren.de

Dr. phil. Dr. lit. Mag. theol. Dr. theol. Peter **Egger**, geb. 1948, Theologe, Philosoph, Literaturwissenschaftler und Autor aus Südtirol, Dozent für Religionswissenschaft und Lehrbeauftragter für den religionspädagogischen Lehrgang für Katechisten, Mitglied des Instituts für Spirituelle Theologie und Religionswissenschaft an der Philosophisch-Theologischen Hochschule Heiligenkreuz.

Vikar Martin **Filipponi**, geb. 1979 in Visp im Kanton Wallis in der Schweiz. Vor dem Eintritt ins Priesterseminar arbeitete er als Pflegefachmann FH in Brig auf der Palliativ- und Onkologiestation. Am 13. Mai 2017 wurde er in Chur zum Priester geweiht. Zur Zeit ist er als Vikar in der Pfarrei Davos tätig.
filipponimartin@gmail.com

Kati und Walter **Gabathuler**, geb. 1946/1945, Gründungsmitglieder und Mitglieder des Direktoriums des 1986 gegründeten Instituts für Natürliche Empfängnisregelung Prof. Dr. med. Josef Rötzer eV. (INER). Leitung der schweizerischen Zweigstelle von INER.
walter.gabathuler@iner.org • www.iner.org

Prof. Dr. Hanna-Barbara **Gerl-Falkovitz**, geb. 1945, 1993-2011 Inhaberin des Lehrstuhls für Religionsphilosophie und vergleichende Religionswissenschaft an der Technischen Universität Dresden; seit 2011 Vorstand des Europäischen Instituts für Philosophie und Religion (EUPHRat) an der Phil.-Theol. Hochschule Heiligenkreuz/Wienerwald.

Prof. Dr. Hubert **Gindert**, geb. 1952, von 1973 bis 1998 Professor für das Fachgebiet Marketing am Fachbereich Betriebswirtschaft der Fachhochschule Augsburg. 1990-1994 Vorsitzender des Diözesanrates im Bistum Augsburg und Mitglied des Zentralkomitees der deutschen Katholiken (ZdK). Mitgründer des Initiativkreises katholischer Laien und Priester sowie Sprecher des „Forums Deutscher Katholiken". Chefredakteur der katholischen Monatszeitschrift „Der Fels".
hubert.gindert@der-fels.de

Giuseppe **Gracia**, geb. 1967 als Sohn eines Sizilianers und einer Spanierin in Sankt Gallen, verh., zwei Kinder, seit 2011 Beauftragter für Medien und Kommunikation im Bistum Chur, Mitglied des Bischofsrates und Sprecher von Bischof Vitus Huonder sowie Schriftsteller.

Martin **Grichting**, geb. 1967 in Zürich, studierte Theologie in Fulda, München und Rom. Nach der Priesterweihe im Jahr 1992 promovierte er 1996 in Rom in Kirchenrecht. Von 1996 bis 2000 war er Leiter des Vorbereitungsjahrs für das Priesterseminar des Bistums Chur. Von 1998 bis 2004 wirkte er als Diözesanrichter, seither als Vizeoffizial des Bistums Chur. 2006 wurde er im Fach Kirchenrecht in München habilitiert. Von 1998 bis 2008 arbeitete er als Pfarrer. Er gehört seit 2008 dem Domkapitel des Bistums Chur an, seit 2012 als Vizedekan. Seit 2009 ist er Generalvikar des Bistums Chur. Im Jahr 2012 wurde er zum päpstlichen Ehrenprälaten ernannt.

Dr. h.c. Michael **Hesemann**, geb. 1964, Studium der Geschichte, Kulturanthropologie, Literaturwissenschaften und Journalistik an der Universität Göttingen. Autor von 44 Büchern zu Themen der Kirchengeschichte. 2016 Ehrendoktorwürde der Nationalen Akademie der Wissenschaften der Republik Armenien (NAS-RA) für seine Entdeckung von 3000 Dokumenten zum Völkermord an den

Armeniern 1915/16. Hesemann, dessen Großmutter aus Luzern stammte und dessen Großonkel als Major der Schweizergarde unter Pius XII. diente, lebt heute in Düsseldorf.
www.michaelhesemann.info

Bischof Dr. theol. habil. Vitus **Huonder**, geb. 1942. Studium der Philosophie und Theologie in Maria Einsiedeln, am Päpstlichen Athenaeum Sant'Anselmo in Rom sowie an der Universität Freiburg im Üechtland. 1971 Priesterweihe. 1973 Promotion. Bis 1976 Universitätsassistent in Freiburg und Dozent für Altes Testament an der Theologischen Hochschule Chur. Von 1976-1988 Seelsorger im Pfarrdienst in Kilchberg ZH (1976–1982), Sachseln OW (1982–1984) und Egg ZH (1984–1988). 1989 Habilitation im Fach Liturgiewissenschaft an der Universität Freiburg. Ab 1990 Domkanoniker in Chur. Generalvikar für Graubünden, Glarus und das Fürstentum Liechtenstein von 1990 bis 1993. Von 1993 bis 1998 Lehraufträge in Liturgiewissenschaft in Freiburg und Chur. Generalvikar für Graubünden von 1998 bis 2007. Seit 2007 Bischof von Chur.
bischofssekretariat@bistum-chur.ch

Käthi **Kaufmann-Eggler**, geb. 1954, Mutter von fünf Kindern, Präsidentin der Arbeitsgruppe «Jugend und Familie», Zürich.
kaufmanns@livenet.ch

Sr. Agatha **Kocher**, Dr. med., geb. 1961 im Land Salzburg. Seit Januar 1985 Ordensfrau in Vorarlberg, seit Juni 2002 auch im Dienst der Hagiotherapie, dadurch viele Kontakte auch mit Menschen in Ehekrisen, Trennung, Scheidung, seit Mai 2015 im Kloster Maria der Engel, Appenzell, gleichsam als erstes Samenkorn für eine neue Gemeinschaft, weil im April 2008 die letzten Kapuzinerinnen aus Altersgründen in ein anderes Kloster übersiedelt sind.

Gabriele **Kuby**, geb. 1944, drei Kinder, Publizistin und Übersetzerin.
www.gabriele-kuby.de

Weihbischof em. Dr. Andreas **Laun**, geb. 1942, seit 1981 Professor für Moraltheologie an der Philosophisch-Theologischen Hochschule Heiligenkreuz, von 1981 bis 1987 an der Philosophisch-Theologischen Hochschule Benediktbeuern. 1995-2017 Weihbischof in Salzburg.
andreas.laun@aon.at

Alexandra Maria **Linder** M.A., geb. 1966, verh., drei Kinder. Magister Artium in Romanischer Philologie (Französisch und Spanisch) und Ägyptologie an der Universität Köln. Publizistin und Übersetzerin. Bundesvorsitzende der Aktion Lebensrecht für Alle (ALfA) und des Bundesverbands Lebensrecht (BVL). Gründerin und Leiterin von vitaL – Beratung für Schwangere, Kuratorin der Ingelmann-Stiftung für die Kleinen und Kleinsten.
Linder.Weuspert@t-online.de

Dr. iur. Beatrice **Luginbühl**, Juristin, Leiterin von „Notburga" (Hilfswerk für Mütter in Not); weitere Tätigkeiten: Gerichtstätigkeit, Opferhilfe, Direktion der Justiz und des Innern, wissenschaftliche Mitarbeiterin und Lehrbeauftragte an der Universität Zürich.

Diakon Dominik **Meier-Ritz**, geb. 1975, Ständiger Diakon in Biberist, Gerlafingen, Kriegstetten und Lohn-Ammannsegg-Bucheggberg im Bistum Basel (wohnhaft mit Familie im Pfarrhaus Kriegstetten).
dcmeieritzli@hotmail.com

Christa **Meves**, geb. 1925, verw., 1987 Konversion zur katholischen Kirche. Kinder- und Jugendlichenpsychotherapeutin sowie

Autorin von über 100 Büchern. Trägerin zahlreicher Auszeichnungen.
ElternCollegChristaMeves@t-online.de

Pater Dr. Johannes **Nebel** FSO, geb. 1967, 1998 Priesterweihe, Verantwortlicher für die Verwaltung des umfangreichen Nachlasses sowie für den Aufbau eines Leo-Scheffczyk-Zentrums in Bregenz, bibliothekarische, publikatorische und biographische Tätigkeiten.
scheffczyk.zentrum@daswerk-fso.org

Pfarrer Dr. theol. Werner **Neuer**, geb. 1951, verheiratet seit 1978, Vater von vier Söhnen und drei Töchtern, 1990-1997 Studium der Geschichte und evangelischen Theologie in Heidelberg und Tübingen, 1985 Dissertation in systematischer Theologie, ordinierter ev. Pfarrer (1989), pastorale Dienste (1986-88, 1998-2000), wissenschaftlich tätig: 1990-1997 Universität Tübingen (Assistent von Prof. P. Beyerhaus), 2000-2016 am Theologischen Seminar St. Chrischona (b. Basel CH) als Dozent für syst. Theologie, Ökumene und Religionen, zeitweise Gastdozent an der GSA Bierbronnen und an der STH Basel, seit 2004 als einziger evang. Theologe ständiger Gast im Schülerkreis von Benedikt XVI.
DrNeuer@outlook.de

Bischofsvikar Dr. Helmut **Prader**, geb. 1974, Studium der Theologie in Heiligenkreuz bei Wien und St. Pölten 1992-2000, Studium am „Päpstlichen Institut Johannes Pauls II. zu Studien über Ehe und Familie“ an der Lateranuniversität/Rom von 2002-2007. Seit 2010 Dozent für Moraltheologie und Bioethik an der Phil.- Theol. Hochschule Benedikt XVI. Heiligenkreuz, Diözesanfamilienseelsorger und Bischofsvikar in der Diözese St. Pölten
h.prader@gmx.at

Lic. rer. fam. Maria **Prügl**, geb. 1948, Anfang der 70er Jahre Diplom-OP-Schwester, 1986 am Institut für Natürliche Empfängnisregelung (INER) als Multiplikatorin zertifiziert, ab 1992 Familienreferentin im Referat Ehe und Familie der Erzdiözese Salzburg. 1996 „Licentiat rerum familiarum" für das Studium der Wissenschaften von Ehe und Familie. 2003 Deutscher Schulbuchpreis gemeinsam mit Weihbischof Laun für die Reihe „Glaube und Leben".
maria.pruegl@aon.at

Prof. Dr. med. Helmut **Renner**, geb. 1940. Bis zu seinem Ruhestand im Juli 2008 war er 32 Jahre lang Chefarzt der Abteilung Strahlentherapie und Leiter der Klinik für Radio-Onkologie am Klinikum Nürnberg. Wohnhaft in Luzern/Schweiz.
helmut@renner.ch

Pfarrer Matthias **Rey**, geb. 1964 in Zürich, bis Ende Juli Pfarrer in Riemenstalden, ab 1. Oktober Pfarradministrator in Müstair (Münstertal, Kanton Graubünden).

Regens Martin **Rohrer**, geb. 1969, aufgewachsen in Niederrickenbach NW, Priesterweihe 2005, seit 2014 Regens des Priesterseminar St. Luzi, Chur.

Elisabeth **Rötzer**, geb. 1951, Eltern: Margareta und Dr. med. Josef Rötzer, der Begründer der ersten echten sympto-thermalen Methode der Natürlichen Empfängnisregelung, seit 1974 Mitarbeiterin ihres Vaters, Mitautorin der beiden grundlegenden Bücher zum Themenbereich NER, 1986 Gründungsmitglied des Institutes für Natürliche Empfängnisregelung (INER) Dr. Rötzer e.V., nach dem Tod von Prof. Rötzer 2011 zur Präsidentin des Institutes gewählt.
e.roetzer@asak.at

Waltraut Dorothea **Sennewald**, geb. 1946, gesch., 2 Töchter, 5 Enkelkinder. Seit 1986 Mitarbeiterin des Instituts für Natürliche Empfängnisregelung Prof. Dr. med. Josef Rötzer und Direktoriumsmitglied. Seit 2003 auf dem Weg mit Familie Solitude Myriam, seit 2013 geweihtes Mitglied der Gemeinschaft von FSM und seit 2016 Verantwortliche für Österreich und Deutschland.
Waltraut.Sennewald@t-online.de

Sr. Elisabeth **Stengele** OCV, geb. 1956, 11. März 1956 hl. Taufe, 25. April 1965 hl. Erstkommunion, 19. März 1966 hl. Firmung, 8. Dez. 1995 Aufnahme in den Dritten Orden des hl. Franziskus, 19. Nov. 2006 Jungfrauenweihe, seit April 2007 Haushälterin bei Monsignore Christoph Casetti in Chur
sr.elisabeth@adoramus.ch

Katharina **von Däniken**, geb. 1954, verheiratet, sechs erwachsene, verheiratete Kinder und 13 Grosskinder, Familienfrau, Pädagogin, Erwachsenenbildnerin, Präsidentin des Vereins TeenSTAR Schweiz und Ausbildungsleiterin, arbeitet und lebt für dieses Programm, seit sie es 1995 kennengelernt hat.
info@teenstar.ch

Prälat Dr. iur. can., Lic. theol., B.A. phil. Markus **Walser**, geb. 1965, seit 2000 Generalvikar und Gerichtsvikar des Erzbischofs von Vaduz, Richter am kirchlichen Gericht des Bistums Chur, seit 1995 Dozent für Kirchenrecht an der Theologischen Hochschule Chur.

Dr. med. Hanspeter **Wick**, geb. 1943, Arzt in Wädenswil.
hpwick@gmail.com

Prof. Dr. Andreas **Wollbold**, geb. 1960. 1978-1986 Priesterausbildung und Studium der Philosophie und Theologie in Rom, Trier, Poona und München, Lizenziat in Theologie und patristischen

Wissenschaften. 1984 Priesterweihe (Bistum Trier). 1989-1997 Doktorat in Trier und Habilitation in Freiburg i.Br. 1997-2003 Professor für Pastoraltheologie und Religionspädagogik am „Philosophisch-Theologischen Studium Erfurt“ (später „Theologische Fakultät Erfurt“ und dann Universität Erfurt) und Seelsorgemithilfe. Seit 2003 Professor für Pastoraltheologie an der Ludwig-Maximilians-Universität München und Pfarrseelsorge im Kreis Freising.
andreas.wollbold@lmu.de

Hans und Theres **Ziegler**, geb. 1942/1944, seit 1968 verheiratet, sechs Kinder, 13 Enkelkinder. Hans Ziegler: Ausbildung am Szondi-Institut Zürich, seit 1978 eigene Praxis als Psychotherapeut und Psychoanalytiker in Schlieren, Lehr- und Kontrollanalytiker der SGST, jahrelang in der Ehevorbereitung der Diözese beteiligt, Vortragstätigkeit im Bereich Ehe und Erziehung. Theres Ziegler: gelernte Kranken- und Kinderschwester und seit der Heirat Familienmutter.
hansmzg@hispeed.ch

Christoph Casetti in Audienz beim hl. Papst Johannes Paul II., in Anwesenheit von Kardinal Joseph Ratzinger, dem späteren Papst Benedikt XVI.